TIEMPO DE CAMBIO

TIEMPO DE CAMBIO

Indagando las transformaciones en psicoanálisis: el modelo de los tres niveles

KARNAC

Primera publicación: 2014, Karnac Books Ltd
118 Finchley Road, London NW3 5HT
Reino Unido

ISBN-13: 978-1-91044-406-1

www.karnacbooks.com/es

CONTENIDO

PARTE IV: EL 3-LM: UN CASO, UN INFORME Y UNA DISCUSIÓN

PARTE VII: DESARROLLOS POSTERIORES DEL 3-LM EN EL ANÁLISIS DE NIÑOS

ACERCA DEL EDITOR Y DE LOS AUTORES

Marina Altmann de Litvan: Doctora en Psicoanálisis, Máster en Psicoanálisis, y Psicoanalista de niños y adolescentes (IPA). Es miembro pleno, docente y supervisora de la Asociación Psicoanalítica del Uruguay y miembro de la Asociación Psicoanalítica Internacional. Es Presidente del Comité de Observación Clínica desde 2010 (hasta 2017) y miembro del Subcomité de Investigación Clínica del Comité de Investigación de la IPA (2014).

Ha sido miembro del Comité de Educación (2010–2013), Co-coordinadora del subcomité de Investigación en Educación (2007–2009) y Co-Coordinadora del Comité de Investigación (2003–2006) de la Federación Psicoanalítica de América Latina (FEPAL).

Fellow de Investigación del Tercer Programa de Educación Anual (1997, University College London) y Profesora Visitante en University College London, Programa de Educación en Investigación de la IPA (2005–2006).

Fue Presidente de la Sociedad de Psicología Médica (1997–1999).

Ganó el premio *Biannual Exceptional Contribution Award* del Comité de Investigación de la Asociación Psicoanalítica Internacional (2001) por su investigación en interacciones verbales y no verbales en el proceso psicoterapéutico madre-bebé. Ha publicado capítulos en libros y artículos tanto en español como en inglés. Es miembro de consejos de evaluadores de revistas psicoanalíticas, publicaciones científicas y proyectos de investigación. Sus campos de investigación son: investigación clínica en psicoanálisis, educación psicoanalítica, análisis de niños, interacción madre-bebé, y proceso psicoterapéutico.

Ricardo Bernardi: Doctor en Medicina y Psiquiatra de la Facultad de Medicina de la Universidad de la República, UdelaR (Uruguay). Máster en Psicoanálisis (Asociación Psicoanalítica del Uruguay) y Doctor en Psicología (Universidad de Buenos Aires, Argentina). Ex Director y Profesor Titular del Departamento de Psicología Médica de la Facultad de Medicina (UdelaR). Ha ganado los siguientes premios: FEPAL (1992), 2° premio de la Academia Nacional de Medicina (1997), *Mary S. Sigourney Award* (1999) e *International Journal of Psychoanalysis Best Paper Award* (2003). De 2008 a 2011 fue Editor Regional para América Latina del *International Journal of Psychoanalysis* y es Vicepresidente del *International Research Board* de la Asociación Psicoanalítica Internacional (desde 2009) y Co-presidente del Subcomité de Investigación Teórica del Comité de Investigación de la IPA. Ha sido miembro del Comité de Observación Clínica de la Asociación Psicoanalítica Internacional desde 2009, es investigador de la ANII (Uruguay), miembro de cuerpos editoriales y revisor de numerosas publicaciones. Es Profesor Emérito de la Facultad de Medicina (UdelaR).

Beatriz de León de Bernardi: Máster en Psicoanálisis de la Asociación Psicoanalítica del Uruguay (APU). Es miembro pleno y analista didacta de la Asociación Psicoanalítica del Uruguay. Ex Presidente de la Asociación Psicoanalítica del Uruguay y miembro del consejo editorial del *International Journal of Psicoanálisis*. Actualmente es representante para América Latina en el *Board* de la Asociación Psicoanalítica Internacional y miembro del Comité de Educación de la IPA. Ha publicado artículos y libros en diferentes idiomas, principalmente acerca de la interacción paciente-analista y la contribución del analista al proceso analítico, la noción de contratransferencia en América Latina (*International Journal of Psychoanalysis*, 2000), el pensamiento de Madeleine y Willy Baranger (*International Journal of Psychoanalysis*, 2008). Ha investigado y publicado acerca de las teorías implícitas en la práctica psicoanalítica y acerca de las metáforas en el campo analítico. Recibió el Premio de la Federación Psicoanalítica de América Latina (FEPAL) y el *Training Today Award*.

Margaret Ann Fitzpatrick Hanly, Doctora, Psicoanalista, analista didacta y supervisora en el *Canadian Institute of Psychoanalysis* y ejerce la práctica profesional privada en Toronto, Canadá. Ex Presidente de la Sociedad Psicoanalítica Canadiense, Directora Asociada del *Toronto Institute of Psychoanalysis*, y miembro de la Asociación Psicoanalítica Internacional. Es miembro del Comité de Observación Clínica de la IPA. Es miembro del Consejo Editorial Ejecutivo de *Psychoanalytic Quarterly*, y miembro de los consejos editoriales del *International Journal of Psychoanalysis* y del *Canadian Journal of Psychoanalysis*. Sus publicaciones incluyen *"Essential Papers on Masochism"* (Editora, Nueva York, University Press, 1995); *"Narrative, now and then: a critical realist approach"* (*International Journal of Psychoanalysis*, 1996); *"Aesthetic ambiguity and sibling jealousy in Austen's Pride and Prejudice"* (*Psychoanalytic Quarterly*, 2009).

Liliana Fudin de Winograd: Psicoanalista. Es miembro pleno de la Asociación Psicoanalítica Internacional. Es analista didacta de la Sociedad Argentina de Psicoanálisis. Es miembro fundador de la Sociedad Argentina de Psicoanálisis y Directora de Educación de la Sociedad Argentina de Psicoanálisis. También es docente de salud mental en la Facultad de Medicina, Universidad de Buenos Aires, y miembro de la Asociación Argentina de Epistemología del Psicoanálisis.

William C. Glover: Doctor en Psicoanálisis, es analista didacta y supervisor y Presidente de la División Educación Psicoanalítica del *San Francisco Center for Psychoanalysis*.

Siri Erika Gullestad: es Profesora de Psicología Clínica en el Departamento de Psicología de la Universidad de Oslo, Noruega, donde es líder de la Clínica de Psicoterapia Dinámica. Gullestad es analista didacta y supervisora de la IPA. Fue Presidente de la Sociedad Psicoanalítica Noruega, y Directora del Departamento de Psicología. Es la autora de numerosos libros y artículos dentro del campo psicoanalítico. Ha sido miembro del Comité de Observación Clínica de la Asociación Psicoanalítica Internacional desde 2012, y actualmente es miembro del Comité de Investigación de la IPA.

Charles Hanly: Psicoanalista, ejerce en práctica privada, analista didacta en el *Toronto Institute of Psychoanalysis*, y Profesor Emérito (Filosofía) en la Universidad de Toronto. Desde 1985 el Profesor Hanly ha trabajado activamente en la Asociación Psicoanalítica Internacional (IPA), con un rol de liderazgo en cuanto a permitir que sociedades psicoanalíticas independientes en EEUU fueran Sociedades Miembro de la IPA y en cuanto al nuevo desarrollo del psicoanálisis en Europa del Este. Fue elegido para el Executive Council de la IPA por tres períodos como Vicepresidente de la región de Norteamérica y para el Consejo de Representantes por dos períodos como Representante Global para la región de Norteamérica. Fue elegido Presidente de la IPA en 2007 y fue Presidente de la IPA durante dos períodos (2009–2013). El Profesor Hanly es el autor de cuatro libros y más de ochenta artículos clínicos, teóricos y aplicados en revistas y libros.

Silvana Hernández Romillo: Psicóloga, Máster en Psicoanálisis de la Asociación Psicoanalítica del Uruguay y miembro asociado en funciones didácticas en la Asociación Psicoanalítica del Uruguay. Fue miembro del Consejo Directivo de la Asociación Psicoanalítica del Uruguay (2008–2010) y Directora del Centro de Intercambio de la Asociación Psicoanalítica del Uruguay (2008–2010). Es analista didacta en el Instituto Latinoamericano de Psicoanálisis (ILAP)-FEPAL-IPA y fue Presidente de la Federación Latinoamericana de Psicoterapia Analítica de Grupos (FLAPAG) (2001–2009). Tiene un posgrado en familia, pareja y psicoanálisis de grupos.

Marvin Hurvich: Doctor. Ex Profesor y Director del Departamento de Psicología, LIU, miembro de la facultad, Psicoanalista, psicoanalista didacta y supervisor en IPTAR, NYU P-D, y *Contemporary Freudian Society*. Diplomado en Psicoanálisis, ABPP, miembro de la Asociación Psicoanalítica Internacional y miembro del Comité de Observación Clínica de 2009 a 2013 y actual consultor del Comité de Observación Clínica. Es miembro del Grupo de Trabajo *Adult SX* del PDM y autor de más de cuarenta publicaciones, incluyendo *Ego Functions in Schizophrenics, Neurotics and Normals* (Wiley, 1973), con Bellak y Gediman. Sus publicaciones más recientes son el capítulo *New developments in the theory and clinical application of the annihilation anxiety concept in A New Freudian Synthesis*, editado por Druck, Ellman, Freedman, y Thaler (Karnac, 2011) y el libro *Another Kind of Evidence*, en coautoría con Freedman y Ward (Karnac, 2011).

Judy L. Kantrowitz: Doctora. Profesora clínica asociada en *Harvard Medical School* y analista didacta y supervisora en el *Boston Psychoanalytic Institute*. Es autora de dos libros: *The Patient's Impact on the Analyst*, y *Writing about Patients: Responsibilities, Risks, and Ramifications*, y artículos sobre la combinación paciente-analista y el resultado del psicoanálisis, así como otros sobre el impasse en psicoanálisis. Trabajó durante tres períodos en los Consejos Editoriales de *JAPA* y actualmente está en el Consejo Editorial del *Psychoanalytic Quarterly*. Su último libro es *Myths of Termination: What Patients Can Teach Psychoanalysts about Endings* (2014).

Adela Leibovich de Duarte: Doctora (New York University, 1972). Es Profesora Emérita (desde 2007) de la Facultad de Psicología, Universidad de Buenos Aires. Analista didacta (desde 2000) y Ex Presidente de la Sociedad Argentina de Psicoanálisis (2003–2005), y Miembro Honorario (desde 2012) de la Asociación Psicoanalítica de Buenos Aires. Es Co-presidente del IPA Psychoanalysis and University Committee (desde 2012). Es miembro del Comité de Observación Clínica de la IPA (desde 2013), del Comité de Evaluación de Propuestas de Investigación de la IPA (desde 2010), del Comité Profesional de FEPAL (desde 2012) y de la *Society for Psychotherapy Research, Research Grant Awards Committee* (desde 2012). En 1973 recibió el *Founders Day Award* de la *New York University*, en 2007 el premio *Psychoanalytic Research Exceptional Contributions Award* de la Asociación Psicoanalítica Internacional y en 2010 el *Poster Award*, II Congreso Internacional de Investigación y Práctica Profesional en Psicología, Buenos Aires. Sus publicaciones incluyen capítulos de libros y artículos tanto en español como en inglés. Sus intereses de investigación están principalmente focalizados en el proceso clínico inferencial.

Marianne Leuzinger-Bohleber: Profesora, Doctora en Filosofía. Es Directora del *Sigmund-Freud-Institut* en Frankfurt am Main, Alemania, y Profesora de Psicoanálisis en la Universidad de Kassel. Es analista didacta de la Asociación Psicoanalítica Alemana y miembro de la Sociedad Psicoanalítica Suiza y de la Asociación Psicoanalítica Internacional. Fue Directora de Subcomités de Investigación para la Investigación Conceptual de la Asociación Psicoanalítica Internacional (IPA) (2001–2009 y desde 2010 es Vicepresidente del *Research Board* de la IPA. Es Profesora Visitante del *University College London* y miembro del "*Action Group*" de la *Society for Neuropsychoanalysis*. Sus campos de investigación son la investigación clínica y extraclínica en psicoanálisis, investigación de desarrollo psicoanalítico, estudios preventivos, diálogo interdisciplinario entre el psicoanálisis y la literatura, ciencias de la educación, y neurociencias. Ha sido miembro del Comité de Observación Clínica desde 2009.

Delfina Miller: Doctora. Es Directora del Departamento de Psicología Clínica y de la Salud, Coordinadora Académica de los cursos de Posgrado y Máster en Psicología Clínica de Niños y Adolescentes, y Profesora de Psicopatología, Diagnóstico e Intervenciones Psicoterapéuticas en la Universidad Católica de Uruguay. Directora Tutora de disertaciones finales de las formaciones de Máster y Licenciatura, y técnico consultante del Ministerio de Cultura y Educación de Uruguay. Recibió el premio *Best Research Paper on Depression* de la Asociación Psicoanalítica del Uruguay (2013) y el *Best Academic Paper* de la Universidad Católica (2010, 2012). Es investigadora de la regulación afectiva en el niño, terapeuta psicoanalítica y supervisora.

Michael Šebek: Doctor, CSc. Psicólogo clínico y Profesor Senior en la segunda Facultad de Medicina de Charles University, Praga, Departamento de Ética Médica y Estudios Humanos en Medicina. Es analista didacta y supervisor en la Sociedad Psicoanalítica Checa y ha sido elegido dos veces como su Presidente. Es Director del Instituto Psicoanalítico de la Sociedad Psicoanalítica Checa (desde 2012). En 2000–2002 fue el Secretario para Europa del Presidente de la IPA D. Widlocher. Desde 1993 a 2010 fue miembro del Cuerpo Editorial Internacional de la revista norteamericana *Psychoanalytic Inquiry*. En 1999 fue *Erikson Scholar del Erikson Institute of the Austen Riggs Center* en Stockbridge, MA. Desde 1995 ha estado involucrado en actividades de docencia para el *Han Groen Prakken Institute for Eastern Europe*.

Virginia Ungar: Máster. Miembro pleno y analista didacta de la Asociación Psicoanalítica de Buenos Aires. Es especialista en psicoanálisis de niños y adolescentes. Es Profesora en el Instituto Universitario de Salud Mental de la Asociación Psicoanalítica de Buenos Aires y en el Curso de Posgrado de Psicoanálisis de Niños y Adolescentes de la Universidad de Buenos Aires (Argentina). Es miembro de la Facultad del *Psychoanalytic Institute of Northern California* (PINC) y del *International Institute for Psychoanalytic Training* (IIPT). Ha enseñado también en Porto Alegre, Brasil, y en Santiago, Chile. Durante los últimos quince años ha sido docente de los seminarios de Observación de Infantes con el método de Esther Bick de la *Tavistock Clinic*. Ha publicado numerosos artículos en revistas y capítulos en algunos libros. Fue Representante Latinoamericana en el *Board* de la IPA y en el Comité Ejecutivo de la IPA (2005–2009), miembro del Comité de Observación Clínica de la IPA (2009–2013) y fue Presidente y actualmente es consultora del Comité de Psicoanálisis de Niños y Adolescentes de la IPA (COCAP). Es Directora del Comité de Educación Integrada de la IPA y miembro del *Board* latinoamericano del *International Journal of Psychoanalysis*.

Robert White: Es miembro de la Facultad del *Western New England Psychoanalytic Institute* en el estado de Connecticut, USA. Es miembro fundador del *North American Clinical Comparative Method Working Party*. Dos años atrás se unió al grupo *North American Clinical Observation*. Ex Editor Asociado de *JAPA*. Ha publicado artículos y capítulos de libros en relación con los estudios de Bion y la intersubjetividad. En su sociedad local dirige el Programa de Educación en Psicoterapia y enseña en el Programa de Educación en Psiquiatría de la Universidad de Yale.

COMITÉ DE OBSERVACIÓN CLÍNICA DE LA IPA (PROJECT COMMITTEE ON CLINICAL OBSERVATION AND TESTING)

Miembros (en orden alfabético):

Altmann, Marina (Presidente)
Bernardi, Ricardo
Fitzpatrick-Hanly, Margaret Ann
Glover, William
Gullestad, Siri
Hurvich, Marvin*
Leibovich de Duarte, Adela*
Leuzinger-Bohleber, Marianne
Ungar, Virginia*

*Hurvich, Marvin: Miembro 2009–2013. Consultor desde 2014.
Leibovich de D., Adela: Presidente 2009–2010. Consultor 2011–2013. Miembro desde 2014.
Ungar, Virginia: Miembro 2009–2013.

PREFACIO DEL EDITOR DE LA SERIE

El Comité de Publicaciones de la Asociación Psicoanalítica Internacional continúa, con este volumen, la serie "*Psychoanalytic Ideas and Applications*" ["Ideas y aplicaciones psicoanalíticas"].

El objetivo de esta serie es centrarse en la producción científica de autores significativos cuyos trabajos constituyen contribuciones sobresalientes al desarrollo del campo psicoanalítico y exponen ideas y temas relevantes, generados durante la historia del psicoanálisis, que merecen ser conocidas y discutidas por los psicoanalistas en la actualidad.

La relación entre las ideas psicoanalíticas y sus aplicaciones debe presentarse desde la perspectiva de la teoría, la práctica clínica, la técnica y la investigación, de manera de mantener su validez para los psicoanalistas contemporáneos.

El objetivo del Comité de Publicaciones es compartir estas ideas con la comunidad psicoanalítica y con profesionales en otras disciplinas relacionadas, con el objetivo de expandir su conocimiento y generar un intercambio productivo entre el texto y el lector.

Tiempos de Cambio: Observando las transformaciones en el proceso analítico. El Modelo de los tres niveles, editado por Marina Altmann de Litvan, es un libro escrito por diferentes autores que resume el trabajo del Comité de Observación Clínica de la Asociación Psicoanalítica

Internacional durante los años 2009 y 2013. Representa el fruto de un trabajo de investigación sobre las transformaciones en psicoanálisis y busca mejorar la observación clínica de los cambios en psicoanálisis, comparando, por medio de una metodología estricta basada en el "modelo de los tres niveles", los diferentes puntos de vista de un grupo de psicoanalistas provenientes de todas partes del mundo y de culturas y tradiciones psicoanalíticas diferentes. Este volumen explora este tema interesante desde puntos de vista teóricos y clínicos, ofreciéndoles así a los lectores interesados en metodología e investigación en psicoanálisis los resultados de un trabajo excelente en este difícil campo.

Un agradecimiento especial, entonces, se le debe al editor y a todos quienes contribuyeron con este volumen, que viene a enriquecer nuestra serie "Ideas y Aplicaciones Psicoanalíticas".

Gennaro Saragnano
Editor de la Serie
Presidente, Comité de Publicaciones de la IPA

PREFACIO

Charles Hanly

Cuando, en el Congreso de Chicago, dediqué mi presidencia a validar y fortalecer la confianza en la observación clínica como fuente primordial de conocimiento psicoanalítico, no me atreví a esperar que se pudiera lograr tanto en este sentido como lograron los colegas que con toda dedicación aceptaron este desafío. Estos colegas son quienes desarrollaron una metodología, crearon Grupos de Trabajo de la IPA sobre observación clínica, y han elaborado este libro que considero de gran importancia.

Durante un tiempo mi percepción había sido que muchos analistas se habían desalentado acerca del psicoanálisis clínico y su valor de evidencia para la construcción de teoría. Un factor en este desaliento ha sido la dificultad que vienen teniendo los analistas para encontrar pacientes. Otro factor ha sido las críticas epistemológicas postmodernas acerca de la objetividad de la observación clínica psicoanalítica, la cual ha cuestionado implícitamente la confiabilidad del psicoanálisis clínico como evidencia al proclamar su subjetividad irremediable (Hanly, 1999; Hanly y Hanly, 2001). Para abordar esta situación consideré que sería útil crear oportunidades para los colegas, incluyendo colegas de diferentes orientaciones teóricas y técnicas, para explorar juntos la confiabilidad de los procesos clínicos psicoanalíticos y las observaciones sobre las cuales se basan las interpretaciones. Si las interpretaciones llevan la parte crucial de la carga del beneficio terapéutico (o su ausencia) (Hanly, 1994), las interpretaciones y las observaciones del proceso analítico en las que se apoyan forman la base fundamental de la terapia psicoanalítica. Entonces, la observación de lo que sucede en el proceso analítico una vez realizadas las interpretaciones es esencial para evaluar la eficacia (o ineficacia) terapéutica de las interpretaciones. Únicamente de esta manera se puede evaluar la validez de las interpretaciones. Usar así la observación del proceso analítico es una parte esencial de la evaluación que hacen los analistas del desarrollo de su trabajo analítico. La realización de indagaciones por parte de grupos de analistas sobre el trabajo de colegas podría contribuir con conocimiento de utilidad acerca de cómo funciona el psicoanálisis. Estas indagaciones tendrían la posibilidad de investigar, por ejemplo, el supuesto con respecto al rol terapéutico de la interpretación que forma una de las premisas del argumento que acabo de elaborar. Es necesario que esas indagaciones sean "abiertas" y sin adhesión a ortodoxias incuestionables.

Esta tarea se le confió al Comité de Observación Clínica (*Project Committee on Clinical Observation and Testing*), el cual recibió la autorización del Board de la IPA en el Congreso de Chicago. El comité aceptó el desafío de desarrollar y probar una metodología que pudieran usar los grupos de analistas en nuestras Sociedades Miembros para llevar a cabo indagaciones de este tipo. Su trabajo se podría describir como un "regreso freudiano a Freud". Es una vuelta a Freud en el sentido de que el paso crucial en el descubrimiento de Freud de la sexualidad infantil y la fantasía inconsciente fue las observaciones clínicas que le revelaron lo inadecuado de su teoría de la seducción. Freud usó la observación clínica para probar la validez de la teoría de la seducción y para descubrir cómo debía modificarla para 1) que diera cuenta de lo que observaba en sus pacientes y 2) que se ajustase a las interpretaciones y a la técnica que estaba usando para ayudarlos a sanar. Este regreso a Freud es también freudiano puesto que la metodología que emplea vale siempre y cuando sea útil; invita a la evaluación y al perfeccionamiento. Ciertamente, a menudo se ve a Freud como una especie de autoridad papal, en ocasiones insultada y en ocasiones venerada. Pero Freud, principalmente, consideraba la autoridad de los hechos clínicos observados como la base del conocimiento psicoanalítico. Este punto epistemológico básico es compartido por analistas kleinianos, como ser

Britton (2004), Britton y Steiner (1994), Feldman (1993), Segal (1994), y Etchegoyen (1996, 2004) y los analistas freudianos. Este es el espíritu que ha guiado el trabajo del Comité de Observación Clínica.

La tarea no se ve facilitada por la prevalencia de teorías alternativas. Sin embargo, no son tanto las teorías alternativas como tales, sino más la idea epistemológica de que la experiencia y, por lo tanto, la observación clínica psicoanalítica está constantemente comprometida por las ideas, los valores y las creencias que traemos a la misma. Y, de hecho, incluso aunque nuestra experiencia cotidiana corriente no siempre puede depender de las ideas, la observación clínica requiere ideas que provean foco, ideas que se tratan como corazonadas y permanecen abiertas a la corrección por la observación clínica. Estas formulaciones clínicas no son diferentes de las ideas que guían la observación científica en general, por ejemplo, las ideas que llevaron a Harvey a los experimentos que demostraron la continuidad y la circularidad del sistema de venas y arterias en los mamíferos. Afianzar más y continuar elaborando lógicamente esta idea epistemológica subjetivista es la noción de co-creación: o sea, que el analista observador ineludiblemente influye en los afectos y las narrativas de las asociaciones del paciente, incluyendo los sueños contados en el análisis, creando así una versión de sus síntomas y sus orígenes en su vida, peculiar a cada díada analítica. Lo mismo sería cierto para las transferencias. Este cuestionamiento de la objetividad de la observación clínica (la intersubjetividad de la observación clínica tanto en el sentido común como en el sentido científico del término) ha tenido una larga historia, comenzando por el problema de la sugestión. Ya Freud (1917, 1923, y 1937) había planteado y discutido estas cuestiones epistemológicas. Al reunir a analistas de diferentes convicciones teóricas y técnicas y discutir notas del proceso clínico, los Grupos de Trabajo de Observación Clínica de la IPA están diseñados para probar hasta dónde las convicciones teóricas y técnicas influyen en la observación clínica. Lo que sucede en la tarea de los Grupos de Trabajo evidentemente influirá en una importante controversia epistemológica en el psicoanálisis contemporáneo que debe ser resuelta experiencialmente y técnicamente, así como filosóficamente (Hanly y Hanly, 2001). ¿Existen hechos relativos a un proceso analítico relacionados con cuestiones de interpretación, teoría y técnica sobre los cuales analistas con adecuada formación puedan estar de acuerdo a pesar de las diferencias teóricas y técnicas entre los discutidores y presentadores de los casos clínicos?

La metodología del Comité de Observación Clínica se focaliza principalmente en el cambio o la transformación en el paciente durante el curso de un análisis. Por supuesto los cambios/transformaciones en el funcionamiento de un paciente suponen procesos algo complejos que se desarrollan a lo largo del tiempo; incluyen cambios que ocurren en la dinámica del trabajo analítico en sí, el cual tiene el potencial de cambios benéficos o adversos en los conflictos que causan síntomas e inhibiciones, p. ej., los cambios en los patrones de los sueños, los cambios en la transferencia, incluyendo desarrollos tales como "curas transferenciales" y cambios en la alianza de trabajo. Al comenzar por una buena descripción diagnóstica de los síntomas del paciente y de sus inhibiciones anteriores al análisis, los Grupos de Trabajo pueden establecer un punto de comparación para poder hacer estimaciones de mejorías funcionales, falta de mejoría y deterioros, con un grado de precisión razonable y útil, como en la descripción siguiente: ha disminuido la ansiedad obsesiva del paciente que tenía prohibido usar un baño público. Puede usar baños públicos aunque aún pone especial cuidado en lavarse las manos, incluso cuando usa su propio baño, y si no lo hace, queda un poco preocupado por posibles infecciones. El destino de este residuo de ansiedad se puede detectar en segmentos posteriores del análisis. La observación de las causas pueden detectarse en los detalles del proceso y las respuestas del paciente a las interpretaciones de la transferencia y las asociaciones a medida que van sucediendo. Estas observaciones, a largo plazo, abren la perspectiva de una base clínica de evidencia para evaluar las interpretaciones y las teorías que ellas implican. Este tipo de investigación promete lograr los tres objetivos de la formación de los Grupos de Trabajo de la IPA sobre Observación Clínica: 1) ofrecer oportunidades para el desarrollo profesional continuo; 2) permitir investigaciones clínicas y teóricas; 3) promover publicaciones cuando los resultados lo justifiquen.

Desde el punto de vista semántico "cambio" y "transformación" se usan indistintamente describiendo el objeto de esta investigación. Ninguno de los términos incluye los significados extremos de la palabra "transformación" en inglés, p. ej. "transustanciación", como en la transformación del pan y del vino en la sangre y el cuerpo de Jesús, o "desnaturalizar" citado como sinónimo y antónimo de "transformación", que es en sí mismo reconocido como un sinónimo de "cambio" (Tesauro de Roget, 1961). En inglés, el antiguo idealismo animista de la metafísica platónica y aristotélica aún hace que "sustancia" y "naturaleza" se asocien a ciertas palabras compuestas usando la palabra "forma". En este contexto, "transformación" no tiene estas connotaciones asociativas. "Transformación" y "cambio benéfico" se aplicarían idénticamente a la reducción de ansiedades obsesivas severamente inhibitorias, como en un paciente que luego de haber tenido que dejar por completo de conducir debido a su ansiedad de poder causar un accidente, lo cual le generó grandes inconvenientes, pudo volver a conducir su automóvil con precaución normal y con cortesía hacia los demás conductores (aunque los síntomas anteriores de revisar la hornalla de la cocina y cerrar la puerta de su apartamento con llave permanecieron de forma muy atenuada al nivel de la psicopatología de la vida cotidiana). No es necesario que la disminución del síntoma y de la inhibición estén completamente en orden para calificar como una "transformación".

El foco en el cambio (transformación) tiene para el psicoanálisis otro beneficio potencial a largo plazo. Al haber un claro punto de referencia diagnóstico al comienzo de un análisis (el cual podría ser más convincente si se solicita un diagnóstico independiente a un profesional competente) y, con el estudio detallado de las porciones del material clínico a lo largo del proceso del análisis, los Grupos de Trabajo en Observación Clínica ofrecen una manera de contribuir con una base de evidencia para medir la eficacia del tratamiento psicoanalítico. Si se formara uno o más Grupos de Trabajo de la IPA usando métodos similares en varias Sociedades Miembros de la IPA, sus datos podrían usarse para estudios a gran escala sobre la eficacia del psicoanálisis, complementando con controles de confiabilidad por un tercero neutral a un costo que sería accesible para la IPA. También otros estudios se vuelven posibles usando esta metodología o adaptaciones de la misma. Por ejemplo, el estudio de la eficacia del análisis por teléfono o por Skype, comparando períodos iniciales del análisis "en el consultorio" seguidos por análisis por teléfono o por Skype, la comparación de la importancia de causas endógenas y exógenas de la neurosis, etc.

Por todas estas razones esta publicación, focalizada en la metodología y los primeros resultados de un método para indagaciones en el proceso psicoanalítico, merece su especial atención. Es importante para la continuidad y el avance del psicoanálisis. Constituye una invitación a su estudio y a su participación en este nuevo emprendimiento psicoanalítico.

Bibliografía

Britton, R. (2004). Subjectivity, objectivity, and triangular space. *Psychoanalytic Quarterly, 73*: 47–61.

Britton, R., & Steiner, J. (1994). Interpretation: selected fact or overvalued idea? *International Joournal of Psychoanalysis, 75*: 1069–1078.

Etchegoyen, R. H. (1996). Some views on psychic reality. *International Journal of Psychoanalysis, 77*: 1–14.

Etchegoyen, R. H. (2004). *Epistemología y psicoanálisis* [Epistemology and psychoanalysis] by Gregorio Klimovsky Buenos Aires: Biebel. 2004. *Vol. I*: 313 pp; *Vol. II*: 316 pp. *International Journal of Psychoanalysis, 85*: 1291–1297.

Feldman, M. (1993). Aspects of reality, and the focus of interpretation. *Psychoanalytic Inquiry, 13*: 274–295.

Freud, S. (1916–1917). *Introductory Lectures on Psychoanalysis. S.E., 16.* London: Hogarth.

Freud, S. (1923c). Remarks on the theory and practice of dream-interpretation as a whole. *S.E., 19*: 109–124. London: Hogarth.

Freud, S. (1937d). Constructions in analysis. *S.E., 23*: 255–270. London: Hogarth.

Hanly, C. (1994). Reflections on the place of the therapeutic alliance in psychoanalysis. *International Journal of Psychoanalysis, 75*: 457–467.

Hanly, C. (1995). On facts and ideas in psychoanalysis. *International Journal of Psycho-Analysis, 76*: 901–908.

Hanly, C. (1999). On subjectivity and objectivity in psychoanalysis. *Journal of the American Psychoanalytic Association, 47*: 427–444.

Hanly, C., & Hanly, M. A. (2001). Critical realism: distinguishing the psychological subjectivity of the analyst from epistemological subjectivism. *Journal of the American Psychological Association, 47*: 515–533.

Roget, P. (1962). *Roget's International Thesaurus* (3rd edn). New York: Thomas Y. Cromwell.

Segal, H. (1994). Phantasy and reality. *International Journal of Psycho-analysis, 75*: 395–401.

INTRODUCCIÓN

Marina Altmann de Litvan

En los últimos años en la comunidad psicoanalítica se han realizado importantes esfuerzos para comprender las teorías implícitas que manejamos los analistas en nuestra práctica y las diversas modalidades que utilizamos las diferentes culturas psicoanalíticas para tratar a los pacientes (Canestri, 2006; Tuckett, 2008). Estos esfuerzos han resultado de suma utilidad para construir puentes y promover un mayor entendimiento entre psicoanalistas de diferentes tradiciones y orientaciones (p. ej. los EPF working parties).

Un objetivo compartido por todos los analistas es promover transformaciones en nuestros pacientes (a través de la acción terapéutica que conduce a cambios en su mundo interno. Por este motivo parecería esperable que la ilustración de estos procesos de transformación fuese una prioridad de la escritura clínica. Es así que la documentación calificada y la comunicación de esos procesos en distintos pacientes y grupos de pacientes sigue siendo uno de los objetivos principales de los trabajos psicoanalíticos clínicos. El conocimiento acerca de los procesos de transformación que experimentan los pacientes en psicoanálisis es crítico para lograr el progreso en nuestro campo (documento interno escrito por el comité, Copenhague, abril 2011). La calidad de las observaciones clínicas puede mejorar. Estamos convencidos de que un estudio cuidadoso del intercambio entre paciente y psicoanalista es esencial para avanzar en psicoanálisis y promover el diálogo con otras disciplinas.

El Comité de Observación Clínica de la IPA forma parte de las Nuevas Iniciativas Científicas promovidas por el ex Presidente de la IPA Charles Hanly con el objetivo de "ocuparse de algunos desafíos significativos del psicoanálisis sobre los que hemos hablado y escrito extensamente a lo largo de varios años" (Hanly, 2010, página web de la IPA, traducción mía). El objetivo de este comité ha sido refinar los criterios para promover observaciones clínicas confiables en el curso del trabajo clínico. En la reunión del 17 de abril de 2011 en Copenhague, los miembros del comité nos pusimos de acuerdo en el siguiente objetivo: "Contribuir a una mejor observación clínica, su documentación y comunicación a través de trabajos clínicos y otras maneras de compartir conocimiento clínico".

Nuestro comité vio la necesidad de trabajar con lo que le sucede a un paciente particular con un analista particular en el contexto de su trabajo, no tomando como referencia modelos teóricos ideales, sino lo que sucede en la práctica clínica. El Modelo de los tres niveles para la observación de las transformaciones del paciente (3-LM por su sigla en inglés) fue desarrollado teniendo en cuenta los siguientes desafíos: evaluar transformaciones haciendo foco en el paciente, observando lo que le sucede a éste y a su analista desde una perspectiva cercana y refinar la observación clínica y su comunicación.

El modelo se centra en los pacientes como personas en un contexto. Junto con el analista nos preguntamos una vez más cuál fue la razón que lo trajo al análisis, y nos preguntamos a nosotros mismos cómo y de qué manera las respuestas del paciente fueron escuchadas y exploradas en diferentes momentos del análisis. Durante el trabajo con este modelo hemos enfrentado problemas reales planteados por los pacientes en análisis y las dificultades que los analistas encuentran al hacer su trabajo. También hemos confirmado la disposición de los analistas de mostrar su trabajo y compartirlo con otros para que en grupo se pudieran desarrollar hipótesis alternativas basadas en el proceso analítico que ellos experimentaron y presentaron.

El trabajo de grupo con este modelo guía a los participantes en el análisis y la deconstrucción de esta relación particular y única analista–paciente a través de diferentes lentes. Deconstruimos el material clínico para luego reconstruirlo en nuestra mente. Se observan las transformaciones en varias dimensiones específicas, un procedimiento que permite a los analistas identificar con mayor precisión cuáles cambios se han dado y cuáles no.

La literatura psicoanalítica a menudo muestra diferentes momentos de cambio y desarrolla diferentes hipótesis sobre este cambio, pero aún sabemos poco acerca del impacto de esos cambios en el propio proceso de análisis y en el curso de la vida de los pacientes. El modelo de los tres niveles busca reconocer la riqueza de la experiencia clínica considerando los conflictos, las defensas, la transferencia y otros aspectos que influyen al contexto del análisis (tales como los cambios relacionados con los factores de desarrollo, enfermedades somáticas, medicación, y estresores agudos o crónicos o situaciones traumáticas), así como la capacidad de los pacientes para superarlos.

Como todos sabemos, las observaciones clínicas nunca son independientes de los conceptos y teorías que el analista tiene en su mente. La estrategia que hemos desarrollado ayuda a que los analistas examinen las teorías explícitas e implícitas que han aplicado con los pacientes y a su vez, a poner en consideración si otros enfoques serían mejores para promover las transformaciones del paciente en los aspectos que se trabajan en el análisis.

Con el modelo de los tres niveles el grupo de analistas que discute el material clínico actúa como un "consenso de expertos" que valida o no las observaciones del analista y documenta sistemáticamente las convergencias y divergencias con la observación clínica (método desarrollado en el estudio de seguimiento DPV; ver Leuzinger-Bohleber et al., 2010). Gracias a la discusión de un material clínico con otros analistas trascendemos el terreno individual. Aparecen otros oyentes que confirman o contradicen nuestras hipótesis, ofreciéndonos entonces diferentes perspectivas sobre el material.

El trabajo desarrollado ha resultado ser muy útil por varias razones. En primer lugar promueve el análisis cuidadoso del presentador (el analista) sobre el paciente y el proceso analítico. En segundo lugar ofrece una "segunda mirada" al proceso en sí mismo, permitiéndonos encontrar puntos ciegos, así como éxitos y errores en nuestro trabajo como analistas. Finalmente, crea un espacio para compartir enfoques teóricos diferentes de una manera cómoda, que ofrece una buena oportunidad para una discusión abierta.

Más de 900 analistas (abril, 2015) han participado hasta el momento en grupos que han trabajado con este modelo en muchas ciudades, en diferentes regiones: Buenos Aires, Mendoza, Sao Paulo, Pelotas, Campo Grande, Lima, Montevideo, Nueva York, San Francisco, Toronto, Frankfurt, Tel Aviv y Praga. Las discusiones grupales ponen de manifiesto formas variadas de aplicar el modelo según los intereses de los participantes o los contextos geográficos y culturales, entre otros aspectos. Creemos que tal diversidad, posibilitada por su flexibilidad, es una de las fortalezas del modelo. Es esta experiencia la que queremos compartir en este libro.

Cada capítulo es el resultado de un proceso en curso; el modelo de los tres niveles, así como el trabajo en grupo que promueve, está siendo mejorado constantemente. Sin restarle importancia a esta vitalidad, puedo aseverar que esta publicación reúne los aspectos más importantes de nuestro trabajo. Es mi deseo y el de todos los miembros del comité ofrecerles a los lectores una manera de acercarse a un tema que, a pesar de su importancia para el psicoanálisis, es escasamente discutido en la literatura actual.

En la primera parte del libro, "Presentación del modelo de los tres niveles para la observación de las transformaciones del paciente", Ricardo Bernardi presenta en el Capítulo Uno, titulado "El modelo de los tres niveles para la observación de las transformaciones del paciente (3-LM)", el modelo que desarrolló en el Comité de Observación Clínica de la IPA. Este instrumento, fundamental para el trabajo del Comité, tiene el objetivo de mejorar y refinar la observación clínica y la descripción de las transformaciones que ocurren durante largos períodos de análisis, o en el transcurso de un tratamiento completo, examinando el material clínico desde ángulos o perspectivas diversas. En este capítulo Bernardi describe cada uno de los tres niveles, ilustrando las preguntas específicas planteadas por el modelo con material clínico y los resultados de la discusión grupal. También trata las dificultades y limitaciones del 3-LM así como su potencial de desarrollo, subrayando la gran importancia teórica y práctica de una descripción refinada de los cambios clínicos para el psicoanálisis.

La paciente presentada por Bernardi se encontraba en proceso de tratamiento, y el mismo grupo de observación tuvo la oportunidad de discutir el material de esta paciente un año después. En su capítulo "Leticia: el nacimiento de las interrogaciones sobre sí misma" la analista Silvana Hernández muestra cómo el 3-LM y la discusión grupal del material con este método la ayudaron a trabajar con una paciente difícil.

El Capítulo Tres, "Irina: el tratamiento psicoanalítico de una adolescente. La utilidad del modelo de los tres niveles para la observación de las transformaciones del paciente", presenta el primer material clínico examinado por el Comité de Observación Clínica usando el 3-LM. Esta discusión le sirvió al grupo para probar y examinar las preguntas y dimensiones propuestas en un intento de ver cómo la mente del analista identifica las diferentes motivaciones que traen a un paciente a terapia, cómo el analista comprende lo que sucede en la relación transferencial y contratransferencial durante el proceso analítico, y cómo todos estos temas generan cambios positivos, negativos, o ningún cambio en absoluto.

La segunda parte, "Observación y trabajo con el 3-LM", comienza con el Capítulo Cuatro, "El seguimiento de las transformaciones de los pacientes: la función de la observación en psicoanálisis", por Virginia Ungar y Margaret Ann Fitzpatrick-Hanly. Las autoras estudian el uso potencial de la observación para hacer un seguimiento de las transformaciones vividas por un paciente durante un tratamiento psicoanalítico o psicoterapéutico. Los puntos de anclaje pueden ser pensados como "puntos de partida", que se muestran a menudo en las palabras del paciente y que condensan problemas complejos en el funcionamiento psíquico del paciente. Cuando no se observan transformaciones, los puntos de anclaje (síntomas, inhibiciones o ansiedades) pueden reflejar aquellos aspectos de la dinámica del paciente y del proceso analítico que son más difíciles de cambiar. En los grupos de observación con el 3-LM los analistas tienen la posibilidad de volver a las hipótesis sobre los problemas centrales que están explícitos o implícitos en estos puntos, regresando y avanzando entre sesiones más tempranas y posteriores. Reflexionar sobre los puntos de anclaje es de utilidad para comprender mejor sus significados dinámicos y sus vicisitudes en las fases posteriores del análisis.

En su capítulo "La depresión y el trauma: el psicoanálisis de un paciente con depresión crónica: un ejemplo de estudio de caso basado en los tres niveles de observación clínica" Marianne Leuzinger-Bohleber explica cómo el 3-LM, y los pasos que este modelo propone, pueden ser articulados con el método "validación de expertos psicoanalítica" utilizado en el estudio Depresión LAC, en curso (ver, entre otros, Fischmann, Russ, y Leuzinger-Bohleber, 2013; Leuzinger-Bohleber y Teising, 2012; Leuzinger-Bohleber, Engels, y Tsiantis, 2008). Los tres niveles del modelo fueron usados como base para la reflexión sobre los procesos de transformación del analizado y para utilizar las perspectivas de los miembros del grupo como "validación de expertos psicoanalítica" con la finalidad de enfrentar productivamente los propios puntos ciegos.

El Capítulo Seis, "Aportes a la observación. Algunas reflexiones acerca del valor del Modelo de los tres niveles para estudiar los cambios", por Siri Gullestad, recuerda la máxima de Freud con respecto a la necesidad de adoptar una actitud de principios hacia el psicoanálisis como disciplina, y ofrece un enfoque de investigación caracterizado por la apertura, la flexibilidad, y el respeto fundamental por la observación objetiva. De esta manera, la autora establece que la teoría se encuentra al servicio de la práctica clínica. Gullestad subraya la tendencia generalizada a ignorar aspectos relacionados con la validez de nuestras observaciones clínicas y la importancia de aclarar la distinción entre la observación y la conceptualización. Además, Gullestad pone énfasis en la relevancia de la argumentación para documentar los trabajos clínicos y comenta sobre el caso clínico de Marianne Leuzinger-Bohleber.

En el Capítulo Siete, "La incidencia de nuestro modelo teórico en nuestro pensamiento clínico. Trabajando con el tercer nivel del Modelo de los Tres Niveles", Adela Leibovich de Duarte plantea las inferencias surgidas de la discusión basada en el modelo en el caso que se presenta en el Capítulo Tres de este libro. La autora hace referencia a las diferentes hipótesis explicativas sobre las transformaciones que el grupo desarrolló luego de haber trabajado con diferentes marcadores del cambio en los Niveles 1 y 2, incluyendo las teorías explícitas e implícitas del analista, así como las hipótesis alternativas. Plantea que necesitamos ciertas dimensiones para describir los cambios y las transformaciones porque la abstracción de los conceptos metapsicológicos puede llevarnos a usar los mismos términos teóricos para describir fenómenos clínicos diversos o a atribuirles diferentes nombres a los mismos hechos clínicos.

En el Capítulo Ocho, "Un paciente traumatizado en análisis: observando las transformaciones del paciente", Margaret Ann Fitzpatrick-Hanly presenta un paciente traumatizado que sufrió episodios psicóticos y fue hospitalizado en varias ocasiones. La aplicación del modelo de los tres niveles a este material clínico se llevó a cabo simultáneamente en dos grupos de observación diferentes— un grupo de candidatos y otro grupo conformado por analistas recientemente graduados y candidatos senior. Los integrantes de ambos grupos llegaron, de manera independiente, a conclusiones muy similares acerca de los tipos de cambio y ausencia de cambio en el paciente y en el proceso analítico. Una de las preguntas que el grupo discutió con mayor profundidad fue qué conflictos requerían interpretaciones, o qué problemas estructurales predominaban, que hacían necesario otro tipo de intervenciones.

La Parte IV, "El 3-LM: un caso, un informe, una discusión", muestra el proceso de la discusión de un caso clínico. Describe la presentación por parte del analista y el informe del grupo de trabajo, e incluye una productiva discusión por parte de Judy Kantrowitz.

El Capítulo Nueve, "Transformaciones en Paula: la mujer 'sin historia' ", por Michael Šebek, muestra un proceso psicoanalítico en diferentes etapas: las primeras entrevistas, y luego de ocho meses, dieciséis meses, y tres años de tratamiento. Se narran con honestidad las dificultades vividas por el analista durante el proceso. Además, podemos sentir la muralla detrás de la cual se esconde la paciente en las palabras del analista, y el compromiso de éste para ayudarla; vemos cómo los sentimientos de la paciente, sus recuerdos y pensamientos comienzan a emerger. Luego el autor comenta sobre el análisis del caso hecho a través del 3-LM bajo la moderación de miembros del Comité de Observación Clínica durante el 48º Congreso de la IPA y las principales conclusiones de los informes de la discusión grupal. A continuación se encuentra la narración de esta discusión escrita por Robert White (Capítulo Diez) para información de los lectores y para mostrar cómo se resumen las discusiones grupales al utilizar el modelo.

White describe los intercambios entre los participantes en cada nivel. En el Nivel 1, la primera tarea del grupo es elegir puntos de anclaje. Estas son descripciones fenomenológicas de aspectos centrales de la personalidad del paciente o de su comportamiento que pueden ser seguidas a lo largo del tiempo. En el Nivel 2 el grupo analiza los cambios en el paciente de acuerdo a las dimensiones diagnósticas descritas en un lenguaje cercano a la experiencia y no saturado teóricamente. Debido a las restricciones de tiempo del grupo, los participantes eligen concentrarse en aquellas dimensiones que parecen más relevantes para ese caso clínico en particular. Finalmente, el informe presenta el debate del grupo del Nivel 3, "Hipótesis explicativas del cambio".

Judy Kantrowitz discute detalladamente el material clínico presentado por Michael Šebek y su análisis en el 48º Congreso de la IPA. La autora hace énfasis en varios temas importantes que el 3-LM busca evaluar. Comienza hablando del proyecto y del modelo, diciendo que es un método que puede ayudar a hacer un seguimiento sistemático del cambio. Plantea que el modelo exige que conceptualicemos el problema desde la perspectiva de cada paciente: ¿contra qué está luchando el paciente? Esta pregunta no se plantea a nivel teórico sino a nivel de los fenómenos observados. El paciente es su propio punto de referencia. El modelo nos pide que evitemos la jerga psicoanalítica y que documentemos nuestras percepciones con datos de las sesiones. Luego Kantrowitz resalta el análisis del caso de Michael Šebek hecho por Bernardi, Fitzpatrick-Hanly y Leuzinger-Bohleber para ilustrar el proceso, y cierra con sus propias observaciones.

La Parte V, "Conceptos clínicos", presenta dos capítulos que reflexionan sobre algunos aspectos importantes del 3-LM: la observación clínica y la evaluación del cambio.

Marvin Hurvich, en su capítulo "Algunas reflexiones acerca del modelo de los tres niveles: la organización del conocimiento psicoanalítico mediante las observaciones clínicas y las generalizaciones", resalta una cuestión importante: cómo se organizan los hallazgos del 3-LM y cómo su organización está relacionada con temas metodológicos, especialmente con la confiabilidad y la validez.

El capítulo "La evaluación delos cambios: aspectos diagnósticos" de Ricardo Bernardi analiza la relación entre el diagnóstico y el psicoanálisis y pone énfasis en la importancia de las categorías diagnósticas para hacer un seguimiento de los cambios de los pacientes a lo largo del proceso psicoanalítico. El autor discute la necesidad de definiciones operacionales y contenido teórico, y cómo se tomó en cuenta este tema en el diseño del 3-LM.

La Parte VI, "Una aplicación del 3-LM al final de la formación analítica", plantea dos implementaciones del 3-LM en la formación analítica. En su capítulo, "El modelo de los tres niveles en la formación psicoanalítica", Beatriz de León de Bernardi y Marina Altmann de Litvan transmiten una experiencia de aplicación parcial de este modelo en el campo de la formación psicoanalítica. En el Capítulo Quince, "El uso del 3-LM para enseñar a los candidatos a observar las transformaciones en los casos clínicos", Liliana Fudin y Adela Leibovich de Duarte narran su experiencia al utilizarlo para la formación de candidatos en la Sociedad Psicoanalítica Argentina (SAP).

En la Parte VII, "Desarrollos posteriores del 3-LM en el análisis de niños", Marina Altmann de Litvan, Delfina Miller, y Ricardo Bernardi desarrollan una aplicación del modelo para niños tomando específicamente aquellos aspectos que diferencian claramente el análisis de niños, presentado en el Capítulo Dieciséis. El analista de niños trabaja no solo con la reconstrucción basada en la regresión y en el análisis del conflicto, sino también con la construcción de un psiquismo y ciertos patrones de desarrollo que están influidos por factores externos e internos y que, simultáneamente, interactúan con el inconsciente dinámico. La familia y el ámbito educativo son factores que tienen un rol importante y el juego del niño es central, ya que es una forma natural de expresión en el niño así como un medio de intercambio privilegiado con el analista, donde, a través del despliegue de los deseos, las ansiedades, las fantasías, las defensas y las relaciones de objeto, se pueden evaluar el nivel de desarrollo, las habilidades y la organización de la personalidad. Es a través del juego que se promueve el crecimiento y el desarrollo emocional del niño.

En los Apéndices, el lector podrá encontrar una guía para comenzar un grupo de observación clínica, así como un ejemplo de informe, presentado por William Glover. Se propone también la lista de preguntas sugeridas para trabajar en los grupos, y una encuesta a ser completada antes y después de la discusión grupal. Por último, se encontrará un listado de los grupos de trabajo de observación clínica formados desde el año 2011 hasta el año 2013 inclusive.

Para concluir, me gustaría pedirles a los lectores que se detengan por un momento en el título que hemos elegido para este libro, ya que denota la relación entre el marco temporal del proceso analítico y los cambios que los pacientes logran a través de este proceso. Con frecuencia vemos diferentes momentos o secuencias de cambio observando las respuestas de los pacientes a nuestras interpretaciones durante la sesión. Con el modelo de los tres niveles buscamos ofrecer una visión más amplia del proceso analítico que focalice no solo en la mente del analista sino también en cómo esa mente percibe las necesidades y deseos del paciente. Este objetivo nos llevó a encontrar dimensiones en las cuales pudiéramos hacer un seguimiento y comparar las modificaciones que ocurren en diferentes etapas del análisis. Las dimensiones fueron desarrolladas como preguntas abarcativas, escritas en un lenguaje que se mantiene cercano a la experiencia. Estas preguntas se explican por sí mismas para todos los clínicos con formación, independientemente de su marco teórico.

El título también refiere al desafío que enfrenta actualmente el psicoanálisis como disciplina. En este contexto, esperamos contribuir a un cambio positivo que nos ayude a focalizar y fortalecer el trabajo con nuestros pacientes. Si no podemos comprender lo que les está sucediendo a los pacientes, no podremos encontrar respuestas a muchas de sus interrogantes. Comprender es la única manera de responder a las siguientes preguntas:¿Qué les sucede a los pacientes en nuestra práctica? ¿Por qué sucede? ¿Cómo podemos usar nuestras herramientas psicoanalíticas para ayudarlos? El psicoanálisis es una oportunidad, una posibilidad de aliviar el dolor humano. Si evitamos los verdaderos desafíos, fallaremos en nuestro propósito de ocuparnos de los problemas humanos y del sufrimiento, y de ayudar a los pacientes a mejorar sus vidas.

Por último y para finalizar esta introducción quisiera agradecer a Patricia Schiavone, quien con entusiasmo, empuje y dedicación colaboró en la producción de este libro.

Bibliografía

Canestri, J. (2006). Implicit understanding of clinical material beyond theory. In: J. Canestri (Ed.), *Psychoanalysis. From Practice to Theory* (pp. 13–28). Chichester: John Wiley.

Fischmann, T., Russ, M., & Leuzinger-Bohleber, M. (2013). Trauma, dream and psychic change in psychoanalysis. A dialog between psychoanalysis and the neurosciences. *Frontiers in Human Neuroscience, 7*: 1–15.

Hanly, C. (2010). From the President. Furthering Freud's Dream. *International Psychoanalysis, the News Magazine of the IPA, Centenary Special Edition, 18.*

Leuzinger-Bohleber, M., & Teising, M. (2012). "Without being in psychoanalysis I would never have dared to become pregnant": psychoanalytical observations in a multidisciplinary study concerning a woman undergoing prenatal diagnostics. *International Journal of Psychoanalysis, 93*: 293–315.

Leuzinger-Bohleber, M., Bahrke, U., Beutel, M., Deserno, H., Edinger, J., Fiedler, G., Haselbacher, A., Hautzinger, M., Kallenbach, L., Keller, W., Negele, A., Pfenning-Meerkötter, N., Prestele, H., Strecker-von Kannen, T., Stuhr, U., & Will, A. (2010). Psychoanalytische und kognitivverhaltenstherapeutische Langzeittherapien bei chronischer Depression: Die LAC-Depressionstudie. *Psyche-Z Psychonal., 64*: 782–832.

Leuzinger-Bohleber, M., Engels, E. M., & Tsiantis, J. (Eds.) (2008). *The Janus Face of Prenatal Diagnostics: A European Study Bridging Ethics, Psychoanalysis, and Medicine.* London: Karnac.

Tuckett, D. (Ed.) (2008). *Psychoanalysis Comparable and Incomparable: The Evolution of a Method to Describe and Compare Psychoanalytic Approaches.* London: Routledge.

PARTE I

PRESENTACIÓN DEL MODELO DE LOS TRES NIVELES PARA OBSERVAR LAS TRANSFORMACIONES DEL PACIENTE

CAPÍTULO UNO

El modelo de los tres niveles para observar las transformaciones del paciente (3-LM)

Ricardo Bernardi

Resumen

La descripción de las transformaciones o cambios que ocurren en los pacientes a lo largo del análisis es de gran importancia teórica y práctica. Se propone una guía o heurística para observar y describir los cambios del paciente, usando tres niveles sucesivos de análisis, por esta razón llamado el "Modelo de los tres niveles para observar las transformaciones del paciente" (3-LM). Cada uno de estos niveles, que serán descritos en este artículo, propone preguntas específicas que buscan servir como guía para la discusión grupal o para la reflexión personal del analista. Desde el punto de vista heurístico, se espera que el 3-LM realce y refine la observación clínica y la descripción de las transformaciones que ocurren durante largos períodos de análisis, o en el transcurrir de un tratamiento completo. Este artículo discutirá los tipos de observación y de dimensiones clínicas que podrían ser útiles para este objetivo, sus dificultades y limitaciones, y las potencialidades de nuevos desarrollos.

Introducción

La descripción de las transformaciones o cambios que ocurren en los pacientes a lo largo del análisis es de gran importancia teórica y práctica. A continuación se propone una guía o heurística para observar y describir estos cambios, usando tres niveles sucesivos de análisis, llamada por esa razón "Modelo de los tres niveles para observar las transformaciones del paciente" (3-LM). Cada uno de estos niveles, que serán descritos en este trabajo, propone preguntas específicas, que buscan servir como una guía para la discusión grupal o para la reflexión personal del analista. Desde el punto de vista heurístico, se espera que el 3-LM amplíe y refine la observación clínica y la descripción de las transformaciones que ocurren durante largos períodos de análisis o en un tratamiento completo.

Una descripción más amplia y más detallada de las transformaciones del paciente ofrece una mejor base para comprender el proceso analítico y sus mecanismos de cambio. La palabra "proceso" se refiere a una sucesión de estados cuyas transformaciones o cambios se identificarán y comprenderán mejor cuanto más largo sea el tiempo y cuanto más amplio sea el contexto considerado. Los trabajos analíticos con frecuencia estudian en profundidad aquellos momentos especialmente significativos del análisis. Esta perspectiva es ineludible, pero resulta útil complementarla con la observación clínica de los cambios del paciente a lo largo de períodos prolongados, a lo cual se le ha prestado menos atención en la literatura psicoanalítica. El psicoanálisis posee herramientas conceptuales y clínicas para concebir este tipo de descripciones, pero no es fácil usarlas en forma integrada porque ellas pertenecen a puntos de vista teóricos y técnicos diversos y a veces contradictorios entre sí. Sin embargo, cuando se logra combinar de manera coherente, aunque compleja, los aspectos centrales de estos conceptos el resultado es altamente desafiante y enriquecedor.

Este trabajo examinará y discutirá los conceptos más útiles para responder a las preguntas clave: ¿Hasta qué punto el paciente ha mejorado clínicamente (o empeorado) durante el análisis? ¿Cuáles son las principales dimensiones del cambio y cuáles son las hipótesis que mejor las explican?

Los cambios a los que apunta el psicoanálisis aún son objeto de polaridades, oscilaciones y paradojas que fueron descritas décadas atrás por R. S. Wallerstein (1965):

> "La primera paradoja aparente es la que existe entre la ausencia de metas (o de deseo) como instrumento técnico que marca la postura terapéutica apropiada para el trabajo analítico y el hecho de que el psicoanálisis se diferencia a sí mismo de toda otra psicoterapia, analíticamente orientada o no, porque plantea las metas más ambiciosas y de largo alcance en cuanto a las posibilidades de una reorganización fundamental de la personalidad". (p. 749) (traducción del autor)

La segunda paradoja se da, en la opinión de Wallerstein, entre los objetivos observados a nivel clínico y sus diversas conceptualizaciones metapsicológicas. La tercera paradoja tiene que ver con adoptar una posición optimista o pesimista con respecto al grado de cambio conseguido (p. 765). En los años siguientes al análisis de Wallerstein se consolidaron diversos modelos ideales del proceso psicoanalítico, basados en los trabajos de autores influyentes (M. Klein, W. R. Bion, D. Winnicott, J. Lacan, H. Kohut, entre otros) cuyas descripciones adquirieron un valor paradigmático; como resultado de esto, la discusión de las transformaciones del paciente ha devenido más compleja y muy a menudo está guiada por la teoría. Hoy en día no es simple determinar hasta qué grado estos enfoques teóricos diferentes son coincidentes, contradictorios o complementarios, o si son inconmensurables debido a que se refieren a diferentes aspectos de los hechos clínicos (Bernardi, 1989; 1992). Por otro lado, no es fácil saber si el grado de adherencia del analista a uno u otro de estos modelos diferentes realmente lleva a efectos diferentes en el paciente. Esta situación sugiere no solo la necesidad de una investigación más detallada y sistemática de la relación entre el proceso analítico y los cambios que ocurren en el paciente, sino también argumenta a favor del uso de una perspectiva diferente, aunque complementaria. J. Bleger dijo acertadamente que lo que realmente importa es poder establecer los objetivos del psicoanálisis basándose en sus resultados en la práctica y no en formulaciones previas de naturaleza teórica o normativa (1973). Bleger destaca que *"un paciente termina con éxito su análisis en condiciones que otro paciente puede comenzarlo"*. Como consecuencia, la pregunta central deja de ser prescriptiva—¿cómo tiene que ser un análisis?—y pasa a estar basada en los hechos: ¿Qué efectos produce el análisis en la práctica real del analista? Esta es la perspectiva adoptada por el 3-LM, con la expectativa de que una mejor descripción de los cambios del paciente pueda dar más información para discutir qué proceso analítico específico se asocia con qué cambios en qué tipo de paciente.

El estudio de las transformaciones del paciente actualmente tiene dos amplias avenidas para su progreso: la observación clínica y la investigación empírica sistemática de procesos y resultados. La investigación empírica ha provisto firme evidencia a favor de la efectividad de los tratamientos psicoanalíticos (Rolph Sandell, Blomberg, Lazar, Carlsson, Broberg, & Schubert, 2000), (Fonagy & Target, 1994), (Fonagy & Target, 1996), (Fonagy, Roth, & Higgitt, 2005), (Leichsenring, 2009), (Leuzinger-Bohleber, Stuhrast, Rüger, Beutel, 2003), (R. Sandell, 2012), (Shedler, 2010), e incluso resulta en cambios en el funcionamiento cerebral (Beutel, Stark, Pan, Sibersweig, & Dietrich, 2010), (Etkin, Phil, Pittenger, Polan, & Kandel, 2005). La investigación empírica, sin embargo, aún no ha tenido éxito en convencer a muchos analistas clínicos de que sus resultados captan lo que es esencial y específico del proceso psicoanalítico (Hoffman, 2009), (Eagle & Wolitzky, 2011), (Walls, 2006).

Paradójicamente, mientras la investigación empírica sistemática basada en instrumentos estandarizados ha podido brindar evidencia de la efectividad del psicoanálisis, aún hay una falta de consenso acerca de la mejor manera de describir las transformaciones del paciente en el transcurrir de largos períodos de análisis. El desafío es encontrar conceptos para describir estas transformaciones a largo plazo, los cuales siendo plenamente psicoanalíticos, al mismo tiempo reflejen los cambios significativos que ocurren en la vida del paciente y en su funcionamiento mental e interpersonal.

El modelo de los tres niveles (3-LM)

El estímulo para el desarrollo del 3-LM se originó durante la presidencia de Charles Hanly en un comité de la Asociación Psicoanalítica Internacional (Project Committee on Clinical Observation, dirigido por Marina Altmann), al que se le solicitó promover los diferentes modos de observación clínica. El 3-LM constituye una de las propuestas presentadas al comité. Este trabajo refleja esencialmente la propuesta original del autor al comité en mayo de 2011. El comité desarrolló esta propuesta e implementó experiencias grupales en diferentes regiones y diversas culturas psicoanalíticas (Altmann, Fitzpatrick-Hanly, & Leuzinger-Bohleber, 2012), (Altmann, 2013), (Bernardi, 2013). El 3-LM, como se presenta aquí, refleja lo central de la propuesta inicial y no tiene una naturaleza exhaustiva o definitiva, ya que está abierto a incluir modificaciones o nuevo desarrollos sugeridos por su aplicación en diversos contextos y regiones.

El 3-LM propone observar y analizar los cambios a través de tres pasos consecutivos, cada uno de los cuales está basado en la adopción de un punto de vista específico sobre el material. El primer nivel adopta una perspectiva fenomenológica y busca describir los cambios como aparecen frente al observador, cuya observación está informada por su experiencia analítica previa. El segundo nivel busca una descripción más precisa de varias dimensiones o categorías que proveen un perfil más sistemático de los cambios. En el tercer nivel se examinan posibles interpretaciones o hipótesis explicativas de estos cambios y su naturaleza, comenzando por los focos en los cuales el trabajo analítico estuvo centrando, de acuerdo a las hipótesis explícitas o implícitas del analista. Estas hipótesis luego son comparadas con las hipótesis alternativas que pueden surgir desde otros enfoques clínicos o teóricos. Estos tres niveles son todos ellos componentes del juicio clínico. Sin embargo, el modelo 3-LM busca separarlos momentáneamente para poder examinar cada uno de ellos más cuidadosamente.

El orden de los niveles intencionadamente pone al nivel fenomenológico en primer lugar de la discusión, buscando explorar y describir los fenómenos cuidadosamente antes de intentar explicarlos. Cada nivel propone el análisis de los cambios observados desde un ángulo específico y complementario. Las discrepancias entre los niveles son un signo de que es necesario un mayor análisis. Frecuentemente los participantes necesitan desplazarse hacia atrás y hacia adelante entre los niveles, por ejemplo regresando a preguntas que han sido discutidas en los niveles 1 o 2, cuando la discusión de las hipótesis teóricas en el nivel 3 sugiere nuevas perspectivas sobre el material clínico que obliga a una revisión de lo que se ha discutido previamente. El objetivo de desplazarse hacia atrás y hacia adelante es refinar la observación clínica.

S. Freud (1914–1916) (p. 77) dijo que la observación constituye la base de los conceptos psicoanalíticos, mientras que las nociones teóricas, de naturaleza especulativa, deben ser sustituidas cuando nuevas observaciones así lo requieren. Hoy en día sabemos que no hay observaciones libres de teoría, porque nuestros conceptos teóricos dan forma a los complejos procesos perceptuales e inferenciales que nos guían hacia los juicios clínicos (Leibovich de Duarte, 2000). El 3-LM invita a los analistas con diferentes bases teóricas a discutir juntos, ilustrando cómo sus asunciones teóricas inspiran nuevas maneras de mirar el material. El objetivo es fortalecer un espacio de reflexión y cuestionamiento en el cual las observaciones clínicas pueden volverse hasta cierto grado autónomas e incluso desafiar las premisas teóricas que les dieron forma. Dicho de otra manera, el objetivo es distinguir los hechos seleccionados como claves o configuraciones significativas emergentes del material, de otras ideas, algunas veces sobrevaloradas, que no logran iluminar la comprensión del material (Bion, 1967), (Britton & Steiner, 1994). Por esa razón el 3-LM tiene el objetivo de comparar diferentes momentos de un tratamiento, refiriéndose continuamente al material, y usando un lenguaje clínico cercano a la experiencia que pueda ser compartido, o al menos comprendido, por analistas con diferentes enfoques teóricos.

El uso de un lenguaje clínico compartido coincide con la sugerencia de no perder de vista el origen experiencial de los conceptos analíticos (R. S.Wallerstein, 1988), (Klein, 1976), (Bleger, 2012). Esto no significa adherir a un realismo o empirismo ingenuo, sino simplemente reconocer que los analistas de diferentes tradiciones pueden en verdad compartir observaciones clínicas y discutir hasta qué punto sus hipótesis teóricas diversas combinan o continúan siendo incompatibles o insuficientes (Bernardi, 1989). Para darse cuenta de los límites de nuestros supuestos teóricos y para prevenir interpretaciones apuradas, el 3-LM propone volver vez tras vez al material clínico buscando matices que desafíen nuestras suposiciones.

A pesar de que el 3-LM puede ser usado para la reflexión individual, resulta especialmente útil para la discusión grupal. Con ese propósito el Comité de Observación Clínica de la IPA diseñó un modelo para guiar las discusiones grupales en las cuales se examina un material clínico en pequeños grupos durante un tiempo prolongado (10 o 12 horas). Al final de la reunión un sintetizador o *reporter* resume la discusión. El analista es invitado a presentar el material de diferentes períodos del análisis. Las primeras entrevistas ofrecen los puntos de anclaje cuyas transformaciones se estudiarán en al menos dos momentos posteriores del análisis—meses o, preferentemente, años más tarde—los cuales se supone que muestran los puntos de transformación. La elección del material, así como el modo de registro (notas o grabaciones) se deja a la discreción del analista, que participa en las discusiones grupales y puede, si se encuentra útil, ofrecer comentarios aclaratorios sobre el material. Las experiencias hechas con el 3-LM muestran un alto grado de consenso grupal en la estimación de los cambios en el paciente, especialmente en los niveles uno y dos. En algunos grupos se les pidió a los participantes que llenasen cuestionarios antes y después de la discusión grupal para evaluar con mayor precisión el grado de acuerdo entre los participantes.

Observando las observaciones

Los participantes de los grupos de trabajo con el 3-LM realizan tres tipos de observaciones. En primer lugar, cuentan con lo que el paciente percibe y dice acerca de sí mismo/a. Al mismo tiempo, confían en la percepción del analista, enriquecida por su actitud de receptividad alerta a los aspectos inconscientes y enigmáticos del paciente (Ungar, Koritar, Jacobs, Bolognini, Rolland, & Turgeon, 2009). En tercer lugar, cuentan con la observación de los participantes del grupo, incluyendo sus propias reacciones y las manifestaciones del grupo, en forma de "procesos paralelos". Todos tienen que ser escuchados con el "tercer oído" analítico, como nombra T. Reik's (1968) al instrumento que el analista pone en juego para su percepción de la comunicación inconsciente, la cual alcanza su mayor profundidad cuando el analista puede escuchar su propia voz en reacción a lo que el paciente dice. Ciertas comunicaciones psicoanalíticas logran alcanzar el "tercer oído del lector" (Reik, 1968, p. 18). Este es el tipo de escucha que se busca en los grupos de trabajo del 3-LM.

El razonamiento clínico está ampliamente basado en el reconocimiento de patrones iterativos a través de un proceso que es difícil de rastrear y reproducir (Ridderikhoff, 1993); (Leibovich de Duarte, 2004); (Shedler & Westen, 2004). La intuición clínica, como parte de lo singular conocido y va hacia lo singular desconocido, es similar a la abducción de Pierce (Hoffmann, 2005), (Leibovich de Duarte, 2010) y abre el camino a un posterior razonamiento inductivo y deductivo. En psicoanálisis las observaciones están hechas de la subjetividad particular de cada observador. En este aspecto difiere de la investigación empírica sistemática, la cual aspira a un mayor control de las variables subjetivas, incluso en estudios de caso único (Kächele, Schachter, & Thomä, 2008). El 3-LM aprovecha las fortalezas del método clínico de la observación participante. La experiencia analítica solo puede ser asida a través de la resonancia interna del material clínico y frecuentemente puede solo ser expresada a través de metáforas, algunas de ellas co-creadas en el campo analítico (de León de Bernardi, 2013), o por procedimientos cuasi-artísticos (Altmann, 2008), (Birksted-Breen, 2012). Es por eso que en el nivel 1 el modelo les pide a los participantes que identifiquen los puntos de anclaje y aquellas partes del material que más resonaron en ellos, usando un lenguaje cercano a la experiencia que mantiene vivo su potencial metafórico. Esta resonancia del material entre los participantes le agrega una nueva dimensión al proceso clínico que podría llamarse "observación de las observaciones" porque, como con un prisma, aquello que inicialmente resonó en el analista se repite con sus colores propios en cada participante y en el proceso grupal. Las preguntas del 3-LM buscan explicitar esta resonancia interna, usando la discusión grupal como un proceso de triangulación que junta observaciones de diferentes observadores y perspectivas teóricas diversas.

Se invita a los participantes a escuchar el material con el "tercer oído" y luego adoptar una "segunda mirada" (Baranger, Baranger, & Mom, 1983) sobre el material. Esta segunda mirada no se opone a la primera mirada, del mismo modo que la tabla de Bion no perjudica la escucha analítica. La segunda mirada que propone el 3-LM busca identificar patrones clínicos significativos que puedan usarse como marcadores de cambio a largo plazo. Incluyen el campo analítico, la psicopatología del paciente, y una perspectiva temporal de la evolución del paciente.

1. Con respecto a la segunda mirada en el campo analítico M. and W. Baranger & Mom (1983) notan que en ciertos momentos la "primera mirada", basada en la atención libremente flotante debe ser dejada en suspenso para dar lugar a una "segunda mirada", que incluye más ampliamente lo que está sucediendo en la situación analítica entre el paciente y el analista. Por esa razón el 3-LM investiga especialmente el uso que hace el paciente del analista (Winnicott, D. W. (1969)) y de sus interpretaciones (Etchegoyen, 1991), (Faimberg, 1996). El 3-LM le solicita al analista que presenta el material que incluya en él su contratransferencia, y que haga las aclaraciones sobre el contexto de la situación analítica que pueda contribuir a comprender mejor los cambios del paciente en relación a los focos de las interpretaciones del analista. A este respecto el 3-LM es complementario de otros modos de discusión clínica (p. ej., Tuckett, Basile, Birksted-Breen, Böhm, Denis, Ferro, Hinz, Jemstedt, Mariotti, and Schubert (2008), los cuales buscan elevar la conciencia de los modelos de trabajo del analista.
2. En segundo lugar, el 3-LM intenta ampliar la comprensión de la psicopatología del paciente. A. Green, (2002), reflexionando acerca del flujo del pensamiento clínico psicoanalítico, asevera que la atención libremente flotante por momentos debe ser remplazada

por una actitud de agudeza investigadora, que permita al analista reorganizar y ampliar su comprensión del paciente, yendo de la comprensión de la posición transferencial específica a una imagen más global de sus conflictos. Además, los indicadores normalmente empleados para evaluar las transformaciones de momento a momento no son necesariamente útiles para el seguimiento de las transformaciones a largo plazo. El segundo nivel del 3-LM está dedicado a las dimensiones centrales que podrían resultar más útiles para esta tarea (ver abajo).

3. En tercer lugar la dimensión temporal a largo plazo es una contribución específica de la perspectiva del 3-LM, cuyo objetivo central es describir las transformaciones que ocurren a lo largo del tiempo, comprando material de diferentes períodos. La discusión del material se mueve desde las primeras entrevistas hacia adelante, pero el 3-LM también permite una mirada del análisis "a posteriori" porque, de los cambios producidos, es posible revisar qué sucedió en las etapas iniciales bajo la luz de lo que sucedió más tarde. Es interesante notar que los cambios no ocurren solo durante las sesiones sino también entre ellas y luego de la finalización del tratamiento. (Shedler, Beck, Fonagy, Gabbard, Gunderson, Kernberg, Michels & Westen, 2010). También es posible que ocurran fenómenos en el paciente que sean similares a lo que Freud (1918) llamó efectos "a posteriori" ("nachträglich"), los que causan que ciertos eventos adquieran nueva eficacia y significado psíquico cuando están en un contexto nuevo.

Nivel 1: descripción fenomenológica de las transformaciones

A continuación se listan las preguntas que guían la discusión para el primer nivel. Durante la discusión en este nivel, así como en otros niveles, los participantes pueden seleccionar aquellas preguntas que consideren más apropiadas para el material. Durante la discusión también pueden surgir nuevas preguntas.

Preguntas del Nivel 1: descripción fenomenológica de las transformaciones

1. ¿Qué aspectos del material sugieren la existencia de cambios positivos, negativos, o la no existencia de cambios? ¿Cuáles predominan?

2. ¿Cuáles son las transformaciones que pueden observarse en el curso de una sesión? ¿Y a lo largo del tiempo entre las diferentes sesiones? ¿En qué áreas es posible observar cambios? P. ej.: a) Capacidad de amar y sexualidad; b) Familia y relaciones sociales; c) Trabajo y ocio; d) Intereses y creatividad; e) Síntomas y bienestar subjetivo). ¿Cuál es la perspectiva del paciente acerca de estos cambios?
3. Hay cambios en el proceso analítico en relación con: a) ¿Cómo usa el paciente al analista? ¿Cómo usa el paciente al analista y a sus intervenciones? c) ¿Cómo usa el paciente sus propios recursos mentales y corporales?
4. ¿Qué partes del material clínico tuvieron una resonancia especial en los participantes del grupo y pueden ser consideradas como puntos de anclaje que permiten hacer un seguimiento de los cambios del paciente? ¿Cuál es la relación entre estos puntos de anclaje y los focos de las interpretaciones del analista?

La pregunta inicial busca reunir impresiones globales sobre los cambios en el paciente desde la perspectiva de un observador informado. Los analistas se dan cuenta de que ciertos cambios positivos aparentes pueden ser defensivos, o de que una conciencia mayor de problemas dolorosos puede provocar un empeoramiento provisorio. Como muestran las reacciones terapéuticas negativas, los efectos adversos también pueden ocurrir en el tratamiento psicoanalítico como suceden en cualquier otro tipo de tratamiento.

La tercera pregunta se refiere al uso que el paciente hace del analista y de sus interpretaciones. Esta pregunta, inspirada en Winnicott (1969) incluye aspectos que son centrales en una sesión (p. ej., fantasías transferenciales, contratransferencia) pero va más allá, preguntando cómo el paciente está haciendo uso del análisis para los cambios que él o ella está enfrentando en diferentes etapas. Esto requiere prestar atención a las reacciones conscientes e inconscientes del analista. Esta tercera pregunta también interroga acerca de los cambios en el uso del paciente de sus propios recursos mentales y corporales en el análisis (lo cual está relacionado con las dimensiones centrales del funcionamiento mental que se considerarán en el nivel 2). La pregunta 2 también interroga sobre el uso de estos recursos en la vida cotidiana, fuera del análisis.

Los participantes discuten en el punto 4 qué partes del material tiene para ellos una especial resonancia consciente o inconsciente. Los "procesos paralelos" permiten percibir resonancia inconsciente a través de la repetición de los conflictos del paciente en el grupo. Estos aspectos del material inicial que resuenan en el grupo deben ser identificados pues brindan los puntos de anclaje que sirven de guía para el seguimiento de los cambios del paciente. Estos puntos de anclaje se compararán con los focos de las interpretaciones del analista, puesto que reflejan la percepción que tiene el analista de los problemas que generan o mantienen el sufrimiento del paciente.

Nivel 2: identificación de las principales dimensiones diagnósticas del cambio. Preguntas relevantes.

El nivel 2 procura identificar las dimensiones más importantes que permiten identificar transformaciones. Freud resumió la distinción entre salud y neurosis usando dos palabras: capacidad de gozar (Genuss) y de producir (Leistungsfahigkeit) (Freud, S., 1916–1917, p. 416). El concepto actual de calidad de vida relacionado con la salud apunta en la misma dirección, combinando el criterio de la percepción subjetiva de bienestar con el criterio de funcionamiento personal (Fleck, 2008). Pero estos conceptos son demasiado generales y necesitan adquirir una mayor precisión diagnóstica para ser de utilidad al evaluar los cambios del paciente. Varios autores hicieron una contribución al uso diagnóstico de conceptos psicoanalíticos: Freedman, Geller, Hoffenberg, Hurvich, & Ward, 2011; The Hampstead Psychoanalytic Index, 1981; el Método Proposicional de N. Freedman y M. Hurvich (Hurvich, 2003); The Structural Interview (Kernberg, 2006); Stern et al., 2010 (pp. 35–44). (Ver Hurvich, capítulo 12 y Bernardi, capítulo 13).

Más recientemente dos sistemas diagnósticos psicodinámicos han sido propuestos: el Manual de Diagnóstico Psicodinámico (PDM, 2006) y el Diagnóstico Psicodinámico Operacionalizado, versión 2 (OPD, 2008). Ambos apuntan a operacionalizar definiciones y a usar un abordaje que combine lo categorial y lo dimensional. En el año 2013 el DSM-5 (American Psychiatric Association, 2013) incluyó en su Sección III (Medidas y modelos emergentes) una Escala de Nivel de Funcionamiento de la Personalidad (Level of Personality Functioning Scale, LPFS) que tiene gran interés para el psicoanálisis. Los tres sistemas diagnósticos tienen una coincidencia sorprendente en el contenido central de los indicadores usados para evaluar el funcionamiento de la personalidad. Estas similitudes han sido subrayadas en dos paneles durante el Congreso 47º de la IPA (México, 2011), y el Congreso 48º de la IPA (Praga, 2013). (Ver Bernardi, 2013).

Los tres sistemas prestan especial atención a la polaridad self-otro de la vida mental. El 3-LM tomó prestados los ejes y categorías del OPD-2 que evalúan el funcionamiento mental (eje Estructura) de acuerdo a cuatro capacidades: 1) Percibirse adecuadamente a sí mismo y a los demás; 2) Regular los afectos relacionados con sí mismo y con los demás; 3) La comunicación emocional y simbólica, tanto interna como externa; y 4) El apego a objetos internos y externos. El 3-LM también incluyó dimensiones del PDM y del DSM-5. El PDM contiene 9 capacidades para evaluar el funcionamiento mental, mientras que la LPFS del DSM-5 las agrupa en un dominio del Self: Identidad y Dirección Propia y un Dominio Interpersonal: Empatía e Intimidad. A pesar del diferente modo de agruparlas, los tres sistemas apuntan a capacidades similares. Las convergencias entre el contenido de los tres sistemas, que emergen de su comparación conceptual (Bernardi, 2010), han sido corroboradas desde el punto de vista empírico entre el OPD-2 y la LPFS. Zimmermann, J. C., Cierpka, Schauenburg, Doering, y Benecke (2012) encontraron una correlación muy alta entre los descriptores del nivel de funcionamiento mental del DSM-5 LPFS y los niveles de integración estructural del OPD-2 ($r=0.93$, $p<0.001$).

Es importante notar que los tres sistemas diagnósticos han adoptado el objetivo de tender a cierta operacionalización de sus conceptos haciéndolos más utilizables por los clínicos de diferentes tradiciones. El OPD-2 afirma que uno de los desafíos de esta operacionalización es no perder el contenido conceptual para ganar consenso, y por lo tanto propone usar el "mínimo común múltiple" entre los diferentes significados de estos conceptos (p. 14). (Ver capítulo 13). Construyendo sobre estas convergencias, el 3-LM ha seleccionado, basado en los criterios clínicos intuitivos y con objetivos prácticos, una serie de preguntas inspiradas por estos tres sistemas. Los puntos seleccionados son aquellos que parecen más relevantes para hacer un seguimiento de los cambios. También ha considerado ítems de la Escala de Heidelberg de Cambio Estructural (Heidelberg Structural Change Scale, HSCS), incluida en el OPD-2 (p. 286). Las preguntas fueron formuladas de manera tal que se explican por sí solas para los psicoanalistas y no requieren un entrenamiento especial. Hasta qué punto son confiables y tienen validez concurrente con respecto a su fuente original es una pregunta que debe dejarse a la investigación empírica.

Las preguntas del Nivel 2 se presentan en la Tabla 2. La primera dimensión se refiere a cambios en la experiencia del paciente con respecto a su sufrimiento. Se espera que esto cambie como consecuencia de los nuevos *insights* durante el análisis. Las preguntas acerca del grado de reconocimiento de los problemas y la previsión de nuevas maneras de experimentar y comportarse están inspiradas en la HSBC. Una investigación reciente (Grande, Dilg, Jakobsen, Keller, & Krawietz, 2009) corrobora que si los pacientes al terminar una psicoterapia han logrado verse a sí mismos y a sus problemas "bajo una luz diferente" este hecho predice una mejor permanencia de los efectos positivos de la terapia tres años después de haber finalizado el tratamiento que la mejora sintomática inmediata.

El segundo grupo de preguntas tiene su origen en la noción clásica de transferencia y contratransferencia, a la cual se le agregan los cambios en los patrones relacionales fuera del análisis. En consecuencia, las preguntas abarcan la manera en la que el paciente ve a los otros y a sí mismo en sus relaciones significativas, y la forma en que los otros lo ven a él y a sí mismos en esas relaciones. Se incluye una perspectiva desde la historia del desarrollo del paciente así como la consideración de los aspectos verbales y no verbales, y de las diferencias entre ellos (Altmann de Litvan, 2007).

En el tercer grupo de preguntas se consideran los conflictos predominantes. Los cambios esperados en este nivel son aquellos que han sido resaltados tradicionalmente por el psicoanálisis. Se supone que el cambio debe estar acompañado de un uso más flexible de las defensas, especialmente aquellas que distorsionan o restringen la experiencia interna o externa. También es interesante diferenciar la manera en que los conflictos se presentan en pacientes con una estructura psíquica bien integrada de lo que ocurre en pacientes con un nivel más bajo de integración (como es el caso de la organización borderline de la personalidad). En estos últimos pacientes encontramos, en lugar de conflictos estables, que se presentan como un drama que se repite a sí mismo interminablemente, varios conflictos oscilantes, como fragmentos de diferentes narrativas que tienen lugar sobre un escenario inestable, debido a la inadecuada disponibilidad de las funciones estructurales. (OPD, pp. 158–159).

Las funciones estructurales se exploran en el cuarto grupo de preguntas. Estas preguntas tienen como objetivo explorar lo que se describe como vulnerabilidades, fragilidades, déficits, o detenciones del desarrollo del paciente. Se toman en cuenta cuatro dimensiones, siguiendo los criterios del OPD-2. La primera dimensión se refiere a la capacidad del paciente de percibir lo que ocurre en su propia mente y de construir, basado en eso, un sentido integrado y diferenciado de su identidad personal y su capacidad de proyectarse hacia el futuro (como subraya la LPFS del DSM-5). Se espera que el análisis mejore la mentalización, o sea la capacidad de comprender a través de la función reflexiva lo que sucede en su propia mente y en la mente de los demás (Fonagy, Gergely, & Target, 2002), (Allen & Fonagy, 2006). La segunda dimensión se refiere a la capacidad de regular los impulsos, los afectos y la autoestima, así como establecer un balance emocional adecuado entre las necesidades de sí mismo y las necesidades de los otros. La tercera dimensión, comunicación interna y externa y la capacidad de simbolización, es crucial para el proceso psicoanalítico porque estas funciones permiten el procesamiento psíquico e interpersonal de las experiencias vividas y su integración, contribuyendo de esta forma al crecimiento mental y a la elaboración del trabajo psicoanalítico. Las experiencias vividas necesitan ser procesadas a través de fantasías, sueños y representaciones mentales para poder darles mayor profundidad y consistencia a los procesos del pensamiento y a las relaciones interpersonales. La cuarta y última de las funciones estructurales consideradas es la capacidad de tener vínculos profundos con objetos internos y externos, algo que implica iniciar, preservar y terminar relaciones, tolerar separaciones y reconocer el lugar de un tercero. Estas cuatro capacidades, como se explica en el capítulo 13, son coincidentes en su contenido con las funciones evaluadas en la LPFS respecto a la posibilidad de identidad y dirección propia, en el dominio del Self, y con la empatía y la intimidad en el dominio interpersonal.

Se puede ver fácilmente que las preguntas no son en esencia sobre los efectos sintomáticos o de bienestar, sino que, por el contrario, detrás de ellas están los conceptos centrales de la teoría psicoanalítica. Sin embargo, buscan ser expresadas con la menor saturación teórica, refiriendo siempre a aquello que debe ser explorado en el material clínico, pero sin impedir que analistas con diferentes tradiciones puedan reencuadrar la respuesta de acuerdo a sus preferencias teóricas.

La quinta y última pregunta trae la discusión de si se trata de un tipo de trastorno identificable, así como cuál es el nivel de la organización de la personalidad. La severidad generalizada de los trastornos en el funcionamiento de la personalidad constituye el predictor más importante de disfunción concurrente y prospectiva (Skodol, Clark, Bender, Krueger, Livesley, & Morey, 2011a), (Skodol, Clark, Bender, Krueger, Livesley, & Morey, 2011b), (Skodol, Bender, Morey, L. A., Oldham, Alarcon, Krueger, Verheul, Bell, & Siever, 2011), (Bender, Morey, & Skodol, 2011), (Tyrer, 2005). Los niveles de integración mental del OPD-2 y de la LPFS del DSM-5 LPFS están correlacionados y sería interesante comparar la evaluación clínica con ellas a través del 3-LM.

Las preguntas del nivel 2 incluyen muchos, si no todos, los conceptos centrales que pueden contribuir a evaluar el cambio psíquico desde una perspectiva psicoanalítica.

Preguntas sobre el nivel 2: dimensiones de cambio

1. Experiencia subjetiva de la enfermedad y factores contextuales
   a. ¿Cuál es la experiencia subjetiva del paciente, sus creencias y expectativas acerca de sus problemas y el tratamiento? ¿En qué medida el paciente reconoce sus problemas? ¿Hasta dónde vislumbra posibilidades de cambio? ¿Hasta dónde analista y paciente concuerdan sobre las transformaciones esperables?
   b. ¿Existen factores contextuales que afectan el proceso terapéutico? (P. ej.: situaciones de crisis, experiencias traumáticas, enfermedades somáticas, drogas, etc.) ¿Cuán capaz es el paciente de hacer frente a estas situaciones?
   c. ¿Cómo cambiaron estos aspectos? ¿Cómo se modificó la comprensión del paciente de sus problemas y de sus posibilidades de cambios?
2. Patrones de relacionamiento interpersonal
   a. ¿Cómo son las relaciones interpersonales del paciente, especialmente en los vínculos que implican cercanía e intimidad?
   b. ¿Cómo experimenta el paciente a los otros y a sí mismo en relación con los otros? ¿Cómo los otros experimentan al paciente y a sí mismos en relación con el paciente (tanto en la transferencia-contratransferencia como en otros vínculos significativos)?
   c. ¿En qué medida el paciente puede relacionar sus patrones relacionales actuales con experiencias vividas en su infancia y en la relación transferencial?
   d. ¿Cómo cambiaron estos aspectos?

3. Principales conflictos intrapsíquicos
   a. ¿Cuáles son los principales conflictos? (P. ej., individuación vs dependencia, sumisión vs. control, necesidad de cuidados vs. autosuficiencia, autoestima, culpa, conflicto edípico, conflicto de identidad). ¿Cuáles son las fantasías inconcientes dominantes que pueden inferirse de los conflictos y los patrones relacionales?
   b. ¿Las defensas predominantes son adecuadas y flexibles o disfuncionales, distorsionando o restringiendo las experiencias internas y externas?
   c. ¿Cómo cambiaron estos aspectos?
4. Aspectos estructurales del funcionamiento mental
   a. ¿Cuál es el nivel de funcionamiento mental en las siguientes áreas?
      - Percepción de sí mismo y de los otros. Identidad.

        ¿Cuán capaz es el paciente de percibir adecuadamente sus propios estados internos y los de los demás? ¿Es capaz de empatizar, tolerando y comprendiendo diferentes puntos de vista? Tiene un sentido integrado de su propia identidad abierto a la posibilidad de aspectos inconscientes? ¿Cuáles son las características de las identificaciones (especialmente las patológicas)? ¿Logra conectar con su pasado y darle dirección a su vida con un sentido de agencia y deseos y objetivos de corto y largo plazo?
      - Regulación afectiva

        ¿El paciente es capaz de regular sus impulsos, sus afectos y su autoestima adecuadamente? ¿Sus ideas y valores le permiten procesar sus emociones? ¿Puede regular su autoestima frente a las exigencias internas y externas? ¿Hasta dónde puede lograr un equilibrio adecuado entre los intereses propios y ajenos?
      - Comunicación interna y externa y simbolización.

        ¿Cuán rico es el diálogo consigo mismo y con los demás, basado en experiencias afectivas, self corporal, fantasías, sueños, sexualidad, representaciones simbólicas, y capacidad de juego y creatividad?
      - Vínculos con objetos internos y externos.

        ¿Cuán profundas, estables y diferenciadas son las relaciones con objetos internos y externos? ¿Hasta dónde puede comenzar y terminar relaciones y tolerar separaciones? ¿Cómo maneja las relaciones que implican la existencia de un tercero?
   b. ¿Cómo cambiaron estos aspectos?

5. Tipo de trastorno
   a. ¿Es posible identificar un tipo de trastorno de personalidad u otro tipo de trastorno mental o físico?
   b. ¿Cuán severo son las perturbaciones del funcionamiento de la personalidad? Hasta dónde está condicionado el trabajo analítico por las vulnerabilidades estructurales del funcionamiento mental?
   c. ¿Cómo cambiaron estos aspectos?

Nivel 3: hipótesis explicativas del cambio

Mientras los dos niveles previos buscan describir lo que ha cambiado, el objetivo del tercer nivel es comprender cómo y por qué han sucedido (o no) los cambios. Por lo tanto discute las teorías explícitas e implícitas (Bleger, 2012), (Sandler, 1983), (Canestri, 2006) que pueden explicar las transformaciones, comenzando por aquellas que se manifiestan en las interpretaciones del analista.

Se les solicita a los participantes que propongan hipótesis alternativas o puntos de vista que provengan de sus propios marcos teóricos y técnicos. No se ponen en discusión los diferentes enfoques en sí mismos sino su contribución para proponer maneras alternativas de interpretar el material. Desde el punto de vista heurístico estas nuevas hipótesis pueden sugerir la revisión de la discusión en los niveles previos, revisando cuán convincentes y productivas resultan las diferentes hipótesis.

La naturaleza de los cambios es el último punto a ser discutido. En este texto se han usado los términos "cambios" y "transformación" como equivalentes, pero mientras que "transformación" sugiere la metamorfosis de los mismos elementos, "cambio" tiene un significado más general y amplio. Estos términos y otros relacionados, como "movilización", "modificación", "desarrollo", "evolución", etc., pueden usarse como equivalentes o pueden significar algo más específico cuando están definidos de acuerdo a un marco teórico dado. El cambio de los pacientes probablemente involucra diversos procesos, algunos de ellos implicando desarrollo o transformación de la personalidad, que permite nuevas maneras de experimentar, mientras que otros son cambios más limitados entre varios mecanismos de afrontamiento y defensa o encontrar otras formas de sobrepasar limitaciones estructurales internas o situaciones conflictivas externas. Algunas contribuciones recientes proponen modelos de cambios psicoanalíticos desde la perspectiva teórica de un sistema dinámico (Galatzer-Levy, 2009), (Boston Change Process Study Group, 2005). El objetivo del 3-LM no es elegir entre estas perspectivas teóricas diferentes, sino pedirles a ellas que brinden indicadores clínicos o hipótesis que puedan ayudar a evaluar mejor la profundidad y estabilidad de los cambios descritos en los niveles previos.

Preguntas sobre el nivel 3: hipótesis explicativas del cambio

1. ¿En qué aspectos se centraron fundamentalmente las intervenciones del analista? ¿Cambiaron sus hipótesis explícitas o implícitas y sus intervenciones a lo largo del tratamiento?
2. ¿Podría haber otras hipótesis teóricas o estrategias interpretativas? ¿En qué se ajusta cada una de ellas al material en forma convincente?
3. ¿Cuál es la naturaleza de los cambios observados, su profundidad y su probable estabilidad?

Ejemplo: discusión grupal de Leticia

La breve síntesis de una discusión grupal puede ilustrar el modo en que trabaja el modelo.

La analista seleccionó el material de Leticia para ser discutido en un grupo de trabajo con el 3-LM porque quería examinar hasta qué punto su paciente estaba progresando en su análisis. En el momento de la discusión Leticia había estado en análisis tres veces por semana durante dos años y medio. El grupo se reunió por un lapso de casi 10 horas y estuvo moderado por Marina Altmann y por el autor de este trabajo. Luego de algunos comentarios introductorios de los coordinadores sobre el modelo, la analista (S. Hernández) presentó diferentes momentos del análisis de Leticia, como introducción a la discusión grupal. Ambas instancias serán resumidas aquí brevemente.

Leticia

Cuando Leticia, de 30 años, entró en el consultorio, a la analista le llamó la atención la posición encorvada, su manera de caminar como un robot, y su voz lenta y monótona.

Leticia se sentó y dijo:

> *"No sé por dónde empezar ..." (Silencio). Invitada a continuar, agrega: "Estoy un poco así ... mal ... Hay ciclos ... duran algunos meses y se van ... un poco deprimida ... insegura por la responsabilidad en mi trabajo. Logro solucionar problemas ... pero siempre de manera insegura". (Silencio) Ese es mi problema más grande ahora, nunca sé si estoy haciendo bien las cosas". (Silencio) "No sé de qué hablar. Me da un poco de miedo eso, no saber de qué hablar ... No sé ..." (Silencio)*

Inicialmente y durante el análisis se repiten los silencios y la expresión "no sé", especialmente cuando intenta referirse a lo que siente o piensa.

> "Tengo un amigo ... no sé cómo llamarlo (Silencio) [...]"
> "No pasó nada especial en mi niñez. No sé qué más decir ... ."

Luego de un período de análisis cara a cara, dos veces por semana, la paciente y la analista acuerdan usar el diván y elevar la frecuencia a tres veces por semana.

Al comienzo del análisis Leticia llegaba puntualmente a las sesiones y describía su vida cotidiana de manera realista, sin conflicto ni emociones, excepto por su preocupación por hacer las cosas de la manera apropiada. Se comportaba con la analista como si su relación fuese solo profesional, con un miedo latente a ser desaprobada por ella. Los intentos de explorar estos sentimientos llevaron a Leticia a permanecer en silencio o a responder desde la realidad, y a insistir en que los problemas estaban en ella y no en su relación con el analista.

La analista se focalizó en ayudar a Leticia a explorar lo que sentía en su interior. Sin embargo, aunque hubo una clara mejora en su capacidad de comunicar sus emociones a sí misma y a la analista, la analista se sintió por momentos sorprendida por la manera en la que Leticia distorsionaba su percepción de las situaciones. Por ejemplo, al final de una sesión dijo:

L: También he estado pensando sobre el análisis. Pensé que he estado viniendo por dos años [...] No sé por qué tengo miedo de venir y no hablar (no ha parado de hablar y llorar desde que llegó a esta sesión) (Silencio) [...] Pero venir al análisis, en serio, me parece que voy a llegar y me voy a quedar muda todo el tiempo, por eso digo eso, no sé, no sé si tengo ganas de venir.

A: Pero estás hablando y viniste ansiosa, has llorado, quizás necesitabas venir.
L: Sí, parece que sí, pero no me había dado cuenta. (Silencio)

Leticia comienza a comunicar sueños. En uno de ellos no se había despertado a tiempo y luego no podía recuperar sus pertenencias de la casa de sus padres (no hubo asociaciones). En otra sesión recordó un episodio doloroso de su niñez. Una vez, en un juego con sus padres, se escondió de ellos, esperando que la buscaran, pero se desilusionó cuando no le prestaron atención.

Lentamente Leticia fue volviéndose más comunicativa. Sin embargo, la analista comentó que muchas veces se sintió incómoda y desconcertada. Con respecto a los silencios de Leticia la analista dijo: *"Sentía como que yo era la única que asociaba en lugar de ella. Era como si el trabajo analítico sucediera adentro mío más que entre nosotras dos"*. En determinado momento la sorprendió un "enactment", en el cual respondió a un pedido de Leticia de una manera inusualmente servicial.

El grupo de discusión

Resumiré los comentarios del grupo, basado en el informe de la discusión hecho por una de las participantes (Beatriz de León).

Nivel 1:

Algunos participantes percibieron los cambios globales como "levemente positivos" y otros como "moderados". Su angustia disminuyó e, inclusive, es mayor el contacto con su vida emocional y puede transmitirla con mejor participación corporal (p. ej., llanto), mostrando un cambio sutil pero valioso en la manera en que usa su propia mente y su propio cuerpo durante la sesión.

Un tema muy discutido fue la forma en que Leticia "usa" al analista. Al comienzo de la discusión varios participantes propusieron explicaciones teóricas que implicaban conceptos como función continente, identificación proyectiva, "holding", espejamiento simbiosis, etc. Luego los moderadores propusieron posponer estos aspectos teóricos hasta llegar al tercer nivel de la discusión. El grupo volvió a las preguntas del nivel 1 y se preguntó por qué la transferencia y la contratransferencia parecían tan intensas pero al mismo tiempo era difícil decir qué tipo de objeto representaba el analista para Leticia en fantasía. Los participantes luego se enfocaron en las partes del material que tenían mayor resonancia en ellos mismos. Algunos destacaron el sueño acerca de recuperar las pertenencias que había dejado en la casa de sus padres. El grupo consideró que esta era una metáfora del análisis, concluyendo que se esperaba que la analista fuera la depositaria de ciertas funciones psíquicas que ella encontraba difícil recuperar en ese momento.

Todos los participantes estuvieron de acuerdo en la fuerte resonancia del recuerdo de Leticia cuando se escondió esperando ser encontrada, pero sus padres no la buscaron. La analista sintió que esto era una referencia a la transferencia, pero prefirió esperar en lugar de interpretar. Esto trajo la discusión de hasta qué punto Leticia se beneficiaría de interpretaciones más activas—y de qué naturaleza—o de una actitud de espera, permitiéndole encontrar su propio ritmo, dejándola decidir el momento para ser encontrada. También surgieron consideraciones teóricas al respecto de estas opciones y nuevamente se postergaron para el Nivel 3.

Nivel 2:

2.1. Se mencionó un cambio sutil al respecto de la experiencia subjetiva de Leticia de su propio sufrimiento: comenzó a hacerse preguntas sobre su "no sé". Por ejemplo, dijo: "No sé por qué entonces me sentí tan angustiada ..." Lo que se dio fue más un cambio en su actitud hacia sí misma que un despliegue de fantasías o creencias sobre sus problemas.

2.2. Sus patrones de relacionamiento eran repetitivos al comienzo del análisis. Las descripciones de los demás eran borrosas; aparecían como figuras pálidas siempre esperando más de ella y nunca sintiéndose satisfechos. Ella parece decirse a sí misma: "Me deprimo porque voy a fallar y nadie me aceptará. Si me escondo, no vienen a buscarme. Será mejor que les haga ver que me comportaré como quieren, aunque me sienta tan angustiada". Este patrón parece cambiar lentamente con la analista y más tarde con el mundo exterior. En el segundo año de análisis comenzó una relación con un novio. Esta fue la primera vez que sintió que alguien era amable y estaba satisfecho con ella.

2.3. Al inicio los conflictos más visibles eran los relacionados con su dependencia, autoestima y culpa. Estos conflictos estaban muy poco desarrollados en su fantasía fuertemente inhibida. Parecía aterrorizada de no cumplir con lo que se esperaba de ella. En base a datos biográficos no presentados aquí el grupo discutió los factores que podrían haberla llevado a evitar las emociones y a inhibir su comunicación interna. La discusión volvió a la pregunta sobre cuán poco representados estaban sus conflictos en sus palabras y si su narrativa aparecía borrosa y descolorida porque las funciones estructurales (especialmente la simbolización y la comunicación interna) estaban afectadas como una defensa para evitar los conflictos o como un efecto sobre el desarrollo de estas funciones debido a circunstancias biográficas. Estas preguntas llevaron al grupo a prestar especial atención al siguiente conjunto de preguntas.

2.4. El grupo estuvo de acuerdo en que la confianza creciente en el análisis le ayudó a Leticia a tener más conciencia de sus estados internos. Ella comenzó a hacerse preguntas sobre sus propios sentimientos y sobre los sentimientos de los demás, o sea, aumentó su función reflexiva. Esto al parecer fue básico para permitir el trabajo analítico.

En referencia a la regulación afectiva, las fluctuaciones de humor de Leticia parecían estar relacionadas con su dificultad para percibir y modular sus emociones y autoestima, lo cual podía expresar únicamente como angustia o humor depresivo y no como sentimientos diferenciados o diferentes maneras de comportarse en la vida social. Ella solo podía mantener un equilibrio interpersonal ignorando sus propias demandas, lo cual iba en detrimento de su autoestima. Parecía pedirle a la analista que hiciera lo mismo, que fuera solo una función y no una persona. El grupo discutió cómo la analista podría hacer uso de sus sentimientos contratransferenciales intensos para avanzar en el análisis pero no hubo un claro acuerdo a este respecto.

Con respecto a la simbolización el grupo consideró como rasgos claves en el análisis de Leticia el empobrecimiento inicial en la comunicación interna y externa. Trataba a su cuerpo como un robot, inhibía su imaginación y apagaba el procesamiento de muchas emociones y sentimientos. La actitud de la analista de ayudarla, poco a poco, a comunicarse consigo misma parece haber sido efectiva, para el enriquecimiento de su vida afectiva.

Nivel 3

Los participantes estuvieron de acuerdo con la analista en que el foco del trabajo analítico debía estar puesto en la necesidad de Leticia de tomar un mayor contacto con su experiencia emocional y este fue el punto de anclaje identificado en las primeras entrevistas. El análisis de las dimensiones del funcionamiento mental en el Nivel 2 confirmó de manera consistente la importancia central de este punto.

Hubo menor grado de acuerdo al respecto de los factores que limitaban en Leticia la comprensión de sí misma y de los otros. Algunos entendieron su dificultad de metabolizar sus experiencias emocionales en términos de los conceptos de Bion, como ser las probables fallas en la función materna de "reverie", apoyando estas hipótesis con datos biográficos omitidos aquí. Otros participantes, incluyendo la analista, sugirieron la necesidad de Leticia de un "objeto transformacional" en el sentido de Bollas (1979). Otros hicieron énfasis en la similitud del funcionamiento inicial de Leticia con las descripciones del pensamiento operacional y depresión esencial de Marty (1985), o con la alexitimia de Sifneos (1996).

Para otros participantes, más cercanos a una perspectiva freudiana más clásica, los conflictos de Leticia tenían un nivel más evolucionado pero no eran fáciles de explorar dada la fuerza de sus defensas. El miedo a la pérdida del amor del objeto la llevó a un comportamiento sobreadaptado en el mundo exterior y a una actitud evitativa en lo relativo a su mundo interno. Desde esta perspectiva los "no sé" de Leticia podrían significar "Sé, pero debo esconderme".

Estas consideraciones diferentes reabrieron la discusión acerca de la naturaleza de los problemas centrales y si debían ser relacionados al conflicto y a la defensa (sugiriendo interpretaciones más clásicas de la analista), o a dificultades estructurales que requieren un tipo diferente de intervención. El grupo concluyó que ambas hipótesis eran plausibles y que no era posible decidir entre ellas hasta que el análisis hubiese progresado y proveyera de nueva evidencia.

En un cuestionario anónimo el grupo estuvo de acuerdo acerca de la utilidad de la experiencia. La analista comentó que se sintió enriquecida por la experiencia y más tarde informó que algunas de las opiniones le sugirieron nuevas ideas. El grupo acordó volver a reunirse un año más tarde para discutir el nuevo material (ver Hernández, capítulo 2).

Discusión y conclusiones

La propuesta del 3-LM, como una guía o heurística para refinar y mejorar la observación psicoanalítica de las transformaciones del paciente, presenta potencialidades y también limitaciones que serán discutidas aquí.

El 3-LM llama la atención hacia un área de observación que no se toma suficientemente en cuenta en la literatura actual. ¿Hay criterios psicoanalíticos que nos permitan decir si un paciente está mejorando o no, en qué aspectos el paciente ha cambiado, y cuál es el significado de esos cambios? Nuestras experiencias usando el 3-LM nos permiten afirmar que las preguntas planteadas por el modelo les resultan interesantes a los analistas y su discusión enriquece la comprensión del paciente por parte de los analistas. También se confirmó que estas preguntas pueden ser compartidas por analistas con marcos teóricos muy diferentes. Los casos no son seleccionados en base a su concordancia con un determinado modelo de análisis, sino que se intenta que se acerquen a la práctica analítica real, invitando a que los analistas discutan aquellos casos que les interesen. Frecuentemente el interés surge de las dificultades que presentan los casos y representan situaciones donde los problemas planteados por la práctica real exceden lo postulado por los modelos ideales.

En ese sentido el 3-LM no intenta ser una supervisión, o un método para decidir entre diferentes modelos teóricos, sino una herramienta para mejorar la observación del análisis tal como tuvo lugar. Las dimensiones del Nivel 2 ayudan a ver qué tipo de cambios han sucedido que son relevantes para el psicoanálisis, y las preguntas del nivel 3 invitan a la reflexión sobre diferentes estrategias interpretativas que pueden surgir de otros enfoques teóricos. La comparación abstracta de diferentes hipótesis teóricas a menudo no llevan a un diálogo que sea útil para el avance del psicoanálisis (Bernardi, 2002). Esta comparación se vuelve muy productiva cuando estas hipótesis se expresan como mini modelos o metáforas (Leuzinger-Bohleber & Fischmann, 2006) que se ajustan a la singularidad del paciente y que pueden ser discutidas en base a ejemplos concretos. En ese sentido cuando la discusión sobre Leticia lleva al grupo a imaginar las diferentes maneras en las que las estrategias interpretativas de la analista pueden facilitar o no los cambios del paciente, el grupo está haciendo un experimento mental que tiene aspectos en común con el inductivismo eliminativo (Edelson, 1983), en el cual el peso de las observaciones que apoyan una cierta hipótesis se compara con el peso de aquellas que apoyan las hipótesis rivales. Esta discusión grupal enriquecedora puede también tener lugar en el foro interno del analista y es beneficioso para la educación y la producción de trabajos psicoanalíticos (ver de León & Altmann, capítulo 14).

El 3-LM no aspira a ser un método para validación directa de hipótesis psicoanalíticas. Tampoco es un método de investigación empírica, y por lo tanto no pretende cumplir con sus demandas, como ser eliminar sesgos. La selección y registro del material son dejados a elección del analista. Las entrevistas iniciales varían grandemente de acuerdo a los analistas y se combinan en momentos exploratorios de diferente grado con aquellos que se dejan a la libre asociación del paciente. Más que evitar sesgos el 3-LM busca reconocerlos y examinarlos. El 3-LM es una herramienta clínica y no un procedimiento de investigación. No puede responder a la pregunta de hasta qué punto las conclusiones podrían ser diferentes si el analista hubiese seleccionado diferentes sesiones. Sin embargo intenta aclarar la manera en la que el analista que presenta el material está involucrado en el proceso analítico y en la selección del material. La/el analista en sí mismo/a es el más interesado en comprender su propio rol como observador y frecuentemente durante la discusión ofrece espontáneamente nuevo material que mejora la comprensión de los participantes. La observación clínica busca apoyarse en la complejidad en lugar de reducirla.

Durante la discusión de Leticia, como se dijo antes, se sugirieron varias alternativas teóricas y técnicas. Por ejemplo, consideremos la discusión de si la analista debería interpretar en la transferencia algunos aspectos claves. Por ejemplo el hecho de que Leticia se escondiera y quisiera que la analista se sintiera ansiosa acerca de no encontrarla. Esta pregunta podría ser respondida desde la teoría hacia la práctica, tomando como válidos los supuestos de algunas de las teorías psicoanalíticas actuales. Pero también puede ser abordada desde un ángulo diferente, intentando acercarse al punto de vista del paciente (Schwaber, 1981, 1992). Cuando una niña pequeña se esconde y quiere jugar con sus padres, no es en ningún modo lo mismo que sus padres— o la interpretación del analista—digan: "Ahí estás", que si preguntan

"¿Dónde estás?" y la niña aparece cuando ella decide ser encontrada. La angustia contratransferencial revela la intensidad de los sentimientos subyacentes, probablemente involucrando miedo, agresión, narcisismo y sexualidad. Pero el problema clínico no está solo en identificar estos sentimientos sino también en encontrar la mejor manera y momento en el que pueden entrar en el diálogo entre analista y paciente. El 3-LM solo puede determinar los efectos que tuvo la actitud del analista y discutir, de manera conjetural, los efectos que podrían tener otras estrategias posibles. Pero no puede asegurar con certeza la mejor estrategia interpretativa. Por ejemplo: ¿La dificultad de Leticia para percibirse a sí misma se debe a déficits estructurales (p. ej., desarrollo insuficiente de ciertas funciones) o a vulnerabilidades estructurales que transitoriamente no permiten el funcionamiento de las capacidades ya adquiridas pero inhibidas por factores internos y/o externos? Pero incluso si elegimos esta segunda opción como la más plausible esto no nos permite asegurar automáticamente cuál es la mejor estrategia interpretativa. Los participantes de los grupos de trabajo a menudo sienten que la discusión les ayuda a acercarse más al punto de vista del paciente ("Siento como si hubiese tenido un contacto personal con el paciente") y esto ayuda a anticipar empáticamente la forma en la que el paciente recibirá las interpretaciones. Una vez que Leticia se sintió segura con la analista, y este "superyó auxiliar" (Strachey, 1969) más tolerante, disminuyó su "falla en la mentalización" (Brown, 2008). Esto a su vez reforzó su capacidad de regulación afectiva y abrió el camino a una mejor comunicación interna y externa y a un sentido de agencia personal más fuerte. Sin embargo, como se dijo, muchas preguntas y temas controvertidos se mantienen abiertos. La discusión ayuda a reconocer los límites de la observación. En un caso clínico es importante percibir lo que logramos saber con un cierto grado de evidencia y también percibir lo que aún no es observable o entendible. A menudo sucede que hipótesis divergentes no encuentran suficiente apoyo en el material disponible como para que se pueda elegir entre ellas, llevándonos, como dijo Freud (1918), a concluir que el problema por el momento "non liquet". Percibir con más claridad cuán satisfactorias son o no son las interpretaciones teóricas disponibles y dónde es necesario esperar nueva evidencia clínica debe ser visto como una fortaleza del modelo, ya que lleva a la búsqueda de mejoras tanto clínicas como teóricas.

El 3-LM está abierto a las modificaciones y nuevos desarrollos que puedan surgir de su uso. Durante la discusión los participantes alternan entre focalizar su atención en la resonancia interna del material (principalmente nivel 1), y una segunda mirada buscando identificar y conceptualizar los cambios (principalmente en los niveles 2 y 3). El modelo incluye ambas direcciones pero, de hecho, algunos participantes están más interesados en una de ellas que en la otra. Por ejemplo, una participante dijo que lo que había valorado especialmente había sido el efecto de escuchar la resonancia del material en otros participantes. Dijo que era como abrir la mente al proceso primario. Otros participantes subrayan la necesidad de una definición más clara de las dimensiones usadas para identificar los cambios para poder aumentar su valor diagnóstico (Ver capítulos 12 y 13). Algunos aspectos del 3-LM necesitan ser más investigados, siendo el primero de ellos la confiabilidad o sea el grado de acuerdo entre los participantes de un grupo, ya que el consenso de expertos tiene valor para establecer el grado de validez de las conclusiones del grupo. Ya se han diseñado cuestionarios para aplicarse antes y después de la discusión grupal para evaluar estos aspectos. También es posible estudiar el grado de validez concurrente de las preguntas del 3-LM en relación a las categorías de los sistemas diagnósticos antes mencionados u otros instrumentos de evaluación. Se pueden establecer otros puentes con la investigación empírica pero la existencia de estos puentes no modifica la naturaleza clínica del 3-LM. Para que un puente tenga sentido debe haber dos lados que comunicar. Es por eso que el 3-LM no busca transformarse en investigación empírica sistemática sino continuar como una herramienta en el campo clínico, buscando complementar otras metodologías cuando la naturaleza de las preguntas lo sugiera.

Bibliografía

Allen, J. G., & Fonagy, P. (Eds.) (2006). *Handbook of Mentalization-Based Treatment*. Chichester: John Wiley.

Altmann, M. (2008). *Cómo se da el nacimiento del paciente en la mente del analista*. XVI Jornadas de Psicoanálisis de APU. Desafíos del psicoanálisis contemporáneo. Asociación Psicoanalítica del Uruguay (APU). Montevideo, Uruguay.

Altmann, M. (2013). Tracking transformations in a psychoanalytic process: unconscious and explicit. *International Journal of Psychoanalysis, 94*: 1191–1193.

Altmann, M., Fitzpatrick-Hanly, M. A., & Leuzinger-Bohleber, M. (2012a). Reports of Panels held at the 47th Congress of the International Psychoanalytic Association, Mexico City, 3–6 Agosto 2011. *International Journal of Psychoanalysis, 93*: 504–506.

Altmann, M., Fitzpatrick-Hanly, M. A., & Leuzinger-Bohleber, M. (2012b). Project committee on clinical observation panels. *International Journal of Psychoanalysis, 93*: 748–750.

American Psychiatric Association (2013). *Diagnostic and Statistical Manual of Mental Disorders, 5th Edition (DSM-5)*. Arlington, VA: American Psychiatric Association.

Baranger, M., Baranger, W., & Mom, J. M. (1983). Process and non-process in analytic work. *International Journal of Psychoanalysis, 64*: 1–15.

Bender, D. S., Morey, L. C., & Skodol, A. E. (2011). Toward a model for assessing level of personality functioning in DSM-5, Part I: A review of theory and methods. *Journal of Personality Assessment, 93*(4): 332–346.

Bernardi, R. (1989). The role of paradigmatic determinants in psychoanalytic understanding. *International Journal of Psychoanalysis, 70*(Pt 2): 341–357.

Bernardi, R. (1992). On pluralism in psychoanalysis. *Psychoanalytic Inquiry, 12*(4): 506–525.

Bernardi, R. (2001). Psychoanalytic goals: new and old paradoxes. *Psycho analytic Quarterly, 70*(1): 67–98.

Bernardi, R. (2002). The need for true controversies in psychoanalysis: the debates on Melanie Klein and Jacques Lacan in the Rio de la Plata. *International Journal of Psychoanalysis, 83*: 851–873.

Bernardi, R. (2010). DSM-5, OPD-2 y PDM: Convergencias y divergencias entre los nuevos sistemas diagnósticos psiquiátricos y psicoanalíticos. *Rev Psiquiatr Urug, 74*(2): 179–205.

Bernardi, R. (2013). Observing transformations in patients: the assessment of mental functioning. *International Journal of Psychoanalysis, 94*: 1170–1172.

Beutel, M. E., Stark, R., Pan, H., Sibersweig, D., & Dietrich, S. (2010). Changes of brain activation pre-post short-term psychodynamic inpatient psychotherapy: an fMRI study of panic disorder patients. *Psy chiatry Research: Neuroimaging, 184*(2): 96–104.

Bion, W. R. (1967). *Second Thoughts*. New York: Jason Aronson.

Birksted-Breen, D. (2012). Taking time: the tempo of psychoanalysis. *International Journal of Psychoanalysis, 93*: 819–835.

Bleger, J. (1973). Criterios de curación y objetivos del psicoanálisis. *Revista de Psicoanálisis, XXX*: 317–350.

Bleger, J. (2012). Theory and practice in psychoanalysis: psychoanalytic praxis. *International Journal of Psychoanalysis, 93*: 993–1003.

Bollas, C. (1979). The transformational object. *International Journal of Psychoanalysis, 60*: 97–107.

Boston Change Process Study Group (2005). The "something more" than interpretation revisited: sloppiness and co-creativity in the psychoanalytic encounter. *Journal of the American Psychoanalytic Association, 32*: 693–729.

Britton, R., & Steiner, J. (1994). Interpretation: selected fact or overvalued idea? *International Journal of Psychoanalysis, 75*: 1069–1078.

Brown, W. G. (2008). Failure to mentalize: defect or defense? *Psychoanalytic Social Work, 15*(1): 28–42.

Canestri, J. (2006). Implicit understanding of clinical material beyond theory. In: J. Canestri (Ed.), *Psychoanalysis. From Practice to Theory* (pp. 13–28): John Wiley.

De León de Bernardi, B. (2013). Metaphor, analytic field, and spiral process. In S. Montana Katz (Ed.), *Metaphor and Fields. Common Ground, Common Language, and the Future of Psychoanalysis* (pp. 182–203). New York: Routledge.

De Litvan, M. A. (2007). Infant observation: a range of questions and challenges for contemporary psychoanalysis. *International Journal of Psycho analysis, 88*: 713–733.

Eagle, M., & Wolitzky, D. (2011). Systematic empirical research versus clinical case studies: a valid antagonism? *Journal of the American Psycho analytic Association, 59*(4): 791–818.

Edelson, J. T. (1983). Is testing psychoanalytic hypotheses in the psychoanalytic situation really impossible? *Psychoanalytic Study of the Child, 38*: 61–109.

Etchegoyen, R. H. (1991). Psychoanalysis during the last decade: clinical and theoretical aspects. *Psychoanalytic Inquiry, 11*: 88–106.

Etkin, A., Phil, M., Pittenger, C., Polan, J., & Kandel, E. R. (2005). Toward a neurobiology of psychotherapy: basic science and clinical applications. *Journal of Neuropsychiatry and Clinical Neuroscience, 17*: 145–158.

Faimberg, H. (1996). Listening to listening. *International Journal of Psychoanalysis, 77*: 667–677.

Fleck, M. P. (2008). *A avaliação de qualidade de vida*. Sao Paulo: ARTMED.

Fonagy, P., Gergely, G., Jurist, E., & Target, M. (2002). *Affect Regulation, Mentalization, and the Development of the Self*. New York: Other Press.

Fonagy, P., Roth, A., & Higgitt, A. (2005). The outcome of psychodynamic psychotherapy for psychological disorders. *Clinical Neuroscience Research, 4*(5–6): 367–377.

Fonagy, P., & Target, M. (1994). The efficacy of psychoanalysis for children with disruptive disorders. *Journal of the American Academy of Child and Adolescent Psychiatry, 33*: 45–55.

Fonagy, P., & Target, M. (1996). Predictors of outcome in child psychoanalysis: a retrospective study of 763 cases at the Anna Freud Centre. *Journal of the American Psychoanalytic Association, 44*: 27–77.

Freedman, R., Geller, J. D., Hoffenberg, J., Hurvich, M., & Ward, R. (2011). *Another Kind of Evidence: Studies on Internalization, Annihilation Anxiety, and Progressive Symbolization in the Psychoanalytic Process*. London: Karnac.

Freud, S. (1914c). On narcissism: an introduction. *S.E., 14*: 67–102. London: Hogarth.

Freud, S. (1916–1917). *Conferencias de introducción al Psicoanálisis. Parte III* (Vol. 16). Buenos Aires, Amorrortu Editores. [Freud, S. (1916–1917). *Introductory Lectures on Psycho-analysis. Part III. S.E., 16*. London: Hogarth.]

Freud, S. (1918b). *From the History of an Infantile Neurosis. S.E., 17*: 1–124. London: Hogarth.

Galatzer-Levy, R. M. (2009). Good vibrations: analytic process as coupled oscillations. *International Journal of Psychoanalysis, 90*(5): 983–1007.

Grande, T., Dilg, R., Jakobsen, T., Keller, W., & Krawietz, B. (2009). Structural change as a predictor of long-term follow-up outcome. *Psychotherapy Research, 19*(3): 344–357.

Green, A. (2002). *La pensée clinique*. Paris: Odile Jacob.

Hampstead Psychoanalytic Index (1981). *Bulletin of the Anna Freud Centre, 4*: 217–220.

Hoffman, I. Z. (2009). Doublethinking our way to "scientific legitimacy": the desiccation of human experience. *Journal of the American Psychoanalytic Association, 57*: 1043–1069.

Hoffmann, M. (2005). ¿Hay una lógica de la abducción? *Analogía Filosófica. 12*(1), 41–56.

Hurvich, M. (2003). The place of annihilation anxieties in psychoanalytic theory. *Journal of the American Psychoanalytic Association, 51*: 579–616.

Kächele, H., Schachter, J., & Thomä, H. (2008). *From Psychoanalytic Narrative to Empirical Single Case Research: Implications for Psychoanalytic Practice*. New York: Routledge.

Kernberg, O. F. (2006). Identity. Recent findings and clinical implications. *Psychoanalytic Quarterly, 75*: 969–1003.

Klein, G. S. (1976). *Psychoanalytic Theory. An Exploration of Essentials*. New York: International Universities Press.

Leibovich de Duarte, A. (2000). Cómo construimos nuestras hipótesis clínicas. *Revista de la Sociedad Argentina de Psicoanálisis, 3*: 91–102.

Leibovich de Duarte, A. (2004). Cómo psicoanalistas y psicoterapeutas cognitivos construyen sus inferencias clínicas. Estudio empírico. Disponible en: www.aperturas.org.

Leibovich de Duarte, A. (2010). Psychotherapists at work. Exploring the construction of clinical inferences. In: R. Schwarzer & P. A. Frensch (Eds.), *Personality, Human Development, and Culture: International Pers pectives on Psychological Science* (Vol. 2) (pp. 29–43). New York: Psychology Press.

Leichsenring, F. (2009). Psychodynamic psychotherapy: a review of efficacy and effectiveness studies. In: *Handbook of Evidence-Based Psychodynamic Psychotherapy* (pp. 3–27). Boston: Humana Press.

Leuzinger-Bohleber, M., & Fischmann, M. (2006). What is conceptual research in psychoanalysis? *International Journal of Psychoanalysis, 87*: 1355–1396.

Leuzinger-Bohleber, M., Stuhrast, U., Ruger, B., & Beutel, M. (2003). How to study the "quality of psychoanalytic treatments" and their long-term effects on patients' well-being: a representative, multiperspective follow-up study. *International Journal of Psychoanalysis, 84*: 263–290.

Marty, P. (1985). *L'ordre psycho-somatique*. Paris: Payot. OPD Task Force (2008). *Operationalized Psychodynamic Diagnosis OPD-2. Manual of Diagnosis and Treatment Planning*. Cambridge, MA: Hogrefe & Huber.

Psychodynamic Diagnostic Manual (PDM) (2006). Silver Spring, MD: Alliance of Psychoanalytic Organizations.

Reik, T. (1968). Theodor Reik speaks of his psychoanalytic technique. *American Imago, 25*: 16–20.

Ridderikhoff, J. (1993). Problem-solving in general practice. Theoretical medicine and bioethics. *Historical Archive, 14*: 343–363.

Sandell, R. (2012). Research on outcomes of psychoanalysis and psychoanalysis-derived psychotherapies. In: B. E. Litowitz, P. Williams, & G. O. Gabbard (Eds.), *Textbook of Psychoanalysis*. Washington, DC: American Psychiatric.

Sandell, R., Blomberg, J., Lazar, A., Carlsson, J., Broberg, J., & Schubert, J. (2000). Varieties of long term outcome among patients in psychoanalysis and long term psychotherapy: a review of findings in the Stockholm outcome of psychoanalysis and psychotherapy project (STOPPP). *International Journal of Psychoanalysis, 81*(5): 921–942.

Sandler, J. (1983). Reflections on some relations between psychoanalytic concepts and psychoanalytic practice. *International Journal of Psycho analysis, 64*: 35–45.

Schwaber, E. (1981). Empathy: a mode of analytic listening. *Psychoanalytic Inquiry, 1*: 357–392.

Schwaber, E. (1992). Psychoanalytic theory and its relation to clinical work. *Journal of the American Psychoanalytic Association, 40*: 1039–1057.

Shedler, J. (2010). The efficacy of psychodynamic psychotherapy. *American Psychologist, 65*(2): 98.

Shedler, J., & Westen, D. (2004). Refining DSM-IV personality disorder diagnosis: integrating science and practice. *American Journal of Psychia try, 161*: 1350–1365.

Shedler, J., Beck, A., Fonagy, P., Gabbard, G. O., Gunderson, J., Kernberg, O., Michels, R., & Westen, D. (2010). Personality disorders in DSM-5. *American Journal of Psychiatry, 167*(9): 1026–1028.

Sifneos, P. E. (1996). Alexithymia: past and present. *American Journal of Psychiatry, 153*: 137–142.

Skodol, A. E., Bender, D. S., Morey, L. C., Clark, L. A., Oldham, J. M., Alarcon, R. D., Krueger, R. F., Verheul, R., Bell, C. C., & Siever, L. J. (2011). Personality disorder types proposed for DSM-5. *Journal of Personality Disorders, 25*(2): 136–169.

Skodol, A. E., Clark, L. A., Bender, D. S., Krueger, R. F., Livesley, W. J., & Morey, L. C. (2011a). Proposed changes in personality and personality disorder assessment and diagnosis for DSM-5, Part I: Description and rationale. *Personality Disorders: Theory, Research, and Treatment*, 2: 4–22.

Skodol, A. E., Clark, L. A., Bender, D. S., Krueger, R. F., Livesley, W. J., & Morey, L. C. (2011b). Proposed changes in personality and personality disorder assessment and diagnosis for DSM-5. Part II: Clinical application. *Personality Disorders: Theory, Research, and Treatment*, 2: 23–40.

Stern, B. L., Caligor, E., Clarkin, J. F., Critchfield, K. L., Horz, S., MacCornack, V., Lenzenweger, M. F., & Kernberg, O. (2010). Structured interview of personality organization (STIPO): preliminary psychometrics in a clinical sample. *Journal of Personality Assessment, 92*(1): 35–44.

Strachey, J. (1969). The nature of the therapeutic action of psychoanalysis. *International Journal of Psychoanalysis, 50*: 275–292.

Tuckett, D., Basile, R., Birksted-Breen, D., Bohm, T., Denis, P., Ferro, A., Hinz, H., Jemstedt, A., Mariotti, P., & Schubert, J. (2008). *Psychoanalysis Comparable and Incomparable: The Evolution of a Method to Describe and Compare Psychoanalytic Approaches*. Hove: Routledge.

Tyrer, P. (2005). The problem of severity in the classification of personality disorders. *Journal of Personality Disorders, 19*(3): 309–314.

Ungar, V., Koritar, E., Jacobs, T., Bolognini, S., Rolland, J., & Turgeon, A. (2009). The core of the analytic process. International Psychoanalytical Association Panel, Chicago, July 2009. *Canadian Journal of Psycho analysis, 18*: 141–146.

Wallerstein, R. S. (1965). The goals of psychoanalysis—a survey of analytic viewpoints. *Journal of the American Psychoanalytic Association, 13*: 748–770.

Wallerstein, R. S. (1988). One psychoanalysis or many? *International Journal of Psychoanalysis, 69*: 5–21.

Walls, G. (2006). On being willing to sell your grandmother short: a reply to Wolitzky. *Psychologist–Psychoanalyst (Newsletter of Division 39 of the American Psychological Association), XXVI*: 20–22, 26.

Winnicott, D. W. (1969). The use of an object. *International Journal of Psychoanalysis, 50*: 711–716.

Zimmermann, J., Ehrenthal, J. C., Cierpka, M., Schauenburg, H., Doering, S., & Benecke, C. (2012). Assessing the level of structural integration using operationalized psychodynamic diagnosis (OPD): implications for DSM-5. *Journal of Personality Assessment, 94*(5): 522–532.

CAPÍTULO DOS

Leticia: el nacimiento de las interrogaciones sobre sí misma

Silvana Hernández Romillo

El caso que presento a continuación, de una paciente que llamaré Leticia, fue discutido en un grupo utilizando el modelo de los tres niveles. En esta contribución quisiera retomar y ampliar dicha discusión, refiriéndome a las dificultades iniciales que se me plantearon, a los efectos que tuvo en mí este proceso, y a la evolución posterior de este tratamiento analítico. (El hecho de haber solicitado a la paciente autorización para la publicación de este material dio origen también a nuevas derivaciones que, con su consentimiento, resulta de interés incluir aquí). El caso de Leticia y su discusión en un grupo de observación clínica con el 3-LM fue sumariamente presentado en otra parte de este volumen (Capítulo 1, por Ricardo Bernardi).

El comienzo

Recordando mi experiencia de unos veinte años como analista, Leticia me plantea algunas dificultades iniciales no habituales en mi práctica.

Llamaron mi atención su particular hermetismo, su modo robótico de caminar, su hablar monocorde. Algo especial habitaba sus silencios, así como la repetición de la respuesta "no sé" cada vez que tenía que referirse a lo que podía estar experimentando interiormente. En su discurso aparecía una intensa vivencia de inseguridad y marcadamente el sentimiento de no hacer las cosas bien, pero luego es muy poco lo que siente que tiene para decir. "No hay nada especial que me haya sucedido en mi infancia". Parecería que busca dentro de sí y no encuentra nada valioso para comunicar, o incluso que no lo experimenta.

Al mismo tiempo Leticia se muestra fuertemente interesada en el análisis siendo este un aspecto que me interrogaba. Pese a esta firma decisión de analizarse, Leticia se presenta lacónica, y a mis preguntas responde con monosílabos. La noto tensa y angustiada, pidiendo ayuda a su manera, pero a la vez demasiado replegada sobre sí misma. Retraída, distante, y por sobre todo, muy difícil de captar en su emocionalidad. Siento que no me es sencillo entablar un intercambio que permita explorar qué le pasa y qué piensa que le pasa, por qué viene. También parece algo desconfiada de mí.

Reitera, una y otra vez, que tiene miedo a equivocarse en su desempeño profesional. Ese es el leit motiv de su discurso manifiesto. Este inicio me resulta duro, trabajoso, incluso por momentos yo misma me desaliento. Diría que me muestra su mundo interno a través de un gran block de hojas blancas, con pocos trazos dibujados en tonos grises; aparecen así diferentes escenarios con escasos personajes, cuadros con pobreza de elementos y con marcada discontinuidad entre sí. Además, en ellos reina una inquietante quietud. Sus permanentes "no sé" cuando se habla de sus afectos, hacen muy difícil el acceso a sus vivencias interiores. Otras veces, en respuesta a algunas intervenciones en donde incluyo lo afectivo, dice "nunca se me había ocurrido pensarlo así".

Durante los primeros dos meses, entonces, reina la oscuridad en medio de una austeridad de palabras. Por ahora, nos encontramos lejos de construir un análisis, al menos en la forma en la que me resulta habitual, en la que las asociaciones del paciente me permiten realizar interpretaciones sobre sus conflictos inconscientes, sobre lo que está ocurriendo en su vida y relacionarlo con su historia y el campo transferencial-contratransferencial.

En cuanto a sus vínculos de intimidad, puedo ir apenas infiriendo a través de breves relatos acerca de una relación de pareja en la que es permanentemente abandonada, casi destratada. Pero ella no se queja, no realiza críticas ni autocríticas al respecto. Tampoco aparecen expectativas amorosas por el otro. Ahora me pregunto: ¿es algo que falta o no puede ser mostrado aún en el análisis? Muy avanzado el tratamiento logra contarme por qué no reaccionaba frente a las actitudes de este hombre. Dirá: *"Yo no quería pensar lo que pasaba, lo tomaba así, y nada más, no quería pensar porque si pensaba, sabía que se me iba a venir la avalancha"*. Esta escena en donde reina el sentirse anestesiada parece ser otra metáfora fuerte en lo inherente a sus vínculos. Era lo que también se daba en la relación transferencial ... ¡para que no se le viniera la "avalancha"!

Durante este período, yo preferí no hacer interpretaciones inherentes a su resistencia, del tipo "tal vez el *no sé* quiere decir lo contrario, que sabe pero que teme hablar más de usted, desconfía si la voy a criticar, etc." Mi impresión era que ese tipo de interpretaciones podía frenar aún más el intercambio en sesión.

Aun así, el trabajo analítico se va trabando. Sus silencios y, fundamentalmente, sus reiterados "no sé", forman una particular barrera que impide el proceso y la asociación libre. En este sentido se me plantea un serio interrogante acerca de cómo avanzar psicoanalíticamente. Encuentro una ambivalencia entre ese bloqueo y su actitud de adhesión al tratamiento —no falta nunca; paga puntualmente— mientras que su actitud afectiva es de inseguridad intercalada con pinceladas de una postura neutra.

De esta manera, considero que en estos primeros tiempos el análisis se insinúa, pero más por dentro mío que por el trabajo entre ambas. Desde la teorización flotante, se me aparece la propuesta de Bollas (1987), acerca de la importancia de la contratransferencia en esta situaciones, así como Winnicott y otros autores en sus consideraciones sobre el uso del analista como objeto. Sin duda hay un tenso desencuentro, que más adelante podremos significar en relación a desencuentros anteriores. A la vez, entre sesiones, pienso frecuentemente en esta paciente, repaso mentalmente algunas de sus frases, me sigo interrogando. Una preocupación sobre nuestro desencuentro aún no significado se aloja en mí.

En cuanto a la contratransferencia, experimento la fantasía de ser rechazada por ella, que abandone el tratamiento o incluso que busque otro analista. Es interesante destacar que no puedo identificar palabras de Leticia que me despertaran ese sentimiento. De ella no recibo reproches, ni expectativas especiales, como si aceptar el tratamiento fuera todo lo que puede esperar, aunque yo continúo en mi deseo de analizarla. Nuevamente me evoca palabras de Bollas:

> Los analizandos crean ambientes. Cada ambiente es idiomático y, en consecuencia, único. El analista es invitado a desempeñar diversas y cambiantes representaciones de objeto dentro de ese ambiente,

> pero tales observaciones de nuestra parte son los raros momentos de claridad en la contratransferencia. Durante un lapso muy largo (...) nos vemos apresados en el idioma ambiental del paciente (...) Esta inevitable, siempre presente y *necesaria* incertidumbre sobre la razón de nuestro sentir imprime un matiz de humildad y responsabilidad a la consideración íntima que en cada caso podemos hacer de nuestra contratransferencia. El estado contratransferencial más común consiste en no-saber-pero-vivenciar. (Bollas, 1987, p. 244)

Acercándome a su historia así como a lo trabajado en los años de su tratamiento pienso ahora que también pudo haber tenido un componente de identificación proyectiva, dado el miedo a ser rechazada *"por hacer las cosas mal"* —aparece en ella como un vector marcado en sus conflictos, inherentes al superyó (la culpa, entre otros)—. Si bien esto lo he vivido en muchos otros tratamientos, llama mi atención la cualidad con que se da con Leticia: el modo en que toca mi sensibilidad y de alguna manera produce esta actuación contratransferencial, en donde también tuvo lugar una especie de inhibición en mi función analítica; por momentos quedé trabada, con demasiados "no sé" y algo confundida.

En esta misma línea, me pregunto si fue un enactment de inicio del tratamiento que al ser trabajado en mi interior permite el avance del tratamiento. Asimismo, también lo sigo pensando como una necesidad de la paciente de hacerme vivir sus experiencias emocionales dolorosas —distancia, confusión— tal como ella las ha venido experimentando desde su más temprana niñez. El recuerdo, siempre encubridor, que más ha resonado en mí es el de esa niña que en cada mudanza buscaba en la nueva casa un lugar donde esconderse, fantaseando que iría allí a esperar ser encontrada. Siempre fantaseos. Hasta que una vez lo hace y, dolorosamente, se queda en el supuesto escondite por largas horas ... pues nadie va a buscarla. Quizás este recuerdo metaforiza lo que pone en juego en los vínculos: se esconde para que los demás cercanos nos preocupemos por su ausencia —¡cuánta ausencia hubo en sus primeras sesiones!— y vayamos por ella, logrando así la prueba de ser mirada, querida, encontrada en su más profundo sentido. Algo de esto protagonizo desde mi función analítica, como describo más adelante.

Luego de unos meses de esta zona de brumas decido realizar ciertos cambios, dejando por momentos de lado la atención flotante a una asociación libre que no se manifiesta, para explorar con ella su mundo interno de un modo más activo que lo que acostumbro. Ahora puedo pensar que me dediqué a encontrar matices en su escueto repertorio de respuestas. Soy yo quien le ofrezco las interrogaciones que ella no puede traer, para encontrar los matices dentro de un espectro de afectos que por sí sola no llega a percibir. O también se podría decir que le ofrezco un repertorio de palabras para que ella elija cuál le resuena y se acerca más a su vivencia. En términos coloquiales, diría que en esas sesiones con Leticia yo hablo mucho más que con otros pacientes.

Agregaría que esta actitud ya estaba iniciándose en mí y fue alentada desde el trabajo grupal, considerándose que era lo más beneficioso para que el análisis prosiguiera de acuerdo a los laberintos emocionales de la paciente. Se vio la necesidad de una relación analítica en donde destacaran la capacidad reverie, así como la ensoñación e imaginación del analista, como herramientas princeps en este tratamiento.

Pero también quisiera destacar que la producción de sueños comienza a desplegarse en forma rica, prolífica; sueños que son analizados al modo freudiano, constituyéndose en un importante capital para el tratamiento.

Sesión luego de trabajo grupal (dos años y ocho meses de iniciado el tratamiento)

L: No soñé anoche (silencio). Me llamó mi amigo Damián para conversar de unas cosas de trabajo de él.

A: ¿Qué significa para ti no soñar al venir a la sesión?

L: No, como que a veces me es más fácil contar lo que soñé.

A: ¿Y qué te es más difícil?

L: Y, hablar de mí, que no se me ocurran cosas importantes.

A: ¿Qué idea tenés? ¿Que esas cosas están en vos y no se te ocurren o que no están?

L: No, yo creo que están (con seguridad) pero me cuesta …

A: ¿Te cuesta siempre hablar de ti o solo acá?

L: No, me cuesta sí … (Silencio) Sí, no sé cómo, es que no sé …

A: Y cuando estás con tus amigos más cercanos, ¿hablás de ti en un sentido íntimo, confidencial? ¿Les contás tus cosas?

L: Sí, hay personas con las que hablo. Con Damián hablo. Hay cosas que elijo no contarle, pero como que muchas veces he hablado.

A: Y con él, por ejemplo, ¿hay temas que te resulten más difíciles hablar?

L: Lo que me parece más difícil es cuando pienso que estoy enferma o algo así, o sea que tengo algo (fue difícil ponerle nombre a su malestar; al final lo nombramos depresión, pero siempre he pensado que hay algo más complejo). Yo a él le conté cuando me empecé a sentir mal el año pasado.

A: ¿Y qué te dijo?

L: Me dijo que consultara a un psiquiatra. Pero no consulté.

A: Ahora no te sentís deprimida. Parecería que por ahora el análisis fue suficiente.

L: Sí.

A: ¿Y tú cómo te ves? ¿Te parece que tenías una depresión?

L: Y, en algún momento me vi, sí, deprimida en serio (ríe suavemente). Porque realmente hay momentos que me cuesta hacer lo que tengo que hacer ... (Pausa) Me parece que me pasa en todos los ámbitos. Como que tener que ir a una reunión, pa ... Y a mí me gustan esas cosas, pero también ir a los ensayos de coro, que siempre me gustaba, al final me costaba ir (silencio). Si yo me tuviera que describir cómo soy cuando estoy vital, me cuesta reconocerme.

A: A ver, ¿cómo es eso para vos ...?

L: Que yo no puedo aceptar que me pase esto, que me ponga tan mal. (Se angustia y empieza a llorar suavemente). Pienso cómo soy, todo lo que me gusta, muchas cosas relacionadas con la gente, y después no me reconozco en esto más depresivo. Es como que estoy esperando que pase. Es más, calculo fecha y me digo, "porque en tal fecha tendría que estar mejor" (llora).

A: ¿Pensás que lo depresivo de tu madre, que me has contado, tiene relación con esto?

L: Sí. A veces pienso que a ella le pasó lo mismo. Yo me di cuenta de eso siendo grande.

A: La otra vez me decías que habías pensado que tu madre estaba deprimida cuando naciste.

L: Es lo que yo imagino; ella nunca me dijo nada.

A: A veces la veías triste. ¿Y qué era lo que la ponía contenta?

L: Cuando trabajaba, solamente cuando trabajaba la veía contenta. (Silencio) Me quedé pensando qué otras cosas hacía ella, siempre nos llevaba si yo tenía alguna actividad, gimnasia, piano, pero después ella se iba a otro trabajo y nos quedábamos con mi abuela. Pero yo no tengo recuerdos de mi madre triste. Como que ... como medio al revés. Si te veía mal te decía: "no tenés que ponerte triste".

A: ¿Pero de niña eras triste?

L: No, no, yo era demandante. Pedía cosas todo el tiempo; que me compraran cosas.

A: Y esa frase "no tenés que ponerte triste", parecería que ahora te la decís a ti misma.

L: Sí. (Silencio) Me acordé que cuando era chica yo tenía mucha alergia, eczemas detrás de las rodillas y en los pliegues de los brazos, y era terrible. Y pensé si tendría que ver ... Después se me fue. Después tuve mucho tiempo rinitis alérgica. Me daban una inyección una vez por semana hasta los 17 años. (silencio) Otra cosa que me acordé es que yo cuando era chica, si estaba triste, escribía; desde los 7 años. Escribía pila, cosas de la escuela, que me gusta fulanito ...

A: Ah, entonces había una escritora de tus situaciones emocionales, una escritora de tu intimidad.

L: Sí ... (Silencio)

A: ¿Y has encontrado en ese diario cosas que te asusten?

L: Lo que más me asustó fue lo que escribí antes de irme a acampar aquella vez. Un contenido muy depresivo, porque yo después al tiempo lo leí y pensé: "Pero acá yo estaba muy mal".

A: ¿O sea que podríamos decir que lo que te pasó aquel verano fue un estallido de algo que ya venía?

L: Sí, como que me di cuenta que antes estaba muy triste, muy desconforme, como que la pasaba, nada más ...

Sesión siguiente

L: El martes, después de la sesión, me fui a leer el diario de cuando era bien niña, tenía 7 años. ¿Sabés qué es lo primero que escribo en ese diario? Escribo que me voy a quedar a casa de una amiga, que me llevaba el padre de ella en el auto y que al otro día yo empecé a extrañar. Y se lo dije a mis padres, y escribí. "Pero no sé si me entendieron". (Silencio) Después ponía: "Hoy fue un feo día porque mis padres se pelearon". "Hoy estoy contenta porque mis padres se arreglaron". Le hablaba al diario. Ponía cosas que me preocupaban.

A: Me parece interesante para trabajar nosotras eso que sentiste: "me parece que no me entendieron". ¿Qué se te ocurre ahora?

L: No sé. Pero ... yo lo que creo que ahí yo no les quería contar que extrañé porque tenía miedo que después no me dejaran ir más.

Porque yo pedía mucho para ir y pocas veces me dejaban. Sobre todo a mi padre no le gustaba que yo me quedara fuera de casa.

A: A mí me da curiosidad qué significaría "que no te entendieran". ¿Qué podría significar para ti?

L: Ah, sí, me hizo pensar que yo decía que los extrañaba y como que demostrar mucho que extrañabas no estaba bien en mi casa ... No sé; ser muy sensible no estaba bien.

A: Ser floja (nos reímos).

L: Sí, una cosa así ... (se ríe) Como que demostrar mucho no ... Ahora me hace pensar que mi madre nos decía "Ustedes saben que yo las quiero mucho". Pero nunca lo pudo decir directo, "Te quiero mucho". Ella dice "lo más importante del mundo son mis hijas". Sí, pero no me lo dice a mí.

A: Y tú, con Daniel, ¿cómo te sentís en esto de demostrar los sentimientos?

L: A veces me cuesta. Porque él como que es todo lo opuesto.

A: ¿Y con tu sobrino?

L: Ah, con él trato de ser más directa, sí. Le digo mucho lo que siento, pero no sé ...

El hecho de que haya ido a buscar ese diario personal que escribe desde los siete años nos habla de varios aspectos. Escribir implica una capacidad de simbolización en juego. Poder escribir sobre sí misma es un modo de apropiación de su subjetividad, así como también de sus dolores psíquicos, y a la vez de elaboración de los mismos. Dice Julia Kristeva:

> El psicoanálisis y la literatura son la misma cosa. Salvo que una publica y la otra guarda su descubrimiento para vivir mejor. Pero es la misma dinámica psíquica, que consiste en barrer todo lo que es palabras cansadas y modos de vida aburridos, *contar un nuevo aliento, cambiar el modo de hablarse a sí mismo y de nombrar las cosas y de ligarse a los otros*. Algunos logran darle un lugar a esa experiencia del lenguaje e inscribir esa recreación de la intimidad y lo personal en una tradición cultural como la literatura (...) Otros no dan ese paso, y se contentan con volver a casarse, o cambiar de profesión, o dejar de beber, o simplemente estar enamorados habiendo pensado que eran incapaces de amar. El laboratorio donde sucede ese *click es el mismo*. (Kristeva, 2012)

En el sentido transferencial, podemos decir entonces que a la siguiente sesión responde con un material simbólico, rico, una producción de su infancia que genera un particular interés en ambas para avanzar en el análisis.

La experiencia de discusión con el 3-LM: ¿Por qué elegí presentarla en el grupo del Modelo 3-LM y cuáles fueron los beneficios de hacerlo?

Me interesó especialmente trabajar este material en el grupo, ya que como he relatado, se trataba de un tratamiento que se inicia con muchas dificultades y que, a mi entender, a los dos años empieza a mostrar cambios muy alentadores. Yo estaba segura de que estaban empezando a ocurrir transformaciones psíquicas de relevancia y me interesaba profundizar las mismas de forma detallada y sistematizada. El hecho de que el tratamiento estuviera en curso también me pareció un elemento interesante para poder seguir viendo al material en un segundo momento, tal como finalmente se hizo.

Lo que me resultó más útil del trabajo grupal fue la posibilidad de ver con mayor sutileza las dificultades de la paciente en la comunicación consigo misma, es decir, sus dificultades de contactar con sus afectos, con sus fantasías, de poner en palabras diversos aspectos de su mundo interno, de acceder a la asociación libre y, por tanto, de lograr *insights*. A este aspecto el grupo le dedicó gran parte del tiempo y me resultó, reitero, muy útil para seguir trabajando con la paciente a lo largo de todo el tratamiento.

Quisiera también destacar la positiva repercusión de lo trabajado con los ítems del Modelo 3-LM en otros tratamientos de pacientes llamados "difíciles", como asimismo en esas primeras entrevistas donde aparecen claros obstáculos desde el inicio. En una zona de entrecruzamiento entre la teorización explícita e implícita, en esos momentos algunos temas del modelo vienen en mi ayuda como teorización flotante.

En la primera reunión de trabajo en grupo, me encontré con que algunos analistas del mismo la encontraron más grave de lo que yo la consideraba, incluso esbozaron un pronóstico bastante desalentador. Otra parte del grupo, en cambio, apostó a seguir con la técnica del espejamiento que ya se venía dando en los últimos tiempos —en el mismo sentido se mencionó la capacidad reverie del analista—, y me alentó a trabajar algunos conflictos, como por ejemplo la relación con su madre, así como su transcurrir adolescente, ya que este último no aparecía en el material. Esta parte del grupo, apoyada en los cambios que se vislumbraban en los últimos meses, conjeturaba un mejor pronóstico. Acá se abrieron dos posturas diagnósticas: una que sostenía la existencia de déficits tempranos que la convertían en una paciente grave, con énfasis en problemas de estructura, y otra que la veía más como una paciente neurótica con una inhibición muy seria, con conflictos en los que intervenía fundamentalmente un superyó sádico con sentimientos de culpa y de temor al rechazo que la paralizaban.

Otros aportes me fueron menos útiles, porque estaban más bien saturados de teorías, que por un lado parecían explicar todo, pero que por otro lado trababan en mí la posibilidad de seguir pensando la paciente. Creo que esta es una dificultad habitual que tenemos todos los analistas en una discusión científica con material clínico, esto es, nos ubicamos en un punto de vista teórico (el de preferencia) y desde allí intentamos lecturas clínicas. A mi entender, este tipo de intercambios no favorece sino que por el contrario obstaculiza la capacidad de los analistas de relatar los fenómenos clínicos al modo de una historia que hay que contar a otros, intentado que esos otros imaginen las sesiones, el paciente, el clima afectivo, lo pre-verbal, sabiendo que el relato lo más cercano a la experiencia clínica es uno de los objetivos en el 3-LM para visualizar los cambios psíquicos. Afortunadamente la discusión teórica quedó para el final (tercer nivel) y siempre los moderadores buscaron referirla al material clínico.

Etapa posterior

A partir del tercer año de análisis, en algunas sesiones funciona, por momentos, en asociación libre —con exquisita producción de sueños— y en otras sigue necesitando la actitud suficientemente activa de la analista. Pienso que es una paciente en donde hay que considerar ambos elementos: problemas de estructura y conflictos. En este sentido, mi actitud como analista siempre intenta ir acompañando estas fluctuaciones, es decir, en algunas sesiones, o en momentos de sesiones, trabajo en atención flotante con interpretaciones, al modo de trabajo con paciente neurótico en sus conflictos inconscientes, y en otros pongo a trabajar más mi capacidad de ensoñación, algo del espejamiento que produce marca, nuevamente prestando más palabras, posiblemente desde la función llamada objeto transformacional.

De acuerdo con Bollas este objeto es llamado objeto transformacional, tal como se da en el análisis, en donde se da un saber existencial opuesto al representacional (Bollas, 1979, pág. 96).

Vale la pena recordar las palabras de Joyce McDougall:

> ¿No es posible suponer que ese niño-flor-frágil, que acecha a su propia imagen, busque en el estanque un objeto perdido que no es él mismo sino el *reconocimiento de sí en los ojos del Otro?* Ese reconocimiento de sí como ser separado y único lo busca ávidamente en las pupilas maternas, reflejo destinado a enviarle todo lo que él representa para su madre (Winnicott, 1971) Así se reconocerá como sujeto con un sitio y un valor propio, a través de los ojos del Otro que lo mira y que le habla. (McDougall, 1993, p. 270; cursiva en el original).

Voy a presentar ahora algunos extractos de sesiones que muestran lo expuesto anteriormente, sobre el tercer año de análisis.

Sesión al tercer año

L: El otro día empezamos el curso con Lucía. Después nos fuimos a cenar; pasamos tres horas conversando. Al llegar a casa recibí un mensaje de ella que decía: "Hacía tanto tiempo que no pasaba tan bien charlando con una amiga". A mí me hizo bien charlar con ella, tenemos muchas cosas en común. Las dos estamos en análisis tres veces por semana … Hablamos bastante del análisis. A mí me hizo bien. Yo le dije que vos me habías dicho que yo a veces resultaba "arisca" y ahí me dijo: "¿Arisca vos?" Y yo pensé que es más bien acá que soy así y me acordé de otras cosas que hablamos acá.

A: ¿Qué otras cosas?

L: Pensé como si tuviera miedo de hablar acá. Y me acuerdo cuando te conté lo que le pasó a mi amiga con la psicóloga de ella … lo que tú me dijiste … que podía tener miedo de hablar acá … Ahora me acordé que tuve un sueño: soñé que iba por varias universidades con mi CV, como que estaba entusiasmada para hacer el Máster. Porque también hablé eso con Lucía. Por momentos me dan ganas de hacerlo, y sobre todo me dan ganas de hacer los cursos con otras personas, como que aprendés más. Y además me sentí mejor estos días, de ánimo.

Tuve un sueño en que voy a ver un cliente. Le hacía la entrevista delante de mi padre, y después cuando me desperté, pensaba "cómo me debe haber influido mi padre en estas cosas que me pasan con las personas que trabajo", que no sé lo suficiente ... La otra vez Lucía me decía que iba a consultar a un psiquiatra y me acordé que yo no llamé ...

A: ¿Te parece que confiaste en el análisis, o que tuviste una dificultad para llamar a un psiquiatra?

L: Y, las dos cosas ... Yo confío en el análisis, sí, por eso yo digo que me cuesta darme cuenta por qué, qué hace que yo no pueda hablar, que me ponga como a la defensiva.

A: Pero estás hablando también con tu amiga tres horas; acá venís tres veces por semana ...

L: Sí, estoy hablando bastante ... Y con Lucía, sí, con ella nos entendemos mucho ...

[Acá decidí solamente mencionar lo transferencial—tres horas con la amiga, tres sesiones—porque entendí que ya se estaba dando el trabajo transferencial inherente a la elaboración propio de la repetición con la figura del analista.]

A: ¿Cómo te ve Lucía? ¿Qué imagen tendrá de ti?

[Hago énfasis en cómo imagina la imagen que los demás tienen de ella, porque es parte de un gran vector de trabajo analítico con sus vínculos, vínculos que por mucho tiempo ocuparon la penumbra en las sesiones. Ella iba a los encuentros, estaba con amigos, pero nunca sabía decir que sentían los demás con ella, mientras yo me preguntaba si se trataría de una apacible amabilidad en la que se sentía querida por sus silencios, sin animarse a discrepar. Esto fue parte de un insight ... un par de años después.]

L: Me dijo "Yo ahora te veo bien", porque ella me ha visto triste y también contenta de más.

A: Contame un poco más.

L: Una vez, al principio, me vio contenta de más, como que estaba medio pasada. Ah, y el otro día me dijo: "Cuando te vi más acelerada, sí, estabas más arisca", como me habías dicho tú la otra vez" (palabra que había usado yo sesiones antes).

A: ¿Viste que de eso, de tus momentos acelerados, sabemos menos de ti? Es un camino a explorar, ¿no?

L: Sí. (Silencio) Ahora pienso en esa etapa y creo que sí, pero en el momento no me doy cuenta. (Silencio) Ahora estaba pensando en si me volverá a pasar. Porque yo me pregunto: ¿No será que yo identifico el sentirme bien con el estar acelerada? (Silencio)

No sé. La otra noche salí a cenar con Alejandro y Lucía, después de la reunión mensual de trabajo, y me sentía bien, me reía con ganas ...

Si bien una crítica que consideraría válida sería que en esta sesión no aparece un trabajo sobre los sueños, en este momento yo tomo los mismos como guías acerca de su estado emocional y me interesa especialmente que se produzcan los sueños, así como en qué momentos de la sesión aparecen. Recuerdo una frase de Freud en Interpretación de los sueños:

> Ahora bien, es este el carácter psicológico más general y llamativo del soñar; un pensamiento, por lo común el pensamiento deseado, es objetivado en el sueño, es figurado como escena o, según creemos es vivenciado. (Freud, 1900, pp. 527–528, 534)

En esta sesión observo que ella comienza a preguntarse sobre sí misma (*"¿No será que yo identifico el sentirme bien con el estar acelerada?"*). Este tímido comienzo de interrogaciones sobre sí misma —que da título a este artículo— parecería ser un camino que se va acentuando en el proceso analítico, en el que dichas interrogaciones se van complejizando y, por lo tanto, enriqueciendo. Esta es la función del análisis, en otras palabras, generar las interrogaciones que no estaban o estaban cubiertas por mecanismos de defensa, o en otras palabras, que el paciente logre ser el epistemólogo de sí mismo, en lo referente a los destellos siempre fugaces del inconsciente.

Pasado un tiempo, Leticia puede ir trayendo sus conflictos, su sexualidad infantil, las vicisitudes del Edipo, fundamentalmente en relación a la figura materna. Asimismo, se ha ido trabajando los conflictos inconscientes en relación al hermano. Por razones de espacio, y por el recorte elegido, esta parte no podrá ser desarrollada en este trabajo. A continuación muestro otros fragmentos de sesiones a los cinco años, en donde continúan las interrogaciones, ya en un modo más sutil, que a la vez se integran con momentos en que como analista debo seguir interviniendo en forma activa.

L: Me quedé pensando lo que me dijiste la sesión pasada, una cosa que no me gusto … Eso de que yo con mis amigos me hago la buenita para que todos me quieran, o algo así … No me gustó, no es así … aunque, sin embargo, me acuerdo que cuando yo era muy chica, los padres de mis amigas como que me preferían a mí, porque yo siempre me portaba bien, yo no daba trabajo en otras casas … ¿Y sabés qué me decían mis amigas? Me decían: "tú te portas bien para agradarles, siempre estás buscando quedar bien" … Bueno, la verdad, algo parecido a lo que tú me dijiste (se ríe levemente). Y sí, un poco es así. Yo no ando confrontando a la gente, ta, los escucho, todo bien, y me callo, tal vez por eso me quieren … (Silencio) Pero yo me pregunto: ¿el problema estará en que yo no siento o en que no transmito lo que siento?

A: Buena pregunta.

L: A mí me parece más que yo siento pero que no me animo a transmitir lo que siento, porque si digo algo que no cae bien, me van a rechazar. (Silencio) Y acá me pasa un poco también eso … (Silencio largo)

A: ¿Cómo es acá, conmigo?

L: Sí, yo me doy cuenta que un poco me cuido, a veces no te digo todo lo que siento, no sé, como que quiero cuidar mi imagen acá también, no sé cómo decirlo … (silencio)

A: Sí, pocas veces, como hoy, me decís que no te gustó lo que te dije en sesión.

L: Sí … (Ríe suavemente). Yo me parece que siempre estoy cuidando la imagen, que no vayan a pensar que hago las cosas mal, o cosas así.

A: Ahora podemos entender lo que me decías al inicio del análisis, de que tenías miedo de hacer mal tu trabajo, qué pensarían los demás de eso, ese miedo a que te juzguen como incompetente.

L: Pa, eso sí, siempre, siempre … No sé cómo cambiar eso, siempre está …

Acá nos encontramos con un estilo más agudo y, a la vez, pudiendo anidar en la transferencia, poniendo en palabras sus fantasías conmigo, yendo a su pasado en forma fluida, asociando libremente.

Es interesante el crecimiento en su capacidad de simbolización, generando nuevos interrogantes sobre sí misma que la llevan a producir hallazgos acerca de sus mecanismos defensivos, ya en el terreno de sus conflictos inconscientes en donde el superyó y la culpa ocupan lugares centrales.

Considero que gran parte del tratamiento muestra cambios en el modo de estar con el otro, incluyendo al analista. Se anuncia la construcción de una nueva narrativa propia más coloreada. Interroga el trabajo de la transferencia y la contratransferencia, el estilo activo de la analista así como los aspectos inherentes a su sexualidad y sus defensas, y de estas últimas, quizás la inhibición es la que aparece resaltada.

En este momento del análisis, queda camino por recorrer y, desde lo expuesto, diría que la aventura más emotiva es lograr reencontrarnos con la niña escritora-creadora. En esta línea yo experimento una sensación optimista con Leticia y considero que el trabajo analítico es la mejor apuesta para ella. Los cambios obtenidos hasta ahora, dentro y fuera de las sesiones, son una base para generar esta impresión. Pero además hay una vivencia en mí, que sé reconocer claramente en mi sensibilidad como analista, acerca de las posibilidades de esta paciente de aumentar su capacidad interior, la puesta en palabras, cambios en los vínculos, así como logros de insights y una mayor capacidad de un self genuino, más despojado de defensas que aún hoy perturban sus posibilidades de experimentarse a sí misma.

A modo de cierre, retomaré el origen de este trabajo, es decir, la presentación del material en el grupo para ser analizado de acuerdo al 3-LM.

A lo dicho anteriormente, quisiera agregar que las opiniones y discusiones de los colegas han seguido en mi interior como interlocutores siempre presentes. Es más, las discrepancias que existieron han alentado mis propios debates internos en momentos difíciles, generándose en mí mayor libertad para pensar que los dos grandes grupos de hipótesis no se excluyen sino que ocupan diferentes momentos en el proceso y, aún, dentro de una misma sesión. Acompañar al paciente en estos movimientos es, en cierto modo, parte del arte del psicoanálisis.

Si me preguntan por mi filiación psicoanalítica, sin duda digo que soy freudiana, integrando autores como los que he citado —Bollas, Winnicott, entre otros— y así llevo adelante mi práctica día a día. Integrar el Modelo 3-LM me ha me ha permitido sumar aspectos que posiblemente están en varias teorizaciones pero que aquí se presentan de una manera sistematizada y detallada, lo cual posibilita profundizar en aspectos como los que ya he nombrado anteriormente.

Bibliografía:

Aulagnier, P. (1979). *Los destinos del placer. Alienación, amor, pasión* [The vicissitudes of pleasure: alienation, love, passion]. Buenos Aires: Paidós, 1998.

Bernardi, B. D. (1999). Attualita di una polemica: le due dimensione dell'interazione analitica [The validity of a debate: the two dimensions of analytic interaction]. *Rivista di Psicoanalisi, 40*(1): 131–152.

Bollas, C. (1979). The transformational object. *International Journal of Psychoanalysis, 60*: 97–107.

Bollas, C. (1987). *The Shadow of the Object: Psychoanalysis of the Unthought Known*. New York: Columbia University Press.

Freud, S. (1900). La interpretación de los sueños, Buenos Aires, Amorrortu Editores.

Freud, S. (1900a). *The Interpretation of Dreams. S.E., 4*. London: Hogarth.

Kristeva, J. (2011). Psicoanálisis y literatura son la misma cosa [Psychoanalysis and literature are the same thing]. Interview by Mario Libertella. *Revista Ñ*. Disponible en: www.revistaenie.clarin.com/ideas/julia-kristeva-entrevista_0_589141333.html

McDougall, J. (1978). *Plea for a Measure of Abnormality*. New York: Brunner/Mazel, 1992.

Winnicott, D. W. (1969). The use of an object. *International Journal of Psychoanalysis, 50*: 711–716.

CAPÍTULO TRES

Irina: el tratamiento psicoanalítico de una adolescente—la utilidad del modelo de los tres niveles para la observación de las transformaciones del paciente

Marina Altmann de Litvan

Introducción

El objetivo de este capítulo es usar el modelo de los tres niveles para la observación de las transformaciones del paciente (3-LM) para interpretar las observaciones clínicas. Escribo desde la perspectiva de la analista de la paciente con el objetivo de describir las nuevas percepciones acerca de este caso que surgieron de la discusión grupal siguiendo el modelo (Montevideo Focus Group: Marina Altmann, Ricardo Bernardi, Beatriz De León de Bernardi, Nancy Delpréstitto, Alejandro Garbarino, Silvana Hernández, Adela Leibovich de Duarte, Evelyn Tellería y Clara Uriarte. Marzo, 2011). Mi intención es mostrar cómo funciona el modelo, qué transformaciones (según se observó en el grupo de trabajo) ocurrieron o no durante el proceso analítico en el caso de esta paciente particular, y cómo el modelo contribuyó a lograr observaciones analíticas más precisas.

Como se describe en el capítulo uno (por Ricardo Bernardi), el 3-LM observa el material clínico desde tres niveles diferentes: la descripción fenomenológica, las diferentes dimensiones del cambio, y las hipótesis del analista (el tercer nivel es desarrollado en el capítulo siete, escrito por Adela Leibovich de Duarte). Nuestro trabajo buscó evaluar (i) cómo la mente de la analista identifica las diferentes razones que traen a la paciente a terapia; (ii) cómo la analista entiende lo que sucede en la relación transferencial y contratransferencial en el proceso analítico; y (iii) cómo estos aspectos llevan a cambios positivos, cambios negativos o ningún cambio. El material clínico considerado en este capítulo, el cual se enfoca en una adolescente de género femenino, fue seleccionado para probar la primera versión del 3-LM.

En el primer nivel el grupo intenta hacer una descripción fenomenológica del cambio. Me referiré a diferentes temas que tienen relación con la paciente en cuestión: su cuerpo y cómo ella se vive y se expresa a sí misma con él, el significado de la ropa, su autodestructividad, sus duelos y su estilo de comunicación.

En el segundo nivel —principales diagnósticos del cambio— analizo la mayoría de las dimensiones del modelo y describo cómo las observamos en este material clínico. Con el material clínico subrayado por el grupo se ilustran la experiencia subjetiva de la enfermedad, los patrones de relación interpersonal, los principales conflictos intrapsíquicos y los aspectos estructurales del funcionamiento mental.

Este fue el primer material clínico que se discutió con el 3-LM. El modelo fue mejorado posteriormente gracias a la discusión enriquecedora del grupo, los comentarios y las observaciones, así como la devolución que recibimos de muchas personas que participaron de las presentaciones del Comité de observación clínica.

¿Por qué estudiar el cambio?

El cambio es un tema importante para el psicoanálisis y ha sido tratado por varios autores. En 1980 Marvin Goldfried documentó un descontento creciente entre terapeutas de diferentes orientaciones. Clínicos de orientación psicoanalítica, conductual y humanística comenzaban a elevar preguntas serias acerca de los límites de sus respectivos enfoques del cambio. Tales cuestionamientos llevan, de acuerdo con Goldfried, a una actitud más abierta hacia la contribución de otros paradigmas.

Años más tarde, al analizar los objetivos y la naturaleza especial del tratamiento psicoanalítico, Wilma Bucci (1997) planteó que los pacientes entran al tratamiento con un conjunto de estructuras psíquicas que determina sus cosmovisiones emocionales, y que los analistas tienen sus propias predisposiciones emocionales y puntos de vista. Las representaciones mentales y emocionales de ambos participantes en el proceso analítico son internas, privadas, directamente relacionadas con sus experiencias, y solo parcialmente conocidas, incluso para ellos mismos. El cambio buscado por el psicoanálisis es en el mundo representacional interno del paciente. Bucci destaca que es un gran desafío desarrollar una ciencia cuyo objeto de estudio consiste en representaciones mentales y emocionales que son privadas y algunas veces inaccesibles.

En 1975, Easkow y Parloff dividieron los métodos de evaluación para estudiar el cambio en cuatro categorías:

> (1) medidas del paciente (pruebas, inventarios, informes autoadministrados, medidas de comportamiento, medidas fisiológicas, entrevistas y medidas del discurso, medidas cognitivas y perceptivas, técnicas proyectivas); (2) medidas del terapeuta (evaluaciones y medidas de resultado del terapeuta); (3) medidas de los otros significativos (p. ej., el uso de informes por parte de familiares y otros informantes significativos además de terapeutas y evaluadores clínicos independientes); y (4) evaluaciones clínicas independientes. (Citado en Blatt & Ford, 1994, p. 20). (traducción mía)

Luborsky, Singer y Luborsky (1975, p. 233), a su vez, señalan que las evaluaciones clínicas independientes "tienen una ventaja evidente sobre el paciente y el terapeuta como jueces del resultado terapéutico" (traducción mía).

Blatt y Ford (1994) intentaron evaluar el cambio terapéutico de pacientes internados que participaron de un programa de tratamiento antes de que se les diera de alta del hospital. Estos autores consideran importante distinguir los diferentes tipos (o niveles) de cambio, o sea, diferenciar entre los efectos psicológicos y en el comportamiento. En sus propias palabras:

> Un primer paso esencial para estudiar el cambio terapéutico, sin embargo, es demostrar que el tratamiento da como resultado un cambio sustancial dentro del contexto del tratamiento y especificar con precisión la naturaleza de ese cambio para diferentes tipos de pacientes (p. 2). (traducción mía)

La investigación posterior podría dirigirse a determinar "cómo, hasta qué grado, y de qué maneras los cambios en los diferentes tipos de pacientes dentro del proceso terapéutico contribuyen a ampliar las formas de adaptación más allá del encuadre del tratamiento" (p. 2). Para Blatt y Ford, "en lugar de buscar medidas de cambio universales, podría ser más productivo considerar la posibilidad de que diferentes tipos de pacientes puedan cambiar de diferentes maneras" (p. 18) (traducción mía).

En su libro *Emotion, Psychotherapy and Change*, Safran y Greenberg (1991) se focalizan en las dimensiones emocionales del cambio psicoterapéutico desde una perspectiva clínica y teórica. Fosshage (2005), en cambio, se centra en la acción terapéutica y en la batalla mantenida en la historia del psicoanálisis entre la interpretación/comprensión-insight y la experiencia relacional como puntos focales. El cambio paradigmático actual dentro del psicoanálisis de un modelo de campo intrapsíquico a relacional (Greenberg y Mitchell, 1983; Mitchell, 1988) o intersubjetivo (Atwood y Stolorow, 1984), donde el encuentro analítico es visto como una "intersección de dos subjetividades" co-construida (Stolorow, Brandchaft, y Atwood, 1987), ha acentuado la importancia de la experiencia relacional para nuestra comprensión del desarrollo, patogénesis, transferencia y acción terapéutica. La interacción relacional es tan importante que al trabajo analítico exploratorio/interpretativo se lo concibe como un aspecto de la experiencia relacional analítica que puede entenderse solo dentro del contexto de esa experiencia. Fosshage afirma que "los cambios del primer plano y del trasfondo que componen la danza entre los sistemas implícito y explícito ofrecen una llave importante para comprender y facilitar el proceso psicoanalítico" (Fosshage, 2005, p. 535) (traducción mía).

El grupo de estudio de Boston (*The Boston Process of Change Study Group*) (Stern, Sander, Nahum, Harrison, Lyons-Ruth, Morgan, Bruschweilerstern, y Tronick, 1988) es un grupo de investigadores de infantes que trabaja con clínicos psicoanalíticos de adultos con mucha experiencia para ampliar nuestra comprensión de la naturaleza del proceso de cambio en la psicoterapia psicoanalítica. Ofrecen nuevas comprensiones al respecto de ese "algo más que interpretación" que se necesita para hacer consciente lo inconsciente. Su modelo pone énfasis en que los "momentos" interpersonales entre analista y paciente crean cambios. Los factores interpersonales son cruciales en la generación de los aspectos procedimentales del funcionamiento de la personalidad.

El reconocimiento del otro es un pre-requisito para la articulación, diferenciación y flexibilidad. Estas estructuras relacionales se desarrollan del mismo modo que los ciclos recurrentes de ruptura (*break and repair*) del encuentro madre-infante. A medida que las estructuras de conocimiento implícito relacional van surgiendo en el desarrollo se van cargando emocionalmente y se van volviendo una cualidad espontánea. El concepto de conocimiento implícito relacional es descriptivamente inconsciente, no pensado pero factible de ser conocido. Ambos participantes en el intercambio pueden reestructurar sus sistemas relacionales implícitos a la luz de su experiencia de la construcción/"andamiaje" (Vygotsky, 1966) de la organización mental del otro.

Fonagy (1998) afirma que los clínicos están acostumbrados a "trabajar con la memoria procedimental". "La sensibilidad clínica (...) es principalmente agudeza para poder captar los múltiples significados codificados en un mismo mensaje verbal usando el énfasis, las pausas en el discurso, la entonación y otras figuras de la pragmática, paradigmáticamente todas las expresiones del conocimiento almacenado procedimentalmente" (p. 348) (traducción mía). Esta característica del trabajo analítico constituye un aspecto importante para el 3-LM. Como lo notó el grupo de trabajo, la transmisión verbal al grupo del material clínico por parte del analista afecta la comprensión de los participantes en cuanto a lo que sucedió en el proceso psicoterapéutico.

Widlöcher (1970) estudia la teoría del cambio luego de revisitar la teoría estructural freudiana. Este autor pone énfasis en que aunque es importante evaluar los cambios, también es importante considerar las resistencias. Para Widlöcher el cambio es una transformación del equilibrio económico dinámico que regula las señales del yo, del superyó y del ello. Las resistencias expresan conflictos en estas tres áreas. Uno de los temas que él subraya es la resistencia al cambio. Las transformaciones están unidas a lo que consideramos "cura" en psicoanálisis. Este autor cree que el cambio es un desplazamiento de la carga de las investiduras. La inversión libidinal en el objeto (marcada por la investidura consciente del objeto deseado) es remplazada, en el inconsciente, por la investidura de la representación. Widlöcher afirma que podemos desarrollar una ecuación en términos dinámicos, topográficos y económicos. El punto de vista dinámico no cambia.

La calidad y el resultado del proceso terapéutico se pueden mejorar notablemente al comprender las modalidades del cambio. Desde un punto de vista epistemológico, Klimovsky (1994), conectando las matemáticas con los procesos psicoterapéuticos, afirma que los cambios podrían originarse en la acumulación de micro-procesos en curso o suceder abruptamente, volviéndose una discontinuidad inevitable. Esto último constituye una brecha real donde la curva se ve interrumpida y comienza en otro lugar, asumiendo diferentes valores. Ejemplos de este proceso podrían ser el "cambio catastrófico" de Bion, la "interpretación mutativa" de Strachey, o las "revoluciones científicas" en la epistemología resaltada por Kuhn.

Es de crucial importancia saber si una transformación ha ocurrido realmente o no, así como su impacto sobre la evolución del proceso. También debemos tener en cuenta que hay diferentes tipos (o niveles) de cambio (Klimovsky, 1994). El primer nivel se manifiesta en el comportamiento de los pacientes, en sus acciones y en su material; el segundo corresponde al conocimiento del paciente acerca de su propio comportamiento y sus problemas; el tercero se refiere a los juicios hechos por los pacientes al respecto de su propio conocimiento; y el cuarto se centra en la propia evaluación de los pacientes acerca del progreso del tratamiento y de los efectos que está teniendo en sus vidas y en su sufrimiento. El modelo de los tres niveles toma en cuenta todos estos niveles de cambio.

Cuando percibimos un cambio en el paciente, ya sea durante el trabajo analítico o luego de una sesión, debemos comprender si se trata del cambio que esperamos o si será perjudicial para el proceso analítico. Es por esto que necesitamos analizar los tipos de cambio que pueden tener lugar para determinar cuáles son significativos o deseables y cuáles son inapropiados, y por qué. Mi opinión sobre esta materia es que cuando hablamos de transformaciones debemos tener en cuenta la relación tanto con los objetos internos como externos.

¿Cómo observamos el cambio en psicoanálisis?

La observación es un tema que genera controversias en nuestro campo, y hay muchas opiniones diferentes acerca de su relevancia para el trabajo analítico. Mi propia experiencia me ha llevado a cambiar mi visión sobre este tema a través del tiempo. Actualmente abordo este tema a través de la síntesis de varias perspectivas, a saber, la de una analista en la práctica clínica, la de investigadora en el campo de la salud mental infantil, y la de docente en un instituto psicoanalítico. En mi vida profesional la investigación analítica y la práctica clínica han representado distintos procesos de aprendizaje que por muchos años recorrieron caminos paralelos. A medida que pasó el tiempo, debido a ciertos aspectos de mi experiencia clínica y docente, surgieron en mi mente áreas de intersección y enriquecimiento mutuo.

Las definiciones del verbo "observar" y del sustantivo "observación" tienen una cualidad dual muy interesante. Por un lado, "observar" significa "advertir, reparar", lo cual sugiere una acción pasiva mientras el observador está siendo testigo de algo que está ocurriendo en el exterior. Por otro lado, significa "examinar atentamente" (ver www.rae.es). En el segundo sentido, se utiliza la misma palabra para designar un rol activo que implica ser testigo de algo y, basado en la percepción, formar un juicio que es necesariamente subjetivo. Es esta dualidad la que hace que sea tan difícil trabajar con la observación y plantea, según lo veo yo, el desafío más interesante.

El objeto de estudio del psicoanálisis es "la relación que ambos [el paciente y el analista] contribuyen a crear" (Nieto, M., 1965, p. 9). Del mismo modo, un "hecho psicoanalítico" es una modificación de la estructura adoptada por la relación interpersonal paciente-analista —una variación que es asida por el analista en el vínculo transferencial—. Este hecho psicoanalítico adquiere significado en relación con el contexto.

Para muchos psicoanalistas uruguayos, y particularmente para mí, fue Marta Nieto quien estimuló el interés en la investigación basada en el material clínico. Gracias a mi experiencia como presidente del comité de observación clínica de la IPA y a muchas otras oportunidades que me ofrecieron a lo largo de los años, entiendo que muchos de los temas tratados y estudiados en los seminarios de Marta Nieto son válidos en la actualidad y merecen considerarse nuevamente. Releer su trabajo y discutirlo con otros colegas representó una contribución esencial para mi propio trabajo. Aquí me gustaría centrarme en algunas ideas que ella discute en "Algunos problemas del analista como investigador" (Nieto, 1965).

El interés de los analistas *en un aspecto específico del proceso analítico* influye su observación. Los efectos de esta influencia pueden abarcar desde el polo negativo del espectro, donde se distorsiona el material, hasta el polo positivo, donde actúa como un entrenamiento especial para observar un asunto psicoanalítico específico. Otro tema importante es la *existencia de puntos ciegos* en el analista. En este sentido es necesario preguntar si estos puntos ciegos pueden invalidar la observación. De acuerdo a Nieto, "a priori", tiene justificación pensar que la observación puede ser inválida si nuestro punto ciego se superpone con un aspecto importante de los conflictos del paciente. También deberíamos considerar aquí otra situación descrita por M. y W. Baranger (1961–1962): cuando analista y paciente coinciden en su ceguera (escisión). Todos estos puntos deben tomarse en cuenta al desarrollar un método de observación clínica que nos permita verificar nuestras hipótesis.

Para Nieto, verificar consiste en examinar qué tipo de modificación ocurre luego de la interpretación. Esta autora describe el proceso completo de la siguiente manera:

> "... observamos una modificación y formulamos una hipótesis que la hace inteligible, la vertemos en forma de interpretación y observamos nuevamente ahora, para ver si la interpretación promueve una modificación de tal índole, con tales signos, que podamos inferir que fue una interpretación exacta". (Nieto, 1965, p. 13)

Nieto cuestiona la "prueba" que encuentran los analistas en el material clínico debido a la falta de rigurosidad del proceso de verificación. "A veces", dice ella, "no hay casi vestigios del material probante, otras presentamos material sí, pero nos deslizamos sobre él sin cuestionarlo expresamente desde el ángulo de la prueba" (p. 13). "[...] el material que ofrecemos es una selección en la que podríamos repetir un error de mira cometido en la etapa de observación" (p. 14).

El objetivo del Comité de observación clínica (*Project Committee on Clinical Observation and Testing*) es precisamente mejorar la forma en la que sistematizamos y ofrecemos evidencia de nuestras observaciones clínicas. El modelo de los tres niveles se desarrolló con este objetivo en mente y fue el material de Irina el material clínico usado para probarlo y discutir la primera versión de este modelo.

¿Cómo se seleccionó el material clínico?

Una vez diseñado el 3-LM, necesitábamos probarlo en un material clínico. Recordé a Irina, una paciente que traté mucho tiempo atrás. Había trabajado con ella focalizando en la evolución de sus sueños y en las diferencias que encontré en su funcionamiento mental. Recordaba que había observado algunas transformaciones, así que pensé que podría ser un caso interesante para nuestra primera prueba. Ella había terminado su análisis nueve años antes y había dejado el país. Recordé la relación intensa y cómoda que se había desarrollado entre nosotras, con algunos momentos agradables y otros dolorosos. Yo había registrado algunas de las sesiones con notas muy extensas (normalmente destaco aquellas sesiones que me resultan importantes por alguna razón). Usamos este material clínico para llevar adelante un taller que tenía el objetivo de probar la efectividad y la utilidad del 3-LM. El modelo requiere que examinemos el proceso de transformación en los tres niveles. El material clínico se presentó y discutió en un panel en el 46° Congreso de la Asociación Psicoanalítica Internacional (Altmann, M., Fitzpatrick-Hanly, M. A., Leuzinger-Bohleber, M. (2012)).

Cuando presentamos un caso, escogemos secciones particulares del material, omitimos otras e ignoramos información que no es necesaria para comprender el caso. Por lo tanto, no lo presentamos de una manera completamente objetiva; elegimos intencionalmente lo que vamos a mostrar (Messer, 1994, p. 3), y las vicisitudes de la memoria/registro también ponen obstáculos a la transmisión objetiva. El modelo busca mejorar esta situación al proveer una descripción fenomenológica inicial de lo que sucede en la sesión, la cual debe ser lo más concreta posible. En este caso yo tenía notas de las sesiones que juzgué críticas para la comprensión por parte del grupo de la paciente en esos momentos del tratamiento.

¿Cómo funciona el modelo?

El material se presentó al grupo en crudo, para que los participantes pudieran desarrollar sus propias ideas al respecto de cada nivel de observación. Además, se les envió con anticipación para que pudieran leerlo antes de la actividad. Durante el taller la analista tratante leyó en voz alta el material, para transmitir su experiencia de una manera más vívida. Su lectura le dio al grupo un panorama más amplio de lo que había sucedido con esta analista y esta paciente.

El material de Irina se discutió primero en una sesión de doce horas y luego en una reunión de seis horas que tuvo lugar tres meses después; el grupo sintió la necesidad de trabajar más sobre algunos aspectos del caso. Algunos participantes hicieron notar la diferencia entre el material escrito y su transmisión oral por la analista. Inicialmente les había sido difícil comprender a la paciente al tomar en cuenta solo el texto escrito.

Sin embargo, gracias a la entonación y patrones del habla de la analista, la presentación oral les ofreció una mayor profundidad y una imagen más clara de la paciente.

Trabajando sobre el caso de Irina con el modelo de los tres niveles para observar las transformaciones del paciente

La primera parte del material clínico observado con el modelo de los tres niveles se compone de una presentación breve de la historia del paciente y las primeras entrevistas con el analista. A esto le llamamos punto de anclaje. En el grupo, a medida que empezamos a leer el material, fuimos encontrando que el grupo necesitaba leerlo todo completo, de una vez. En este caso la analista eligió presentar la primera y segunda sesión completas y dos fragmentos significativos de sesiones posteriores (a los nueves meses y al año y medio del comienzo del tratamiento).

Irina comenzó el tratamiento porque estaba muy deprimida y angustiada. Era una adolescente joven (tenía dieciséis años) de complexión normal, quien experimentaba a su cuerpo como obeso. Trataba a su cuerpo como si fuera una máquina: hacía demasiado ejercicio (baile) y hacía dietas muy exigentes para satisfacer su ideal interno de plenitud y felicidad, que era "ser flaca". A veces este comportamiento la llevaba a comer compulsivamente y luego vomitar (desde que tenía doce años). Irina y sus padres habían pedido una entrevista cuando ella tenía doce años. En aquel momento yo tuve algunas sesiones con ella y su familia pero no recomendé tratamiento. Cuando tenía casi diecisiete años ella les pidió a sus padres para consultarme de nuevo. Su tratamiento analítico tuvo una frecuencia variada. Al comienzo ella venía dos veces por semana, pero hubo períodos en los que estuvo muy angustiada y necesitó una mayor frecuencia. En estos períodos tuvimos de tres a cinco sesiones por semana.

Irina es sagaz y seductora, y rápidamente estableció un vínculo fuerte conmigo. Está muy pendiente de mi vestimenta y de si combino o no la ropa y mis accesorios. Siempre, espontáneamente en la sesión, me halaga o critica, como si estuviera evaluándome. Mide y monitorea mi cuerpo con la misma persistencia que lo hace con el suyo. Es en este despliegue transferencial donde irán transformándose, gradualmente, sus diferentes experiencias con su cuerpo. Lo llamativo es que ella eligiera trabajar conmigo, una analista que no representa el ideal de cuerpo que ella busca para sí misma.

Cuando ella cuenta sus sueños, en una determinada etapa del análisis, la línea asociativa es acotada. Sin embargo, en el proceso analítico en sí estos sueños repetitivos se van entrelazando a movimientos transferenciales que van abriendo sus síntomas en nuevos sentidos.

Nivel 1. descripción fenomenológica de las transformaciones

Primeramente el grupo abordó el Nivel 1, "Descripción fenomenológica de las transformaciones". Los participantes estudiaron la narrativa del material clínico para encontrar evidencia de cambio ocurrido entre el punto de anclaje y las sesiones posteriores. Las primeras asociaciones elegidas como puntos de anclaje volverían una y otra vez a medida que avanzaba el análisis, y revelarían mayor profundidad y complejidad al ser vistas a través de la relación con la analista en la transferencia y en la contratransferencia.

El grupo analizó diferentes aspectos del material clínico en el nivel fenomenológico e identificó varias categorías para estudiar el cambio, que se discuten a continuación.

El cuerpo: cómo ella experimenta a su cuerpo, como se expresa con él y lo ataca.

El grupo consideró esta categoría crucial de diferentes maneras. Existe un desdoblamiento y transformación de estos aspectos durante el proceso analítico. Uno de los temas de interacción es el cuerpo y su tensión gorda/flaca. Por ejemplo, en la primera entrevista la paciente dice:

> "Estoy vomitando muy seguido. Medio a propósito. Es una costumbre. Estoy fumando mucho". [Habla muy rápido, salta de un tema de conversación a otro]
>
> "El tema de la dieta es un tema central ... Tengo muchos altibajos. Tres días ayuno y otros días me como diez alfajores. Tengo un sobrepreso importante. Tengo hipertiroidismo y todo me desborda".
>
> "Me encanta tomar. ¿Me puedo acostar [en el diván]?"

Su tensión gorda/flaca también se expresa a través de las personas y en varios sueños.

> "Sueño que mi abuelo era flaco; sueño que mi abuelo era gordo, el de antes. Me preguntaba todo el tiempo por la comida ...". (Primera sesión)

Este sueño no dispara asociaciones. Esta falta de asociaciones fue un rasgo importante de los primeros meses del análisis. Más adelante ella menciona que siempre sueña con gente muy delgada, sin senos, como si vinieran de campos de concentración. Aunque no les ve las caras, sabe que son sus padres, pero sus cuerpos son flaquísimos. La forma del cuerpo siempre está presente —siempre flaca—. Sus preocupaciones diarias aparecen en sus sueños (contenido manifiesto) sin mucha distorsión del sueño.

Su cuerpo es también exuberante. Es en la segunda entrevista que ella puede decir que no puede cuidarlo apropiadamente.

El cuerpo también aparece como un vehículo de auto-expresión a través del baile. Cuando baila, se siente bien y con gracia. Ella despliega un cuerpo sexual, vital que debe ser admirado por los demás:

> "Me gusta bailar. Me gusta bailar con plumas, como en un teatro musical. Mi padre me dijo que no me hiciera la mina".
>
> "Yo sé bailar con gracia. Es un don. Yo puedo bailar cualquier baile porque me gusta. Me gusta el baile de revista; me gusta la mezcla del ballet complementando todo. ¡Me defiende mi gracia!"
>
> "¿Si me gustaría bailar en Broadway? Bueno, pará. Tampoco el baile de revista, el baile con caderas y las expresiones ... no me animaría. Como que está sucio, lo veo como que son prostitutas, como una mezcla de abuso y baile".

El uso activo de su musculatura por parte de los pacientes bulímicos se considera una manera narcisista, autogenerada, de sostenerse a sí mismos después de la ansiedad severa. En esta paciente había un sentido de desintegración y "ansiedades catastróficas por sentirse sin salida, desmoronándose, licuándose y como derramando su vida" (Bick, 1986, p. 298) (traducción mía), y necesitaba defenderse contra ellos. Bick también menciona que la segunda piel "se manifiesta o como un tipo de caparazón muscular parcial o total, o una correspondiente muscularidad verbal" (1968, p. 486). El tipo de piel descrita por Bick como "piel de hipopótamo" (gruesa) corresponde a una manera de funcionar que es similar a la de esta paciente: hiperactiva, con la necesidad de pasar largas horas en el gimnasio y estar en constante movimiento, e incapaz de relajarse fácilmente.

Al comienzo del tratamiento Irina trae a terapia la manifestación de sus síntomas en su propio cuerpo (vómitos, darse atracones con la comida). De acuerdo a las observaciones del grupo, sin embargo, más tarde el cuerpo toma una dimensión más mental en la interacción con la analista en la sesión. Gracias a esta habilidad para interactuar, el cuerpo mecánico, rechazado, no subjetivo de las primeras entrevistas se vuelve menos mecánico y la paciente intenta entrar en contacto con él. Los participantes identificaron a esta dimensión más mental en los sueños de Irina a partir del noveno mes de tratamiento:

> "Comía la torta, después yo me cortaba los brazos con la tijera".
>
> "Me pongo terriblemente ansiosa. No quiero salir a la calle. Mi papá me dijo que había perdido tres kilos en una semana. Me vinieron ganas de encerrarme".

Ella me dice que sintió ganas de tomarse todo un frasco de pastillas. Pensó en ponerse un piercing en la lengua, para que pudiera estar dos semanas sin comer.

> "Quiero adelgazar pila. Todo el día tomo aspirinas. Me siento enferma. Quiero desaparecer. De noche me dio un ataque de llanto. Nadie se dio cuenta. Me quedé vomitando en la ducha".

El sueño del comienzo de la sesión se repite pero ahora está relacionado con sucesos actuales (la interrupción de su análisis debido a las vacaciones) y a otras pérdidas significativas en su vida. Yo le transmito esta interpretación. Ella menciona pensamientos de desaparecer, escaparse, dormirse, o internarse. "Ganas de internarme o de tomarme las pastillas". Llora en la sesión.

Más adelante trae las vivencias y distorsiones de su imagen corporal—flaca-gorda—entrelazadas con sus conflictos en la relación madre-hija:

> "Como siempre me vienen esas ganas incontrolables, es un ataque de ansiedad, en menos de un segundo me acabé con un paquete de

> galletitas y así como me lo acabé, así lo vomité … ¿me entendés? Era de noche, estaba un poco cansada, me sentí realmente gorda porque no importaba cuánto pesaba, me sentí el triple de gorda. Por más que cuanto me peso no cambia tanto, me sentí el triple, ¿entendés? ¡No tenía ganas de hacer nada!" (9 meses de tratamiento).
>
> "El sábado íbamos a ir a bailar y al final no fuimos porque María se peleó con su mamá. Me quedé a dormir en lo de María y ese día soñé que yo retomaba el ballet. Y estaba bailando ballet. En verdad estaba bien flaca yo y la profesora me decía: 'Estás bien gorda, seguí adelgazando'. No sé qué más … Pero no era yo, ni siquiera era yo de más chica. Y me decía como que estaba haciendo todo mal y me desperté. Ella hacía así con la espalda (Irina reproduce su expresión), como siempre, pero no era mi profesora. Era una profesora que no había sido mi profesora".

Sus sueños le permiten experimentar su mundo interno de manera más simbolizada. En este momento trae sus problemas con una profesora mujer. Sus sueños no son autodestructivos; hay otra persona criticándola.

Luego de un año y medio ella puede tomar contacto con su propio cuerpo a través del contacto con su analista y de preguntas acerca del cuerpo de la analista. Le pregunta a la analista: "¿Vos sos asmática?". La paciente explica su pregunta a su manera: "Vos sos gorda porque tomás cortisona". Empieza a darse cuenta de que la gordura no es solo resultado de un exceso de comida. Está aprendiendo que sus problemas son diferentes a los problemas corporales que le atribuye a la analista. Ella quiere cambiar pero se siente perdida debido a los "pensamientos malignos" que aparecen en su mente.

Un tema que surge en el proceso psicoterapéutico en relación con su imagen corporal es su deseo de hacerse un tatuaje. Un día llega y dice: "Mirá, me puse una caravana en el ombligo". Para mí fue un shock; no lo esperaba. La caravana tiene dos imitaciones de diamantes. Estéticamente es muy atractivo. Yo veo el ombligo como representando la huella del primer quiebre entre madre e hija. Interpreto este piercing como un signo de los esfuerzos de la paciente para separarse de su madre:

> "¿Te acordás de los tatuajes? Bueno, se me ocurrió en vez de los tatuajes ponerme la caravana. Siento que estoy mucho mejor con lo de la dieta".

Vincula no haber ganado peso con haber insertado una joya en su ombligo.

Los miembros del grupo creyeron que ponerse un piercing en lugar de hacerse un tatuaje, y la forma en que la paciente experimentó esta decisión con la analista en la transferencia, representaba un cambio significativo luego de un año y medio de tratamiento. "Me hace sentir segura con la dieta", me dijo Irina. "Me exige a mí cuidarme. Lo hablé con mi mamá y le gustó la idea. Mi papá me dijo: 'prefiero que no te lo hagas, pero es mejor que un tatuaje'. Al principio dolió un poco pero ya no más ..." [Luego habló de que había bailado ballet y dijo que su madre estaba contenta con eso].

Querer hacerse un tatuaje y ponerse un piercing en su ombligo son maneras de buscar una marca que la diferencie. Los tatuajes y los piercings funcionan como signos del cuerpo; tienen una función identificadora. Irina estaba probando la reacción de sus padres y buscando una manera única de ser ella misma.

Los diferentes significados de la ropa

La primera consulta de Irina, a sus doce años, se debió a su compulsión por comprar ropa de marca. Por ese tiempo ella hacía cualquier cosa con tal de conseguir la ropa que quería. Yo encontré una conexión entre su deseo de comprar estas ropas con su deseo de tatuarse el cuerpo. Con el pasar de los años su interés cambió de usar ropa de marcas reconocidas a marcarse el cuerpo (como ganado), y más tarde a las cicatrices dejadas en su cuerpo por la cirugía de implantes (después de un año y medio): "Mi madre quiere que me opere la cola. Mi cuerpo y el suyo son muy importantes para ella".

Para la familia de Irina –sus abuelos y sus padres– la ropa es una marca de pertenencia social, un ideal femenino que debe ser cumplido de algún modo:

> "El tema de la ropa. Mi abuelo me compraba la ropa. Una vez fui al centro comercial con mis abuelos y de repente encontré una chaqueta que costaba muy, muy cara. Mi abuelo pensó en comprármela pero decidió que no, porque si no debería darle la misma cantidad a cada nieto (...) ¿Por la ropa? Creo que sí. Fui a una tienda y me compré unos jeans. De repente sentí la urgencia de comprar algo ¡y lo quería ya mismo! Si no me dan el dinero, no puedo pagármelo.

¡No poder comprarme algo es una de las cosas que me causa más ansiedad!"

Reilly (2004a) se refiere a los actos de seleccionar ropa, comprarla y vestirse como expresiones de significado inconsciente, focalizando en la posibilidad de que la ropa sea para los pacientes bulímicos como una piel psíquica y como un sustituto de una segunda piel (p. 161) (traducción mía). Ella también afirma que la ropa puede, por lo tanto, ser vista como una forma concreta de contención: rodea al cuerpo, lo cubre, agregándole una forma adicional de autocontención necesaria para mantener alejados a los sentimientos de des-integración (Reilly, 2004a, p. 162) (traducción mía).

El fragmento siguiente de material clínico corresponde al tercer año de tratamiento y no se discutió en el grupo. Sin embargo, me permitió ver cómo la paciente había comenzado a experimentar de diferentes maneras con su cuerpo a través de la ropa, así como el hecho de que ahora la gente podía verla diferente y cómo este cambio se reflejó en su ropa. Ella estaba buscando a su verdadero self y de esta manera diferenciarse de sus seres más cercanos. El lenguaje, su forma de expresarse, sus palabras, estaban impregnadas de experiencias sensoriales, subsimbólicas, al decir de W. Bucci, cuando habla de las palabras que aún están impregnadas por la experiencia sensorial.

Al relacionar su elección de un vestido para un evento familiar importante, la paciente dice:

P: "Por otro lado, el tiempo estuvo lindo. Compramos un vestido para la fiesta de mi hermana … te conté antes, yo no me moría por ir … Primero mi madre y una amiga suya eligieron un vestido para mi madre … y me dijeron que me probara uno de los vestidos que mi mamá se había probado. Yo ya había agarrado tres vestidos que me gustaban [ella especifica colores, telas, y cómo se veían los vestidos en su cuerpo]. Mi madre y mi hermana querían usar el que mi madre se había probado antes, y me quedó bien, y sentí que me gustaba cómo se veía mi cuerpo en ese vestido, pero no era yo, no me sentía cómoda con él.

Me compré el otro. Lo bueno de ese es que se puede usar para cualquier ocasión; es azul, pasa desapercibido, es un vestido tradicional pero no es para nada convencional. El otro vestido, el que mi madre quería ponerse, era realmente especial … no fue el que yo elegí … tenía un forro turquesa y la tela era lila, parecía raso, y tenía un bordado precioso aquí arriba, pero el escote era demasiado pronunciado, te juro, y no tenía espalda, y mi madre y mi hermana querían que me lo pusiera porque me quedaba tan bien, y yo sentí que me gustaba yo en ese vestido pero no era yo, no me sentiría cómoda con él, no sé.

Últimamente mi madre me ha estado preguntando por qué cambié tanto la forma de vestirme. Le dije: no sé por qué lo estoy haciendo, no lo planeé. Tenía un escote enorme. Y lo que no me gusta es cuando la gente te pregunta: '¿Por qué te pusiste eso?' … La gente te cuestiona, yo no lo soporto … Para usar un escote como ese, debes tener una personalidad lo suficientemente fuerte como para decir: 'Porque sí' … Yo no tiendo a responder 'porque sí', no me gusta eso (…). Pero no me gustaba la idea de probarme un vestido que mi mamá ya se había probado, porque si el vestido le quedaba a ella, no me quedaría a mí".

A: "Pienso que cuando elegiste ese vestido de fiesta, elegiste una manera de mostrar tu cuerpo, tu personalidad a través de él, con colores neutrales, azules, colores discretos, y así diferenciarte de tu madre y de tu hermana. A menudo vives la vida de manera intensa, alegre, otras veces violentamente, pero elegiste un vestido con colores discretos. Decidiste vestirte con mucha simplicidad, pero con detalles brillantes que también mostraban un aspecto de ti".

P: "Fue el que más me gustó".

A: "Pudiste decirle a tu madre que no te identificabas más con el vestido que ella había sugerido, o que te hacía sentir tan mal que no lo querías. Te diste a ti misma la oportunidad de elegir un vestido que tú sentías que tenía más que ver contigo en lugar de elegirlo solo para satisfacer o impresionar a la gente. Tú estabas buscándote a ti misma a través de vestidos y de la danza. Buscabas algo que pudiera mostrar quién eres realmente y que te hiciera sentir más cómoda contigo misma …"

P: "Me encantó el vestido. Te digo la verdad, todavía siento que es el vestido perfecto, porque todo en él es perfecto …"

Irina ha pasado de una manera de vestirse más provocativa a otra forma de vestirse que está más de acuerdo con su estado interno. Tanto ella como su madre percibieron el cambio; la paciente parece sentirse cómoda consigo misma.

Auto-destructividad

También vinculados al tema de su cuerpo están sus pensamientos y sueños autodestructivos. En la segunda entrevista la paciente dice: "Tengo una amiga que es novia de un deportista muy exitoso. Él se pasa viajando. Ella se trató de suicidar; se hizo un corte en los brazos. Tiene un psiquiatra que la atiende y la sigue. ¿Qué puedo hacer yo para ayudarla? Yo hablo con la madre, y voy a verla. Yo me encargo de darle los remedios. Ella no es responsable para administrarse sus remedios. Que pueda administrarse sus remedios es peligroso. Ella quería que una amiga se los administrara".

Yo le digo que ella no viene a la terapia solo a cuidar a otros sino también a cuidarse a sí misma, y que revela que el suicidio ha sido una preocupación propia.

P: "Cortarse los brazos ahora que su novio está en un momento de auge … Cómo me enoja. Le dije: '¿No te parece que tenés mil cosas para valorar?' Me contestó que sí".

A: "¿Acaso tu tuviste estas ideas de suicidio en algún momento?"

P: "De vez en cuando. Yo nunca pensé en cortarme las venas. No me animo. Cuando me enojo, me dan ganas de agarrar un objeto cortante pero enseguida me freno. Una vez estaba enojada con mi mamá y me tomé diez pastillas de Tylenol … no me iba a hacer nada. Mi mamá se puso muy triste".

Cuando entrevisté a esta paciente me pareció que tenía muchos componentes histéricos.

A: "Me parece que te gusta crear explosiones".

Algunos de los analistas en el grupo destacaron que la situación de la paciente era seria porque tenía dieciséis años y quería matarse. Como su analista, no consideré la situación tan preocupante como ellos. Sin embargo, en un momento del tratamiento habíamos aumentado la frecuencia de sesiones debido a una necesidad expresada y manifestada por la propia paciente. Dijo que se estaba sintiendo mal tanto emocional como físicamente y pidió ayuda; se sentía muy frágil. Pidió que la internaran (internarse también quiere decir "ir adentro" y su raíz es "interno") y yo sugerí que trabajáramos con sus aspectos internos.

Decidimos aumentar el número de sesiones para que pudiera estar más contenida y trabajar más profundamente en su análisis.

Los miembros del grupo observaron también que la paciente estaba comenzando a mostrar que sus problemas tenían que ver no solo con su cuerpo sino también con su mente. Cuando ella le dice a la analista: "Yo no entiendo que vos puedas ser feliz y gorda" se está preguntando a sí misma si ella es como es o de la manera que los otros la ven. En la transferencia ella es capaz de preguntarse qué está pasando en la mente de la analista. Observamos dos movimientos: uno hacia la analista y otro hacia una diferenciación de la misma.

Esta conexión entre el cuerpo y la mente puede verse claramente cuando Irina trae a la sesión lo que ella llama sus "pensamientos malignos". Inclusive en su tercer año, antes de terminar el análisis y mudarse al extranjero, se pregunta acerca de la magnitud de los cambios que ha logrado.

P: "Lo que está sucediendo es que … quizás ese día no había comido nada. Así que medio que le puse un final y llamé a Luciana [una amiga] y le dije que no iba a ir a bailar, que no me sentía bien. Le conté rápidamente lo que me estaba pasando y le dije que no iba a ir porque no me estaba sintiendo bien. Como que me puse yo primero. Podría haber ido, igualmente, pero me habría sentido horrible porque tenía mis pensamientos malignos".

A: "Tus pensamientos malignos … Cuéntame más acerca de esos pensamientos malignos …"

P: "Es como que … es más o menos así: mi ánimo cambia radicalmente en un segundo. Hoy estoy bien, por ejemplo, hoy, hasta ahora, estoy realmente bien, comiendo realmente bien … sin querer vomitar o no comer. Si no tengo pensamientos malignos, si me porto bien, entonces tengo una visión positiva, hago planes, planifico hacer esto, hacer aquello. Pero si me doy un atracón y vomito … Hace poco lo que me había pasado con los ojos me pasó de nuevo con mi nariz, tuve como un sangrado en la nariz, no sé cómo llegó a mi nariz, y después me quiero morir, como que no puedo lograrlo sola, y quiero decir: 'Bueno, no voy a pelear más, no me importa, me voy a matar".

A: "¿Querés morirte, matarte, así nomás?"

P: "Sí, porque pierdo el control. ¿Me entendés? Porque de repente pierdo mi voz, pasan cosas así, después, ¡bueno! Luego de pasarme todo el fin de semana pensando que, como que, pensé que podría, como, casi siempre te digo que podría buscar uno de esos grupos de terapia, o quizás ir a uno de esos lugares para personas con trastornos de alimentación, porque ya no sé más qué hacer … porque yo misma … puedo pasarme dos días sin vomitar y … Para mí esto es terrible, vengo aquí, lo digo … quizás no lo digo porque la semana pasada no lo dije, porque estaba pasando y luego no puedo parar. Todo estaba yendo bien, estaba sintiéndome bien, y de repente, por ejemplo, ayer me levanté, Lucía me llamó, fuimos a caminar y después estudié un rato, luego Susana vino y después estudié de nuevo. ¡Estaba yendo muy bien! Hasta las 5 pm, y de repente no sé lo que me pasó. Es como que de pronto me dejan sola o me pasa algo".

A: "Veamos … Si …"

P: "Realmente no tiene por qué ser así. Después de todo eso … esto que me pasó con mi nariz, ¡me sentí mal!"

A: "Cuando estabas sola, ¿no estaban tus amigos ahí? ¿Qué pasó?"

P: "Como siempre me vienen esas ganas incontrolables, es un ataque de ansiedad, en menos de un segundo me acabé con un paquete de galletitas y así como me lo acabé, así lo vomité … ¿me entendés? Era de noche, estaba un poco cansada, me sentí realmente gorda porque no importaba cuánto pesaba, me sentí el triple de gorda. Por más que cuanto me peso no cambia tanto, me sentí el triple, ¿entendés? No tenía ganas de hacer nada!"

Duelo

Otra observación que hizo uno de los miembros del grupo fue que la paciente comienza el proceso psicoterapéutico describiendo a diferentes personas de su vida (el jardinero, su abuelo) que habían tenido cáncer y habían fallecido. Esta analista subrayó que ella observó un funcionamiento mental más simbolizado de lo que observaron el resto de los participantes.

> En la primera entrevista Irina dice:
>
> "Luego falleció mi abuelo; no lo puedo superar. Un profesor del liceo muy querido falleció. Me paso llorando cada vez que se muere alguien. De chica lloraba mucho.

> Tenía un escrito a las 7 y me ponía a llorar. Tuve un cambio importante. ¿Qué momentos marcaron mi vida? La muerte de mi abuelo … Soy muy activa. Todos los fines de semana voy a bailar. Me asusta porque soy gorda; como y después lo vomito. Mamá quería que yo viniera y yo también".

Las señales de duelo también aparecen en sueños recurrentes durante el proceso analítico.

Más adelante trae percepciones y distorsiones de la imagen corporal —flaca-gorda—entremezcladas con conflictos en la relación madre-hija:

> Anoche soñé que mi abuela Ana se estaba muriendo y se estaba despidiendo de mí. Estaba muriéndose enojada … Me desperté y pensé en mi abuelo, quería que volviera. Si llego a perder a mi abuela me voy a morir … ¡Soy su nieta favorita!
>
> Como siempre me vienen esas ganas incontrolables, es un ataque de ansiedad, en menos de un segundo me acabé con un paquete de galletitas y así como me lo acabé, así lo vomité … De noche me sentí horrible, estaba deprimida, me sentí el triple de gorda. Por más que cuanto peso no cambia tanto, me sentí el triple, ¿entendés? Me vinieron ganas de no hacer nada.
>
> Estaba caminando y sentí que mi madre había muerto, y le prometí que iba a adelgazar mucho.
>
> Estoy frente a la tumba de mi padre; él murió y yo pienso: "Voy a ser doctora". Mis padres siempre quisieron que estudiara medicina, y siempre sueño con eso. Si mi padre muere, voy a estudiar medicina, pero si muere mi madre, juro que voy a ser muy flaca.

El sueño que ella tuvo al comienzo de su tratamiento vuelve vinculado a sucesos actuales (aparece cerca de las vacaciones de verano, cuando se va a alejar de su familia y del análisis por un período más largo).

Las muertes de un familiar cercano y de otros a su alrededor actúan como sucesos traumáticos que la hacen más vulnerable a perturbaciones psicosomáticas y más sensible a las separaciones (p. ej., las vacaciones). Esta reacción es una reiteración del contenido de sus sueños, donde se pueden observar fijaciones y regresiones, así como el bloqueo del sistema de sueño (Marty & Parat, 1974). Los sueños recurrentes que contienen la muerte de un ser querido están asociados con otras muertes. "Tiene que ver con la muerte de mi abuelo. Su muerte nos afectó mucho a mí y a mi madre. De un día para el otro, desaparece". También podemos ver los aspectos hostiles de la paciente. Emergen los elementos agresivos a través del mecanismo de negación: "Sueño que mi abuela muere ... No estoy enojada con ellos [su familia]".

Estilo de comunicación

La paciente habla mucho pero de manera muy condensada, especialmente en las primeras entrevistas. Un año y medio después entabla un diálogo abierto con la analista, en el cual Irina puede decir cosas que no buscan bromear y provocar. Además del contenido, lo que me llamó la atención sobre su discurso fue su ritmo hipomaníaco. Me hizo acordar a sus atracones con la comida y sus vómitos; esta era su manera de presentar cosas, y también su manera de pensar. Además, afirmaba y negaba cosas en la misma secuencia de discurso. Cuando vomitamos largamos para afuera tanto las cosas buenas como las malas. Con su analista la paciente tenía la posibilidad de quedarse con algunas de las cosas buenas.

Reilly (2004a) cita la observación de Bick acerca del hecho de que los pacientes con trastornos de alimentación también tienen un uso particular del lenguaje. Bick afirma que el lenguaje se despliega de esta manera (congelamiento silencioso en pacientes anoréxicos así como habla excesiva en pacientes bulímicos) "no como un medio de comunicación, sino como un medio de obliterar ala otredad" (Reilly, 2004a, p. 153) (traducción mía). La autora también menciona a Anzieu y las funciones de la piel como una metáfora del funcionamiento mental, y como una barrera contra la avaricia.

Un miembro del grupo dijo que al comienzo el discurso de Irina parecía estar dividido en partes ("ella habla como si su discurso fuera una colcha de retazos"), y que a medida que fue avanzando el análisis la paciente parecía ser más reflexiva y tener una mayor capacidad de interiorizar. Había una continuidad creciente en su discurso y en su diálogo. El grupo de trabajo introdujo una metáfora (la cual todos consideraron que se ajustaba) que nos ayudó a comprender cómo se expresaba esta paciente: "Habla como un video clip".

La imagen del video clip apareció como una metáfora que expresaba la manera de comunicarse de la paciente (Altmann, 2008). El proceso de metaforización facilita el pasaje de la observación concreta a la simbolización y conceptualización (de León de Bernardi, 2013; Wurmser, 1977) tanto a nivel individual como del trabajo de grupo (ver de León de Bernardi y Altmann de Litvan, capítulo catorce).

Con respecto a este estilo de comunicación, Bick (1986) –trabajando con el lenguaje como una segunda piel– dice que los pacientes bulímicos tienen una tendencia a inundar la sesión con palabras –como hace esta paciente—, permitiendo poco espacio para los pensamientos.

Principales aspectos observados y discutidos al respecto del Nivel 2:

Identificación de las principales dimensiones del cambio

Para compartir la experiencia analítica, en lugar de seleccionar solo los momentos significativos del cambio en la sesión, el modelo propone una visión longitudinal que compara las sesiones iniciales con sesiones que tuvieron lugar cuando el proceso estaba más avanzado (p. ej., nueve meses y un año y medio). Después de que el grupo ha trabajado durante un par de horas y el reporter resume lo que se pudo ver a partir de las sesiones, los participantes pueden pedir aclaraciones con respecto a la historia de la paciente en el mundo externo, en el análisis y en su mundo interno, y solicitar información diagnóstica psicoanalítica adicional.

Experiencia subjetiva de la enfermedad: Reconocimiento de sus dificultades e indicios de una nueva forma de vivenciarse.

La paciente llega al tratamiento pues necesita ayuda; dice que quiere cambiar, aunque muestra dificultad para transmitir claramente sus problemas. ¿Irina presentó transformaciones en su experiencia subjetiva de la enfermedad? Se espera que durante el tratamiento esta experiencia cambie debido a las interpretaciones de la analista y a las percepciones/insights de la paciente. El grupo observó que la paciente había avanzado en su comprensión de sus propias dificultades. Al comienzo del proceso terapéutico ella se sentía diferente de sus amigos y de su familia y vivenciaba a su mente y a su cuerpo como extraños. A medida que el proceso psicoterapéutico se fue desplegando Irina logra espejar en la relación transferencial aspectos de su mente y de su cuerpo. Esto, más adelante, la conduce a lograr una mayor confianza en sí misma y una mayor integración en su self.

Ella también sentía que tenía problemas en sus relaciones con sus amigos y con algunos miembros de su familia (hermano, padre). En las sesiones trabajó sobre la gran rivalidad y envidia que sentía, especialmente hacia algunos amigos y hacia su hermano. Al comienzo estos sentimientos se proyectaban afuera. Más adelante pudo darse cuenta de que eran parte de sí misma. Como consecuencia de esto, se volvió más confiada y, por lo tanto, más independiente. Su ansiedad, depresión e infelicidad eran menos acuciantes. Experimentaba menos oscilaciones del humor y se sentía más optimista acerca de su futuro.

Al comienzo del análisis los vómitos eran más frecuentes. Era un ritual oculto y tenía consecuencias metabólicas. La paciente se sentía enferma y dijo que necesitaba ayuda. Ella pensaba que vomitar era automático; lo aceptaba como un hábito, como fumar. Le llevó algún tiempo sentirse con la confianza suficiente como para poder compartir sus rituales ocultos y sus mentiras en el análisis. Al final del tratamiento disminuyeron los vómitos pero no desaparecieron. Estaban presentes en sus sueños y ella era capaz de relacionar la aparición de "pensamientos malignos" con sus impulsos a vomitar.

Como vimos antes, para Irina era difícil aceptar la muerte de la gente que amaba (pérdida de familia en el holocausto, la muerte de su amado abuelo, y la muerte reciente del jardinero de la casa). Cada vez que alguien moría ella "lloraba sin parar". "De chica lloraba mucho", me dijo. Ella no podía entender por qué esto le pasaba a ella. Un año y medio después era capaz de acceder a esta escena mental.

Sus expectativas del tratamiento analítico estaban puestas en que la analista le diera fuerza y le ayudara a sentirse más feliz; a menudo se sentía sobrepasada por sus "pensamientos malignos". Inconscientemente, ella también expresaba su deseo de independencia y de separación de las figuras de su familia.

Los cambios en esta paciente tuvieron que ver, en parte, con un mayor control del yo y de sus impulsos bulímicos.

P: "Ahora me es más difícil manejar estos aspectos conscientemente, porque antes le habría echado la culpa a otros problemas y punto".

A: "Estás yendo mucho mejor, aunque te sientas peor, porque antes hacías todas las cosas automáticamente. Aunque todavía haces algunas cosas sin pensarlas antes, ahora es diferente. El trabajo que haces aquí deja una marca en tu psiquis".

P: "Claro. Sé que ahora es diferente, pero antes era más fácil".

A: "¿Te parece que era más fácil?"

P: "Porque mi madre siempre me dice, por ejemplo: 'No sos una bulímica', como si yo estuviera obligándome a ser una".

A: "¿Parece que quisieras ser bulímica?".

P: "Así es, mi madre siempre me dice eso, pero ahora mismo siento que si esa no es la respuesta, entonces estoy loca, ¿me entendés? Porque yo siento que intento parar de vomitar pero después lo hago de todos modos, y esto continúa por tres meses. Es algo que está más allá de mí. Y si esto no es una enfermedad, no sé qué es, ¿me entendés? Porque yo me considero bastante inteligente".

Patrones de relacionamiento interpersonal

¿Cómo la paciente experimenta a los otros y cómo se experimenta a sí misma en relación con los otros? ¿Cómo los otros experimentan ala paciente y a sí mismos en relación con la paciente (tanto en la relación transferencial-contratransferencial como en otros lazos significativos)?

Desde el comienzo Irina me dijo: "A veces busco problemas donde no los hay". Cuando mencionó esto por primera vez, yo no sabía cuáles eran esos problemas. Más adelante, sin embargo, comprendí que se estaba refiriendo a la manera en que ella se relacionaba con los demás. "Hacía tiempo que precisaba ayuda", me dijo. En muchos de los casos, la analista y la paciente estuvieron de acuerdo sobre los problemas que había que tratar. Hubo otros temas, sin embargo, que la paciente trajo a la sesión involuntariamente. Por ejemplo, cuando dijo: "No me gusta que me toquen. Cuando me abrazan me parece que me están midiendo la grasa". Esto le pasaba a ella con sus compañeros, pero más adelante se refirió a esta situación particularmente vinculada a la relación con su padre. Su padre había querido tocarla y ella lo había rechazado, lo cual lo había provocado a decir: "¡No soy un violador!". La paciente trajo este episodio a la sesión sin considerarlo un problema.

Cuando los miembros del grupo introdujeron las principales dimensiones del cambio mencionaron que la paciente era capaz de ver estos cambios y compartir sus problemas con la analista, pero para que esto sucediera la analista debía notar cuándo ella y la paciente no estaban en sintonía una con la otra.

Con respecto a la relación con la analista, el grupo discutió el hecho de que la paciente podría haber elegido a esta analista por su cuerpo (ella eligió volver a la misma terapeuta que la había entrevistado cuando ella tenía doce años). Se exploraron los aspectos narcisistas de la paciente y la analista. La paciente tenía confianza en su análisis porque confiaba en la terapeuta y pensaba que esta la apoyaría. Usó el cuerpo de la analista para reflexionar sobre el hecho de que una persona puede ser gorda y tener una enfermedad crónica y, al mismo tiempo, ser feliz.

El modelo también analiza cómo la paciente usa a la analista. En este caso el grupo observó que la terapeuta era el lugar de lo bueno y alguien que la ayudaba a la paciente a cambiar su funcionamiento mental: "Vengo aquí a compartir mis problemas", dijo Irina; "Estoy hablando conmigo misma". La paciente estaba buscando un refugio en la relación transferencial. Esto puede verse tanto en la transferencia como en su percepción del cambio.

Al comienzo del tratamiento Irina sentía que la gente no se acercaba a ella, no la valoraba y no la percibía. Creía que tenía problemas para relacionarse con sus amigos y con algunos de los miembros de su familia (hermano, padre). Su hermano la menospreciaba; le decía que era adoptada y que ella no era capaz de irse de su casa y estudiar en el extranjero. Sus padres siempre la estaban comparando con otros e intentando cambiarla; nunca la aceptaban como era.

El grupo resaltó un patrón de relacionamiento: la gente no la percibía, ni valoraba, ni se le acercaba, y ella respondía no permitiéndoles a los otros percibirla, conocerla, o acercársele. Ella decía que ella no les permitía a los otros percibirla o acercársele y, como consecuencia, ella no se permitía a sí misma a forjar relaciones cercanas. Al comienzo estos sentimientos estaban proyectados afuera:

> "Tengo 16 años … ¡Qué calor hace acá! No tengo ganas de tener algo serio con alguien. Me gusta bailar; tomar una cerveza. No me gusta estar pendiente de alguien. Voy … y hasta acá".
>
> "No sé por qué a veces me siento como rara. Me encanta estudiar. Todo me confunde. A veces yo cambio mucho de amigos y dicen que soy súper histo. A veces eso no es bueno". (Primera sesión)

Un miembro del grupo preguntó: "¿Por qué a su edad no tiene amigos cercanos?" Yo respondí que ella no tenía amigos con quienes pudiera compartir cosas; tenía amigos con quienes podía salir a bailar y a tomar. Nunca sentí que tuviera verdaderos amigos. Luego otro analista dijo: "Ahora puedo ver su patrón de relacionamiento. 'Si otros me subestiman, yo debo ser la brillante, la que ayuda a los demás'". Ella sentía que tenía que ser brillante para no sentirse inferior, y cuando no era brillante, se derrumbaba.

Cuando otros la desaprueban con frialdad, la paciente reacciona queriendo tener un cuerpo perfecto. "Fui a un baile. Tomé un poco. Alguien me tiró un vaso de whisky en las tetas. ¿Cómo reaccioné? Armé un escándalo con una muy amiga de mi prima. Me quería vengar. No soy vengativa hasta que me sacan de quicio, entonces sí quiero venganza". (Primera sesión).

Ella salía con muchachos jóvenes pero no tenía un novio; tenía figuras idealizadas, como su abuelo. Como dije antes, durante el tratamiento trabajamos sobre sus fuertes sentimientos de rivalidad y envidia, dirigidos especialmente hacia algunos de sus amigos y hacia sus hermanos. Darse cuenta de que estos sentimientos proyectados estaban en realidad en su interior le generó mayor confianza en sí misma. Más tarde este comportamiento se desplegó en la transferencia. Su capacidad de amar mejoró durante este año y pudo tener una relación estable.

Irina quería ser perfecta y sentía que los demás siempre la estaban midiendo, criticando, y desaprobándola (su abuela, su padre, su madre y su hermano). En su mundo cercano parecía no haber figuras protectoras o cariñosas, sino figuras que la controlaban y la evaluaban.

Esta dimensión del modelo me ayudó a diferenciar entre su relación con los objetos internos y su relación con los objetos externos. Las observaciones de los participantes me ayudaron a ponerme en contacto con los diferentes patrones relacionales de la paciente. El grupo se dio cuenta de que se había roto el patrón dañino de no dejar que los otros la percibieran, la conocieran o se le acercaran. El análisis le permitió esto a Irina al explorar cómo se sentía acerca de la analista, y así ella fue capaz de desarrollar una relación íntima. El grupo me dijo, en parte como broma y en parte como crítica, que yo había adoptado a la paciente. Creo que el aspecto más importante que identifiqué en el campo analítico fue la necesidad de generar este espacio de intimidad.

En el punto de anclaje la paciente había mostrado una proximidad excesiva con su madre a través de la dieta constante. En el punto de transformación fue capaz de experimentar a su madre como un ser separado y reconocer que su madre tenía problemas que no dependían de ella. También se pudieron observar cambios en su relación con las figuras masculinas. Al comienzo del tratamiento no se sentía cómoda con su padre y no quería que él la tocara. Además, peleaba frecuentemente con su hermano pues él le decía que ella había sido adoptada y la menospreciaba. Aunque no se vieron transformaciones explícitas en la relación de Irina con su padre, ella peleaba menos con él y era capaz de establecer amistades más significativas.

Al comienzo del tratamiento expresó el deseo de estudiar en el extranjero. Sin embargo, estos planes se vieron frustrados por su familia: no creyeron en la capacidad de independencia de Irina. La idea de separarse de su familia parecía imposible en ese momento. Sus ansiedades de separación fueron abordadas de diferentes maneras durante el análisis. Inclusive ella llegó a trabajar en el exterior un verano y fue cuando regresó que tomó la decisión definitiva de estudiar en otro país y vivir sola.

Al final de nuestro trabajo de grupo nos dimos cuenta de que esta dimensión era una de las que habían sufrido transformaciones. Podían verse claramente en la transferencia con la analista en la sesión a los dieciocho meses.

Conflictos y defensas. Principal conflicto intrapsíquico

La discusión grupal resultó un enriquecimiento para la analista. Duhressen (1981, citado en el manual de OPD Task Force (p. 88)) Subraya que los conflictos se revelan en las áreas esenciales de la vida personal como son: la selección o elección de pareja, el modo de llevar adelante los vínculos en la vida familiar y los comportamientos que ello conlleva, en el tipo y contexto de la familia en la que uno nació, en las áreas de trabajo y profesionales, en la actitud y comportamiento en relación a los bienes materiales (propiedad) al espacio socio cultural y finalmente a las vivencias que se tengan de su enfermedad. (OPD Task Force, 2001, p. 88) (traducción mía).

Uno de los principales conflictos de la paciente era la dependencia versus la autonomía. A lo largo de todo el tratamiento Irina expresó su deseo de ser más independiente pero tuvo dificultades severas para lograrlo. Luchó para encontrar sus propios pensamientos, sus propios deseos ya que sentía que tenía que cumplir con los ideales de su familia. Sus intensas ansiedades de separación la hacían sentir muy insegura.

En el análisis estas ansiedades fueron especialmente trabajadas en ocasión de las interrupciones breves y más prolongadas (debido a vacaciones). Antes de cada período de vacaciones la paciente expresaba su deseo de mudarse lejos de sus padres, y describía los obstáculos generados por su ansiedad y por la aparición de "pensamientos malignos". Luego de tres años, el tratamiento terminó cuando ella decidió estudiar y vivir en el exterior (en nuestro país los adolescentes acostumbran vivir con sus padres mientras se forman en sus estudios. La gente joven normalmente deja sus casas aproximadamente a la edad de veintisiete años). Debemos preguntarnos si este es un conflicto normal para su edad. Hasta cierto punto la independencia es un conflicto típicamente adolescente, pero Irina se defendía contra estas ansiedades a través de la proyección.

El hecho de que la bulimia típicamente comienza durante la adolescencia ha sido vinculado a la instancia de dejar el hogar y al proceso de separación-individualización (Reilly, 2004b, p. 376). Al no ser integrada en la personalidad total, la agresividad sirve de combustible para desplegar una emoción que irrumpe con episodios, a menudo secretos, de acting out. Reilly se refiere a esta cualidad de secreto como una característica esencial asociada con la omnipotencia por un lado, y con la vergüenza y la humillación por otro: "Estructuralmente todo esto apunta al importante rol que juegan los ideales primitivos del yo en esta patología, así como a los aspectos del superyó primitivo y burlón, los cuales se manifiestan, por ejemplo, en la mirada, en la evidente patología cuerpo-yo, y la sobrevaloración de la delgadez, y la moralización sádica acusatoria e incansable, respectivamente" (Reilly, 2004b, p. 380) (traducción mía).

Como estamos tratando con una adolescente, es esperable que aparezcan las dudas con respecto a la identidad, la dependencia/autonomía, y su estructura de personalidad no consolidada. También se desplegaron los problemas edípicos pero no tuvieron un papel central para la paciente ni para la analista.

La autoestima de Irina fue otro de los principales conflictos abordados en el análisis. Tenía representaciones pobres. Necesitaba trabajar sobre su cuerpo como un punto de arranque como para poder encontrar y reparar aspectos básicos de su narcisismo femenino y su autoestima –para devolver una mirada libidinosa a un cuerpo que se vivía a sí mismo como "amputado".

En el punto de transformación observamos más independencia, mejor autodefinición y autoestima, y una mejor capacidad para reflexionar y expresar sus ideas y pensamientos. La activación de sus recursos mentales estuvo apoyada por el proceso analítico y acompañada por los cambios de diferentes grados en otras dimensiones claves.

Aspectos estructurales del funcionamiento mental

En esta sección identifico, en el material clínico presentado, los cambios en el funcionamiento mental de la paciente, o la falta de ellos. El grupo estuvo de acuerdo en que en este caso predominaban los problemas estructurales.

Percepción de sí misma y de los demás: identidad

Esta subdimensión tiene el objetivo de evaluar hasta qué punto la paciente es capaz de percibir adecuadamente sus estados internos y los de los demás, de empatizar, y de comprender la existencia de diferentes puntos de vista. El modelo también pregunta si la paciente tiene un sentido integrado de su propia identidad y si está abierta a la posibilidad de entrar en contacto con sus aspectos inconscientes, y examina las características de la identificación (particularmente las patológicas). También se observa la conexión de la paciente con el pasado y su capacidad de darle dirección a su vida, incluyendo deseos y objetivos a corto y largo plazo.

Bien al comienzo del tratamiento Irina no podía reflexionar sobre sí misma, no discriminaba su cuerpo del de su madre, y tenía dificultades en desarrollar relaciones íntimas. Proyectaba en los demás lo que le sucedía a ella. Estaba abierta a entrar en contacto con sus aspectos inconscientes, aunque no tenía un sentido integrado de sí misma.

En una sesión a los dieciocho meses de tratamiento, sin embargo, pudimos observar cómo había contextualizado su vida en relación a los diferentes períodos de su niñez:

P: "… todo el mundo me ve re-flaca, pero yo estoy traumada como cuando era chica … Cuando estaba en tercero de escuela había que hacer una representación pre-colonial. Yo me tenía que poner un corsé muy apretado y toda la clase me dijo que yo era una gordita … Me re-traumó. Como que eso me volvió muy insegura. Yo era chica y me sentía muy insegura. A los 9 años me tocó bailar nuevamente y yo estaba rellenita y me decían gorda. A los 11 años yo empecé a ir a una nutricionista. A la edad de mi hermana ya tenía problemas de alimentación. Mi hermana tiene el metabolismo de mi madre y ella ya aprendió a ponerle límites a la comida [tanto su hermana como su madre son delgadas]."

> Le pregunto si soñó algo y me responde:
>
> "Soñé algo con el cuerpo, pero no me acuerdo mucho. Como que alguien me robó algo de comida y vomité, y después me levanto y como, como hice cuatro días atrás … Mi mamá se preocupa mucho por las cosas que tienen que ver con la comida, pero no puede hacer que se achique mi cola".

Irina se percibía como defectuosa y gorda, y no podía discriminar entre ella misma y su madre; no había diferenciación corporal. Al comienzo del tratamiento tenía problemas para distinguir entre ella misma, su madre y su hermana. A medida que fue progresando el tratamiento, ocurrió una transformación positiva a este respecto.

Estudios empíricos (Günter Reich y Manfred Cierpka, 1998) han demostrado que la bulimia ocurre en grados variables y que es un error, al confrontarse con los síntomas, asumir un trastorno "temprano", "narcisista" o "borderline". Muchos síntomas bulímicos se desarrollan como una expresión de un "trastorno del self" en los individuos, quienes en otros aspectos no presentan trastornos, o pueden ser parte de un rango mayor de síntomas que sugiere un trastorno de personalidad más severo (Reich y Cierpka, 1998, p. 385) (traducción mía). Consideramos que estos aspectos son complementarios.

Regulación afectiva

Este punto evalúa si la paciente es capaz de regular sus impulsos, afectos y autoestima adecuadamente, lo cual le permite controlar sus necesidades de autoestima al enfrentar demandas internas y externas. También toma en consideración si los ideales y los valores de la paciente la ayudan a manejar sus emociones, y hasta qué punto logra un balance adecuado entre sus propios intereses y los de los demás.

Si nos focalizamos en la regulación, observamos que al comienzo del tratamiento Irina muestra dificultad para controlar sus impulsos y afectos, lo cual compromete todo lo relacionado con su autoestima. Sus defensas son disfuncionales, e Irina muestra una idealización excesiva de los otros. Ella representa sus pensamientos malignos: "Tengo 16 años. ¡Qué calor hace acá! No tengo ganas de tener algo serio con alguien. Me gusta bailar; tomar una cerveza. No me gusta estar pendiente de alguien. Voy … y hasta acá".

Los sistemas biológicos de Irina estaban comprometidos. La regulación emocional también estaba entrelazada con la dificultad de regulación del sistema de sueño. Trae este tema a la terapia:

> "En esos días [cuando comía y vomitaba] tenía insomnio. Me acostaba en la cama y no podía dormirme hasta las dos de la mañana. A las 4:00 am abría los ojos y no tenía nada de sueño durante el día. Tuve mi presentación de ballet. Me pasé tres días sin vomitar y comí lo que había planeado comer. Estaba enfocada. Aun así me sentía insegura".
>
> "Creo que había una parte de mí que quería bailar y una parte de mí que se sentía frustrada, traumada … ¡Las dos partes estaban ahí! ¡Tuve que salir y bailar! ¡No podía arruinar todo! Después me encontré con mi amigo. Y tenía mucha hambre".

Irina cuenta minuciosamente su duda entre comer alfajores o torta de chocolate, así como todas las estrategias que usaba para elegir unos u otra y los sentimientos de culpa que experimentaba. No puede regular su impulso de comer y vomitar.

P: "Creo que sí. Entré a un negocio y me compré unos jeans. Me surgen las ganas y que ¡lo quiero ya! Si no me dan el dinero, no me lo puedo pagar. No poder comprarme algo es una de las cosas que más me angustia".

No es capaz de regular sus emociones básicas; su estado de ánimo cambia dramáticamente de un momento a otro:

P: *Es como que … es así: mi estado de ánimo cambia de un segundo para el otro radicalmente. Y voy bien. Por ejemplo, en lo que va del día de hoy, voy excelente, comiendo excelente sin ni ganas de vomitar, ni de comer nada. Si no me vienen los pensamientos … si mi conducta está bien, yo soy positiva, tengo proyectos, planeo hacer esto, planeo hacer lo otro, ya si me pasa que me agarré el atracón y vomito … ahora me pasó eso que me dio la otra vez en los ojos, en la nariz, como que hice un derrame en la nariz y no sé como llegó a la nariz y entonces me empiezan a venir como ganas de morir, como que no puedo sola contra mis cosas y me dan ganas de decir, ta ... no la peleo más, me importa todo un huevo, me mato".* (9 meses de tratamiento)

Dieciocho meses después ella me pregunta:

P: "¿Vos sos asmática? Yo no sé de dónde yo sabía, claro ... yo no te investigo a vos, casi nada. Mi mamá me dijo que vos eras gorda porque tomabas cortisona porque eras asmática. ¿Sabés una cosa? Mi mamá se pone celosa de vos y yo le digo 'Vos competís con Marina pero Marina no compite con vos'. Mi mamá dice que vos deberías estar contenta si yo sigo psicoanálisis".

"No te admiro mucho por lo que tu sabés. Capaz lo que te voy a decir es medio agresivo ... yo no entiendo que vos puedas ser feliz y gorda. Yo no entiendo; para mí no puede ser así."

A: "Esto me trae todo el tema de la envidia y la rivalidad que puede desarrollarse entre las mujeres".

P: "Sí, puede ser. A mí me trauma salir con amigas flacas. No puedo superarlas; me veo defectuosa".

A: "¿Cómo podemos ver acá, en nuestra relación, esa rivalidad y envidia que estás trayendo a la sesión? Porque tú elegiste una psicoanalista gorda".

De acuerdo a la experiencia de Irina, desde el punto de vista de su familia tienes que ser flaca para poder existir.

P: "Es importante. Las personas siempre se fijan en eso. Cuando vos conocés a alguien, no importa si tenés buenos valores o no, si sos inteligente o no, lo primero que te dicen es 'estás mas flaca'".

Solo a través de la transferencia es que la paciente se permite a sí misma explorar y ver cosas de una manera diferente al preguntarle a la analista preguntas diferentes. Su ideal interno, mezclado con los ideales de la familia, le han impedido regular y manejar mejor sus emociones.

Comunicación interna y externa: simbolización

Las preguntas para esta subdimensión son las siguientes: ¿Cuán rico es el diálogo de la paciente consigo misma y con los otros basado en las experiencias emocionales, el self corporal, las fantasías, los sueños, la sexualidad, las representaciones simbólicas y la capacidad para jugar y la creatividad?

Como mencioné antes, los sueños de Irina eran repetitivos y conectados con su preocupación acerca de la comida y las figuras delgadas. A medida que avanza el proceso analítico, observamos que coloca su valor personal en su peso y su figura. Tiene síntomas bulímicos que la hacen sentirse avergonzada, e intenta ocultarlos.

A medida que se fue desarrollando el análisis, Irina comenzó un diálogo consigo misma a través de su análisis. Además, sus sueños comunicaban sus experiencias afectivas. En aquel momento consideré los cambios en sus sueños, en la capacidad de asociación y en su vínculo con sus fantasías y con su niñez como un signo de mejora en el funcionamiento mental. Al comienzo del tratamiento los sueños eran concretos. Además, no solo eran repetitivos, sino que también tenían poca distorsión y mecanismos de desplazamiento. Creí que los sueños y las experiencias de la niñez que comenzaba a traer a la sesión indicaban un progreso en su capacidad de simbolización. La paciente mostraba una mayor habilidad para involucrarse en un diálogo consigo misma y con su analista, el cual, a su vez, le permitió manejar mejor sus afectos comprenderse mejor.

Apego a los objetos internos y externos

El grupo buscó observar estos aspectos en el material clínico: ¿Cuán profundas, sostenidas y diferenciadas eran las relaciones de la paciente con los objetos internos y externos? ¿En qué medida ella es capaz de comenzar y terminar relaciones y tolerar las separaciones? ¿Cómo maneja las relaciones que implican la existencia de un tercero?

P: "No te dije la semana pasada … lo tapé con alguna otra cosa. Como … ¿Sabías? Ahora me canso. Ahora se está acercando el festival y sé que tengo que enfrentar cosas, porque voy a estar viviendo con otra gente, y aparece el tema de la comida, aparece el tema del cuerpo, y realmente, para ser honesta, no quiero ir. Voy porque es la primera vez que bailo con una compañera. Pero realmente no tengo ganas de ir, y traje este tema a la terapia muchas veces como algo que me asusta. Como que es algo impuesto, de renunciar, de lo que la gente espera de mí, lo que yo espero de mí misma, es como, no sé. ¿Entendés?".

Uno nota claramente la diferencia en la manera en la que habla: sus ideas parecen estar desarrolladas más completamente y mejor expresadas.

Los pacientes que sufren de bulimia se encuentran en una situación persistente de conflicto edípico, a menudo con el telón de fondo de una tensión marital extrema entre los padres. En la paciente puede observarse la siguiente constelación: por ejemplo, se vuelve inaccesible o impenetrable.

Muchas intervenciones ayudaron a Irina a ponerse en contacto con sus propios estados mentales y sus recursos afectivos. La angustia de pérdida o fusión con el objeto que se observa en las primeras entrevistas cambia hacia una mejor autodefinición.

En la discusión grupal se subrayaron como principales aspectos a trabajar: la predominancia de las funciones estructurales al respecto de la mentalización, la regulación afectiva, la comunicación, la simbolización y el apego. En el trabajo analítico los conflictos que necesitaban interpretación se combinaban con las limitaciones estructurales.

A medida que ella fue siendo capaz de usar a la analista como un objeto externo/interno contenedor, pudo mejorar su función reflexiva, la cual se vio estimulada por las intervenciones de la analista. Por la tanto fue capaz de regular mejor su autoestima y su ansiedad. Los cambios en la autoimagen, la diferenciación de los afectos, y la tolerancia de los afectos le permitieron regular sus afectos e impulsos orales de una forma que le permitió anticipar ciertas reacciones. Esta regulación era extremadamente importante. Le permitió una mejor comunicación, y la comunicación la llevó a un mejor procesamiento y conciencia de las experiencias internas. Esto generó, a su vez, un cambio en las relaciones interpersonales. Hubo también un cambio en la calidad de sus sueños y en su capacidad de asociar. Tal fortalecimiento de las funciones de la paciente se logró principalmente a través de las intervenciones transferenciales y contratransferenciales y también con las intervenciones no interpretativas de la analista.

Conclusión

Esta muchacha de dieciséis años vino al tratamiento con quejas acerca de ansiedad y depresión, patrones de alimentación con atracones/vómitos y una imagen corporal distorsionada, y presentaba muestras de exhibicionismo grandioso conflictivo y características histéricas/histeroides. Desplegaba tendencias orales prominentes y adictivas, una regulación afectiva pobre, y frecuentes cambios de ánimo. Sus relaciones interpersonales eran relativamente primitivas, con un desinterés explícito por tener novio, una gran ansiedad de separación y un apego excesivo y conflictivo con su madre. Nueve meses luego de comenzar el tratamiento el material muestra una preocupación acerca de su peso e intentos destructivos, maladaptativos por controlarlo, una importante preocupación acerca de la pérdida, la muerte, y el suicidio, y signos de objetos internos negativos, críticos y rechazados.

La discusión grupal se focalizó en las relaciones. Irina no podía cuidar de su cuerpo. Cuando analizamos los cambios por los que atravesó, observamos que hubo momentos significativos en la relación paciente-analista. Uno de los temas que surgieron en el proceso analítico fue su gordura. Este tema aparece unido al vínculo con su madre, padre y hermano, y a su relación consigo misma y con la analista.

Normalmente pensamos en los cambios en términos de remplazo de una estructura por otra marcadamente diferente, de una forma que podría llamarse "revolucionaria": una ocurrencia repentina y cualitativamente diferente. Sin embargo está claro que el cambio puede también ser el producto de un proceso gradual de crecimiento. El resultado terapéutico puede resultar igualmente importante como una acumulación de pequeñas transiciones que llevan a nuevas situaciones, pero no corresponde a la metáfora de la revolución. En este caso sería apropiado hablar de un proceso de evolución lenta que incluye tanto progreso como retrocesos.

Sin embargo, si tomamos en cuenta este punto de vista, deberíamos preguntarnos cuántos tipos de cambio hay. Ciertamente, mucho puede decirse acerca de este tema. Aquí pueden ser de utilidad las ideas tomadas del campo de las matemáticas. ¿Qué aspectos del material sugieren la existencia de cambios positivos, cambios negativos, o ausencia de cambio? ¿Qué tipo de cambio predomina?

La principal transformación positiva observada por el grupo fue la forma en que la paciente se expresaba y cómo pasó de un estilo narrativo tipo "video clip" a un diálogo con la analista. Irina mostró también una mejor capacidad para reflexionar sobre sus sentimientos y acciones, así como una mejor mentalización. Otra transformación importante fue que disminuyeron sus vómitos (mejoró la digestión). Al mismo tiempo, no se observaron cambios en la percepción de la paciente de su cuerpo como gordo (el cual, desde el punto de vista de la analista, no lo era). Finalmente, no se detectaron cambios negativos.

Tomando en cuenta esta descripción, podemos identificar dos transformaciones principales. Una tiene relación con el estilo de su discurso, y la otra con su funcionamiento mental con la analista. La primera es el cambio de su manera de hablar y compartir cosas. Inicialmente lo hacía en un estilo "video clip" y luego desarrolló la habilidad de tener un diálogo más abierto. Yo diría que los síntomas de Irina de alguna manera empeoraron, pero se desplegaron repetidamente en diferentes escenas que hicieron posible que cambiara la relación transferencial-contratransferencial. La segunda transformación tuvo lugar en relación con su mayor capacidad de amar y con su sexualidad. Mostró menos dificultad para relacionarse con otros. Además, en lugar de pasar de un novio al siguiente, fue capaz de tener un novio estable por cierto tiempo.

El grupo ofreció las siguientes opiniones:

- "Pienso que hay un cambio muy significativo en relación con dónde la paciente se sitúa a sí misma con respecto a sus problemas. Hay algunos signos de esto en la primera entrevista: su cuerpo, cómo ella ataca a su cuerpo cuando intenta suicidarse, su depresión, la naturaleza lábil de sus emociones, el duelo causado por la muerte de su abuelo, y el tema del cuerpo, el cual tiene dos niveles diferentes, a saber, expansión del cuerpo y destrucción del mismo. Todo lo anterior puede ser considerado como parte de la transferencia. Puede encontrarse en la relación diádica con su madre, en la relación con su padre y su reacción al contacto físico, y también en su relación con la analista, esa mujer gorda y feliz".
- "Está claro desde el comienzo que ella está pidiendo ayuda, y este pedido se mantiene; ella pide más sesiones y se acerca más a la analista".
- "Hay también algo importante acerca del contacto físico (con la audiencia, con el cuerpo) y al respecto de su relación con su propio cuerpo y el cuerpo de la analista. Además, en la segunda entrevista aparece este cuerpo al que ella no puede cuidar; su amiga le sirve como su doble".
- "Después de un año y medio de tratamiento hay una capacidad clara de interiorizar".

¿Era posible cambiar el ánimo de esta paciente, o tenemos que pensar que hay ciertos aspectos asociados con el temperamento básico de los adolescentes que no puede ser cambiado? Es importante notar que en la primera entrevista me enteré de que la paciente tenía una enfermedad somática: hipertiroidismo. Ella tenía una manera hipomaníaca de hablar. Además, estaba tomando medicación para su hipertiroidismo y un antidepresivo, que no fue prescripto por un psiquiatra sino por el médico general. No le dije a ella que debía consultar a un psiquiatra. La decisión la tomó la propia paciente. Para ella era difícil enfrentar estas realidades físicas que no se podían cambiar y las circunstancias de la vida. Al mismo tiempo su padre había perdido el trabajo.

Uno de los comentarios hechos por el grupo fue que los analistas tienden a minimizar las condiciones físicas o médicas. En nuestras primeras entrevistas con un paciente a menudo pasamos por alto la posibilidad de que problemas psicológicos puedan ser la expresión de una enfermedad física. Por esta razón debemos formular muy cuidadosamente el caso, prestando especial atención a la historia de desarrollo del paciente (Mc Williams, 1999). En este caso en particular no tomé en consideración cómo las condiciones físicas o médicas de Irina (tales como su hipertiroidismo) podrían haber influido, por ejemplo, en su estilo de comunicación o sus síntomas bulímicos (Mc Williams, ibid.).

Otro aspecto que fue considerado "ausente" por el grupo fue la adolescencia de la paciente. Aunque yo siento que no progresé mucho en esta área, creo que es una etapa que requiere y merece más atención para hacer un seguimiento del camino hacia el descubrimiento y la conceptualización.

El modelo me permitió tener una imagen mejor y más clara de las diferentes dimensiones del cambio, tanto internas como externas. El contexto del material clínico era el de la vida adolescente en un país donde la gente joven no tiene que irse de sus hogares para ir a la universidad. Aprendimos qué había cambiado y qué no, pero también lo que no podía ser modificado: las realidades físicas de la paciente y las circunstancias de vida.

Nuestro grupo estudió el caso de Irina unos cuantos años luego de que su tratamiento había terminado. Aunque yo sospechaba que ella podría haber cambiado, no sabía en qué áreas específicamente. El modelo me ayudó a darme cuenta de la forma y las dimensiones de sus cambios.

Al comienzo la paciente no podía percibir sus propios estados internos o los de los demás. No tenía un sentido integrado de su propia identidad. Podía empatizar con sus amigos y comprenderlos, pero no establecía conexión entre ellos y su propios problemas. Tenía un conflicto con su identidad femenina que tenía su raíz en su relación con su madre y su abuela, y experimentaba dificultades para percibirse a sí misma y a los demás.

Su capacidad de comunicación interna era muy pobre. Saltaba de un tema al siguiente y tenía muy poca capacidad de asociación. Esta característica cambió notoriamente a lo largo del tratamiento. El diálogo consigo misma y los demás se desarrolló más gracias a su habilidad de ponerse en contacto con las experiencias emocionales de la niñez, aumentó su representación simbólica, y mejoró el manejo y control de su cuerpo. Bien al comienzo ella no podía forjar relaciones profundas o duraderas y mostraba una pobre tolerancia a la separación. Este rasgo también se vio modificado.

Este modelo me permitió ver de manera más explícita la importancia de los problemas estructurales de esta paciente. Aunque yo había trabajado implícitamente sobre los problemas estructurales de esta paciente durante todo el tratamiento, el 3-LM me permitió ver su significado más explícitamente. El análisis persiguió el objetivo de trabajar sobre los cimientos de su psiquismo desde una perspectiva estructural; los cambios estructurales se identificaron en su relación con la analista. Sin embargo, Irina también pudo trabajar sobre sus vínculos internos y externos. El modelo fue crucial para reconocer estas transformaciones. Además, aunque yo había podido trabajar sin el modelo mientras la trataba, analizar más este material clínico hizo que viera a esta paciente a través de un lente completamente nuevo; pude mirar el caso con mayor profundidad.

Me di cuenta de que las transformaciones habían ocurrido porque yo había abordado su autoestima y las funciones del yo focalizando en su cuerpo. Había trabajado con su percepción de sí misma y de los demás y su conflicto entre la dependencia y la independencia. También había trabajado sobre la diferenciación con su madre y cómo se relacionaba con la comida. En un análisis posterior de mis intervenciones e interpretaciones pude inferir que la mayoría de ellas había buscado el objetivo de estructurar la imagen que Irina tenía de sí misma: fragmentada, sin unidad. Yo había abordado las muchas maneras en las cuales ella experimentaba a su cuerpo. Había trabajado desde su cuerpo hacia su psiquis. A través de la organización y la sistematización, el modelo me permitió identificar las áreas donde se habían desarrollado los cambios, e inclusive me permitió ver aspectos que habían permanecido ocultos.

Una de las fortalezas del modelo es que adoptó la distinción del OPD-2 entre conflicto y estructura. En la dimensión estructural las categorías provistas me permitieron detectar los problemas importantes de autoimagen de esta paciente, los cuales colocaban obstáculos al desarrollo de la identidad y a su capacidad de auto-reflexión, autoregulación y diferenciación de los afectos (OPD, p. 136).

El PDM plantea que:

> "para los niños, la evaluación del trastorno de personalidad es más difícil que para los adultos puesto que debemos tomar en cuenta la edad del niño y la etapa de su desarrollo, la enorme flexibilidad que tienen los niños para cambiar, la sensibilidad de los niños a los cambios de patrones en la familia y en el ambiente, y la necesidad de investigar más la relación entre los patrones de personalidad temprana y los patrones posteriores" (PDM, p. 210). "Los patrones de personalidad se forman durante la niñez y continúan desarrollándose a lo largo del curso de la vida. Dependiendo de una variedad de factores, incluyendo las disposiciones biológicas, la edad y la etapa del desarrollo del niño, la naturaleza de la familia y la influencia cultural más amplia, sucesos en la vida y otros factores, pueden cambiar continuamente o mantenerse relativamente estables" (PDM, p. 209). (traducciones mías)

La paciente desarrolló su capacidad de amar y de intimidad sexual. Mejoró sus relaciones sociales y familiares. Consiguió diferentes trabajos y tuvo la habilidad de mantener su vocación a pesar de la oposición de sus padres. Decidió seguir adelante con su proyecto en el exterior. Aún se percibe a sí misma como gorda, pero vomita mucho menos frecuentemente. La otra dimensión que mostró muchos cambios se refiere a la habilidad de la paciente para percibir a los demás y para percibirse a sí misma en relación con los demás. Esta dimensión se desplegó en la relación transferencial-contratransferencial, así como en otros vínculos significativos.

La contribución del modelo a la observación de material clínico

Una de las fortalezas del 3-LM para la observación de las transformaciones del paciente es que el paciente es observado en su globalidad, con el foco puesto en varias dimensiones. Todas estas dimensiones son tomadas en cuenta en cada material clínico. Este procedimiento asegura un enfoque abarcativo.

Las preguntas siempre toman la perspectiva del paciente: sus mundos interno y externo, los cambios y la falta de ellos, adentro suyo y en su vida. También consideran el funcionamiento físico y orgánico del paciente.

Trabajar en un grupo pequeño contribuye a contener y manejar mejor los prejuicios y nos infunde confianza para expresar nuestras ideas. En definitiva, nos ayuda a pensar mejor.

Los participantes hicieron comentarios muy positivos. Resaltaron que este método les dio la posibilidad de mirar al paciente desde una perspectiva diferente y de hacerse preguntas al respecto de cómo y con qué objetivos terapéuticos los analistas trabajan con un paciente específico.

Consideraron que fue apropiado trabajar en tres niveles que estudian el material en profundidad creciente.

Los miembros del grupo valoraron el hecho de que todos habláramos en términos descriptivos, inclusive usando metáforas de la vida cotidiana. Este estilo de lenguaje contribuye con que los participantes desarrollen una perspectiva más clínica y les permite hacerse una mejor imagen del paciente y su funcionamiento emocional, al evitar el riesgo de usar enfoques más saturados teóricamente. En la construcción inconsciente del significado la metáfora juega un rol predominante. Arnold Modell (2005) sugiere que la metáfora funciona inconscientemente como un detector de patrones y por lo tanto es fundamental para la organización y categorización de la memoria emocional.

El rol de los reporters demostró ser muy importante. Ellos resumieron las percepciones y comprensiones, las hipótesis alternativas y las críticas al final de cada nivel, y en ciertas oportunidades ayudaron a guiar el diálogo.

Los miembros del grupo sugirieron trabajar más activamente en los aspectos relacionados al campo analítico, tales como la atmósfera emocional de una entrevista o sesión, momentos de fuerte interacción entre analista y paciente que hacían posible hablar de una escena transferencial, y el juego de roles.

Algunos participantes notaron la necesidad de, y los obstáculos para, la sistematización (al respecto del método analítico y la teoría de la técnica), así como su utilidad para la formación analítica. Con el 3-LM obtenemos una observación más exacta y sistemática. Re-observamos nuestro campo de trabajo.

Hay una idea implícita de lo que es el psicoanálisis y los cambios psicoanalíticos. Los aspectos externos no son el foco, pero debe haber una conexión entre el mundo externo e interno.

El 3-LM me permitió comprender, a través de la observación cuidadosa y sistemática, las áreas donde se habían logrado los cambios e inclusive me dio la posibilidad de ver aspectos que habían pasado desapercibidos. Por todas estas razones encontramos que el modelo es muy útil y llegamos al acuerdo de que estaba pronto para ser usado con otros pacientes.

Bibliografía

Altmann, M. (2008). *Cómo se da el nacimiento del paciente en la mente del analista. XVI Jornadas de Psicoanálisis de APU. Desafíos del psicoanálisis contemporáneo.* Montevideo, Uruguay: Asociación Psicoanalítica del Uruguay (APU).

Altmann, M., Fitzpatrick-Hanly, M. A., & Leuzinger-Bohleber, M. (2012). Project Committee on Clinical Observation Panels. *International Journal of Psychoanalysis, 93*(3): 748–750.

Atwood, G. E., & Stolorow, R. D. (1984). *Structures of Subjectivity: Explorations in Psychoanalytic Phenomenology.* Hillsdale, NJ: Analytic Press.

Baranger, M., & Baranger, W. (1961–1962). La situación analítica como campo dinámico. *Revista Uruguaya de Psicoanálisis, IV*(1): 3–54.

Bick, E. (1986). Further considerations on the function of the skin on early object relations. *British Journal of Psychotherapy, 2*: 292–299.

Blatt, S., & Ford, R. Q. (1994). *Therapeutic Change. An Object Relations Perspective.* New York: Plenum Press.

Bucci, W. (1997). *Psychoanalysis and Cognitive Science.* New York: Guilford Press.

De León de Bernardi, B. (2013). Field theory as a metaphor and metaphors in the analytic field and process. *Psychoanalytic Inquiry, 33*(3): 247–266.

Duhrssen, A. (1981). *Die biographische Anamnese unter tiefenpsychologischen Aspekten.* Gottingen: Vandenhoeck & Ruprecht.

Fonagy, P. (1998). Moments of change in psychoanalytic theory. *Infant Mental Health Journal, 19*(3): 348–352.

Fosshage, J. L. (2005). The explicit and implicit domains in psychoanalytic change. *Psychoanalytic Inquiry, 25*: 516–539.

Goldfried, M. (1980). Toward the delineation of therapeutic change principles. *American Psychologist, 35*(11): 991–999.

Greenberg, J. R., & Mitchell, S. A. (1983). *Object Relations in Psychoanalytic Theory*. Cambridge, MA: Harvard University Press.

Klimovsky, G., Vainer, S. B., De Goldberg, D. B., De Kuitca, M. K., De Liberman, J. F., & Siniavsky, M. (1994). Change in psychoanalysis: epistemological aspects. *International Journal of Psychoanalysis, 75*: 51–58.

Luborsky, L., Singer, B., & Luborsky, L. (1975). Comparative studies of psychotherapies. Is it true that "Everyone has won and all must have prizes"? *Archives of General Psychiatry, 32*(8): 995–1008.

Marty, P., & Parat, C. (1974). De l'utilsation des reves et du materiel onirique dans certain types de psychotherapies d'adultes. *Revue Française de Psychanalyse, XXXVIII*: 1069–1077.

McWilliams, N. (1999). *Psychoanalytic Case Formulation*. New York: Guilford Press.

Messer, S. B. (1994). Adapting psychotherapy outcome research to clinical reality. *Journal of Psychotherapy Integration, 4*: 280–282.

Mitchell, S. (1988). *Relational Concepts in Psychoanalysis: An Integration*. Cambridge, MA: Harvard University Press.

Modell, A. (2005). Emotional memory, metaphor and meaning. *Psychoanalytic Inquiry, 25*: 555–368.

Nieto, M. (1965). Algunos problemas del analista como investigador. *Revista de la Asociación Psicoanalítica del Uruguay, 1*(VII): 5–27.

OPD Gdt. Diagnóstico Psicodinámico Operacionalizado (OPD-2) (2008). Barcelona: Herder.

Psychodynamic Diagnostic Manual (*PDM*) (2006). Silver Spring: Alliance of Psychoanalytic Organizations.

Reich, G., & Cierpka, M. (1998). Identity conflicts in bulimia nervosa: psychodynamic patterns and psychoanalytic treatment. *Psychoanalytic Inquiry, 18*: 383–402.

Reilly, E. A. (2004a). Skin deep. *Free Associations, 11*: 134–174.

Reilly, E. A. (2004b). The case of the bulimic Mafia and the tools of their trade. *Psychoanalytic Psychotherapy, 18*: 374–389.

Safran, J. D., & Greenberg, L. S. (1991). *Emotion, Psychotherapy and Change*. New York: Guilford Press.

Stern, D. N., Sander, L. W., Nahum, J. P., Harrison, A. M., Lyons-Ruth, K., Morgan, A. C., Bruschweilerstern, N., & Tronick, E. Z. (1998). Noninterpretive mechanisms in psychoanalytic therapy: the 'something more' than interpretation. *International Journal of Psychoanalysis, 79*: 903–921.

Stolorow, R. D., Brandchaft, B., & Atwood, G. E. (1987). *Psychoanalytic Treatment: An Intersubjective Approach*. Hillsdale, NJ: Analytic Press.

Vygotsky, L. (1966). Development of the higher mental functions. In: A. N. Leontiev, A. R. Luria, & A. A. Smirnov (Eds.), *Psychological Research in the USSR* (Vol. 1), (pp. 11–46). Moscow: Progress.

Widlocher, D. (1970). *Freud et le problem du changement*. Paris: Presses Universitaires de France.

Wurmser, L. (1977). A defense of the use of metaphor in analytic theory formation. *Psychoanalytic Quarterly*, *46*: 466–498.

PARTE II

OBSERVACIÓN Y TRABAJO CON EL 3-LM

CAPÍTULO CUATRO

El seguimiento de las transformaciones de los pacientes: la función de la observación en psicoanálisis

Virginia Ungar

Introducción: observación en psicoanálisis

La función de la observación en el trabajo clínico con pacientes es a la vez importante y controvertida. Desde el punto de vista más corriente observar es aplicar atentamente los sentidos a un objeto o a un fenómeno (en el sentido de "externos", para estudiarlos "tal como se presentan en la realidad", aun cuando sabemos lo relativo de esa afirmación).

Observar no es solo "mirar" o "ver", una buena observación necesita de la acción conjunta de los sentidos. En este sentido, en Cogitations, Bion (1992), nos dice que si lo referimos a un individuo, la expresión "sentido común" resulta adecuada para describir una experiencia sentida como sostenida por todos los sentidos en armonía.

En la tradición psicoanalítica, la observación se contrapone de alguna manera a aquellas posturas que tienen su eje en la noción de escucha. La primera, ha sido destacada con preferencia por la tradición de la Escuela Inglesa de Psicoanálisis, para la cual la noción de fantasía inconciente está teñida de un fuerte acento en lo perceptual-visual. Creo útil recordar que Freud, al referirse a los puntos ciegos del analista utiliza una metáfora visual.

La tradición del psicoanálisis francés, por otra parte, coherente con la noción de estructura y del concepto lacaniano de que el inconsciente tiene la estructura del lenguaje se lleva mejor con el foco ubicado en el analista que "escucha", por así decirlo, al inconciente.

Dicho de esta manera las dos posiciones parecen contrapuestas en relación a un posible predominio de un órgano sensorial, la vista o el oído. Pero a poco que nos acerquemos al hecho clínico, tal polarización va a resultar difícil de sostener. Es que acaso un analista que escucha hablar a su paciente, no registra también los tonos y la música de su voz, los silencios, el lenguaje sin palabras del cuerpo, los ruidos que vienen de afuera del consultorio o sus propios pensamientos, sensaciones corporales, ansiedades? El paciente, al recibir las intervenciones del analista, ¿no es acaso él mismo impresionado por quizá infinita cantidad de sutiles percepciones no lingüísticas "observadas" por él mismo —paciente—?

En el otro extremo, un analista que observa e imagina y hasta acaso *sueña* a partir de los datos que se le presentan, ¿no va a incluir en su registro una sombra de queja, un semitono de dolor, una genuina alegría, un acto fallido, un juego de palabras, un síntoma que "hable" (como decía Freud en 1895) o una dolencia que se presenta "joining the conversation" en una sesión?

Mi propia historia como analista de niños, adolescentes y adultos, a lo que se suma la práctica y la enseñanza del método Bick de Observación de bebés me ha permitido agudizar la capacidad de observación, que a su vez, ha mejorado mi capacidad de escucha. El encuentro analítico con niños pequeños que no tienen el domino pleno de la palabra o en niños enfermos que no han accedido al lenguaje nos fuerza y enseña a intentar comprender aquello que estamos observando para construir hipótesis que podrán confirmarse por la recurrencia de los patrones que se presentan o descartarse si no se relacionan con nuevos elementos.

En su brillante artículo "Desarrollo Cognitivo" Roger Money Kyrle (1968) dice que el niño está innatamente preparado para descubrir la verdad y que los impedimentos son de orden emocional. Me atrevo a extender esta idea, basándome en la experiencia de observaciones longitudinales de bebés y de tratamientos psicoanalíticos con pacientes de todas las edades, para pensar que el ser humano está capacitado desde muy temprano para observar pero paga el precio de ingreso en la cultura, el imperio del logos racional, con el estrechamiento de esta capacidad por motivos de orden neurótico o psicótico.

La observación ha sido, sin duda, la base para desarrollos teóricos centrales en Psicoanálisis. Basta recordar a Freud con el juego del carretel (fort-da) o Melanie Klein con sus observaciones a su hijo, luego llamado Fritz en sus artículos.

La cualidad de los fenómenos encontrados en nuestra práctica psicoanalítica, según Bion, es sencilla de aprehender por nuestros órganos sensoriales. De esta manera su pensamiento coincide con las tendencias filosóficas actuales que dicen que la percepción no garantiza la comprensión de la realidad. En la tarea clínica los analistas podemos describir los hechos de la llamada "realidad psíquica", que pueden ser intuidos a través de la interacción viva del vínculo transferencia-contratransferencia.

Con respecto a la observación clínica, hemos notado que el paciente, en cierto punto, luego de haber comenzado su tratamiento, y a través de la identificación con su analista, va a ´aprender´ a observar no solamente los acontecimientos del mundo externo sino también aquellos que están teniendo lugar en su mundo interno, aquello de la "realidad" psíquica: sus sentimientos, pensamientos, actividades y fundamentalmente, sus sueños.

Se da cuenta, hasta cierto punto, de que va a trabajar en conjunto con su analista sobre el material observado; va a colaborar con la tarea de transformar los elementos sensoriales en pensamientos, en términos de Bion.

El propósito de este capítulo es estudiar la posibilidad de utilizar la observación para dar seguimiento a las transformaciones de un o una paciente durante un tratamiento psicoanalítico o psicoterapéutico. En primer lugar, se describe el Modelo de los Tres Niveles elaborado por el Grupo de Observación Clínica de la API, que constituye un instrumento útil para identificar cambios en un o una paciente durante un tratamiento. En segundo lugar, se presenta un material clínico en distintas fases del tratamiento. Luego se aplica el Modelo de los Tres Niveles al material para, finalmente, analizar las dimensiones del cambio.

El método de análisis de la observación clínica. El Modelo de los Tres Niveles para Observar las Transformaciones de los Pacientes (3-LM)

Este método forma parte del programa del Comité de Observación Clínica de la API, y su objetivo es la observación clínica sistemática de las transformaciones de las y los pacientes en tratamiento psicoanalítico.

El objetivo del comité es promover una observación clínica más precisa y sistemática que contribuya a la elaboración de teorías y a su puesta a prueba en el terreno. El 3-LM en sí mismo será descrito en detalle en otro capítulo. En este, quisiera centrarme en su aplicación práctica, utilizando un caso como ejemplo. Como sucede con cualquier método, no es necesario aplicarlo en su totalidad. En este caso, elegí una parte específica y un conjunto de preguntas para la discusión grupal.

El modelo es una *guía* para *enriquecer, afinar, conceptualizar y sistematizar observaciones clínicas* que enfatiza las transformaciones del o de la paciente durante el tratamiento. Se lo diseñó para ser implementado en distintos niveles de la práctica clínica, y su conceptualización tuvo en consideración el contexto del trabajo grupal.

El término *transformación* se utiliza en el sentido habitual de *modificación*. El modelo prioriza las transformaciones en el/la paciente, pero se acepta que estas solo suceden en el curso de una relación bidireccional con el/la analista. Las transformaciones que se producen durante el análisis tienen múltiples aspectos vinculados con este, y sin duda plantean una amplia gama de preguntas, entre ellas, las siguientes: ¿Qué cambios? ¿Cómo se produce un cambio? ¿Cuándo? ¿Por qué? El modelo no apunta solamente a encontrar respuestas a estas preguntas, sino también a indagar cómo una mejor observación clínica puede contribuir a avanzar en el estudio de los casos. A continuación, describiré los tres niveles o etapas examinadas en el modelo.

NIVEL 1: descripción fenomenológica de las transformaciones

Este nivel consiste en la discusión de la descripción fenomenológica de dos o más puntos de referencia (o *puntos de anclaje*). El primero es la manifestación de ciertas dimensiones del funcionamiento psíquico en las entrevistas iniciales. Los demás puntos de referencia pueden encontrarse en sesiones subsiguientes que muestran la presencia de cambios—positivos *o* negativos—o, incluso, la falta de cambio.

Preguntas para la discusión grupal:

1. ¿Hubo cambios? ¿Cuáles son sus características desde la perspectiva del proceso analítico?
2. Si se produjeron cambios, ¿pueden percibirse en la sesión? ¿Y entre las sesiones? ¿En qué áreas?

3. ¿Cuál es la perspectiva del/de la paciente en relación con sus cambios?
4. ¿Hay cambios en la manera en la que el/la paciente usa al/a la analista, las interpretaciones del/de la analista y su propia mente/su propio cuerpo durante las sesiones?

NIVEL 2: identificación de las principales dimensiones diagnósticas del cambio

El objetivo de las discusiones en este nivel es analizar los cambios producidos en el o la paciente según dimensiones diagnósticas descritas en un lenguaje cercano al de la experiencia. Los sistemas diagnósticos psicodinámicos actuales (OPD-2, PDM, DSM-5) brindan una descripción útil de estas dimensiones. Este nivel debería sentar las bases observacionales para la discusión en el Nivel 3, en el que la comprensión de las transformaciones se profundiza desde distintas perspectivas teóricas.

Preguntas para el debate grupal:

1. ¿Cuál es la experiencia subjetiva del/de la paciente de sus síntomas, sus creencias y expectativas acerca de sus problemas, y su tratamiento?
2. ¿Hay factores coyunturales que afectan el proceso terapéutico (crisis, situaciones traumáticas, enfermedades somáticas, etc.)?
3. ¿Cómo experimenta el/la paciente a los otros, y a sí mismo/a en relación con ellos?
4. ¿Cuáles son los principales conflictos involucrados?
5. ¿Sus defensas son adecuadas y flexibles, o predominantemente disfuncionales?
6. ¿Cuán capaz es el/la paciente de percibir adecuadamente sus propios estados internos y los de los demás? ¿Hasta qué punto es capaz de reconocer y representar sus propios afectos? ¿Empatiza con otros, tolerando y comprendiendo la existencia de distintos puntos de vista?
7. ¿El/la paciente es capaz de regular adecuadamente sus impulsos, afectos y autoestima?
8. ¿Cuán profundo y estable es el vínculo con objetos internos y externos o el apego a ellos? ¿Hasta qué punto puede empezar relaciones y tolerar separaciones? ¿Qué capacidad tiene para la intimidad y la reciprocidad?

9. ¿Es posible identificar algún tipo de trastorno de la personalidad u otra clase de trastorno?

Para todas las preguntas anteriores: ¿Cómo han cambiado estos aspectos en el curso del tratamiento?

NIVEL 3: hipótesis explicativas de las transformaciones

Las transformaciones que se producen durante un análisis pueden entenderse según distintos modelos teóricos explicativos. La discusión se centrará en la relación entre estas hipótesis y en la observación clínica. El propósito no es elegir una de las hipótesis, sino examinar hasta qué punto estas se basan en la clínica.

Preguntas para el debate grupal:

1. ¿En qué aspectos se centraron la mayoría de las intervenciones del/de la analista?
2. ¿Qué hipótesis de cambio explícitas e implícitas inferimos que están presentes en la tarea del/de la analista?
3. ¿Cuáles sus aspectos más y menos convincentes, y cómo podrían afinarse las distintas hipótesis para ajustarse más al material clínico presentado?

Material clínico

El paciente, a quien llamaré Enrique, tiene ahora 43 años y vino a verme por primera vez en la última semana de enero hace 10 años, unos días antes de mis vacaciones de verano.

En ese momento tuvimos dos entrevistas y luego una más a comienzos de marzo, en que acordamos comenzar un análisis con una frecuencia de cuatro sesiones semanales. Aceptó mis honorarios, diciendo que "él nunca cuestionaría a un profesional por lo que cobra".

Al comienzo de la primera entrevista en enero, dijo que durante mucho tiempo había pensado que no necesitaba una terapia pero que esta situación había cambiado un año antes, cuando comenzó a pensar en hacer una consulta. Durante la entrevista se dio cuenta de que este cambio de opinión había coincidido con haber comenzado una amistad muy fuerte con un hombre de su edad que estaba en un tratamiento analítico con una colega que le había dado mi nombre.

En la misma entrevista dijo que quería comenzar una terapia por dos razones, en primer lugar, para lograr un orden en su vida, y en segundo término, para "ejercitarse intelectualmente", como había dejado de hacerlo desde que abandonara sus estudios. También agregó que ahora pensaba que había cometido un error al comenzar esa carrera universitaria cuando tenía 18 años.

En la universidad conoció a Emilia, con quien se casó hace siete años y tienen dos hijos. Ella terminó sus estudios y tiene un trabajo que le apasiona y donde está muy bien ubicada.

Luego de referirse a su esposa y a sus hijos, contó que es dueño de cinco negocios de muebles en la zona de moda en Buenos Aires en los que se venden cosas que tienen un tinte "ecológico", muy "in", y actual. Le va muy bien, empezó con el primero a poco tiempo de casarse, con mucho esfuerzo personal y fue creciendo hasta hoy, en que abrió hasta dos locales en un mismo año.

Dijo "Me va muy bien, teniendo en cuenta la situación económica actual. Abrí mi primer negocio después que me casé. Puse mucho esfuerzo y todo ha ido creciendo sin pausa. Hoy tengo cinco locales.

Durante la primera entrevista, recordó también el momento en que dejó sus estudios para emprender su negocio y dijo "Creo que un aspecto de mi personalidad es que me aburro rápidamente. Cierro una puerta y volver a abrirla es muy difícil para mí. A mí me gusta *hacer* cosas: En los negocios, si me aburro, comienzo algo nuevo".

Voy a presentar un resumen de los datos de su historia, tal como aparecieron en las primeras entrevistas.

Enrique nació en Buenos Aires, pero luego de un corto periodo, la familia se trasladó a otra ciudad no muy lejana de la capital. Sus padres están separados desde que el paciente tenía un año de edad. Ambos han vuelto a formar parejas. Tiene dos medio-hermanos, uno de parte del padre de 32 años de edad, y por parte de la madre otra medio-hermana, también de 33 años.

De su padre, presenta una imagen de un hombre bohemio y muy seductor Nunca se hizo cargo económicamente de su crianza. Su madre trabajó para mantenerlo siempre. Entre sus 2 y 6 años de edad vivió con sus abuelos maternos en el pueblo y su madre trabajaba en Buenos Aires y viajaba para estar con él todos los fines de semana.

Luego, a los 6 años, y un día antes de comenzar su primer grado, Enrique y su madre vinieron a Buenos Aires, adonde cursó sus escuelas primaria y secundaria en buenos colegios privados. De allí conserva un grupo de amigos, que en el pasado tenían mejor situación económica que él, con quienes compartió vacaciones en lugares bastante aristocráticos. Se refirió a ellos diciendo que en su momento los había visto como "pobres niños ricos".

En la entrevista en que acordamos comenzar el análisis, quedó muy impresionado cuando le dije que me parecía que probablemente él mismo se estaba sintiendo como un pobre niño rico ahora y que seguramente podría ser ésta una de las razones que lo habían traído a la consulta.

Comienzos del análisis

Enrique siempre ha concurrido a sus sesiones puntualmente. Desde un principio ha tenido actitudes seductoras pero de una manera un tanto infantil, como por ejemplo pedir que lo tutee sin importarle que yo lo tratara de usted, convidarme caramelos, pedirme consejos en relación a temas puntuales, como decisiones en sus negocios o información acerca de médicos para él o sus familiares.

Algo de esa "actitud infantil" se deja ver en algunos gestos como por ejemplo, al entrar y darme la mano dice a veces ampulosamente: ¿cómo estamos hoy doctora?, mientras esboza una sonrisa de nene que está haciendo una travesura.

Su manera de vestir, en mi opinión, refleja de alguna manera esa actitud infantil. Presenta una "cuidada desprolijidad". Se viste con ropa que usan los más jóvenes, combinando ropa *vintage* y jeans desgastados y rotos.

Un tema que apareció ya comenzado el análisis, no mencionado en las entrevistas, es que, además de fumar un paquete de cigarrillos por día, fuma marihuana. Al comienzo, decía que lo hacía cada tanto, pero luego quedó claro que lo hace a diario "para relajarse cuando llega a casa después del trabajo" o "cuando tiene una reunión de trabajo especialmente estresante".

Con respecto al pago de los honorarios, que se ha convertido en un foco de sus resistencias, durante el primer año pagaba puntualmente al fin de mes. Luego empezó a espaciar los pagos sin decir nada sobre el tema. Ha tomado por costumbre una modalidad en la que se atrasa varios meses y luego paga todo junto o con varios cheques a cobrar con espacio de quince días entre uno y otro. Yo no acepto habitualmente este tipo de pagos pero con él lo he aceptado. Por un lado, el tema del pago me ha llevado un trabajo interpretativo muy arduo, sin muchos resultados y por otro, creo que hay algo del corazón de su problema de carácter que se expresa ahí y me ha parecido importante sostenerlo.

Las sesiones de Enrique son en los días lunes, miércoles jueves y viernes.

Una sesión de día jueves en el mes de diciembre del segundo año de tratamiento

(en ese momento debía los honorarios de octubre y noviembre)

Llega puntualmente, y como siempre, vacía sus bolsillos, dejando sobre el escritorio su teléfono móvil apagado, algunos billetes y monedas y algún papel. Se recuesta en el diván, suspira diciendo ah … ah.. Pone su mano izquierda sobre la frente. Se queda un poco en silencio, saca del bolsillo de su camisa un paquete de pastillas y, sonriendo y dándose vuelta, estira la mano y me ofrece una mientras dice:

P: Caramelos no, ¿no es cierto? … el día que me digas que sí va a ser una pista de que estoy por terminar, ¿no? No sé, ayer me vino a la cabeza un comentario que me hiciste alguna vez acerca de mis aspectos negativos y mi agresividad, que no los puedo sacar acá. Pero es que no me siento en un medio hostil. Cuando yo me pongo agresivo es en respuesta a determinados estímulos. (Sus empleados se quejan siempre de su maltrato)

Pero me parece que esa sería una explicación lógica. Debe haber cosas negativas y no es fácil reconocerlas. Adonde sí me descubrí negativo es en mi relación con Bernardo (su íntimo amigo). Yo por ahí esperaba que él me diese una mano en mi nuevo negocio. Pero ahora él está muy ocupado en su proyecto de los hoteles. Este es el ejemplo de que cuando lo necesito, él me hace esperar y en cambio cuando él me necesita, estoy a su lado enseguida. Si yo lo pienso un poco, entiendo, y mi sensación negativa desaparece, pero hay un primer impulso que detona ese sentimiento de rabia terrible.

A: Creo que a usted le enojó que no aceptara su invitación a servirme un caramelo. De la misma manera se enoja con Bernardo que no acude cuando usted lo necesita. Surge una gran rabia cuando las cosas o las personas no funcionan como usted espera.

P: Yo quiero entender. Si yo te lo digo es porque estoy pensando en traer a ese enano maltratador que tengo adentro.

A: Estoy pensando que quizás aquí el maltrato no es tan aparente y puede estar ubicado en otros temas, como por ejemplo el atraso en el pago.

P: Descubrir la sensación con Bernardo fue importante. Hasta ahora nunca me había enojado con él. Ahora viene una pregunta que quizás no debería hacerme pero la hago y es ¿por qué? Trato de pensar en porqué se da esto del pago con vos y la primera explicación que surge es la más real. Tiene que ver con el desorden con que yo manejo mis cosas. En ese desorden está el manejo del dinero. Tengo una extraña lista de prioridades que no tiene una lógica real del porqué establezco ese orden.

A: Acá, en análisis, mientras yo no diga nada con respecto a sus atrasos en el pago, queda como que acepto sus condiciones. No acepté el caramelo que me ofreció al comienzo de la sesión, pero acepto estas condiciones respecto de mis honorarios si no hablo yo del tema.

En los negocios yo manejo el dinero. Lo primero que hago siempre es depositar en la cuenta corriente para no tener problemas. Ese tipo de problemas me llevaría a momentos muy duros, llamadas de bancos a último momento para cubrir cheques. No sé, yo dejo de pagar una cuenta de teléfono y puedo tener $ 30.000 en el Banco. Ni siquiera me gasto el dinero. Y en relación con esto … ¿cuándo fue, ayer? no, fue el martes. Bueno yo este año había decidido comprar obra de dos artistas plásticos, y con los dos arreglé pagarles en cuotas, que por otro lado es una práctica usual en estos tiempos. No les había pagado pero ya llamé y arreglé con los dos para empezar con las cuotas. Y bueno, hace dos meses robaron en el negocio y además a los pocos días se presentó en convocatoria de acreedores un cliente y me clavó en $ 50.000. Las dos cosas produjeron un desfasaje.

En ese momento sentí que yo estaba siendo equiparada a los dos "pobres artistas". Podíamos ofrecer nuestro trabajo de artesanos pero no había reconocimiento, por parte del paciente, tanto de nuestros esfuerzos como de nuestras necesidades.

A: Acá, en análisis, mientras yo no diga nada con respecto a sus atrasos en el pago, queda como que acepto sus condiciones. No acepté el caramelo que me ofreció al comienzo de la sesión, pero acepto estas condiciones respecto de mis honorarios si no hablo yo del tema.

P: Para mí reconocer esto no es fácil. Pero aquí ni llego a plantear la cuestión del dinero. Entiendo claramente lo que me decís del caramelo. Pero también, en mi intento de ver los avances, veo un avance en el tema. Por ejemplo, para mí, los servicios como teléfono, gas o luz eran tabúes históricos.

Creo que en algo tiene relación con el tema del poder. Desde que se privatizaron, las compañías de teléfono se están llenando de dinero, no les pago, que se joda Telecom! Ahora, si necesitás hablar con alguien, no te atienden, te atiende una máquina. También sé que son justificativos pero no me considero una persona avara.

A: No parece ser una cuestión que se pueda definir como avaricia. Lo que usted dijo de las empresas de servicios mostró una idea que usted tiene respecto a las relaciones de poder. En ese sentido ¿Cómo me va a pagar acá si reteniendo el dinero que me debe siente que usted tiene el poder de establecer como son las cosas en la relación conmigo? Debe sentir también, que si me necesita, no me tiene al instante, contesta una máquina. Tuvo que esperar desde el martes hasta hoy por su sesión.

P: Es que yo me muevo en la realidad y adonde hay un espacio, yo lo tomo.

A: Es exactamente eso, lo toma directamente, sin preguntar.

P: Hasta siento el derecho adquirido de hacerlo, de ni tener que preguntar ni plantear nada. Aunque el Banco, claramente lo pago. Desde este año en que contraté a los nuevos contadores, pago también mis impuestos. A los proveedores les pago, pero es cierto, bajo mis condiciones.

Me siento un poco mal hablando así, debe dar la impresión de que puede seguir todo igual. Acá, en análisis, al principio yo prestaba mucha atención a la fecha de pago, pero ahora creo que trataba de hacer buena letra. Después uno cuando la relación se afianza, se va mostrando como realmente es ¿no es cierto?

A: Ahora podemos ver un poco más de cómo parece ser lo más genuino de usted al establecer la relación conmigo y seguramente afuera de acá también. Es necesario que sea usted el que establece las condiciones y que yo las acepte. No parece dispuesto a aceptar las condiciones del otro ni a esperar si necesita algo de inmediato.

P: ¿Puede ser que yo quiera que me calmen la angustia enseguida? Pero mirá, no sé cómo será en adelante pero estamos en una etapa en que no tengo espacio para ver ese tipo de cosas. Lo que rescato es lo que me aporta. Con el tiempo podré ver lo que está mal.

Tampoco dejo de lado que cuando hablo de Bernardo, sé que estoy también proyectando cosas mías, por ejemplo, en Bernardo. Ya vimos otras veces acá que uno proyecta sus ambiciones en otras personas, sobre todo si consiguen cosas que uno no pudo conseguir. No sé si el sentimiento es envidia pero hay una carga fuerte.

Me gusta hablar de estas cosas, me descubro en lugares que no conocía de mí. Eso que me parece que recién estoy abriendo una puerta.

A: Puede ser que abra la puerta pero tengo la impresión que la vuelve a cerrar enseguida. No sé si se da el tiempo para pensar lo que le digo.

A pesar de que el paciente parece ser consciente de la forma en que se comportaba conmigo tanto en las sesiones como en su vida cotidiana con sus empleados o con la gente que trabajaba con él, mi impresión era que no eran más que palabras. Lo que predominaba en él era su sensación de ser poderoso y esto se hace evidente en su forma de hablar, el tono de su voz y la actitud que mostró que era de arrogancia y desdén. Al mismo tiempo algunos cambios pequeños en el análisis podrían ser vistos en su desasosiego y en su idea de que estaba empezando a mostrar su verdadera naturaleza.

Una viñeta del cuarto año de análisis

Enrique llega a su sesión del lunes diciendo que había tenido un muy buen fin de semana. Había ido con su mujer a visitar a su madre en el auto nuevo. Antes de la sesión había tenido una reunión con los contadores de su compañía y le mostraron que los números estaban muy bien en comparación con el año anterior, que las ventas habían subido un 20 por ciento. Mientras habla con vehemencia y mucho entusiasmo, su teléfono móvil se va deslizando de su bolsillo hasta que finalmente cae al suelo. Hace una broma sobre el hecho y lo recoge.

El sigue hablando y yo observo y escucho. Comienzan a caer monedas de su bolsillo, dos de ellas ruedan por diván hacia el suelo. Las levanta y dice:

P: No sé qué está pasando conmigo hoy, estoy perdiendo todo. ¿Puede ser que estoy perdiendo la razón? Y justo ahora que estaba hablando sobre un final de año exitoso: me siento mejor, hace dos años que dejé de fumar cigarrillos y un año desde que dejé la marihuana …

A: Usted me dice que usted está contento y que se ha sentido muy bien en los últimos días y también acerca de que las cosas van muy bien para usted, pero a la vez se le caen cosas -su móvil, su dinero- porque de alguna manera usted sabe que, a pesar de haber mejorado en algunos aspectos, algo permanece sin resolver: siempre está atrasado en sus pagos aquí, con frecuencia me debe mis honorarios.

P: Es verdad. Antes de venir a la sesión pensé en traer mi libreta de cheques para pagarle de una vez por todas, pero al final me olvidé.

El 3-LM y el material clínico

Si bien el 3-LM busca estudiar los cambios presentes en una secuencia de sesiones, infiriendo las configuraciones inconscientes, se puede empezar por hacer algunas preguntas respecto del nivel consciente. Para ello, se toma en cuenta todo el material clínico, desde las primeras entrevistas (un enfoque utilizado en el trabajo grupal):

¿Cuánto sufre realmente?

¿Qué clase de "trabajo intelectual" y "orden en su vida" está buscando?

¿Qué expectativas tiene de cambiar gracias al tratamiento?

¿Cuál es el papel de los hábitos adictivos (marihuana, etc.) en su deseo de bienestar?

¿Cuán fuerte es su motivación para cambiar en relación con el beneficio secundario de ser un "pobre niño rico" seductor?

En la primera entrevista, cuán capaz es el paciente de:

- reflexionar productivamente acerca de sí mismo;
- diferenciar afectos y tener una vivencia integrada de su identidad y de su historia personal: ¿puede discriminar adecuadamente entre él y los demás?
- percibir a otros adecuadamente y empatizar con ellos, tolerando y comprendiendo distintas perspectivas.

Por supuesto, hay muchos otros enfoques desde los cuales podemos explorar el material del paciente. Varios aspectos teóricos, psicopatológicos e incluso, técnicos están implicados en la situación clínica. A fin de apreciar la utilidad del Modelo de los Tres Niveles, como ejercicio, elegiré algunos puntos de anclaje significativos para este tratamiento específico, e indicaré algunas transformaciones posibles a partir de los tres puntos de anclaje que elegí. En su comentario, Margaret Ann Fitzpatrick Hanly explorará en más detalle las observaciones sobre la presencia o ausencia de transformaciones en estas dimensiones de anclaje, y aportará otros dos puntos de referencia desde los cuales evaluará el cambio o la ausencia de cambio en el funcionamiento del paciente.

El primer punto de anclaje que elegí es la primera entrevista, en la que Enrique aceptó mis honorarios argumentando que él "nunca cuestionaría a un profesional por lo que cobra". Aunque el aspecto fenomenológico (Nivel 1) muestra la aceptación del paciente de los honorarios planteados, podríamos pensar que se trata de una actitud defensiva-sumisa, lo cual se hace sumamente claro más adelante en el material cuando el paciente paga siempre tarde y la analista centra sus interpretaciones en esta cuestión.

Si tomamos el Nivel 3, las demoras para pagar pueden entenderse como una puesta en acto (*enactment*), dentro de la relación de transferencia, de la resistencia del paciente al cambio psíquico. A pesar del esfuerzo de la analista para trabajar sobre este tema, en el cuarto año de tratamiento sigue sin haberse modificado su conducta. Desde el punto de vista dinámico (Nivel 3), podemos plantear la hipótesis de que la puesta en acto de la retención refleja una reacción de represalia en la transferencia: "Te voy a privar de mí al igual que mis padres me privaron de lo que yo necesitaba de ellos".

Esta configuración hace que el paciente, en sus relaciones interpersonales, tienda a obligar a otros a adoptar su manera de hacer las cosas en vez de aceptar la de ellos. En cuanto al Nivel 3, una hipótesis compatible podría ser que en la transferencia y en las relaciones interpersonales se pone en acto un patrón de miedo al abandono como repetición anticipada del abandono parental precoz sufrido por el paciente.

Las sesiones parecen mostrar que el trabajo analítico con Enrique ha avanzado bastante, pero no lo suficiente como para establecer una relación de verdadera preocupación por el objeto (Nivel 3). Si bien reconoce que mejoró, especialmente en lo que hace al aspecto adictivo de su personalidad, retrasar el pago le permite controlar a su analista, a quien agota y, desde su perspectiva, "empobrece". Existe, entonces, en su mundo interno un objeto persecutorio que lo amenaza, su analista: un objeto con el cual tiene que luchar, hasta tal punto que está "perdiendo la razón".

El segundo punto de anclaje, íntimamente vinculado con el primero, corresponde a su ritual de vaciarse los bolsillos y dejar sus contenidos sobre el escritorio de la analista. A partir de una descripción fenomenológica (Nivel 1), podemos inferir que el paciente no es consciente de un posible significado de su comportamiento. Sin embargo, hay otra inferencia posible (Nivel 2): esta conducta podría implicar una negación de sus tendencias a la retención, que aparecerán poco después de iniciado el tratamiento. El paciente estaría diciendo: "Yo muestro todo lo que tengo en los bolsillos, no escondo nada". Esto también podría considerarse como parte de sus tendencias "seductoras". Si volvemos por un momento a las preguntas correspondientes al Nivel 2, sería razonable pensar que los conflictos de poder (sumisión versus control, necesidad de cuidado versus autosuficiencia) y de culpa son predominantes.

Ahora pasaremos a la sesión del cuarto año de análisis, en un intento de dar seguimiento a las transformaciones en el Nivel 3. En la última viñeta, que corresponde a ese periodo, el paciente ha abandonado el ritual de vaciar los bolsillos en el escritorio de la analista, pero se da cuenta de que se le caen las cosas al acostarse en el diván. Inmediatamente levanta las monedas y dice: "No sé qué me pasa hoy, estoy perdiendo todo. ¿Puede ser que esté perdiendo la razón?"

En esta etapa del análisis, Enrique muestra consciencia de la posibilidad de que este acontecimiento tenga un significado psicológico. Este patrón de pensamiento avanza aún más cuando el paciente especifica que está perdiendo todo, y aún más cuando dice que está " perdiendo la razón", incluso si, en el contexto de la sesión, se trata más bien de una pregunta. El hecho de que haya desaparecido la negación de su conducta respecto al vaciado de los bolsillos y que exista una consciencia bastante sofisticada del posible sentido simbólico de la caída de las monedas, ligada a su vivencia de "estar perdiendo la razón", habla de una transformación de su capacidad de comunicarse consigo mismo y con los demás. Asimismo, Enrique muestra una capacidad creciente para reflexionar productivamente sobre sí mismo, y la falta de un sentido de identidad integrada podría estar vinculada con traumas tempranos.

El tercer punto de anclaje elegido fue la revelación del paciente, al comienzo del análisis, de que fumaba marihuana todos los días. En el

Nivel 2, podríamos plantear la hipótesis de que había adoptado este hábito como una manera de "automedicarse" para enfrentar las angustias persecutoria y depresiva. En el Nivel 2, podría considerarse que lo que subyace a esta práctica se relaciona con las perturbaciones del apego sufridas por el paciente durante los primeros 6 años de vida.

El punto de transformación en el cuarto año de análisis fue el hecho de que dejara de fumar marihuana todos los días. Este cambio implica (Nivel 2) que el paciente ya no necesita ese particular elemento de apoyo externo para lidiar con su angustia persecutoria o depresiva. Una hipótesis adicional (Nivel 3) sería que una mejora en su vínculo con la analista y la capacidad de esta de recibir y contener las ansiedades del paciente posibilitaron el cambio.

Este comentario es el resultado de la aplicación sintetizada del Modelo de los Tres Niveles a la historia de un paciente y a sesiones de distintos momentos de su análisis. El 3-LM se implementa habitualmente en el contexto del trabajo grupal, que dura entre un día y un día y medio, pero es lo suficientemente flexible como para utilizarlo en distintos contextos. La importancia de este trabajo es que durante el tiempo programado y sobre la base de un único material, proveniente de las sesiones seleccionadas, los miembros del grupo pueden aportar distintos puntos de vista para mejorar la comprensión global del trabajo con el paciente.

En este capítulo, me propuse tratar tanto la importancia de la observación en nuestra práctica clínica, como la utilidad del 3-LM como herramienta para estudiar transformaciones durante el tratamiento. El modelo es un instrumento que puede utilizarse en distintos contextos, pero su objetivo principal es mejorar nuestra capacidad de observación a través de la contribución invalorable del trabajo grupal, en el cual se produce la colaboración entre varias mentes que transmiten simultáneamente puntos de vista diferentes.

DISCUSIÓN

Otras reflexiones sobre el material clínico de Virginia Ungar y el uso de los puntos de anclaje para hacer un seguimiento de las transformaciones

Margaret Ann Fitzpatrick-Hanly

Introducción

La Dra. Ungar aplicó el modelo de los tres niveles a un tratamiento psicoanalítico de cuatro años de duración con su paciente, Andrés. Ella redactó un "texto" clínico con una historia breve y el registro de las sesiones, lo cual nos provee de un objeto compartido para la observación. Con este material, luego, un grupo de psicoanalistas o discutidores pueden reflexionar sobre las asociaciones del paciente y las intervenciones de la analista para revisar los datos que llevaron a las hipótesis de la analista sobre el cambio y el no cambio. La selección de sesiones cada ciertos intervalos, del comienzo y de dos fases posteriores del análisis, facilita la tarea de prestar atención al cambio y al no cambio a lo largo de un período específico de tiempo, y toma en cuenta la naturaleza y la severidad de los problemas sufridos por un paciente específico al comenzar el tratamiento. Luego, un grupo de psicoanalistas puede refinar o reseleccionar puntos de anclaje una vez que las dimensiones diagnósticas centrales en el funcionamiento psíquico del paciente se vuelven más claras, a través de la discusión y la relectura de las sesiones.

El concepto de "punto de anclaje" (que vemos utilizado en el trabajo de la Dra. Ungar) es importante para crear un método para desarrollar un nuevo tipo de "narrativa clínica" a través del trabajo del modelo de los tres niveles. Los puntos de anclaje pueden pensarse como "puntos de arranque" (a menudo se presentan en las palabras del paciente), los cuales condensan problemas complejos en el funcionamiento psíquico del paciente. Cuando se observa ausencia de cambio, estos puntos de anclaje (síntomas, inhibiciones o ansiedades) pueden reflejar aquello que es más difícil de cambiar en la dinámica del paciente y en el proceso analítico. Los analistas en los grupos de trabajo pueden regresar a las hipótesis acerca de los problemas centrales explícitos e implícitos en los puntos de anclaje, moviéndose hacia atrás y hacia adelante entre la sesión temprana y las sesiones posteriores. Los grupos usarán el lenguaje común de las sesiones para sensibilizarse a las resonancias, repeticiones, y desarrollos en el material (Nivel 1), y luego refinar la descripción clínica, aplicando conceptos psicoanalíticos a la narrativa en desarrollo (Nivel 2).

Discusión

Esta discusión reflexiona sobre dos puntos de anclaje seleccionados por la Dra. Ungar con el objetivo de comprender mejor sus significados dinámicos y sus vicisitudes en las fases posteriores del análisis. Se harán reflexiones sobre los vínculos entre los traumas de la niñez y los enactments y asociaciones en el análisis para elaborar la descripción clínica acerca de las transformaciones del paciente. Se seleccionan y estudian dos puntos de anclaje adicionales de sesiones tempranas, los cuales profundizan ideas acerca de los cambios específicos y la ausencia de cambio en el paciente, confirmando las hipótesis de la Dra. Ungar.

El paciente y dos puntos de anclaje

La Dra. Ungar nos presenta a su paciente, Andrés, a través de expresiones vívidas y actos sintomáticos que ella seleccionó como puntos de anclaje para usar al observar el cambio. Andrés es un hombre de negocios, casado, de unos cuarenta y cinco años.

Al principio esta discusión tomará dos puntos de anclaje: "Él aceptó mis honorarios, agregando que nunca discutiría los honorarios cobrados por un profesional" y "Al comienzo de sus sesiones Andrés vaciaba sus bolsillos, dejando todo su contenido sobre mi escritorio: el teléfono móvil, el dinero, papeles …"

Un aspecto de la profundidad y resonancia de las quejas y síntomas de presentación (usados como puntos de anclaje) yace en la repetición de actitudes y defensas de la niñez (adaptaciones hechas en parte bajo el estrés de la pérdida traumática), la cual se revive y luego llega al lenguaje en los intercambios de la pareja analítica.

Recordemos algunos detalles de la historia del paciente, para que podamos reconstruir el probable impacto que tuvo en su sexualidad infantil, su agresividad y vulnerabilidad narcisista, a medida que continuamos haciendo un seguimiento del cambio y del no cambio. Los padres de Andrés se separaron cuando él tenía un año. Su padre se fue de la casa. Entre los dos y los seis años vivió con sus abuelos maternos, mientras su madre trabajaba en Buenos Aires (a algunos kilómetros de su pueblo) y venía a casa los fines de semana. Su madre conoció a un hombre y tuvo una hija cuando Andrés tenía once años, aunque nunca vivió con este hombre. Andrés sentía que su madre siempre trabajaba para ganarse la vida por él. Su padre se casó nuevamente y tuvo dos hijos, sus medio hermanos, que ahora tienen 26 y 27 años, nacidos cuando Andrés tenía once y doce años. Su padre es algo bohemio, no se hace responsable económicamente.

Primer punto de anclaje: el paciente "nunca discutiría los honorarios cobrados por un profesional".

¿Cuáles son las profundidades ocultas en esta afirmación con esta fuerte negación? La historia del paciente sugiere que debido al divorcio y las separaciones, Andrés puede haber tenido que mostrar "aceptación" en la superficie, cuando la situación era demasiado dolorosa o disruptiva como para que él la pudiera procesar: el divorcio de sus padres cuando tenía un año, su madre que se iba toda la semana a trabajar cuando él tenía dos años, que sus abuelos fueran sus cuidadores, que los padres tuvieran nuevos compañeros sexuales, y que nacieran tres hermanos a sus once y doce años. Puede haberle parecido necesario aceptar y nunca protestar, especialmente al respecto de que la madre/cuidador/analista tuvieran que ganarse la vida, pero los sentimientos e impulsos agresivos están al acecho inmediatamente por debajo de la superficie.

Poder, dinero, supervivencia

La Dra. Ungar planteó la pregunta de dónde estaba el dolor psíquico de Andrés cuando llegó al análisis. ¿Qué experiencias estaban escindidas o reprimidas? ¿Cómo vendrían al análisis? Podemos ver, al explorar las vicisitudes de los puntos de anclaje, que mucho de lo que sucede en las sesiones le permite al paciente traer al análisis aquello que ha estado inconsciente y escindido sobre el poder, el dinero y la supervivencia, primero desafiante y luego con mayor reflexión e inicio de propiedad.

Andrés dice que en los negocios "le está yendo muy bien, teniendo en cuenta el clima económico actual". Las dificultades en el ámbito económico argentino en ese momento eran reales, pero estaban también sirviendo para esconder fijaciones y conflictos en las fases oral y anal en Andrés al año y los dos años de edad, durante el divorcio y las separaciones de su madre, de una semana de duración.

Al comienzo el paciente pagaba puntualmente y más tarde hubo intervalos de dos meses en los que no pagó, actuando en completa contradicción con su afirmación de que "nunca discutiría acerca de los honorarios ..." Protestó que cómo podía su analista traer este tema, cuando la economía real estaba tan complicada pero, de hecho, hace que su analista trabaje para él por nada; sus anhelos infantiles y sus impulsos de pagarle a su madre con la misma moneda están puestos en acto en el análisis, todavía no expresados en palabras y afectos.

En el segundo año de tratamiento, en una sesión de día jueves, oímos que Andrés le debe honorarios a la analista por todo el mes de octubre y noviembre. Le ofrece un caramelo a la analista, no el dinero que le debe, y por la mitad de la sesión dice acerca de su amigo: "Cuando lo necesito, me hace esperar pero cuando él me necesita a mí, yo voy de inmediato". La analista dice: "Pienso que tú te enojaste porque no te acepté el caramelo", y agrega que Andrés cree que ella debería ayudarlo a manejar su ansiedad y rabia. Él le dice: "hay un enano enojado en mí". Ahora se puede observar algún cambio, en el hecho de que el paciente puede usar la intervención de la analista para representar más vívidamente la naturaleza de su mundo interno. El enano es una imagen clásica para el niño rabioso, perturbador, envidioso en el adulto, quien quiere convertir la paja en oro, el Enano Saltarín del cuento de hadas de los hermanos Grimm.

El paciente habla acerca de su enojo con su amigo Bernardo, quien lo hace esperar (como lo hacía esperar su madre toda la semana, cuando tenía dos años, en la etapa anal, cuando comenzaba a dar sus primeros pasos) y vuelve indirectamente al tema del pago en el tratamiento analítico. Dice: "Estoy a cargo del dinero en mi negocio".

Al contrario de esta afirmación, la desorganización con su dinero ha sido un problema serio para el paciente en su negocio. Deja cuentas sin pagar, incluyendo la factura de su analista, al tiempo que compra obras de arte. Deja cuentas sin pagar de forma tal que amenaza la supervivencia de su reputación en los negocios, inclusive cuando tiene dinero en el banco.

La analista interpreta: "si no menciono el tema del pago, parecería que estoy aceptando tus condiciones". Ella nota la idea de ganar/perder en la mente del paciente, que cuando uno de ellos tiene el control, el otro no lo tiene. El paciente ahora puede pensar de manera más contundente, "que todo está relacionado con el poder". Pero aún "no quiere pagarles a las ricas empresas de servicios públicos".

Con respecto a su vida afuera, notamos un cambio modesto en esta etapa del análisis: el paciente toma una decisión práctica constructiva de poner a su hermana a cargo de los pagos de su negocio, porque se da cuenta de que retener los pagos pone en peligro sus propios intereses. La analista dice que él quiere tener el poder de decidir cómo funciona su relación, porque de otra forma él sentiría como que ella es solo una máquina, y que no había nadie realmente recibiendo sus mensajes y respondiendo. Él dice que él tiene "el derecho a pagarles a sus proveedores, bajo sus propias condiciones". Sus mensajes acerca del control y desafío, expresando las demandas escindidas de cuando tenía un año y dos años de edad, ahora están en el análisis, recibido por la analista y ya no están dañando sus intereses en su negocio.

El punto de anclaje "nunca discutiría los honorarios cobrados por un profesional" ha revelado más de su significado dinámico en el análisis, su relación con el trauma de la niñez del paciente, hasta maneras en que él repitió dinámicas inadaptadas en su vida laboral y en sus amistades. Él hace a los demás esperar, forzándolos a sentir inseguridad económica. Podemos observar algún cambio en el uso del análisis por parte del paciente, y en su funcionamiento en el negocio al segundo año. Sin embargo, la Dra. Ungar también nos da datos de en qué no ha cambiado su paciente, notando las continuas repeticiones en el análisis, de no pagarle en fecha. Ella dice: "Puedes estar abriendo una puerta pero la cierras inmediatamente". Ella alerta al paciente sobre lo que todavía queda por delante en su trabajo. El retraso en el pago del análisis no ha cambiado. La resistencia continúa comunicando que aún están en juego fuerzas infantiles importantes, y que todavía siguen procesándose algunas experiencias apabullantes y algunas fantasías de la niñez.

El valor de pensar dónde aún no hay cambio, usando el modelo de los tres niveles, está dado porque le aclara a la analista cuáles son las fuerzas psíquicas más poderosas que están en funcionamiento, actuando como defensa del paciente contra su ansiedad insoportable. El lector del material clínico de la Dra. Ungar se pregunta: ¿Qué sucedió cuando Andrés tenía uno y dos años? ¿Qué depresión pudo haber sufrido su madre luego del divorcio cuando tuvo que salir a trabajar y con qué efecto sobre el paciente? ¿Cuáles eran sus anhelos por un padre económicamente responsable? Lo que la Dra. Ungar pudo apreciar como una sumisión defensiva en las sesiones tempranas, él "no discutiría acerca de los honorarios", se volvió una puesta en acto, con el paciente protestando "tendrás que esperar hasta que yo decida alimentarte o darte a ti". Al segundo año, el paciente cambió los papeles.

Al trabajar con el Nivel 2 del modelo y al traer conceptos analíticos para la revisión de la observación de cambio en el material clínico, la Dra. Ungar afirma: "sería razonable pensar que dominan los conflictos de poder (sumisión versus control; necesidad de cuidado versus autosuficiencia) y la culpa". Mi discusión confirma sus ideas sobre estas dimensiones principales del funcionamiento psíquico según las cuales evaluar el cambio y el no cambio.

El segundo punto de anclaje: el paciente vacía sus bolsillos y deja todo su contenido sobre el escritorio de la analista: dinero, teléfono móvil, etc.

La Dra. Ungar hace el seguimiento de las transformaciones en el paciente desde el punto de anclaje del vaciado de los bolsillos, el teléfono móvil y dinero sobre su escritorio, un gesto hecho sin ningún comentario y sin ningún cuestionamiento psicológico en las primeras sesiones. Para la sesión del cuarto año la analista oye las asociaciones del paciente en relación a perder sus cosas como una muestra de una nueva capacidad de auto-reflexión.

En el cuarto año el paciente dejó de vaciar sus bolsillos sobre el escritorio de la analista, pero un día su teléfono móvil y sus monedas se deslizaron lentamente hacia el suelo. Y él dijo: "Estoy perdiendo todo, ¿podría ser que esté perdiendo la razón?"

La Dra. Ungar nota en su tono una nueva capacidad de sentir ansiedad por la pérdida. Hemos subrayado que Andrés sufrió muchas pérdidas en su niñez en etapas claves del desarrollo: su padre cuando tenía un año, la presencia de su madre durante la semana cuando tenía dos años, la estabilidad económica. En el momento en que entró en la pubertad, tanto su madre como su padre tuvieron bebés, y perdió su lugar de hijo único, por más inseguro que ese lugar haya podido ser. El contacto del paciente con un rango más amplio de afectos, y especialmente con su ansiedad por la pérdida, representa una ganancia significativa en el análisis, implícita en su cuestionamiento acerca del significado simbólico de las monedas que se caen.

Un tercer punto de anclaje (seleccionado por el discutidor)

Esta discusión continuará explorando las observaciones de la Dra. Ungar sobre el cambio en la capacidad creciente del paciente para la simbolización, seleccionando un punto de anclaje del segundo año de análisis: una historia sobre la pérdida. Al comparar la descripción de la pérdida en el cuarto año de análisis, podemos observar que la negación habitual del afecto por parte de Andrés (y el consecuente bloqueo de comunicación intrapsíquica) estaban dejando paso a una mayor tolerancia a los afectos difíciles.

Andrés trae una descripción breve de la pérdida en el segundo año: "El 14 de noviembre me robaron y unos pocos días más tarde un cliente pidió una reunión de acreedores y tuve que pagar $ 50.000. Estas dos cosas causaron un desequilibrio".

Al paciente le habían robado pero no expresa ningún enojo en su narración, ninguna angustia ni preocupación. Repentinamente le han pedido que pague $ 50.000 y su respuesta es "causó un desequilibrio". La actitud defensiva del estilo intelectual del paciente, vaciado de todo afecto, es sorprendente. Al cuarto año del análisis, cuenta la descripción acerca de la pérdida, discutida por la Dra. Ungar, a la vez que su dinero y su teléfono móvil se deslizan al suelo en el consultorio de la analista: "Estoy perdiendo todo. ¿Podría ser que esté perdiendo la razón? Y justo cuando estaba hablando de un fin de año exitoso". El cambio de la afirmación intelectual acerca de "un desequilibrio" a una pregunta significativa acerca de "perder la razón" y el cambio en el tono y en el estilo narrativo podrían haber sido usados en una producción teatral para dramatizar el desarrollo de la personalidad de un protagonista. Cuando comparamos estas dos narrativas breves acerca de la pérdida, usando las notas de las sesiones, podemos oír el cambio de la intelectualización a la expresión de afectos complejos de disgusto, preocupación y duda de sí mismo. Andrés pregunta implícitamente: "¿Qué *estoy* haciendo? ¿Qué me está pasando?"

El uso de la narrativa de la pérdida del segundo año como un punto de anclaje confirma la conclusión de la Dra. Ungar de que el paciente exhibe "una capacidad creciente de reflexionar productivamente acerca de sí mismo y un sentimiento integrado de su propia identidad que podría unirse a su temprana historia de pérdidas".

Un cuarto punto de anclaje: "Yo tengo el derecho"

En el segundo año de análisis el paciente respondió con una actitud de resistencia defensiva a una intervención importante y desafiante de la analista, en la cual ella unió varias actividades contraproducentes en su vida y en el análisis:

P: Yo me muevo en la vida real, ves, y donde hay un espacio, lo tomo.
A: De eso precisamente se trata, lo tomas sin preguntar.
P: Siento que tengo el derecho de hacerlo, tengo el derecho de no tener que pedir o preguntar cosas.

La respuesta del paciente a la intervención de su analista es expresiva y desafiante (mostrando los impulsos del año y los dos años de edad). Pero, aunque él no puede internalizar y reflexionar por sí mismo más efectivamente sobre la intervención en esta etapa, elabora la comprensión de la Dra. Ungar de su postura básica en la vida, lo cual les deja más claro a ambos que se siente (de cierta manera vinculado a sus experiencias traumáticas) con derecho a tomar sin preguntar.

En el cuarto año del análisis la respuesta del paciente a una intervención nos permite comparar su posición interna con lo que expresó implícitamente al comienzo del análisis. Aquí la analista reconoce un cambio pero se mantiene abierto el síntoma, no resuelto, de los pagos retrasados.

P: Me siento mejor. Hace dos años que dejé de fumar, y dejé la marihuana …
A: … aunque has mejorado en muchos aspectos, algo sigue sin resolverse: siempre estás atrasado en los pagos a mí; me debes dinero con frecuencia.
P: Es verdad. Antes de venir pensé en traer la chequera y pagarte lo que te debo de una vez por todas, pero al final me olvidé.

La analista notó en su discusión que el paciente continúa decidiendo cuándo paga. Sin embargo, yo pienso que él también asimila y usa la interpretación de la analista de una manera que expresa más justicia hacia ella. "Pensé en pagarte lo que te debo". En el segundo año usó una expresión muy arrogante estableciendo su "derecho a pagarle a sus proveedores bajo sus propias condiciones" (igual que a la analista, los artistas, etc.) Aquí, en la sesión del cuarto año, él reconoce que "le debe" dinero a su analista, y sentiría algo de alivio al pagarle de una vez por todas. Para admitir esto el paciente debe estar menos hambriento, menos enfurecido y arrogante, con un apego positivo a la analista que crea espacio en su mente. "Pero al final me olvidé". Puede afirmar que está en falta: "me olvidé" de una manera que no es tan desafiante ni arrogante, pero que por otro lado aún es provocativa de un modo infantil.

Andrés empezó el análisis expresando sumisión: él "nunca discutiría acerca de los honorarios ...". Pero la parte suya que quería "discutir" acerca de tener que darle algo suyo a otra persona estaba viva bajo la negación, y necesitaba ser expresada. Sus conflictos acerca del poder, el dinero y la supervivencia en las pérdidas traumáticas en etapas tempranas de su niñez ingresaron por completo en el análisis. Su narrativa muestra que está más cerca de reconocer las necesidades del otro.

Conclusión

Es notable que con tres sesiones de diferentes momentos en el tratamiento analítico podamos observar tan precisamente tanto la repetición como el cambio en el paciente. Le agradezco a la Dra. Ungar por presentar este excelente trabajo de observación clínica. Fue un placer discutir su presentación y sus claras observaciones acerca del cambio y la ausencia del cambio usando el modelo de los tres niveles muestra que es posible hacer un seguimiento de las transformaciones de una manera que otorgue confianza en el trabajo del psicoanálisis.

Bibliografía

Bion, W. R. (1992). *Cogitations*. London: Karnac.

Freud, S. (1895d). *Studies on Hysteria. S.E., 2*: 253–306. London: Hogarth.

Money-Kyrle, R. (1968). Cognitive development. *International Journal of Psychoanalysis, 37*: 300–306.

CAPÍTULO CINCO

La depresión y el trauma: el psicoanálisis de un paciente con depresión crónica— un ejemplo de estudio de caso basado en los tres niveles de observación clínica

Marianne Leuzinger-Bohleber

Comentarios preliminares

Acerca de la concentración de la atención del analista en la transformación de los pacientes

En la conferencia de la Federación Psicoanalítica Europea (EPF, por la sigla en inglés) de abril de 2010 en Copenhague, se me pidió que participara en un panel dedicado a la reflexión acerca de los logros de los diez años de los grupos de trabajo dentro de la EPF. En resumen: desde mi punto de vista, uno de los grandes logros de los grupos de trabajo clínico (*Clinical Working Parties*), iniciados por David Tuckett en 2000, es que las interminables contiendas entre las diferentes escuelas psicoanalíticas se han atenuado, sobre todo en los grupos de trabajo clínico (métodos clínicos comparados [CCM, por la sigla en inglés], véase Tuckett et al., 2008), pero también en los otros grupos de las iniciativas de la EPF, los que se reunieron y trabajaron juntos regularmente durante diez años. Se creó una cultura nueva de curiosidad y respeto por los otros, por diferentes pensamientos conceptuales y clínicos de colegas de muchas regiones diferentes dentro de la EPF y de "escuelas" diferentes (kleinianos, freudianos contemporáneos, "relacionistas objetales", kohutianos, intersubjetivistas, etc.). Esta cultura ayudó a superar la competencia infructuosa por el punto de vista teórico "correcto" o "erróneo", las interpretaciones y actitudes clínicas "correctas" y "erróneas", etc. Se desarrolló una nueva apreciación de la riqueza del pluralismo contemporáneo dentro del psicoanálisis europeo. En mi opinión, esto es una liberación inmensa de la intolerancia o incluso las estructuras pseudoreligiosas, que en el pasado resultaran tan destructivas para el psicoanálisis en tanto disciplina científica (véase p. ej. Makari, 2008; Zaretsky, 2004).

En mi exposición en Copenhague hice un llamado a que se usara esta nueva cultura de curiosidad y apreciación por el pluralismo de los enfoques clínicos y conceptuales que involucran la complejidad de la observación clínica psicoanalítica, una vez más, para el cometido central de todos los psicoanalistas: entender las fantasías y conflictos inconscientes de nuestros pacientes y ayudarlos a cambiar sus mundos psíquicos internos. Es importante reflexionar acerca de nuestros propios instrumentos profesionales, acerca de las mentes de los analistas, la transferencia y la contratransferencia, etc., pero vistos desde la perspectiva externa de nuestros pacientes o del sistema de salud mental, son solo instrumentos, "herramientas profesionales" en el sentido básico de la palabra, que sirven al propósito central de ayudar al paciente que sufre de dolor psíquico a cambiar su mundo interno patológico para recuperar la capacidad de "haciéndolo así, en todo lo posible, capaz de producir y de gozar" como hace tiempo lo dijera Freud (Freud, 1923, p. 246).

El Comité de observación clínica intenta ofrecer así algunos pasos en esta dirección: mejorar las observaciones clínicas y la comunicación. Creamos los tres niveles de observación clínica, que Ricardo Bernardi presenta con gran detalle en este volumen. El modelo se puede aplicar a diferentes marcos, tal como lo hemos tratado en varios congresos internacionales durante los últimos tres años: para un intercambio intensivo acerca de los procesos de transformación en pacientes en grupos locales de colegas o en grupos de diferentes regiones de la IPA con orientaciones teóricas diferentes, con fines de formación y, como ilustraré en este capítulo, como una posibilidad de informar acerca de casos clínicos, un resultado de lo que en Alemania llamamos "investigación clínica psicoanalítica" (*klinisch-psychoanalytische Forschung*). Tomamos la idea original de "*Junktim-Forschung*" de Freud[1] e intentamos redescubrir los tesoros clínicos de nuestro trabajo psicoanalítico clínico con los analizandos.

Mejorar la escritura de las narrativas de casos psicoanalíticos: una aplicación del modelo de los tres niveles para la observación de las transformaciones de los pacientes

El informe extenso de caso psicoanalítico, establecido por Freud, sigue siendo una de las formas de comunicación más importantes en el psicoanálisis internacional, aunque en años más recientes tales informes se han publicado con poca frecuencia en las revistas de psicoanálisis. A la desaparición parcial de esta antigua tradición del psicoanálisis en tanto "ciencia clínica" se la puede relacionar, entre otras cosas, con las acaloradas controversias en las que varios autores han cuestionado la propia validez de tales informes de casos para la ciencia (cf. p. ej. Meyer, 1993; Thomä y Kächele, 1985). La discusión de estas controversias excedería los límites de la presente contribución (cf. también, Leuzinger-Bohleber 1995, 2010a; Leuzinger-Bohleber, Rüger, Stuhr y Beutel, 2002, 2003). Yo sostengo que hasta el momento no se creado una alternativa creíble a los informes de casos para presentar adecuada y "legiblemente" a las comunidades psicoanalíticas y no psicoanalíticas las "verdades narrativas"[2] adquiridas durante el curso del psicoanálisis extenso. De hecho, si bien los informes precisos de las sesiones (ya sean textuales o basados en las notas del psicoanalista) pueden ser indispensables para muchas discusiones clínicas y conceptuales, aun así siguen siendo insuficientes para transmitir la impresión total de un tratamiento y sus resultados. En comparación, y naturalmente como lo ejemplifican mejor los propios estudios de casos literarios de Freud, el informe de caso exhaustivo es efectivo para transmitir, tanto a los estudiantes como al público en general, "lo que el psicoanálisis es", los fines que persigue y los tipos de transformaciones que efectúa en los pacientes,[3] etc. Por consiguiente, en tanto investigadora psicoanalítica empírica y clínica, mi admiración no se restringe exclusivamente a la obra y el legado de Freud: también abarca a escritores y poetas en conjunto, en la medida que estos logran expresar magistralmente su comprensión de procesos complejos de transformación, y transmitir los resultados a los lectores. Por estas razones coincido con los destacados investigadores de las narrativas que postulan que muchas "verdades solo pueden ser dichas y no medidas".

Y es precisamente por esta estima por los informes de casos clínicos —junto con el conocimiento de que un puñado de psicoanalistas están dotados con el don literario de Freud— que decidí entablar relación con el Grupo de observación clínica (iniciado por el ex presidente de la IPA, Charles Hanly) y su empeño por mejorar la calidad de la investigación clínica. Los inconvenientes relacionados con esta tradición se conocen bien. Estos van desde la categoría arbitraria de las observaciones clínicas para respaldar una determinada posición o una hipótesis teórica; el riesgo de los puntos de vista herméticamente cerrados; la confirmación narcisista en lugar de la reflexión (auto) crítica acerca de una observación; la tendencia hacia los casos estrella "resueltos positivamente", en contraste con la ausencia de tratamientos realizados pobremente; el peligro de la "invención" (inconsciente) (sobre todo en casos durante la formación); la repetición de las discusiones dominantes en la comunidad psicoanalítica, o la conformidad con estas y, como consecuencia, la desaparición de las ideas innovadoras o no convencionales, y mucho más. Los varios métodos elaborados para tratar con tales inconvenientes de la investigación clínica también componen el objeto de la discusión crítica. Uno de dichos inconvenientes se presenta para la discusión en lo siguiente: es un intento de aproximarse críticamente a la arbitrariedad y la condensación en la presentación del material clínico, en la evaluación teórica y en la interpretación de las observaciones clínicas con la ayuda de la así llamada *validación psicoanalítica por expertos* (cf., entre otros, Leuzinger-Bohleber, Rüger, Stuhr y Beutel, 2003; Leuzinger-Bohleber et al., 2008, p. 153 y ss.).

Validación psicoanalítica por expertos: una forma de investigación clínica en el psicoanálisis

El método de *validación psicoanalítica por expertos* que se propone aquí está muy cercano a la práctica clínica. Los grupos de supervisión e intervisión, así como los cursos con candidatos o miembros de la IPA, se podrían usar sistemáticamente para validar los psicoanálisis en curso y para documentar el conocimiento adquirido en los informes de caso extensos con diferentes focos teóricos. En mi opinión, ello contribuiría a mejorar la investigación clínica psicoanalítica en el psicoanálisis contemporáneo.

El método se ha elaborado en el marco de un gran estudio retrospectivo acerca de los resultados a largo plazo de los psicoanálisis y las psicoterapias psicoanalíticas a largo plazo, el así llamado "DPV Katamnesestudie" (Estudio de seguimiento de la Asociación psicoanalítica alemana). En este estudio investigamos una muestra representativa de todos los pacientes que habían terminado el psicoanálisis y las psicoterapias psicoanalíticas a largo plazo con miembros de la DPV entre 1990 y 1993 (n = 402 pacientes). Aplicamos una gran variedad de diferentes instrumentos, cuestionarios, tests psicológicos, análisis de "datos objetivos" de las empresas de seguro de enfermedad y entrevistas intensivas de seguimiento psicoanalítico. El estudio brindó resultados importantes: p. ej., aproximadamente 80% de todos los tratamientos tuvo (seis años después de la terminación, en promedio) un buen resultado según la evaluación de los ex pacientes, sus analistas, analistas independientes y no analistas, así como "información objetiva" relacionada con los datos acerca de la salud mental (reducción significativa de costos mediante una reducción significativa de los días no trabajados, los días pasados en el hospital, etc.; véase Leuzinger-Bohleber, Rüger, Stuhr y Beutel, 2002, 2003). Pero los datos más importantes, con frecuencia inesperados, se obtuvieron mediante las entrevistas intensivas de seguimiento psicoanalítico con los ex pacientes y con sus ex psicoanalistas, realizadas por entrevistadores psicoanalíticos independientes. La mayoría de las entrevistas se grabaron en cinta o, si el paciente o el analista no lo consentían, se documentaron cuidadosamente enseguida de la entrevista. Esta documentación resultó ser una fuente rica y excepcional de percepciones psicoanalíticas y no psicoanalíticas (en especial respecto a los hallazgos trágicos del 4% de los tratamientos psicoanalíticos con resultados negativos). La riqueza del material de las entrevistas nos enfrentó al desafío metodológico de cómo resumir y comunicar la complejidad de los descubrimientos conscientes e inconscientes de estas entrevistas de manera crítica, la cual fuera transparente, confiable y aceptable para los miembros de las comunidades psicoanalítica y no psicoanalítica. En este contexto elaboramos la así llamada *validación psicoanalítica por expertos*, la cual resultó ser un método muy útil y convincente para resumir los hallazgos psicoanalíticos de las entrevistas de seguimiento. Voy a describir brevemente el método:

1. Un grupo experto de psicoanalistas (6–8 miembros) se constituyó y se reunió regularmente durante dos horas por semana. Era importante que tuviéramos una buena mezcla de psicoanalistas con mucha experiencia y otros relativamente jóvenes que también tuvieran preferencias teóricas diferentes (kleinianos, teóricos de las relaciones de objeto británicos o estadounidenses, psicología del yo moderna, psicología del self, etc.).

2. Un psicoanalista (A) del grupo se reunía con un ex analizando para dos entrevistas psicoanalíticas (siguiendo una técnica psicoanalítica abierta, con determinadas preguntas a hacerse al final de la segunda entrevista). Entre las dos entrevistas tenía una supervisión con otro miembro del grupo (C) para entender sus reacciones de transferencia/contratransferencia, asociaciones, hipótesis psicodinámicas, etc., y "ponerlas a prueba" mediante una interpretación psicoanalítica, de ser posible, en la segunda entrevista. Por razones de confidencialidad, era importante que el ex paciente viviera en otra ciudad y que el entrevistador y el supervisor no conocieran a su analista.
3. Independientemente de estas entrevistas con los ex pacientes, otro miembro del grupo (b) entrevistaba a los ex psicoanalistas (mayormente por teléfono, para garantizar la confidencialidad y el anonimato del analista).
4. El grupo se reunía para una sesión de dos horas (cercana a las fechas de las entrevistas) y seguía un procedimiento claro:
   a. El entrevistador A resumía las dos entrevistas de seguimiento con el ex paciente (aproximadamente veinte minutos).
   b. El grupo escuchaba cinco minutos de la entrevista grabada (de ser posible).
   c. Asociación libre en el grupo acerca de la comunicación consciente e inconsciente del ex paciente al entrevistador, y del entrevistador al grupo (mediante la observación cuidadosa de las propias reacciones de transferencia/contratransferencia, asociaciones, etc.). Los analistas A, B y C no participaban en esta ronda de "asociaciones libres" (aproximadamente 10–15 minutos).
   d. El analista B resumía su entrevista telefónica con el ex analista del paciente (aproximadamente 10 minutos).
   e. Cada miembro del grupo completaba cuestionarios que se centraban en el resultado del tratamiento (escalas de capacidades psicológicas de Wallerstein et al., y algunos otros cuestionarios cortos) (aproximadamente cinco minutos).
   f. El grupo hacía más asociaciones acerca del material clínico, concentrándose en preguntas relativas al resultado del psicoanálisis o el tratamiento psicoanalítico a largo plazo (treinta minutos). Se registraban posibles aspectos clínicos polémicos, se los discutía y no se los armonizaba.
   g. Un miembro del grupo resumía las discusiones del grupo y las diferentes posiciones después de la sesión y enviaba el resumen a los demás miembros del grupo.

h. Este resumen se discutía brevemente al principio de la siguiente reunión del grupo. Se documentaban las declaraciones de acuerdo y desacuerdo.
i. Uno de los miembros del grupo transcribía el resumen de la "historia del caso" basada en las entrevistas de seguimiento con el ex paciente y su analista, así como la discusión grupal y los cuestionarios, y los entregaba a los demás miembros del grupo para que los corrigieran, modificaran, etcétera. Las perspectivas polémicas aún sin resolver se discutían y se documentaban nuevamente, en lugar de armonizarlas.

La *"validación psicoanalítica por expertos"* resultó ser muy útil para la publicación de las muchas entrevistas de seguimiento (véase p. ej. Leuzinger-Bohleber, Rüger, Stuhr y Beutel, 2002). En comparación con otros métodos (p. ej., análisis del contenido de las entrevistas, análisis lingüísticos, el método de "Typenbildung" de Stuhr et al., 2001) el método permitía ahorrar algo de tiempo y era relativamente económico. Ayudaba a condensar la complejidad del material clínico de manera funcional, teniendo en cuenta posibles "puntos ciegos" del entrevistador. Dado que el método adopta la tradición psicoanalítica genuina de la supervisión e intervisión, fue bien aceptado por los colegas psicoanalistas. Muchos de estos nos dijeron cuán fructíferas e interesantes habían sido para ellos las sesiones grupales y el empeño conjunto, que les habían permitido entender la visión retrospectiva que tenían los ex pacientes y sus analistas de sus psicoanálisis, así como los resultados (y las limitaciones), y cuánto habían aprendido al escuchar cuidadosamente a ex pacientes y colegas.

Esta fue una de las razones por las que elaboramos más el método de *"validación psicoanalítica por expertos"* y lo aplicamos a varios estudios grandes, p. ej., Dilema ético debido al diagnóstico prenatal y genético (EDIG por su sigla en inglés) (véase p. ej., Leuzinger-Bohleber, Engels y Tsiantis, 2008; Leuzinger-Bohleber y Teising, 2012; Fischmann y Leuzinger-Bohleber, 2013) y al estudio a largo plazo de la depresión crónica (LAC, por su sigla en inglés) en curso, como se ilustra más adelante en este capítulo.

En resumen: en conferencias clínicas semanales se han presentado tratamientos psicoanalíticos en curso de pacientes con depresión crónica —realizados como parte del estudio LAC sobre la depresión[4]— para que los colegas ya estuvieran familiarizados con el curso del tratamiento. El curso del tratamiento se documentó sistemáticamente y en detalle, así como las diferentes supervisiones de grupo. Con base en estas supervisiones se presentaron varias veces estudios de casos al grupo de supervisión, solicitándosele su acuerdo o desacuerdo acerca de la condensación del material clínico y las perspectivas e interpretaciones teóricas. El autor del trabajo registró la respuesta de los miembros del grupo, y se la consideró en nuevas versiones del trabajo, las cuales leyeron nuevamente los miembros del grupo.

También ofrecimos a nuestros colegas la posibilidad de aplicar los "Tres niveles de observación clínica", a modo de ayuda para reflexionar acerca del proceso de transformación del analizando, para concentrarse en un foco específico para reseñar el caso y para emplear a los miembros del grupo en el sentido de la *"validación psicoanalítica por expertos"* para lidiar productivamente con los propios puntos ciegos. Este ofrecimiento resultó ser muy útil para mejorar los estudios de caso de los pacientes con depresión crónica que ya se publicaron o están en curso de publicarse (véase p. ej. Goebel-Ahnert, 2013; Westenberger-Breuer y Maccarone Erhardt, 2010; Leuzinger-Bohleber, 2010c).

Para ilustrar esta aplicación del "Modelo de los tres niveles para observar las transformaciones del paciente" en combinación con el método de *"validación psicoanalítica por expertos"*, voy a resumir en la sección siguiente uno de los psicoanálisis con un paciente con depresión crónica. El "contenido de verdad" del siguiente resumen se basa por lo tanto en el procedimiento mencionado, al cual, en nuestra opinión, se lo puede considerar un paso útil para mejorar la calidad de los informes psicoanalíticos de caso extensos.

La depresión y el trauma.

El psicoanálisis con un paciente con depresión crónica: un estudio de caso modelo "validado por expertos"

La siguiente viñeta de caso presenta un documento ejemplar de un intento de tal resumen de un psicoanálisis "validado por expertos" con un foco específico que se intitula "La depresión y el trauma", con el propósito de que se lo discutiera en la sesión en Nueva York. Con el "informe de caso" espero demostrar la manera en que podemos mejorar tales estudios de caso como complemento útil de los no menos necesarios microanálisis de la interrelación en sesiones individuales.

Desde hace tiempo, a los sueños se los considera la "via regia" al inconsciente. Por lo tanto, se les ha atribuido y se les continúa atribuyendo una importancia considerable en la investigación clínica y en la investigación clínica especial en el psicoanálisis. En el caso siguiente, la transformación del contenido manifiesto de los sueños, así como el trabajo analítico con los sueños sirven de indicadores de las reacciones inconscientes del analizando al proceso terapéutico. En la narrativa siguiente, todas las observaciones clínicas importantes se comprimen, se resumen y se narran por parte de "expertos validados" con la mayor precisión posible. Aquí se busca un compromiso al resumir "narrativamente" todo el tratamiento: transmitir, por un lado, la mencionada impresión total del proceso psicoanalítico a medida que ocurre, junto con las transformaciones del mundo objetal del analizando, mientras que, al mismo tiempo, la selección de secuencias centrales de sesiones consecutivas se ha de reproducir textualmente, al menos en parte (con base en el modelo de los tres niveles para la observación de las transformaciones del paciente), aunque sin afectar la estructura narrativa del resumen.

Introducción temática al estudio del caso

En la literatura psicoanalítica no es frecuente la referencia a la relación entre la depresión y el trauma (Blum, 2007; Bohleber, 2005, 210b; Bokanowski, 1996; Bose, 1995; Bremner, 2002; Denis, 1992; Katz, 2003; Kernberg, 2000). Por lo tanto nos resultó asombroso descubrir, en el estudio LAC sobre la depresión que se realiza actualmente, que casi todos los pacientes que sufren de depresión crónica habían experimentado también un trauma acumulativo. El primer análisis sistemático demuestra que 84% de los analizandos con depresión crónica tiene antecedentes de trauma grave. Por esta razón, uno de los resultados de este amplio estudio psicoterapéutico comparativo será brindar una revaluación empírica detallada, así como analítica, de esta relación (véase p. ej. Leuzinger-Bohleber, 2013). Como se dijo, el Grupo de Frankfurt del estudio LAC está trabajando en una publicación con informes de caso exhaustivos que ilustran tanto la influencia del trauma temprano en el surgimiento de la depresión crónica, como una gama de consecuencias importantes para el tratamiento de estos hallazgos. El siguiente estudio de caso representa uno de estos resúmenes narrativos de un psicoanálisis prolongado con un paciente con depresión crónica. Aquí se presentarán para su discusión las observaciones siguientes:

- Las experiencias traumáticas no resueltas pueden conducir a la depresión crónica.
- Las experiencias traumáticas se entierran en el cuerpo como "recuerdos encarnados"[5] (Leuzinger-Bohleber y Pfeifer, 2002), y determinan inconscientemente el pensamiento, los sentimientos y la acción actuales.
- Una transformación sostenida de un complejo de problemas depresivo solo se le puede presentar al analista mediante una comprensión del *enactment* del trauma específico dentro de la situación de transferencia.
- Se debe reconocer la "realidad histórica" del trauma. A esto pertenece también el hecho de que, aunque los efectos del trauma se pueden aliviar durante el proceso de elaborar la relación analítica, no se pueden borrar. Reconocer la destrucción del sentimiento básico de confianza en los objetos internos buenos y útiles mediante la experiencia traumática parece ser un requisito para reconocer el *enactment* del trauma y, por lo tanto, para contener sus efectos.
- La experiencia traumática puede también manifestarse en los sueños. Por esta razón, el trabajo psicoanalítico con los sueños puede contribuir a la simbolización y la mentalización del trauma.

Dado que esta contribución hace énfasis en la comunicación de la observación clínica, la deliberación teórica siguiente debe seguir siendo fragmentaria.

"No hay un concepto unitario de la depression ..." Comentarios psicoanalíticos acera de la génesis de la depresión

La investigación moderna acerca de la depresión postula un modelo de explicación multifactorial: la vulnerabilidad genética, las relaciones tempranas con los objetos, los factores ambientales, los traumas y las situaciones de estrés individual, institucional y social se entrelazan en el desarrollo de una disfunción depresiva grave (véase también Schulte-Körne y Allgaier, 2008; Taylor, 2010; Bleichmar,

2013; Leuzinger-Bohleber, Bahrke y Negele, 2013). Dentro de este modelo de explicación multifactorial, el psicoanálisis contribuye con un conocimiento específico acerca de las raíces inconscientes e individuales de la disfunción depresiva: con cada analizando encontramos complejos factores idiosincrásicos, inconscientes y determinantes que se resuelven en una forma específica de depresión durante un punto específico de la vida: *Cada depresión muestra su inconfundible rostro individual.* "No hay un concepto unitario de la depresión (Mc Queen, 2009, p. 225). La depresión no es una categoría confinada, restringida y estática; es más un proceso sumamente personal e individual. Por lo tanto, la literatura psicoanalítica presenta una rica abundancia de trabajo conceptual acerca del desarrollo y la terapia de la depresión.

Para brindarles a ustedes un breve esquema de los recientes modelos psicoanalíticos de explicación de la depresión en varias escuelas psicoanalíticas, elegimos una gráfica de Hugo Bleichmar (2013). Allí él resume un modelo que representa los caminos de desarrollo múltiples, pero no excluyentes, que pueden conducir a una depresión crónica.

Por lo tanto, varios caminos pueden conducir a un sentimiento centralmente depresivo de desesperanza y vulnerabilidad: ninguno de estos factores es un factor obligatorio. Cada camino que conduce a la depresión está determinado por diferentes factores o áreas según su patología.

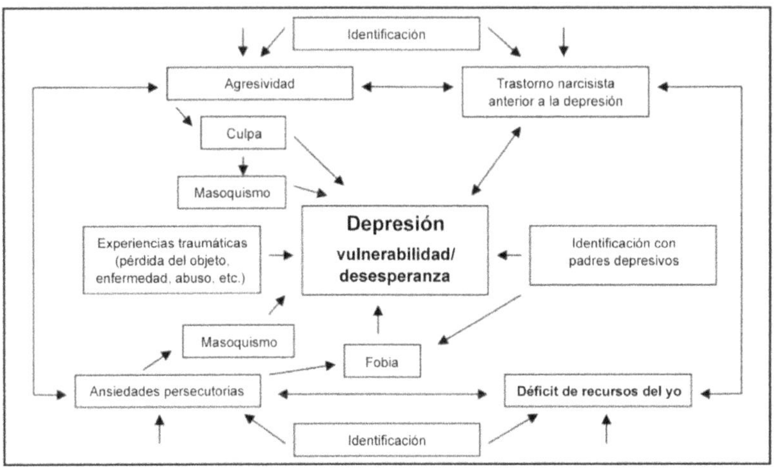

Figure 1.

Parece muy importante, dentro de este contexto, que Bleichmar (1996, 2013) también considere que la realidad externa traumática desempeña un papel en el desarrollo de la depresión (véase también Winnicott, 1965; Balint, 1968; Baranger et al., 1988; Brown y Harris, 1978). Sin embargo, como sostuvimos en detalle en otros trabajos, el nexo entre el trauma y la depresión parece ser mucho más dramático y causal que como se lo ha descrito hasta ahora en toda la literatura psicoanalítica acerca de la depresión (Leuzinger-Bohleber, 2014): aunque algunos autores se han referido recientemente a este hecho, consideramos que hasta este momento se ha subestimado el papel central del trauma en la generación de las depresiones graves (Blum, 2007; Bohleber, 2005; Bokanowski, 2005; Bose, 1995; Bremer, 2002; Denis, 1992; Skalew, 2006; Varvin, 2003; Bohleber, 2010a; Taylor, 2010; Leuzinger-Bohleber, 2010b, 2013; Leuzinger-Bohleber, Bahrke y Negele, 2013).

No deja de ser interesante que una corriente creciente de literatura interdisciplinaria se haya expresado a favor de esta posición. Para mencionar algunos autores: Hill (2009) resumió las perspectivas del desarrollo de la depresión adulta en un trabajo general. Numerosos estudios mostraron la probabilidad creciente de desarrollar una depresión adulta luego de la desatención temprana o la pérdida de un padre (Hill, 2009, pp. 202–212; Bifulco, Brown y Harris, 1987; Hill et al., 2001). Fergusson y Woodward (2002) examinaron la literatura en lo referente al papel del abuso sexual en la infancia y demostraron que la asociación con la depresión en la adultez era considerable: los antecedentes de abuso sexual infantil aumentaban el riesgo de depresión en aproximadamente cuatro veces.[6] Los estudios en mellizos han establecido que la depresión unipolar es moderadamente heredable (Kendler, Gatz, Gardner y Pederson, 2006; Hill, 2009, pp. 202–212). La nueva investigación en epigenética, sin embargo, demuestra que aun la vulnerabilidad genética solo conduce a la depresión si la persona sufre un trauma grave temprano. Caspi et al. (2003) pudieron demostrar que solo los factores ambientales negativos graves, tales como el trauma temprano, desencadenan el alelo corto del gen 5-HHT, que regula los neurotransmisores relevantes y podría luego causar depresión. Si no ocurre tal trauma, no se observa ninguna depresión subsiguiente.

Estos descubrimientos son de suma importancia para los psicoanalistas, y respaldan nuestros hallazgos clínicos de que los programas de prevención e intervención tempranas para los niños, adolescentes y adultos deprimidos (aun aquellos de familias genéticamente vulnerables) pueden ser útiles y efectivos para reforzar la capacidad de recuperación de las personas en riesgo.

Los estudios epigenéticos y neurobiológicos también dan nueva importancia a los famosos estudios de René Spitz acerca de la depresión anaclítica y el hospitalismo en la década de 1940, los cuales demostraron extraordinariamente cómo el trauma de separación temprana puede determinar una depresión grave ya en la infancia. Robertson y Robertson reprodujeron sus hallazgos en la década de 1970 con sus admirables estudios acerca de la separación temprana. Sus observaciones se corresponden significativamente con los famosos experimentos de Harlow con monos. Gracias a los modernos instrumentos de investigación, uno de los sucesores de Harlow, Steven Suomi (2010) pudo demostrar incluso que el trauma de separación temprana tiene una influencia enorme en los factores neurobiológicos que determinan el desarrollo de la agresividad, la ansiedad y la integración social, y por ende para la supervivencia de los monos Rhesus genéticamente vulnerables. Estos hallazgos son muy importantes para el estudio de caso siguiente.

Estas influencias del trauma temprano se transmiten a la generación siguiente (un hallazgo que se corresponde en detalle con numerosas observaciones psicoanalíticas clínicas de muchos autores, incluso las nuestras en el mencionado estudio LAC de la depresión). Goldberg concluye así su perspectiva general de estudios más recientes en estos campos:

> Estas interrelaciones entre gen y ambiente, entre conducta y genotipo, son importantes por la manera en que brindan explicaciones de cómo surgen las muchas características diferentes que constituyen la *'diátesis depresiva*. No obstante, tienen una significación mucho más amplia. Brindan un posible camino por el cual *los factores interpersonales y culturales cambiantes a lo largo de las generaciones* pueden ser tanto causa como efecto del genotipo, y mediante los cuales los cambios en la cultura humana podrían posiblemente funcionar como aceleradores del proceso de la evolución.
>
> En resumen, vemos que las condiciones ambientales adversas son particularmente nocivas para algunos genotipos, a la vez que dejan relativamente resiliente al resto de la población. La investigación en este campo se está ampliando con mucha rapidez, y podemos esperar muchos avances más en los años venideros … (Goldberg, 2009, pp. 244–245).[7]

Otro hallazgo es particularmente importante para nosotros en tanto psicoanalistas. Suomi (2010) demostró que reparar el trauma de separación en las crías de monos podría "reparar" una vez más los daños neurobiológicos y conductuales (un hallazgo claramente revolucionario para todas las formas de prevención temprana y para el tratamiento psicoanalítico). Tal como busca ilustrar el resumen siguiente del psicoanálisis del señor W., quien sufría de depresión crónica, comprender el *enactment* de la experiencia traumática en la transferencia permite al analizando reconocer la repetición continua del trauma, y contrarrestarlo así con una realidad psíquica nueva y diferente. El horror de la experiencia original de vulnerabilidad y de inundación mediante el trauma se puede contrarrestar mediante una realidad psíquica adulta, un enfoque activo del trauma. En este sentido, si bien el recuerdo del trauma no se borra, su efecto retraumático en el presente se puede "reparar".

"… estar solo y sin protección, amor ni seguridad hace que me resulte imposible sobrevivir en este mundo …" (El Sr. W.)

Resumen de un psicoanálisis

"Es como un programa grabado profundamente, aunque totalmente irracional: que solo y sin protección, amor y seguridad, soy incapaz de sobrevivir en este mundo …" (El Sr. W).

Entrevistas de evaluación[8]

Al encontrarme con él para la primera entrevista, el señor W. me recordó enseguida al pequeño John, un niño de la famosa serie de películas de los Robertson, de los años 70.[9] Me intrigó por qué se me ocurrían esas fantasías de contratransferencia, ya que el señor W. tiene cincuenta y pocos años; un hombre de buen físico y apuesto, aunque con una expresión facial un tanto seria, mirada melancólica y una marcada neurodermatitis facial. Me explicó que había estado sufriendo una depresión grave durante los últimos veinticinco años, y que acude porque después de la última crisis depresiva había solicitado una pensión de jubilación. El médico que evaluó la solicitud concluyó que no necesitaba una pensión, sino un "psicoanálisis inteligente" —una respuesta que al señor W. le resultó al principio muy insultante—. Sintió que no lo habían tomado en serio, sobre todo sus síntomas físicos graves: el dolor insoportable en todo el cuerpo, los trastornos agudos de la alimentación y las tendencias suicidas agudas. El paciente sufría además de trastornos agudos del sueño. Con frecuencia es incapaz de dormir en absoluto. Por lo general, se despierta tras una hora y media o tras tres horas, como mucho. Se siente físicamente agotado y apenas puede concentrar el pensamiento en nada. Describe así su situación:

> *Pensando en qué es lo que me tortura tanto, diría que es un sentimiento profundamente arraigado y monstruosamente omnipresente de ansiedad y pánico. Es la ausencia de confianza. Me siento ansioso acerca de la vida, acerca del mundo en que vivo, acerca de estar solo y aislado, pero también y sobre todo acerca de los demás. Las únicas personas acerca de las cuales no experimento ninguna ansiedad son las personas con las que tengo una relación más cercana (padres y parejas, cuando la relación me resulta armoniosa). Es como un programa grabado profundamente, aunque totalmente irracional: que soy incapaz de sobrevivir en este mundo porque estoy solo y sin protección, amor ni seguridad. Entonces caigo en estados de ansiedad, desesperación y depresión infinitas. Cuando soy capaz de funcionar, tengo muchas capacidades y talentos. Soy como una casa excelente sin cimientos, y que por lo tanto se desploma y se vuelve un montón de ruinas cuando los andamios estabilizadores prestados ya no soportan el peso.*
>
> *Todos los intentos y los esfuerzos por reescribir ese programa —las muchas lágrimas con las que procuraba erradicar mis ansiedades, los muchos empeños por someterme más intensamente a la ansiedad para acostumbrarme a ella y para arreglármelas sin seguridad— solo me han llevado a una depresión más profunda ..."*

El señor W. ya había tenido varios intentos de terapia infructuosos, incluso terapia conductista, terapia gestáltica y "terapia corporal", así como varios tratamientos con internación en clínicas psiquiátricas y psicosomáticas. Está en el grupo de pacientes que, en su mayor parte, parecen incapaces de responder a los medicamentos psicotrópicos, y cuyas recaídas ocurren con intervalos crecientemente más cortos y con intensidad creciente. Luego de muchas consultas con varios psiquiatras y neurólogos, descubrió que solo la Lyrica[10] lo ayudaba a lidiar más o menos con sus estados de estrés físico y sus ataques de ansiedad.

Aunque se indican cuatro sesiones semanales de psicoanálisis, debido a la distancia de su lugar de residencia, el señor W. solo ha podido tener tres sesiones por semana durante la mayor parte de las fases del tratamiento. Dados sus extremos trastornos del sueño, los viajes en auto de treinta minutos suelen ser causa de preocupación.

Biografía y antecedentes de trauma[11]

El paciente es hijo único. Uno de los detalles que se conocen de su historia temprana es que era un "llorón". Claramente, los padres se sentían impotentes la mayor parte del tiempo, y acudieron a un pediatra que les aconsejó que ignoraran al niño todo lo posible, y que dejaran que "llorara hasta que se durmiera … eso ayuda a fortalecer los pulmones". Durante el transcurso de los primeros tres meses de psicoanálisis, el paciente calificaba a sus padres de amorosos, y decía que le habían brindado cuidado y atención considerables. Sin embargo, lo que se hizo cada vez más claro con el tiempo fue que ambos padres mostraban un sentido de empatía gravemente trastornado: la madre, además, sufría migrañas y una pronunciada compulsión a limpiar. El padre también se quejaba de una serie de síntomas psicosomáticos. Al igual que el señor W, padeció una "crisis nerviosa" en una situación de estrés profesional. Ambos padres habían vivido la Segunda Guerra Mundial durante la adolescencia y aún conservaban recuerdos vívidos de cómo habían sufrido durante la niñez bajo el chaleco de fuerza de la ideología educacional nacionalsocialista (los niños debían ser tan "duros como el acero Krupp", etc.). El abuelo había perdido un brazo en la Primera Guerra Mundial. Era de carácter violento y solía azotar a sus hijos.

Cuando el señor W. tenía cuatro años, la madre debió someterse a una operación. A W. lo internaron en un hogar de acogida para niños que evidentemente se basaba en principios educacionales autoritarios e inhumanos con reminiscencias de los valores nacionalsocialistas. Durante el psicoanálisis se hizo totalmente claro lo traumático de la experiencia de la estadía en el hogar. Luego de que una valiente tía luchara literalmente por tener acceso a su sobrino, y finalmente lo lograra, lo encontró en un estado de total apatía, gravemente enfermo y en una sala de aislamiento. La versión oficial que se transmitió a los padres fue que el niño estaba alegre, que jugaba y que en general estaba bien. La tía dio la alarma y el padre recogió a W. inmediatamente. Los primeros recuerdos de la niñez de W. tienen que ver con el acontecimiento siguiente: recuerda cómo el padre lo tomó de la mano y lo sacó del hogar. También recuerda que a una niña la habían obligado a comerse su propio vómito.

Cuando se le preguntó, la madre contó que tras la estadía en el hogar, W. había cambiado por completo: se había vuelto callado; no quería ir al jardín de infantes y era un niño tímido que fantaseaba y se sentía mejor en el campo. Durante el transcurso del psicoanálisis, se hizo claro que, debido a la separación traumática de los objetos primarios, perdió la confianza básica en los objetos internos, y que posteriormente ha estado viviendo durante años en un estado de disociación.[12] En muchos de sus sueños siente que está en peligro mortal tras haber sido dejado solo y con muchas ansiedades y desesperación, lleno de pánico (cf. más adelante). El señor W. sufrió dos separaciones más de su madre enferma, pero esos episodios habían resultado menos traumáticos ya que unos parientes lo habían acogido. La familia se mudó cuando él tenía once años. Recuerda cómo había protestado por la mudanza con todas sus fuerzas, y a los padres les resultó incomprensible la ansiedad y el pánico relacionados con la mudanza. Lo percibían como tiránico y raro.

A pesar de los estados disociativos y el aislamiento social, W. era buen alumno. Completó su primera capacitación como aprendiz y, más adelante, los estudios universitarios. Durante la adolescencia tuvo una crisis psicosomática, la cual los padres diagnosticaron como una "crisis del crecimiento", y procuraron ayudarlo mediante una cura con vitaminas. A los quince años conoció a la primera novia. Su estado mejoró. A los 22 años se separó de la primera novia porque se enamoró de otra mujer. Aunque la separación lo benefició, reaccionó de manera muy grave. Unas semanas después, apenas podía comer y sufría dolencias intestinales. Luego de sufrir una diarrea terrible, de pronto se sintió mejor. También inició la separación de la segunda novia, aunque sufrió durante semanas debido a la separación. Tras empezar otra relación, tuvo una crisis nerviosa espectacular durante una fiesta que daba su nueva novia: fue necesario internarlo en un hospital debido a una hiperventilación (ataque de pánico). "Desde esa experiencia no he podido confiar en mi cuerpo. Tuve ataques de pánico repetidos y la sensación de no poder respirar". Tuvo otra crisis depresiva grave cuando la tercera novia lo engañó con otro hombre. No pudo defenderse, y en lugar de ello le rogó a ella, de manera que entonces sintió humillante, que se quedara con él. Aunque todas las terapias le aliviaron los síntomas, "ninguna lo curó".

Está casado con una mujer de un país no europeo y tiene un hijo que tenía tres años y medio al principio del tratamiento. La última depresión grave (hace un año y medio) se desencadenó cuando la esposa, de manera fría y sin ninguna empatía, lo agredió mientras estaba en un estado de agotamiento tras sufrir durante un mes una sobrecarga de responsabilidades por la construcción de una casa. Sin fundamento ninguno, la esposa lo acusó de poner en peligro la vida del hijo porque no había impedido que el niño gateara cerca de objetos peligrosos. El señor W. fue incapaz de defenderse de este ataque infundado. A la mañana siguiente se despertó en un estado de depresión insoportable.

A pesar de ello, tras unas semanas intentó empezar a trabajar de nuevo para salvaguardar el bienestar de la familia. Sin embargo, tras un tiempo se sintió incapaz de seguir con su profesión. Se tomó unas vacaciones. Entonces se enfermó de bronquitis aguda, la cual se convirtió en neumonía. Durante la estadía en el hospital le descubrieron un tumor que hubo que operar. Durante la primera entrevista, hizo una descripción imponente de cómo había deseado morirse durante la operación "para escapar del sufrimiento". Al mismo tiempo, tuvo la esperanza de que el tumor hubiera contribuido a causarle las depresiones, cosa que resultó ser una ilusión. Por esa razón fue que, varias semanas después de la operación, presentó muy inesperadamente la solicitud de pensión.

Acerca del curso del tratamiento: cambios en el contenido manifiesto de los sueños: ¿un indicador del enactment del trauma en la relación analítica?[13]

Ya durante las entrevistas de evaluación empezó a manifestarse una relación intensiva entre el señor W. y yo; empecé a lidiar con la fantasía de que ya no me resultaría posible transferirlo a un colega para que el paciente tuviera opción en cuanto a con qué analista querría empezar un tratamiento, lo que es mi práctica habitual en la etapa de evaluación. Durante la supervisión se hizo evidente que, en mi contratransferencia, lo más probable sería que yo me experimentaría a mí misma como el "padre salvador" que había sacado al paciente del hogar, a saber, un objeto primario irreemplazable. El señor W. estableció una proximidad al objeto de amor que parecía ser casi simbiótica, y experimentó una separación de este como un peligro que amenazaba su vida: ese mundo de fantasías internas se correspondía con mis fantasías de contratransferencia, estando yo fuertemente absorta, desde el principio del tratamiento, con la cuestión de si lograríamos acercarnos al núcleo de la depresión crónica, o si no lo lograríamos. Me parecía casi una fantasía de omnipotencia, tal que, a diferencia de los terapeutas anteriores del señor W., yo podría tener éxito en el intento.

"... . era la guerra ... ." (El Sr. W.)

Para mi sorpresa, las primeras sesiones de terapia estuvieron llenas de los afectos más intensos: el Sr. W. estaba lleno de furia hacia la esposa y describió las escenas maritales más terribles. La esposa lo agredía verbal y físicamente frente al hijo pequeño, con el cual ella también se vería involucrada en las confrontaciones afectivas más terribles. El hijo sufre de mutismo selectivo: habla solo con los padres. Además, sigue usando pañales.

Pronto se hizo evidente, durante las sesiones, que, debido al miedo de que ella lo abandone, el señor W. es incapaz de defenderse de los ataques de la esposa. Vive en un mundo interno de pánico, desesperación y soledad profunda. Cuando intenté sugerir un nexo entre los afectos y el trauma de la separación que había sufrido, el señor W. rechazó esto con vehemencia. "Otros terapeutas habían hecho repetida referencia a mi estadía en el hogar para niños. No puedo creer que una estadía de tres semanas en un hogar a la edad de cuatro años pueda tener tal influencia sobre mí a largo plazo ... Eso parece demasiado artificioso ..." Otro intenso conflicto inicial surgió después de que yo inquiriera con cautela acerca de si él no podría tender a buscar consuelo en la depresión de los intolerables conflictos maritales actuales y las exigencias de su trabajo. El señor W. estalló con furia y me explicó lo ofendido que se había sentido cuando el médico que había hecho la evaluación original lo describió como "un tipo de hipocondríaco que no tenía ningún deseo de trabajar y que deseaba escapar en la enfermedad". "No tenía idea de la dimensión existencial de mi ansiedad y mi depresión. ¡No soy un farsante!" Estas escenas me revelaron lo importante que para el señor W. era, durante el psicoanálisis, que yo captara su insoportable sufrimiento psíquico y lo tomara en serio. Además, en retrospectiva entendí estas escenas como una indicación de que, en la transferencia, él lidiaba con la reactivación de la experiencia traumática que había tenido con los objetos primarios no empáticos. Como se dijo, ambos padres habían tenido un sentido de empatía gravemente trastornado y habían sido incapaces de entender, apoyar y contener los estallidos de afecto del señor W., tanto en la infancia como en la niñez temprana, de "maneras suficientemente buenas" —experiencias de relaciones que, muy probablemente, tenían para el señor W. una cualidad traumática (trauma de apego según Fonagy, 2007, trauma de tipo II según Terr, 1994)—. Por esa razón, él parecía llevar dentro de sí una necesidad arcaica, pero no mitigada, de fusión (anaclítica) con un objeto primario (simbiótico) (cf. Blatt & Luyten, 2009):

Después de las escenas esbozadas, el señor W. contó su sueño inicial en la décima sesión:

> "El contexto era la guerra. Yo estaba en un campo de concentración con mi esposa porque ella es extranjera. Traté de protegerla, pero me invadió una sensación de pánico".

La asociación condujo a un objeto de amor presente, aunque indefenso y amenazado, que el yo es incapaz de proteger, un yo que, en un estado de pánico y vulnerabilidad, es sometido a una situación de guerra interna y persecución. Más tarde esa misma noche, el señor W. tuvo otro sueño:

> "Varias personas habían entrado a la fuerza al patio de nuestra casa. Me puse terriblemente furioso y grite: "¡¿Qué diablos quieren aquí?! ¡Váyanse!" Desocuparon el jardín. Mi esposa comentó lo bien que yo había manejado la situación".

Entre otras interpretaciones, entendemos que el segundo sueño es un cifrar esperanzas en el psicoanálisis: él desea adquirir la capacidad de aplicar los impulsos agresivos a la protección de su "casa", de sí mismo y de sus objetos de amor, para enfrentarse al peligro activamente, más que someterse pasivamente a este y verse inundado por la ansiedad y el pánico. Eso reforzaría su sentido de autonomía e identidad masculina y también, eso esperaba, le ganaría la aceptación y el amor de la esposa, la cual, en realidad, lo despreciaba y lo rebajaba por la depresión.

La puesta en escena de la pérdida traumática del objeto de amor y los "recuerdos encarnados" en el estado físico existencialmente amenazador durante la estadía en el hogar.

Durante las semanas siguientes se produjo una intensificación espectacular de las realidades externas del analizando: la esposa se había enamorado de otro. Estallaron escenas terribles en las que, entre otras cosas, la esposa le reveló al paciente que en realidad nunca lo había amado, y por primera vez estaba experimentando el verdadero significado de una sexualidad plena.

Todo se derrumbó para el señor W: lo inundó un sentimiento de pánico y desesperación, y apenas podía dormir. Se sintió totalmente degradado por el rival. Era espeluznante observar el punto hasta el que se identificaba con la degradación con que lo abrumaba la esposa. Las sesiones estaban llenas de autoacusaciones depresivas y un odio por sí mismo tal que finalmente lo enfrenté y le dije: "Usted experimenta este terrible desprecio y este abandono de la misma manera, probablemente, en que lo experimentó entonces durante la estadía en el hogar cuando era un niño chico, y ahora ve todo a través de los lentes depresivos que ha tenido puestos desde entonces. En vez de defenderse como lo hace en el segundo sueño, internamente le deja la casa y el hogar a su rival sin siquiera resistirse. Es claro que su esposa confirma entonces la autoimagen depresiva que usted lleva dentro de sí."

Por lo tanto, durante esta fase, las sesiones adquirían con frecuencia el carácter de una intervención ante una crisis: las ansiedades por separación traumática se transfirieron al núcleo del trabajo y revelaron sus atributos existenciales. Se habló de la enorme furia y la agresividad destructiva hacia el objeto de amor o el objeto primario. Los perpetuamente repetidos intentos, durante las sesiones, de distinguir los objetos internos de las experiencias dolorosas de pérdida y traición en la realidad presente permitieron finalmente que el señor W. superara la pasividad paralizante y la pura desesperación. Reservó pasajes de avión para él y su hijo para pasar unas vacaciones de verano en la distante tierra natal de la esposa. Dejó atrás a la esposa con el amante. A pesar de tener sentimientos de culpa, tuvo entonces un encuentro sexual sorpresivo y satisfactorio con una conocida, lo cual experimentó como una reconfirmación de su masculinidad adulta y, hasta cierto punto, como una restitución narcisista.

Y, sin embargo, los meses siguientes fueron un período nefasto para el señor W., marcado por heridas y humillaciones terribles: la esposa vivía con el amante y dejó al hijo con el paciente. El señor W. pudo cuidar al hijo con ayuda de los padres. El dolor físico general aumentó considerablemente, hasta el punto en que con frecuencia se sentía como una "herida abierta". Sospechamos que lo que para él representa un estado físico casi de peligro de muerte, tiene relación con los "recuerdos encarnados" de la enfermedad que puso en peligro su vida durante la estadía en el hogar. Una cierta mejora de los síntomas como respuesta a las interpretaciones correspondiente parece confirmar esta hipótesis.

El señor W. menciona pesadillas penosas; por ejemplo, que en un bosque observa a distancia cómo un helicóptero en llamas se precipita a tierra. Además, durante las sesiones se hacen claramente evidentes sus ansiedades existenciales respecto a ser abandonado, además del vínculo patológico con los padres.

Es asombroso que, durante esos meses, el hijo mostrara un temperamento relativamente tranquilo y, en palabras de la niñera del jardín de infantes, estuviera desarrollándose positivamente, superando gradualmente el mutismo, pudiendo ir al baño solo y empezando cautelosamente a poder salir del aislamiento social.

El grado hasta el que el paciente sigue estando atado a la esposa se reveló cuando ella exigió que se devolviera el hijo a su custodia: en contra del consejo de los padres y los amigos, él no pudo usar la situación para separarse de ella y para solicitar para sí la custodia del hijo. Ante la idea de divorciarse de la esposa, reaccionaba persistentemente con pánico, esperando, por lo tanto, que, a pesar de las heridas, el matrimonio pudiera mantenerse. En relación con el tratamiento se manifiestan fantasías parecidas: el señor W. expresa ansiedad acerca de volverse tan dependiente de mí en tanto analista que no pueda soportar que el tratamiento finalmente termine. Aquí encontramos la convicción inconsciente de que "nada ni nadie puede ayudarme ..."

En la sesión siguiente, el señor W. contó este sueño:

> "Estoy en el bosque cercano a X., y me arrastro por un túnel largo y oscuro. Entonces llego a un hotel con una amplia terraza con vista a los Alpes suizos.[14] Es muy agradable, pero aún me atenaza la ansiedad de que podría caer de la terraza al abismo. Por lo tanto no me atrevo a quedarme en la terraza y regreso, aunque sé que del otro lado del túnel, en mi pueblo natal, las cosas ya no son como eran".

Sus asociaciones suscitan en él una duda muy arraigada acerca del valor de emprender un tratamiento psicoanalítico: arrastrarse por el túnel oscuro de la depresión para poder observar los luminosos y distantes Alpes de Suiza y orientarse por ellos, pero también para mirar el abismo sin caer en él, o si es preferible regresar a la conocida, aunque sombría, "seguridad" de la depresión, su pueblo natal. Ligado muy probablemente a la enfermedad adicional y secundaria está también el hecho de que el señor W. escapa hacia la depresión, en vez de decidir una vez más atreverse a una relación con el riesgo que conlleva de ser abandonado y rechazado por el objeto de amor. El paciente rechaza con vehemencia otro aspecto durante este período, a saber, el conflicto de lealtad relacionado con alejarse del pueblo natal, el mundo interno de representación de los objetos primarios depresivos, de dejar esto atrás, y de divorcio. La dimensión existencial del divorcio provoca pensamientos de un conflicto temprano relativo a la individuación y la autonomía.

"La venganza del objeto primario traumatizante"

En esta etapa del tratamiento, se hizo claro qué consecuencias graves podía tener la reactivación del trauma de separación (de ser dirigido por la ansiedad llena de pánico de ser abandonado) sobre la regulación narcisista de su sentido de la regulación de su autoestima básica: en relación con la esposa se siente como un niño indefenso y dependiente que permite que lo humillen, lo hieran y lo agredan. En relación con esto recordó el sueño siguiente:

> "Veo a un hombre gravemente herido que está tendido al costado del camino; se le salen los intestinos, y todo está saturado de sangre ... Aparece un helicóptero. No está claro si al hombre todavía le están disparando, o si habría que ayudarlo. Aparece alguien que dice que el hombre falleció. Veo que el hombre aún está vivo y abre los ojos y pregunta: "¿Por qué nadie me ayuda?". La mujer le da la tapa de una cacerola para que la sostenga contra la herida abierta. Entonces me despierto lleno de pánico ..."

En el sueño manifiesto veo en la figura de la mujer, quien, de manera fría, indiferente e impotente, le alcanza una tapa de cacerola al hombre que sufre heridas que ponen en riesgo su vida para que las cubra, un indicador de que, en la transferencia, el señor W. me experimenta ahora como un objeto primario indiferente, impotente e incluso sádico. Abordándolo con cautela, entonces se hace posible también encarar sus fantasías degradantes de agresividad hacia mí. Él observa sus enormes ansiedades; igual que la madre, no puede soportar sus enormes ansiedades, tales impulsos agresivos: hasta hoy, la madre responde intensamente a las críticas, con más frecuencia en forma de migraña.

Reconocimiento y elaboración de aspectos de la transferencia negativa

Solo cuando se había hecho posible encarar directamente la desconfianza y las fantasías agresivas, también hacia la analista, se vio (gradualmente, en el segundo año del tratamiento) que estaban ocurriendo cambios. El señor W. se volvió algo más seguro de sí mismo. Empezó una nueva relación amorosa con una mujer que claramente tenía un mayor grado de sensibilidad. Empezaron a establecerse límites más seguros del yo y de los objetos. Además, fue entonces que los sentimientos arcaicos de culpa se hicieron accesibles al trabajo terapéutico: en una sesión descubrió la fantasía de la incapacidad de dejar a la esposa, dado que de algún modo estaba convencido de que al hacerlo la destruiría. La analista le ofreció una explicación basada en la psicología del desarrollo:

A.: "Si los padres no pueden calmar a un bebé que llora, el bebé se vuelve presa de un estado de desesperación aguda. Los psicoanalistas suponen que ello puede estimular fantasías tempranas que contienen impulsos destructivos indomables, ya que las fantasías extremadamente agresivas que un niño percibe en esa situación de desesperación no pueden ser absorbidas, y por lo tanto aliviadas, por los padres. El niño experimenta entonces a los padres como impotentes (de hecho, del mismo modo en que usted me experimenta a mí en relación con su depresión). Otra consecuencia es que las fantasías agresivas y destructivas permanecen excluidas por otros desarrollos psíquicos. Entonces aparecen ocasionalmente en convicciones tan irreales como las que usted mencionó recién".

En la sesión siguiente, el señor W. informó del sueño siguiente:

P.: "Soñé que, lleno de ansiedad, estaba colgando sobre un profundo abismo. Sobre mí hay dos mujeres; no me ayudan, sino que, de manera extraña, lanzan una cinta blanca por sobre el abismo. Agarrando la cinta, intentan cruzar al otro lado del abismo. No puedo evitar que me asombre esa idea estúpida, y entonces veo que caen al abismo. Me despierto lleno de pánico".

A.: "Usted suele quejarse de la "estupidez" de su esposa, y la sesión anterior se centró en que a veces tiene la impresión de que yo soy demasiado limitada e impotente para construir un puente sobre el abismo de la depresión. ¿Le parece que esto, hasta cierto punto, se trasladó al sueño? Las mujeres no fueron capaces de ayudarlo a salir de la situación que ponía en peligro su vida, pero también cayeron y murieron por causa de su propia idiotez."

Técnicamente, no es fácil expresar el hecho de que estas imágenes oníricas catastróficas condensan probablemente su enorme furia hacia las mujeres (¡y la analista!). Con frecuencia, el humor resulta útil en tales contextos. Cuando, después de la sesión mencionada, el señor W. descubrió por casualidad que yo tenía un problema técnico con mi auto, intuitivamente dije: "Sí, quizá sea realmente una mujer estúpida". El señor W. respondió con una carcajada a ese comentario, lo que muy probablemente fuera indicio de que yo había dado en el clavo. Los meses siguientes se centraron una y otra vez en su ira hacia las mujeres. La elaboración de las fantasías y los conflictos inconscientes relacionados con eso condujo a más transformaciones: la actitud negligente mejoró considerablemente, de modo que el paciente se atrevió a reducir la medicación (la dosis de Lyrica). Redescubrió un mayor sentido de alegría en la vida, y desarrolló más creatividad en el trabajo. A pesar de las enormes ansiedades acerca del fracaso, aceptó un contrato de trabajo importante, lo que, en su situación económica, fue un rayo de luz y brindó una satisfacción narcisista importante.

"Sacar al perro negro a pasear con correa"[15]

Durante los meses siguientes, se esforzó más en lidiar con las ansiedades impulsadas por el pánico del abandono, y con el no permitir que el yo fuera inundado pasivamente. En ocasiones, logró ponerle una correa al "perro negro", como le llamaba. El contenido manifiesto de los sueños también cambió visiblemente: el yo del sueño se volvió más activo y menos susceptible a las catástrofes pasivas y los peligros mortales, pero con frecuencia se involucró en conflictos importantes para la supervivencia. Pensamos que el sueño siguiente es un sueño clave de esa transformación interna:

> "Estoy en el auto con mi padre, pero apenas puedo controlar el vehículo. Va cada vez más rápido. De pronto hay una torre alta en el medio del camino. El auto sube como loco por la pared de la torre

> y baja por el otro lado. Aunque estoy terriblemente ansioso, no nos pasa nada. Podemos seguir viaje. Entonces vemos que otro hombre sube de igual modo por la torre y también se desploma por el otro lado. A él tampoco le pasa nada. Lo seguimos y después nos bajamos. Entonces él se transforma en un hombre de superficie resbaladiza, como Delta en "Startrek Enterprise". No sé si es un hombre o un robot. Tenía un perro negro. Se hace cada vez más grande y me apoya las patas en los hombros. Empiezo a sentir pánico; el perro podría morderme la garganta. Y de pronto veo que el perro tiene cara de mujer y que también parece asustada. Entonces le digo que no es tan peligrosa como me había parecido y la felicito, cosa que claramente le gusta".

Las asociaciones con el sueño condujeron a varias referencias que el señor W. toma y continúa en las sesiones siguientes; por ejemplo, la identificación con el padre, el intento de recuperar parte de su felicidad masculina (cf. imágenes del sueño con la torre), la experiencia de disociación y de no estar bien anclado en este mundo (cf. el hombre robot del sueño), la ansiedad existencial frente a un objeto de amor afectuoso (mujer perro), etc. Sin embargo, tiene que ver, sobre todo, con la superación activa del pánico y la ansiedad. En el sueño, no niega los peligros y los sentimientos extremos que en consecuencia se desencadenan, sino que se atreve a mirar al perro a los ojos. Descubre la ansiedad del otro mediante su propia actividad, y ya no lo inunda su propio pánico: a saber, si bien el yo no puede inhibir la reactivación de la ansiedad y el pánico a la muerte, puede contrarrestarlos activamente en cierta medida, mirándolos y entendiéndolos. Lo que me resultó interesante es que el señor W. había estado procesando en el sueño mis propios sentimientos de insuficiencia (el perro con cara de mujer, que está necesitado y ansioso). Durante ese período, con frecuencia me asaltaba la duda de si realmente sería posible modificar la depresión mediante nuestro psicoanálisis: el "perro negro" solía asumir un tamaño desproporcionadamente grande y apenas era posible dominarlo.

Para cada uno de nosotros, ese sueño asume una función simbólica para el trabajo terapéutico que se lleva a cabo actualmente: un intento, juntos y dentro de la relación psicoanalítica, de mirar a los ojos al terror del trauma, de no repudiar su realidad ni descartarla, sino de aceptar psíquicamente su existencia: de contrarrestarlo activamente con algo para no ser inundado por el pánico, la desesperación y la ansiedad, y, por ende, para no permitirse ser determinado inconscientemente por el mismo.

Después de que fue posible hablar de la reactivación del trauma, sobre todo en la realidad externa (en relación con la esposa, por ejemplo), para el señor W. se hizo más posible experimentar y comprender la ansiedad de la separación traumática directamente en la transferencia durante el tercer año de psicoanálisis.

"La reactivación del trauma en la transferencia"[16]

El señor W. reaccionaba con vehemencia creciente a las situaciones de separación de la analista. Durante unas vacaciones, se sometió a una operación de ortodoncia difícil, la cual le produjo dolores de cabeza insoportables. Durante dos meses no pudo trabajar ni venir a las sesiones de análisis. Finalmente lo llamé por teléfono. Entonces se suceden por teléfono varias intervenciones por crisis, y gradualmente emerge del "agujero negro". Evidentemente, el señor W. estaba poniendo en acto el trauma de separación temprana y me llevó a mí, la analista, a la situación del "objeto padre salvador" (que lo sacó del hogar). Cuando me referí directamente a esta fantasía, el señor W. contó en la llamada telefónica posterior el sueño siguiente:

> "Estoy mirando a un grupo de personas que están todas embadurnadas de arcilla y que están trabajando juntas en la estructura de una casa. Sopla un viento frío. El trabajo es un tormento, arduo y apenas tolerable. Y, sin embargo, en el sueño presiento que los hombres van a tener éxito: en algún momento, la casa estará construida y les dará un hogar cálido. Entonces me vuelvo hacia mi esposa y le digo: "¿Ves? Es posible. Lo que se precisa es permanecer juntos".

Las asociaciones condujeron a una impresión fundamental de que "no es posible reparar mi casa: siempre seguirá siendo un armazón llena de corrientes de aire y peligrosa ... pero quizá quede una pizca de esperanza en el sueño: estoy seguro de que la construcción de la casa finalmente se completará". Hacemos una comparación con la manera en que se describió a sí mismo al principio: "Soy como una casa excelente, aunque sin cimientos".

Medio año después, inmediatamente antes de unas vacaciones de una semana, parecía muy seguro de sí mismo. Y, sin embargo, luego apareció en una sesión de análisis en un estado de total desesperación.[17] Se estremecía en el sofá, sollozando. "Estoy acabado: los síntomas físicos generales son insoportables. Ya no aguanto, ya no puedo vivir". Una noche se había olvidado de tomar los medicamentos, y a la mañana siguiente tuvo una crisis. "Me di cuenta de cuán dependiente de los medicamentos sigo estando: sin ellos no puedo vivir". La analista también se sintió afligida e impotente, y volvió a dudar de su capacidad de ayudar al señor W.

A.: "Esta recaída fue una amarga decepción para usted, sin duda. Y yo nuevamente no estuve disponible para usted. ¿También lo torturaba la idea de que el psicoanálisis tampoco servía para nada?"

W.: "Sí, es cierto: todo lo que hablamos aquí me parecía tan lejano, tan teórico …"

A.: "¿Perdió la conexión interna conmigo?"

W.: "Sí, me sentí totalmente solo; ya no podía imaginarla: me era totalmente ajena y, en cierto sentido, completamente irreal."

A.: "Probablemente parecido a cómo se sintió Little John cuando los padres lo dejaron varias semanas en el hogar."[18]

En ese momento, el señor W. lloró desinhibidamente y estuvo muy angustiado durante toda la sesión. La psicoanalista también se sintió inundada de sentimientos intensos y una sensación de vulnerabilidad.

Al día siguiente, el señor W. vino a la sesión con gran compostura.

W.: "De alguna manera me hizo bien poder llorar aquí, a pesar de que sigo sintiéndome muy afligido. En los días anteriores al incidente, me sentía como en una jaula; no sentía absolutamente nada; adentro de mí estaba todo muerto. De noche, mi cuerpo empezó a reaccionar caóticamente: todo era doloroso y no podía dormir nada". (Después de una pausa)

A.: "Solemos volver a la idea de que su cuerpo recuerda los insoportables dolores y el miedo a la muerte que muy probablemente había experimentado durante la estadía en el hogar".

W.: "No puedo decir si eso es verdad. En todo caso, el dolor es absolutamente insoportable". Después de una pausa larga, durante la cual siento la angustia y la desesperanza del analizando, así como mi propia perplejidad, digo:

A.: "Quizá sea muy importante que me muestre aquí toda la magnitud de su angustia y su sensación de pánico. Una vez me dijo, hace un buen tiempo, que está seguro de que nadie, absolutamente nadie, es capaz de entender su sufrimiento, y, por lo tanto, se siente profundamente solo. Tampoco pudo demostrarles su angustia a sus padres luego de la estadía en el hogar; simplemente guardó silencio. Como consecuencia, su cuerpo no podía relajarse; no podía calmarse. Usted permaneció solo".

El señor W. lloró en silencio un rato largo.

Durante la sesión siguiente, el señor W. aún parecía angustiado y en un estado de pánico.

W.: "No tengo idea. Realmente no tengo idea. Anoche debo de haberme dormido brevemente. Tuve dos sueños que no tienen relación con mi estado actual. Primero soñé que una mujer se enamoraba de mí. Dudé y no estaba seguro de si me atraía. Y, sin embargo, ella dijo que no importaba y que todo iba a salir bien. Luego me dormí de nuevo y seguí soñando. Estaba sentado en un auditorio. Una mujer muy deseable empezó a acariciarme el muslo. Eso me resultó sumamente agradable. Me reveló que estaba enamorada de mí, que soy tan encantador y tan tranquilo. Yo le tenía mucho cariño a esa mujer. Sin embargo, en el sueño pensé entonces que no soy tranquilo, sino depresivo, y que ella debería saberlo."

A.: "Sí, usted ha dicho aquí con frecuencia que ya no quiere desempeñar un papel, ni en una relación amorosa ni aquí, durante el psicoanálisis".

W.: "Sí, es verdad. ¿Le parece que el sueño pueda contener una pizca de esperanza?" El señor W. permanece en silencio un rato largo y parece relajado.

Durante los diez días siguientes, parecía visiblemente relajado, aunque, hasta cierto punto, especialmente incómodo. El señor W. oscila entre la esperanza y una profunda desesperación también durante las sesiones.

A.: "El perro depresivo parece defenderse de cualquier forma de cambio, intentando hacer que la pizca de esperanza desaparezca de nuevo".

W.: "Y entonces los agujeros depresivos y el dolor físico parecen hacerse mucho más difíciles de soportar".

Después del fin de semana, el señor W. me explicó que había tenido dos sueños de ansiedad, pero que solo recordaba uno, ya que la esposa lo había despertado porque gritaba terriblemente fuerte.

W.: "El sueño parecía una película de terror. Extrañamente, tenía un hermano que se transformó en un ser peligroso y amenazador que iba a matar a otras personas. Observé todo eso aterrado, pensando al principio que, como era mi hermano, no me iba a pasar lo mismo. Pero entonces descubrí que mi ejecución no había sido pasada por alto. Me sentí lleno de una ansiedad terrible, y me escapé lo más rápido que pude y me encontré en una plaza. Entonces miré hacia arriba, en dirección a un edificio, hacia la ventana de mi madre. Grité y grité, pero no me oyó. El sueño se interrumpió en ese momento, cuando mi esposa me despertó".

Después de un silencio largo, el señor W. hizo las asociaciones siguientes:

W.: "Lo primero que se me ocurrió fue el hogar y cómo extrañaba a mi madre, que no me oía cuando grité, y me sentí angustiado. Es raro que allí tuviera un hermano".

A.: "Que se transformó en un ser peligroso y amenazador".

W.: "Y provocó un temor a la muerte".

A.: "Y como usted advirtió en el caso de John, la imagen interna de sus padres también cambió durante la estadía en el hogar: probablemente se volvieron peligrosos y amenazadores; el pequeño John ya no pudo mantener la imagen interna amorosa de los padres, la cual, ahora rota, se reveló como una imagen interna "mortífera" y perseguidora: una experiencia aterradora y que ponía en peligro su vida".

W.: "Sí, y después nada volvió a ser lo que había sido".

A.: "La confianza en sus padres se rompió repetidamente, aunque usted parecía ser normal otra vez".

W.: "Aunque nada fue normal nuevamente, como ocurrió con mi cuerpo: nada estaba bien, me dolía todo".

En la sesión siguiente, el señor W. informó, casi divertido, que había soñado con los vecinos y una mezcladora de cemento.

W.: "Al igual que yo, mi vecino también había estado ampliando su casa, y en verano se oía con frecuencia el ruido de la mezcladora de cemento. Yo lo había admirado frecuentemente, ya que parecía tener mucha energía y tener una vida familiar bastante exitosa. Quizá yo sí tenga una pizca de esperanza, después de todo, y pueda hacer que mi mezcladora de cemento vuelva a funcionar".

Esa secuencia en el psicoanálisis podría marcar un momento crucial del tratamiento: ¿el señor W. había experimentado nuevamente el trauma en la transferencia y, por lo tanto, había podido, al menos en parte, entenderlo y aceptarlo psíquicamente?

En todo caso, después de las vacaciones de Navidad volvió y en la primera sesión informó que durante la separación había luchado con fiereza contra el "perro negro", con diversos grados de éxito. Descubrió que había tenido un sueño asombroso:

> "Soñé con una pareja; lo más probable es que no fueran amantes, y, sin embargo, su relación era cordial. Tenían un negocio de flores en África. (Entonces recordé que el día anterior había visto un programa de televisión acerca de una pareja en África que cultivaba flores de Navidad y había hecho de ello un negocio exitoso). Me sentí particularmente atraído por ambos y su actitud encantadora y les pedí fervientemente que me permitieran participar del negocio. Me aceptaron, y la mujer incluso me abrazó. Vendí mi casa y me atreví a emprender un nuevo comienzo. Cuando me desperté estaba tan feliz que solo quería volver a dormir y seguir con el sueño. Quizá algo esté cambiando en mí, después de todo."

Discusión

La estrecha relación entre el trauma temprano y la depresión crónica grave se hizo evidente en el curso del psicoanálisis con el señor W. Era especialmente el trauma de separación que había sufrido a los cuatro años, durante la estadía en un hogar para niños, sin una relación empática sustituta, el cual, en gran parte, permanecía sin resolución, y el cual provocó las reacciones depresivas tras la separación de sus relaciones estrechas. Esas reacciones se exacerbaron significativamente después de la separación: la depresión se hizo cada vez más crónica. Llamaba la atención, durante el tratamiento, cómo se habían conservado las experiencias traumáticas dentro del cuerpo. La decodificación de esos "recuerdos encarnados" condujo a cierto alivio de los síntomas mediante el cual el señor W. pudo encarar activamente su estado sin hacerlos desaparecer del todo. Durante un buen tiempo, el señor W. se rehusó a reconocer la "realidad histórica del trauma" como parte de su propia biografía: que eso ejercía un efecto sostenido sobre su depresión, además de provocar una desconfianza básica hacia personas cercanas debido al colapso traumático de su confianza básica ("Urvertrauen") en los "objetos internos buenos y gratificantes". Solo cuando esta profunda desconfianza y la verdad inconsciente de que "nadie, pero nadie me entiende ni se pone en contacto conmigo en mi sufrimiento psíquico y contribuye así a aliviar mi estado insoportable" se habían hecho tangibles y, hasta cierto punto, comprensibles en la transferencia al analista, el "poder del trauma" se relativizó y ya no determinó su pensamiento, sus sentimientos y su conducta actuales como un sistema de creencias inconsciente y dominante. Eso se reveló inicialmente en la transformación del contenido manifiesto de los sueños, lo cual, como se dijo, constituyó una clave para entender en lo sucesivo las fantasías y los conflictos inconscientes como reacción al trabajo analítico.

Las transformaciones del contenido manifiesto de los sueños y sus pensamientos latentes (inconscientes) en los sueños se eligieron como el hilo de Ariadna de este informe de caso, dado que, en mi opinión (así como también de otros indicadores del caso) son capaces de brindar pistas acerca de si el analizando entendía inconscientemente el trabajo de interpretación analítica, y si lo experimentaba como "verdadero". Esto era ilustrado tanto en el resumen narrativo del tratamiento, como mediante las secuencias detalladas de cuatro sesiones consecutivas.

Tal como se mencionó en los comentarios preliminares, con este informe de caso yo procuraba formular una defensa para la reevaluación de la tradición narrativa del psicoanálisis como una forma singular y valiosa de comunicar los resultados de la investigación clínica psicoanalítica. Con ayuda del método de validación psicoanalítica por expertos, se puede mejorar la calidad de tales narraciones, haciendo posible así el encuentro sistemático de la distorsión subjetiva en las investigaciones clínicas, como se indicó al principio. Por otra parte, esto se puede lograr sin destruir las ventajas del informe de caso clínico (la compresión de las observaciones y las "verdades", la comunicación de las estructuras semánticas inconscientes por medio de "historias" legibles, así como la proximidad a la metáfora, la literatura y el arte).

Sin embargo, en la era contemporánea de Internet, las dificultades relativas a las actitudes de discreción y la protección de la privacidad (algo que siempre ha estado relacionado con los resúmenes exhaustivos de casos) tienden a hacerse mayores. Como suele ser el caso en el contexto del estudio LAC de la depresión, el analizando es capaz de identificarse suficientemente con los intereses de investigación del analista, de modo que, mediante el resumen codificado de su tratamiento, tiene la impresión de que se lo valora y se lo toma en serio. Varios analizandos declararon estar preparados para leer el informe de caso y comentarlo. Esta es una oportunidad singular para que el propio analizando valide (externamente) las "verdades".

Sin embargo, debido a consideraciones éticas y psicoanalíticas, no siempre es posible conseguir ex analizandos para que brinden tal cooperación. En esos casos se podría intentar formular el resumen del informe del tratamiento en términos relativamente abstractos y con codificación activa, y asignar mayor peso a la descripción de secuencias de sesiones (cf. la última sección de este informe de caso). Con frecuencia, agregar datos biográficos adicionales que no distorsionen la "verdad narrativa" (p. ej., cantidad de hermanos, puestos profesionales similares, pero no "reales", etc.) puede ayudar a proteger el anonimato del analizando. Naturalmente, el lector debe estar adecuadamente informado acerca de ese intento para estar seguro del deseo del autor de que, si bien proteger la intimidad del tratamiento psicoanalítico es parte de la ética profesional específica del analista, también es una de las características sobresalientes del psicoanálisis, en tanto ciencia clínica, transmitir a la comunidad científica experiencia y conocimiento, cuyos aspectos esenciales "solo se pueden narrar, y no medir".

Notas

1. "En el psicoanálisis existió desde el comienzo mismo una unión entre curar e investigar" (Freud, 1926, p. 240).
2. Hay una amplia discusión acerca de la verdad "narrativa", "histórica" y "empírica" en la literatura psicoanalítica (véase p. ej. Leuzinger-Bohleber, 1989, 2001, 2010a, b, c, Spence, 1982; Thomä y Kächele, 1985).
3. Las viñetas de caso más importantes de Freud y otros psicoanalistas (p., ej., de Argelander, 1972) siguen formando un bloque de construcción indispensable en la formación psicoanalítica, pero también en la enseñanza universitaria.

4. LAC significa los resultados a corto y largo plazo de la terapia psicoanalítica en comparación con la terapia cognitivo-conductual a largo plazo en pacientes con depresión crónica: un estudio prospectivo y multicéntrico de la efectividad de la terapia que se está realizando actualmente (directores del proyecto: M. Leuzinger-Bohleber, M. Beutel, M. Hautzinger y U. Stuhr, con el apoyo de DGPT, el Heidehofstiftung y el Consejo Asesor en Investigación de la Asociación Psicoanalítica Internacional).
5. En las últimas décadas se ha estudiado mucho la encarnación. La idea de "recuerdos encarnados" es un concepto nuevo que se basa en una nueva comprensión de las funciones de la memoria en el sentido de encarnación. Inspirada en la biología y las ciencias de la vida, la ciencia cognitiva de la encarnación entiende actualmente a la memoria como una función de todo el organismo, el producto de una compleja recategorización dinámica y procesos interactivos que están siempre "encarnados" (véase, entre otros, Leuzinger-Bohleber y Pfeifer, 2002, 2013). El organismo humano (y la psiquis humana) es un estado de cambio en curso (encarnado) involucrado en procesos dinámicos constantes de interacción con el entorno, en el cual ocurre un proceso continuo de recategorización de experiencias. Los recuerdos de situaciones anteriores determinan inconscientemente el pensamiento, los sentimientos y la acción actuales, pero no en el sentido de "conocimiento almacenado", análogo a una computadora, o "rastros de memoria estáticos". En contraste, los recuerdos son los productos de "construcciones" dinámicas y complejas en el aquí y ahora. La encarnación (coordinación sensoriomotora) en el presente funciona siempre de manera análoga, como fuera el caso en situaciones anteriores. Las similitudes entre una situación actual y una pasada no se preciben cognitivamente, por ejemplo, mediante concordancia de patrones, sino mediante información compleja similar obtenida por medio de diferentes sentidos (oído, olfato, tacto, olor, etc.) y acciones del cuerpo (caracterizadas en la ciencia cognitiva de la encarnación como "coordinaciones sensoriomotoras"). Mediante estas coordinaciones sensoriomotoras se construyen automáticamente recuerdos y categorías, en el sentido de un proceso autorregulador de "aprender haciendo" (Dewey), lo cual significa coordinar información de canales sensoriales y acciones (motoras) del cuerpo relacionadas. Así, los recuerdos debidos a la coordinación sensoriomotora brindan una orientación en una situación nueva.
6. Aunque es fascinante observar cómo la nueva investigación epigenética añade una dimensión nueva a este conocimiento, los resultados de los estudios epigenéticos siguen siendo polémicos. "En resumen, concluimos que la totalidad de la evidencia relativa a la interacción entre

genes y ambiente (G × E) sustenta su realidad, aunque se precisa más trabajo para entender adecuadamente cómo las variaciones alélicas del 5-HHT afectan la respuesta a los estresares y al maltrato" (Rutter, 2009, p. 1288).

7. Por lo tanto concuerdo con la formulación de Goldberg:

   "Es hora de que el diálogo de sordos entre geneticistas psiquiátricos y psicoterapeutas se termine: se ha logrado un progreso apasionante en la comprensión de la relación entre nuestra constitución genética y el medio social, la cual permite que los genes se manifiesten en el fenotipo o los inhibe por completo. (Goldberg, 2009, p. 236).

   Sus conclusiones, luego de haber brindado una perspectiva general de la investigación contemporánea en este campo, son muy importantes:

   "En los seres humanos, se ha demostrado hasta ahora el efecto del cuidado materno en el desarrollo del hipocampo (en las hembras, pero no en los machos). Los efectos del ambiente al promover la expresión genética parecen tener respaldo en el trabajo que concluye que se puede demostrar que la extensión de las anomalías de un determinado gen responsable del metabolismo de un importante neurotransmisor inhibidor (la serotonina) es responsable de la sensibilidad del adulto al estrés externo. Este gen tiene relación también con la probabilidad del apego seguro. Por lo tanto, las anomalías observadas en las ratas parecen aplicarse también a los seres humanos.

   De manera similar, las anomalías de otro gen responsable del neurotransmisor monoamina oxidasa A se relacionan con la sensibilidad del niño a los efectos nocivos del castigo físico: con el gen normal, la relación es bastante débil, aunque cuando ocurre una conducta antisocial anómala …" (Goldberg, 2009, pp. 244–245).

8. De acuerdo con el índice de Hampstead, se presentan aquí observaciones orquestadas y escenas importantes extraídas de la primera entrevista, reacciones de transferencia y contratransferencia, así como los síntomas, el motivo que llevó al tratamiento y el examen del contexto socioeconómico (véase el apéndice). Una versión breve y diferente de este informe de caso también se publicará en Leuzinger-Bohleber (in press).
9. Robertson y Robertson publicaron películas en las que se observa a niños durante la separación temprana, p. ej., John durante una estadía de diez días en un hogar para niños debida a el nacimiento de su hermano.
10. La Lyrica (nombre genérico: pregabalina) es un medicamento antiepiléptico que se usa para el dolor neurótico y que también es efectivo para el trastorno de ansiedad general (el uso está aprobado en la Unión Europea desde 2007).

11. También de acuerdo con el índice de Hampstead, se resume en forma narrativa información importante acerca de relaciones de objeto, acontecimientos biográficos importantes, las circunstancias socioeconómicas en la evaluación dinámica estructural del conflicto, el nivel de desarrollo, etc.
12. Uso una definición estrecha de trauma, de acuerdo con Bohleber (2010): Las teorías psicoanalíticas del trauma han evolucionado con base en dos modelos, uno psicoeconómico, el otro hermenéutico y basado en la teoría de las relaciones de objeto. Para captar la fenomenología y las consecuencias a largo plazo del trauma, necesitamos ambos modelos. El modelo psicoeconómico se concentra en la excitación excesiva y en la ansiedad que la psiquis no puede contener, y que atraviesa el escudo contra los estímulos. El modelo basado en las relaciones de objeto y la interrupción de la comunicación interna produce una experiencia de total abandono, impidiendo la integración del trauma por medios narrativos (p. xxi)
13. En la viñeta del caso se intenta brindar, en forma narrativa, una impresión muy plástica del proceso analítico y del curso del tratamiento, y, sin embargo, también se intenta describir lo más fielmente posible varias escenas clínicas claves de la relación concreta en la sesión analítica. En estos resúmenes narrativos, los clínicos del estudio LAC eligen varios focos (p. ej., el manejo de las tendencias suicidas de los pacientes, el papel de los medicamentos, el "refugio psíquico" de los analizandos, etc.). Aquí se pone énfasis en las transformaciones del contenido de los sueños o la adquisición de conocimiento mediante el trabajo analítico con los sueños en la transferencia al analista.
14. ¡Soy ciudadana suiza!
15. El señor. W. vio, en mi consultorio, el libro "Vivir con un perro negro: se llama Depresión", de Matthew Johnstone (2005), el cual tiene unas ilustraciones impresionantes, y compró un ejemplar. En el psicoanálisis se menciona el libro ocasionalmente.
16. Como se sabe, en la literatura psicoanalítica especializada de los últimos años está teniendo lugar una controversia interesante en relación con la cuestión de cómo afecta al proceso analítico la verdad del trauma, la cual pone en riesgo la vida (cf. Fonagy y Target, 1997; Bohleber, 2010; Leuzinger-Bohleber et al, 2010, Leuzinger-Bohleber, 2013).
17. Las interacciones específicas entre la analista y el analizando en lo que sigue fueron parcialmente grabadas de manera textual (con base en el modelo II del grupo de proyecto clínico).
18. Entretanto, el señor W. vio el CD de John de las películas de los Robertson mencionadas, de los cuales habíamos hablado en etapas anteriores del tratamiento.

Bibliografía

Argelander, H. (1972). *Der Flieger. Eine charakteranalytische Fallstudie.* Frankfurt: Suhrkamp.

Balint, M. (1968). *The Basic Fault: Therapeutic Aspects of Regression.* London: Tavistock/Routledge, 1989.

Baranger, M., Baranger, W., & Mom, J. M. (1988). The infantile psychic trauma from us to Freud: pure trauma, retroactivity and reconstruction. *International Journal of Psychoanalysis, 69*: 113–128.

Bifulco, A. T., Brown, G. W., & Harris, T. O. (1987). Childhood loss of parent, lack of adequate parental care and adult depression: a replication. *Journal of Affective Disorders, 12*: 115–28.

Blatt, S. J., & Luyten, P. (2009). Depression as an evolutionarily conserved mechanism to terminate separation distress: only part of the biopsychosocial story? *Neuro-Psychoanalysis, 11*: 52–61.

Bleichmar, H. B. (1996). Some subtypes of depression and their implications for psychoanalytic treatment. *International Journal of Psychoanalysis, 77*: 935–961.

Bleichmar, H. B. (2013). Verschiedene Pfade, die in die Depression fuhren. Implikationen fur spezifische und gezielte Interventionen. In: M. Leuzinger-Bohleber, U. Bahrke, & A. Negele (Eds.), *Chronische Depression. Verstehen—Behandeln—Erforschen* (pp. 82–98). Gottingen: Vandenhoeck & Ruprecht.

Blum, H. P. (2007). Holocaust trauma reconstructed: individual, familial, and social trauma. *Psychoanalytic Psychology, 24*: 63–73.

Bohleber, W. (2005). Zur Psychoanalyse der Depression. *Psyche—Z Psychoanal, 59*: 781–788.

Bohleber, W. (2010a). Neue Ergebnisse der Depressionsforschung. Erklarungsansatze—Therapiemodelle—Behandlungstechnik. *Psyche—Z Psychoanal, 64*: 771–781.

Bohleber, W. (2010b). *Destructiveness, Intersubjectivity and Trauma: The Identity Crisis of Modern Psychoanalysis.* London: Karnac.

Bokanowski, T. (1996). Freud and Ferenczi: trauma and transference depression. *International Journal of Psychoanalysis, 77*: 519–536.

Bokanowski, T. (2005). Variations on the concept of traumatism: traumatism, traumatic, trauma. *International Journal of Psychoanalysis, 86*: 251–265.

Bose, J. (1995). Trauma, depression, and mourning. *Contemporary Psycho—analysis, 31*: 399–407.

Bremner, J. D. (2002). *Does Stress Damage the Brain? Understanding Traumarelated Disorders from a Mind–body Perspective.* New York: Norton.

Brown, G. W., & Harris, T. (1978). *Social Origins of Depression.* London: Tavistock.

Caspi, A., Sugden, K., Moffitt, T. E., Taylor, A., Craig, I. W., Harrington, H., McClay, J., Mill, J., Martin, J., Braithwaite, A., & Poulton, R. (2003). Influence of life stress on depression: moderation by a polymorphism of the 5-HTT gene. *Science, 301*: 386–389.

Denis, P. (1992). Depression and fixations. *International Journal of Psycho analysis, 73*: 87–94.

Fergusson, D. M., & Woodward, L. J. (2002). Mental health, educational and social role outcomes of adolescents with depression. *Archives of General Psychiatry, 62*: 66–72.

Fischmann, T., Russ, M., & Leuzinger-Bohleber, M. (2013). Trauma, dream and psychic change in psychoanalysis. A dialogue between psychoanalysis and the neurosciences. *Frontiers in Human Neuroscience, 7*: 1–15.

Fonagy, P. (2007). Violent attachment. Lecture given at the conference "In Gewalt verstrickt—psychoanalytische, padagogische und philosophische Erkundungen", Universitat Kassel, 9–10 February.

Fonagy, P., & Target, M. (1997). Voraussagen uber die Ergebnisse von Kinderanalysen: Eine retrospektive Studie von 763 Behandlungen am Anna Freud Centre. In: M. Leuzinger-Bohleber & U. Stuhr (Eds.), *Psychoanalysen im Rückblick* (pp. 366–406). Giesen: Psychosozial.

Freud, S. (1923 [1922]), *Dos artículos de enciclopedia: Psicoanálisis y Teoría de la libido* , XVIII: 227–254. Buenos Aires, Amorrortu Editores.

[Freud, S. (1923a). Two encyclopaedia articles. *S.E., 18*: 233–260. London: Hogarth.]

Freud, S. (1926e). *¿Pueden los legos ejercer el análisis? Diálogos con un juez imparcial.* Vol XX: 171–244. Buenos Aires, Amorrortu Editores.

[Freud, S. (1926e). The question of lay analysis. *S.E., 22*: 177–258. London: Hogarth.]

Goebel-Ahnert, I. (2013). Die schlechten und die guten Phasen—Gesichter einer Depression. Bericht einer psychoanalytischen Behandlung mit Kommentar von Hugo Bleichmar. In: M. Leuzinger-Bohleber, U. Bahrke, & A. Negele (Eds.), *Chronische Depression. Verstehen—Behandeln—Erforschen* (pp. 168–179). Gottingen: Vandenhoeck & Ruprecht.

Goldberg, D. (2009). The interplay between biological and psychological factors in determining vulnerability to mental disorder. *Psychoanalytic Psychotherapy, 23*: 236–247.

Hill, J. (2009). Developmental perspectives on adult depression. *Psychoanalytic Psychotherapy, 23*: 200–212.

Hill, J., Pickles, A., Burnside, E., Byatt, M., Rollinson, L., Davis, R., & Harvey, K. (2001). Sexual abuse, poor parental care and adult depression: evidence for different mechanisms. *British Journal of Psychiatry, 179*: 104–109.

Johnstone, M. (2006). *Living with a Black Dog: His Name is Depression*. Kansas City: Andrews & Mcmeel.

Katz, C. L. (2003). Book review. Does Stress Damage the Brain? Understanding Trauma Related Disorders from a Mind–body Perspective, by J. Douglas Bremner, Norton/New York, 2002. *Journal of the American Academy of Psychoanalysis, 31*: 732–735.

Kendler, K. S., Gatz, M., Gardner, C. O., & Pederson, N. L. (2006). A Swedish national twin study of lifetime major depression. *American Journal of Psychiatry, 163*: 109–114.

Kernberg, O. F. (2000). Mourning and melancholia: eighty years later. In: H. Sandler, R. Michels, & P. Fonagy (Eds.), *Changing Ideas in a Changing World. The Revolution in Psychoanalysis. Essays in honour of Arnold Cooper* (pp. 95–102). London: Karnac.

Leuzinger-Bohleber, M. (1989). *Veränderung kognitiver Prozesse in Psycho—analysen. Bd.2.: Fünf aggregierte Einzelfallstudien*. Berlin: Springer.

Leuzinger-Bohleber, M. (1995). Die Einzelfallstudie als psychoanalytisches Forschungsinstrument. *Psyche, 49*: 434–481.

Leuzinger-Bohleber, M. (2001). The "Medea fantasy": an unconscious determinant of psychogenic sterility. *International Journal of Psycho—analysis, 82*: 323–345.

Leuzinger-Bohleber, M. (2010a). Psychoanalysis as a "science of the unconscious". Lecture to the IPA Anniversary Celebration: "Con temporary Perspectives on Psychoanalysis". London, 27 March.

Leuzinger-Bohleber, M. (2010b). Transgenerational trauma—an unexpected clinical observation in extra-clinical studies. Lecture given to the 36th annual meeting of the Canadian Psychoanalytic Society "100 years on the couch—psychoanalysts worldwide celebrate centenary of International Psychoanalytical Association". Toronto, 3–6 June.

Leuzinger-Bohleber, M. (2010c). Depression and trauma—a transgenerational psychoanalytical perspective. Lecture given to the 1 st IPA Asian Conference 2010 "Freud and Asia. Evolution and Change: Psycho—analysis in the Asian Context". Peking, 23 October.

Leuzinger-Bohleber, M. (2013). Facing the pain in psychoanalyses with severely traumatized chronic depressed analysands—new ways in conceptualization and treatment. Lecture given to the IPA congress in Prague, 1 August. Submitted to the *International Journal of Psycho analysis*.

Leuzinger-Bohleber, M. (2014). Working with severely traumatized analysands. *International Journal of Psychoanalysis* (in press).

Leuzinger-Bohleber, M., & Pfeifer, R. (2002). Remembering a depressive primary object? Memory in dialogue between psychoanalysis and cognitive science. *International Journal of Psychoanalysis, 83*: 3–33.

Leuzinger-Bohleber, M., & Pfeifer, R. (2013). Embodiment: Den Korper in der Seele entdecken. Ein altes Problem und ein revolutionares Kon zept. In: M. Leuzinger-Bohleber, R. Emde, & R. Pfeifer (Eds.), *Embodi ment—ein innovatives Konzept für Entwicklungsforschung und Psychoanalyse* (pp. 14–38). Gottingen: Vandenhoeck & Ruprecht.

Leuzinger-Bohleber, M., & Teising, M. (2012). "Without being in psychoanalysis I would never have dared to become pregnant": psychoanalytical observations in a multidisciplinary study concerning a woman undergoing prenatal diagnostics. *International Journal of Psychoanalysis, 93*: 293–315.

Leuzinger-Bohleber, M., Bahrke, U., & Negele, A. (Eds.) (2013). *Chronische Depression. Verstehen—Behandeln—Erforschen*. Gottingen: Vandenhoeck & Ruprecht.

Leuzinger-Bohleber, M., Bahrke, U., Beutel, M., Deserno, H., Edinger, J., Fiedler, G., Haselbacher, A., Hautzinger, M., Kallenbach, L., Keller, W., Negele, A., Pfenning-Meerkotter, N., Prestele, H., Strecker-von Kannen, T., Stuhr, U., & Will, A. (2010). Psychoanalytische und kognitivverhaltenstherapeutische Langzeittherapien bei chronischer Depression: Die LAC-Depressionsstudie. *Psyche—Z Psychoanal, 64*: 782–832.

Leuzinger-Bohleber, M., Belz, A., Caverzasi, E., Fischmann, T., Hau, S., Tsiangtis, J., & Tzavaras, N. (2008). Interviewing women and couples after prenatal and genetic diagnostics. In: M. Leuzinger-Bohleber, E. M. Engels, & J. Tsiantis (Eds.), *The Janus Face of Prenatal Diagnostics: A European Study Bridging Ethics, Psychoanalysis, and Medicine* (pp. 151–218). London: Karnac.

Leuzinger-Bohleber, M., Engels, E. M., & Tsiantis, J. (Eds.) (2008). *The Janus Face of Prenatal Diagnostics: A European Study Bridging Ethics, Psychoanalysis, and Medicine*. London: Karnac.

Leuzinger-Bohleber, M., Ruger, B., Stuhr, U., & Beutel, M. (2002). *"Forschen und Heilen" in der Psychoanalyse. Ergebnisse und Berichte aus Forschung und Praxis*. Stuttgart: Kohlhammer.

Leuzinger-Bohleber, M., Ruger, B., Stuhr, U., & Beutel, M. (2003). How to study the "quality of psychoanalytic treatments" and their long-term effects on patients' well-being: a representative, multi-perspective follow-up study. *International Journal of Psychoanalysis, 84*: 263–290.

Makari, G. (2008). *Revolution in Mind: The Creation of Psychoanalysis*. London: Duckworth.

McQueen, D. (2009). Depression in adults: some basic facts. *Psychoanalytic Psychotherapy, 23*: 225–235.

Meyer, A. -E. (1993). Nieder mit der Novelle als Psychoanalysedarstellung—Hoch lebe die Interaktionsgeschichte. In: U. Stuhr & F. W. Deneke (Eds.), *Die Fallgeschichte. Beiträge zu ihrer Bedeutung als Forschungs—instrument* (pp. 61–84). Heidelberg: Asanger.

Rutter, M. (2009). Gene-environment interactions: biologically valid pathway or artifact? *Archives of General Psychiatry*, *66*: 1287–1289.

Schulte-Korne, G., & Allgaier, A. -K. (2008). Genetik depressiver Storungen. *Zeitschrift für Kinder—und Jugendpsychiatrie und Psycho therapie*, *36*: 27–43.

Skalew, B. (2006). Trauma and depression. *International Journal of Psycho analysis*, *87*: 859–861.

Spence, D. P. (1982). *Narrative Truth and Historical Truth: Meaning and Interpretation in Psychoanalysis*. New York: Norton.

Spitz, R. (1946). Anaclitic depression. *Psychoanalytic Study of the Child*, *2*: 313–341.

Stuhr, U., Leuzinger-Bohleber, M., & Beutel, M. (Eds.) (2001). *Langzeit-Psychotherapie. Perspektiven für Therapeuten und Wissenschaftler*. Stuttgart: Kohlhammer.

Suomi, S. (2010). Trauma and epigenetics. Lecture given at the 11th Joseph Sandler Research Conference: Persisting shadows of early and later trauma. Frankfurt am Main, 7 February.

Taylor, D. (2010). Das Tavistock-Manual der psychoanalytischen Psycho—therapie—unter besonderer Berucksichtigung der chronischen Depression. *Psyche—Z Psychoanal*, *64*: 833–861.

Terr, L. C. (1994). *Unchained Memories: True Stories of Traumatic Memories, Lost and Found*. New York: Basic Books.

Thoma, H., & Kachele, H. (1985). *Lehrbuch der psychoanalytischen Therapie*. New York: Springer.

Tuckett, D. (Ed.) (2008). *Psychoanalysis Comparable and Incomparable: The Evolution of a Method to Describe and Compare Psychoanalytic Approaches*. London: Routledge.

Varvin, S. (2003). *Mental Survival Strategies after Extreme Traumatization*. Copenhagen: Multiverse.

Westenberger-Breuer, H., & Maccarrone Erhardt, R. (2010). Ich mochte vor allem meine Ruhe haben … Der depressive Ruckzug. In: M. Leuzinger-Bohleber, K. Rockerath, & L. V. Strauss (Eds.), *Depression und Neuroplastizität. Psychoanalytische Klinik und Forschung* (pp. 186–197). Frankfurt: Brandes & Apsel.

Winnicott, D. W. (1965). *The Maturational Processes and the Facilitating Environment*. London: Hogarth Press.

Zaretsky, E. (2004). *Secrets of the Soul: A Social and Cultural History of Psychoanalysis*. New York: Knopf.

CAPÍTULO SEIS

Aportes a la observación. Algunas reflexiones acerca del valor del Modelo de los tres niveles para estudiar los cambios

Siri Erika Gullestad

Observación e interpretación

En su trabajo *Introducción del Narcisismo* Freud discute las diferencias entre una teoría especulativa y una teoría erigida sobre la interpretación empírica (Freud, 1914). Dice: "Esta última no envidiará a la especulación el privilegio de una fundamentación tersa, incontrastable desde el punto de vista lógico", sino que "se contentará con unos pensamientos básicos que se pierden en lo nebuloso y apenas se dejan concebir; espera aprehenderlos con mayor claridad en el curso de su desarrollo en cuanto ciencia y, llegado el caso, está dispuesta a cambiarlos por otros. Es que tales ideas no son el fundamento de la ciencia, sobre el cual descansaría todo; lo es, más bien, la sola observación. No son el cimiento sino el remate del edificio íntegro, y pueden sustituirse y desecharse sin perjuicio" (Freud, ibídem, p. 75). Esta formulación implica que: 1) El psicoanálisis es fundamentalmente una ciencia empírica. El punto de partida para sus conceptos es la observación clínica. 2) La ciencia psicoanalítica es consciente del hecho de que sus conceptos son provisorios e imperfectos y están en continuo desarrollo hacia una mayor precisión. Al mismo tiempo, cuando resulta necesario, está preparado para remplazar los conceptos ya existentes por nuevos.

Con esta máxima Freud establece una actitud de principios hacia el psicoanálisis como disciplina y demuestra un acercamiento a la investigación caracterizado por la apertura, flexibilidad y respeto fundamental por la observación objetiva. Para Freud la teoría está al servicio de la práctica clínica —no al revés—. Cada concepto psicoanalítico comienza y finaliza en la observación.

Por supuesto esto no significa que el clínico opere sin teoría, o que la teoría aparezca en segundo lugar. Por el contrario, la teoría define la perspectiva de la escucha del terapeuta —es a través de la teoría que las observaciones se vuelven "psicoanalíticas"— "… No hay hechos clínicos no conceptualizados" (Schafer, 1994, s. 1024, traducción mía). Es decir, no hay observación que en ningún sentido absoluto quede fuera del marco teórico dentro del cual se percibe. El terapeuta es guiado por un marco de referencia que contiene hipótesis sobre el desarrollo de la personalidad, la psicopatología y el cambio. Además, las teorías privadas del analista y la *Weltanschauung* subjetiva también jugarán su rol. La observación clínica siempre está integrada a lo que la ciencia hermenéutica llama *Vorverständnis* (pre-comprensión) (Heidegger, 1927; Gadamer, 1960). Por lo tanto, también es cierto que la teoría está primero. Sin embargo, poner énfasis en el rol de la teoría en la observación no es para nada lo mismo que decir que la teoría y la observación son la misma cosa. Por el contrario, esto debería guiarnos hacia una actitud mucho más cuidadosa sobre lo que consideramos datos psicoanalíticos.

A menudo esta actitud cuidadosa ha escaseado en el campo del psicoanálisis. Parece justificado decir que en las presentaciones de casos psicoanalíticos no siempre se presta atención a la distinción entre observación e interpretación. Por ejemplo, el cambio terapéutico puede estar descrito en términos del paciente habiendo llegado a una "posición depresiva" —sin referencia al tipo de dato observacional sobre el que se basa esta afirmación. En casos como ese el lector está obligado a confiar en el presentador del caso, sin contar con la posibilidad de hacer su propia evaluación de lo sucedido. Con demasiada frecuencia las discusiones son insuficientes; quedamos bien impresionados con la retórica del "buen caso", aceptando propuestas apoyadas en viñetas clínicas, cuidadosamente seleccionadas, que confirman el punto de vista teórico del autor.

Durante la década de 1990 se reconoció este estado de cosas como un gran problema para el desarrollo del psicoanálisis como ciencia. En las reuniones de conmemoración de los 75 años de *The International*

Journal of Psychoanalysis se discutió este problema bajo el título "conceptualización y comunicación de casos clínicos". David Tuckett, entonces Editor de la revista, afirma que hemos tenido una tendencia colectiva a ignorar las cuestiones de validez de nuestra comprensión clínica y que nuestro "nivel de observación, de clarificar la distinción entre observación y conceptualización, así como nuestro nivel al discutir y debatir nuestras observaciones, son extraordinariamente bajos" (Tuckett, 1994, p. 865, traducción mía). Como consecuencia, el objetivo debería ser, p. ej. en las presentaciones de caso, distinguir entre observación e interpretación y "colectivamente dar pasos para aclarar nuestro foco de observación e información, nuestros estándares de evidencia e ilustración clínica" (ibídem, p. 869, traducción mía). Ciertamente, la creación de los Grupos de Trabajo Clínico (*Clinical Working Parties*) por Tuckett en el año 2000 (Tuckett et al., 2008) fue un gran paso en esta dirección, así como lo fue su iniciativa de establecer criterios más rigurosos para hacer informes y para la publicación de los estudios de caso.

Método de Observación Clínica

La formación del Comité de Observación Clínica (*Project Committee on Clinical Observation and Testing*) y el desarrollo del Modelo de los tres niveles para observar las transformaciones del paciente (véase Bernardi, capítulo uno) representan otro paso importante hacia la realización del objetivo de perfeccionar la observación, conceptualización y comunicación de los datos clínicos psicoanalíticos. Uno de los focos específicos del trabajo de grupo de este proyecto es el estudio detallado del cambio terapéutico, o sea, los procesos de transformación de los pacientes en tratamiento psicoanalítico. Como dice Leuzinger-Bohleber (véase capítulo cinco), un objetivo secundario es demostrar, también al mundo exterior y a las autoridades de la salud mental, que nuestro método es capaz de ayudar a los pacientes que sufren dolor psíquico.

Un grupo de observación clínica normalmente trabaja con dos sesiones analíticas completas (véase Bernardi, capítulo uno), una de una etapa temprana del tratamiento y otra de una etapa posterior, con el objetivo de evaluar posibles transformaciones. Debe ponerse énfasis en cuatro ventajas de este método de trabajo, que se discutirán bajo los siguientes subtítulos: 1. Apertura del consultorio analítico; 2. Material de diálogo; 3. Una cultura de argumentación; y 4. Cambio terapéutico.

Apertura del consultorio analítico

En primer lugar, esta manera de presentar el material clínico "abre" el consultorio analítico. Cada participante es invitado a un diálogo muy privado e íntimo entre el paciente y el terapeuta. Frecuentemente el tratamiento psicoanalítico está rodeado de misterio, y a menudo el psicoanálisis es visto por el mundo exterior, así como por colegas de otras orientaciones teóricas, como una "hermandad secreta". Presentar informes de casos de los procesos de transformación más completos permite una demostración meticulosa de lo que sucede realmente. Obviamente esto es también un pre-requisito para la investigación clínica. Evidentemente, esta manera de exponer el material clínico pone al analista en una posición vulnerable, revelando su self profesional "desnudo", y por lo tanto con la potencialidad para revelar sus propios defectos. Hacer esto presupone una atmósfera de respeto. Según mi experiencia, uno de los grandes logros de los grupos de observación clínica es crear un clima de seguridad, que les permita a los analistas presentar material clínico auténtico.

Material de diálogo

Como se dijo antes, demasiado a menudo los estudios de caso se presentan a través de viñetas seleccionadas que no le permiten al lector formar su *propio* juicio sobre lo que está pasando en el tratamiento —el lector/oyente está a merced de la interpretación del analista—. Por el contrario, los grupos de observación clínica trabajan con el material crudo del diálogo terapéutico, lo que realmente se dice y se expresa entre las dos partes.

Una cultura de argumentación

Frente al material concreto del diálogo terapéutico, los participantes del grupo, que normalmente provienen de diferentes orientaciones teóricas, "verán" el material a través de diferentes "lentes" conceptuales. Es muy importante el hecho de que cuando un participante afirma que ve una parte específica del diálogo como una expresión de, p. ej., cambio significativo, normalmente se le pide que indique cuál es la base observacional de lo que "ve", haciendo posible de esa manera que otros participantes expresen su desacuerdo. En suma, se les pide a los participantes que justifiquen su interpretación —explicitar *por qué* pensaron lo que pensaron—. De esta manera todos los participantes tienen que intentar resolver por qué están de acuerdo o en desacuerdo sobre lo que están viendo al hacer un juicio en un caso específico —aclarando y volviendo a aclarar—, creando así una cultura de argumentación e indagación. Este proceso es análogo a la *validación psicoanalítica de expertos* desarrollada por Leuzinger-Bohleber en un estudio fecundo de seguimiento del tratamiento psicoanalítico (Leuzinger-Bohleber et al., 2003, también descrito en el capítulo cinco). El método fue elaborado para tratar con las carencias de los informes de caso mencionadas más arriba (puntos de vista herméticamente cerrados, argumentos de autoridad, etc.) y representa una contribución fundamental para mejorar la investigación clínica —que tanto se necesita en el campo psicoanalítico actual—.

Cambio terapéutico

Ciertamente, para ser relevante, el cambio terapéutico tiene que estar relacionado con los objetivos de un tratamiento específico. Como demostraron Sandler y Dreher (1996), el psicoanálisis nunca ha podido formular objetivos de tratamiento precisos teóricamente con los cuales haya un acuerdo general, aunque haya habido varios intentos en ese sentido —p. ej., "liberación de libido", "posición depresiva", "tolerancia de ambigüedad", "habilidad para la auto-observación", etc— Además, es un problema el hecho de que, a menudo, los objetivos están articulados en un nivel teórico abstracto, sin una operacionalización adecuada. En la situación clínica cotidiana, sin embargo, la atención del analista se dirige hacia las transformaciones en los problemas específicos del paciente. Por ejemplo, el problema de presentación de un paciente, cuando comienza el tratamiento, puede ser inseguridad crónica. En situaciones sociales, ese paciente continuamente busca qué se espera de su comportamiento y se fija en la reacción del resto de la gente hacia él. Siempre tiene el radar prendido —una vigilancia extrema—. Al evaluar las transformaciones durante el proceso, esta vigilancia constituirá un estándar. El foco cambia al *nivel micro*: ¿El paciente está ahora menos ansioso como para representar su *propio* self con más autonomía? ¿Tiene una voz más fuerte, una mirada más directa? Los cambios a nivel micro, que constituyen los principales datos observacionales del terapeuta, pueden agruparse en categorías superiores, p. ej. la relación con los demás, la relación consigo mismo, flexibilidad de defensas (Gullestad & Killingmo, 2013). Desde mi punto de vista, una ventaja específica del Modelo de los tres niveles es que el material de diálogo en crudo hace posible ese microanálisis del cambio —tomando al paciente como su propio estándar—.

Soltar las lágrimas

El caso presentado por Marianne Leuzinger-Bohleber en este libro (véase capítulo cinco) ofrece una rica ilustración de cómo puede documentarse el cambio. El caso del Sr. W. demuestra cómo un estado del self seriamente traumático se reactivó, y posteriormente transformó, en la transferencia con la analista. El Sr. W. ingresó a un hogar adoptivo autoritario e inhumano a los 4 años, dando como resultado un estado de apatía total, enfermedad grave y desesperación de ser dejado solo. Sus sueños revelaban un mundo interno en el que se sentía en peligro mortal. Una fase significativa del análisis es cuando el paciente puede expresar más abiertamente sus sentimientos de desesperación. Luego de una semana de vacaciones de la analista, antes de la cual el Sr. W. parecía bastante seguro de sí mismo, el Sr. W. vuelve en un estado de completa desesperación: *"Estoy completamente destruido—todos los síntomas de mi cuerpo son insopor*tables. *No lo aguanto más, no puedo seguir viviendo"*. La analista se siente angustiada, impotente y desamparada.

Luego sigue este diálogo (de Leuzinger-Bohleber, capítulo cinco):

A.: "Ciertamente esta recaída fue una amarga decepción para usted— y una vez más yo no estaba disponible para usted. ¿También lo torturaron pensamientos de que el psicoanálisis no servía para nada?"

W.: "Sí, exacto: todo lo que conversamos aquí me parecía estar tan lejos, ser tan teórico ..."

A.: "¿Perdió su conexión interna conmigo?"

W.: "Sí, me sentí completamente solo —Ya no podía imaginarla: era una extraña para mí y de alguna manera totalmente irreal ..."

A.: "Probablemente parecido a como se sintió el Pequeño John cuando sus padres lo dejaron por varias semanas en el hogar."

(El Sr. W. mientras tanto había visto el CD de John de la lista antes mencionada de películas de Robertson, las cuales habíamos discutido en etapas más tempranas del tratamiento).

Para mí, este parece un momento de mucha significación. Aquí la analista aparece como un objeto que es capaz no solo de contener la desesperación del Sr. W. —que así enfrenta su dolor— sino también su desilusión por la falta de disponibilidad de la analista (*una vez más yo no estaba disponible para usted*), o sea, los sentimientos dirigidos hacia la analista. Cuando el Sr. W. dice *Sí, me sentí completamente solo* parece que por primera vez en su vida es capaz de expresar cómo se siente, no a través de síntomas corporales sino directamente a través de palabras claras. Suelta las lágrimas, en presencia de un objeto capaz de contenerlas. Paradójicamente, cuando el Sr. W. logra decirle a la analista que se siente solo y este sentimiento se encuentra con una intervención afirmativa (Killingmo, 2006) que apunta a demostrar afinidad, deja de estar solo. El Sr. W. ha sido aceptado.

Uno de los aspectos que ciertamente resulta valioso de este informe de caso es el registro incluido del proceso de transformación en el amplio material de diálogo. Leuzinger-Bohleber se focaliza específicamente en los cambios en los sueños del Sr. W. como un criterio de la transformación que ha tenido lugar. Sin embargo, el caso también puede servir para demostrar factores curadores cruciales del tratamiento psicoanalítico. El diálogo mencionado más arriba da cuenta vívida de cómo los sentimientos centrales de desesperación y total soledad, actualizados en el aquí y ahora, al ser contenidos —y analizados— por la analista, podrían ulteriormente ser contenidos por el propio Sr. W. Los cambios en las maneras de ser con el otro, como se expresa en la relación con la analista, preceden a los cambios en los sueños. Por consiguiente, el caso provee una rica imagen de en qué consiste el análisis y qué tipo de dinámicas de cura operan en el proceso terapéutico. Podría decirse que en el corazón del proceso yace una mayor integración de los afectos previamente escindidos.

Parecería que este caso también podría servir para ilustrar una diferencia entre el psicoanálisis y otros métodos, como la TCC (tratamiento cognitivo conductual), en lo que concierne a los objetivos del tratamiento. Mientras que los modelos de terapia cognitiva tienen el objetivo de corregir formas negativas de pensamiento, el tratamiento psicoanalítico procura una mayor tolerancia e integración de los estados afectivos del self. Al demostrar que la contención del afecto disfórico es adaptativa, el informe de caso dilucida una contribución específica del psicoanálisis para el tratamiento de la depresión.

Bibliografía

Freud, S. (1914). *Introducción del Narcisismo* (Vol. XIV). Buenos Aires, Amorrortu Editores.

[Freud, S. (1914c). On narcissism. An introduction. *S.E., 14*: 67–102. London: Hogarth.]

Gadamer, H. G. (1960). *Wahrheit und Methode.* Tubingen: J. C. B. Mohr.

Gullestad, S., & Killingmo, B. (2013). *Underteksten. Psykoanalytisk terapi i praksis.* (The Subtext. Psychoanalytic Therapy in Practice). Oslo: Universitetsforlaget.

Heidegger, M. (1927). *Sein und Zeit.* Tubingen: Max Niemayer.

Killingmo, B. (2006). A plea for affirmation. Relating to unmentalised affects. *Scandinavian Psychoanalytic Review, 29*: 13–21.

Leuzinger-Bohleber, M., Ruger, B. Stuhr, U., & Beutel, M. (2003). How to study the "quality of psychoanalytic treatments" and their long-term effects on patients' well-being: a representative, multi-perspective follow-up study. *International Journal of Psychoanalysis, 84*: 263–290.

Sandler, J., & Dreher, A. U. (1996). *What Do Analysts Want? The Problem of Aims in Psychoanalytic Therapy.* London: Routledge.

Schafer, R. (1994). The conceptualisation of clinical facts. *International Journal of Psychoanalysis, 75*: 1023–1030.

Tuckett, D. (1994). The conceptualisation and communication of clinical fact in psychoanalysis. *International Journal of Psychoanalysis, 75*: 865–870.

Tuckett, D. Basil, R., Birksted-Breen, D., Bohm, T., Denis, P., Ferro, A., Hinz, H., Jemstedt, A., Mariotti, P., & Schubert, J. (2008). *Psychoanalysis Comparable and Incomparable: The Evolution of a Method to Describe and Compare Psychoanalytic Approaches.* London: Routledge.

CAPÍTULO SIETE

La incidencia de nuestro modelo teórico en nuestro pensamiento clínico—trabajando con el tercer nivel del Modelo de los Tres Niveles*

Adela Leibovich de Duarte

El filósofo escocés David Hume afirmó en el *Treatise of Human Nature* (1739) que las personas necesitan comprender y explicar todo lo que observan porque esto hace que el mundo adquiera más sentido.

Esta necesidad intrínseca de entender y explicar el mundo que nos rodea incluye nuestra necesidad de reconocer y tratar de dar sentido a los otros con quienes compartimos o no percepciones y concepciones sobre el mundo. El reconocimiento de la otredad está intrínsecamente imbricado en nuestra comprensión general del mundo. Según Bowlby (1969, 1973) el procesamiento de la información tiene lugar en el contexto de nuestro "modelo de trabajo interno" que nos ayuda a percibir acontecimientos y construir planes para el futuro.

Nuestra subjetividad existe en un espacio intersubjetivo y, como plantea Mitchell (2000), una mente presume otras mentes. El encuentro analítico tiene lugar, precisamente, en un espacio intersubjetivo,

*Una version previa de este capítulo fue presentada originalmente en el Panel: *Clinical Observation projects for sustained inquiry into analytic sessions and therapeutic actions.* 47th Congress, International Psychoanalytic Association. México, D.F. México, agosto 5, 2011.

en tanto es el encuentro entre dos subjetividades diferentes que usualmente comparten un bagaje cultural común y un mismo lenguaje. El reconocimiento de la otredad está intrínsecamente implicado en nuestro trabajo clínico.

Como Bruner y Tagiuri señalan en su clásico trabajo "The perception of people" (1954), nosotros, como miembros de una comunidad que comparte un bagaje cultural y un mismo lenguaje, hemos construido durante nuestras vidas "teorías implícitas de la personalidad" (Sandler, 1983). Sobre la base de estas teorías hacemos inferencias, atribuimos intenciones, anticipamos y predecimos futuras conductas, en especial de quienes pertenecen a la misma cultura. Estas teorías implícitas incluyen un conjunto relativamente estable de supuestos y predicciones referidas a qué esperar de las personas con las que convivimos en la misma comunidad. Este esquema, que incluye estereotipos y convenciones sociales, nos permite comparar, juzgar nuestra semejanza con otros, encontrar constantes, establecer razones para atribuir intenciones, valores y motivos a la conducta propia y ajena, así como anticipar y predecir conductas futuras.

Hacemos juicios de valor, adjudicamos motivos, nos comparamos con otros para descubrir constantes, similitudes o diferencias. Atribuimos sentido a la conducta de otros, especialmente cuando percibimos esa conducta como atípica o inesperada.

Es necesario tener en cuenta que, dada nuestra socialización previa, comenzamos nuestra formación como analistas sustentando un conjunto de creencias y supuestos que revisamos, reconsideramos o modificamos tanto en nuestro análisis personal como en las supervisiones y en nuestra formación psicoanalítica sistemática.

Durante nuestra formación psicoanalítica hemos aprendido a escuchar a nuestros pacientes "más allá de la información dada" [*going beyond the information given*] dicho en palabras de Jerome Bruner (1957), es decir, en el proceso psicoanalítico tomamos en cuenta más información que la provista por el discurso verbal del paciente (Leibovich de Duarte, 2006, 2010). En este sentido, Freud fue el primero en desarrollar la idea de que cuando los pacientes hablan de sí mismos muestran y dicen más de lo que intentan decir.

Como propone Jiménez (2008), nuestro trabajo clínico es constructivista en su naturaleza. Un conjunto de supuestos conscientes y preconscientes, y consideraciones teóricas que forman parte de nuestro conocimiento implícito nos ayudan a comprender y organizar qué acontece en la situación analítica, y a reconocer y evaluar transformaciones a lo largo del proceso.

Diferentes factores entran en juego en nuestro trabajo analítico: factores de personalidad, entrenamiento, experiencia profesional, el conocimiento integrado en nuestro bagaje general, el balance transferencia-contratransferencia con el paciente y nuestra orientación teórica, para mencionar solo los más relevantes.

En la situación clínica, con la ayuda de los recursos teóricos y técnicos de los que disponemos como psicoanalistas, tratamos de comprender, descubrir o dar cuenta de las razones que subyacen a la conducta de otra persona. Es decir, intentamos sustentar nuestras hipótesis a través de la reiteración de datos significativos que las refuerzan, o a través de la convergencia de datos que les dan sentido. Del mismo modo, registramos todo lo que se presenta como relevante para confirmar nuestras conjeturas o para desviarlas hacia nuevas direcciones (Leibovich de Duarte, 1996).

Canestri considera que:

> [...] la cantidad de elementos de todo tipo y origen que contribuyen a la construcción de estas 'teorías' [*personales*] o modelos parciales no deben ser desestimados. Entre estos elementos están los contenidos específicos del inconsciente y preconsciente del analista, su *Weltanschaung*, la psicología del sentido común, su conexión a un grupo o escuela psicoanalítica, la calidad de esta conexión y su relación con las "autoridades" psicoanalíticas, sus creencias científicas y precientíficas, su elaboración personal de los conceptos de la disciplina, su contratransferencia, etc. [...] Si se toma debida cuenta de la especificidad de la práctica clínica puede verse que los conceptos en psicoanálisis no se establecen de una vez para siempre sino que están en continua transformación y reelaboración. (2006, pág. 13–14)[1]

Nuestro modelo teórico opera como un "andamiaje" (Schwaber, 1990), como un marco referencial. Funciona como un organizador de nuestro trabajo clínico, guiando nuestra escucha y contribuyendo a la inteligibilidad del material de nuestros pacientes, a la selección de las narrativas que resaltamos y privilegiamos para elaborar nuestras hipótesis e intervenciones. Nuestro modelo teórico facilita nuestra comprensión y ofrece consistencia y coherencia a la lectura de los materiales de los pacientes en la que basamos nuestras interpretaciones.

Las teorías psicoanalíticas nos proveen de estructuras cognitivas para percibir, aprehender, decodificar y organizar la experiencia intersubjetiva en la situación clínica. Nos aportan categorías mediadoras que facilitan nuestra comprensión del mundo interno del paciente, así como recursos técnicos que, a su vez, posibilitan la interpretación.

El lugar donde nos ubiquemos para hacer nuestras intervenciones y anticipar posibles transformaciones en el proceso psicoanalítico dependerá, en parte, de esas coordenadas teórico-técnicas.

Un proceso psicoanalítico fluido requiere de nuestra parte un movimiento dialéctico permanente entre nuestro trabajo clínico y nuestra "teorización libremente flotante" (Aulagnier, 1979).

Nuestro modelo teórico-técnico tanto explícito como implícito funciona como un soporte referencial activo sobre el cual basamos nuestras observaciones y construimos nuestras hipótesis clínicas. Es un aspecto intrínseco de nuestra identidad profesional (Leibovich de Duarte, 2006).

En este sentido, Bohleber (2012) considera que "El afán por aprender y aplicar principios y procedimientos técnicos consensualmente validados se acompaña con el deseo de pertenecer a un grupo o escuela de pensamiento psicoanalítico" (pág. 2).[2]

Sandler (1983) nos muestra que el analista es el portador "implícito" de "teorías privadas" que inciden sobre aquello que escucha y selecciona del material provisto por el paciente durante la sesión, quien naturalmente tiene sus propias teorías privadas. Escribió:

> A medida que incrementa su experiencia y se vuelve más competente, el analista construirá preconscientemente (descriptivamente hablando, inconscientemente) una gran variedad de segmentos teóricos directamente relacionados con su trabajo clínico. Ellos son productos del pensamiento inconsciente, teorías, modelos o esquemas muy parciales que tienen la cualidad de permanecer disponibles en reserva, digamos, para ser convocados cuando sea necesario. No hay problema en que se contradigan entre sí. Coexisten felizmente en tanto permanezcan inconscientes. (pág. 38)[3]

Nuestra identidad teórica funciona como un organizador de nuestro trabajo clínico, como Freud lo expresa claramente en el siguiente párrafo de su Conferencia 27 "Transferencia" (1917):

> "Si yo les digo:" miren al cielo, se ve un aeróstato" ustedes lo descubrirán mucho más fácilmente que si me limito a exhortarlos a que busquen con la mirada para ver si hallan alguna cosa. También el estudiante que mira por primera vez con un microscopio es instruido por el profesor acerca de lo que debe ver; de lo contrario no ve nada, aunque eso esté visible ahí". (p. 398)

La preocupación permanente de Freud fue mantener al psicoanálisis protegido de ataques externos y escisiones internas. Su aspiración fue el desarrollo y crecimiento del "movimiento psicoanalítico" enriquecido con las contribuciones de seguidores leales, dedicados y disciplinados que expandieran la teoría y la técnica psicoanalíticas sin desviarse de la tronco principal.

Wallerstein (1988) plantea que a pesar de la existencia de múltiples perspectivas teóricas el psicoanálisis está unificado en tanto tiene una base común [*common ground*] en su teoría clínica compartida por todas las meta psicologías.

Sin embargo, una pregunta que debe plantearse es si los psicoanalistas —aun quienes pertenecen a la misma escuela— al usar el mismo concepto aluden a lo mismo. En otras palabras, ¿existe la confirmación intersubjetiva en psicoanálisis? Puede ser difícil aclarar el vínculo entre los postulados teóricos y el significado que éstos pueden tener en el curso de una sesión psicoanalítica. Lo que un psicoanalista básicamente maneja son datos semióticos y esto nos lleva al problema de la coexistencia de códigos privados y compartidos, estos últimos en mayor o menor grado. Una revisión de la literatura psicoanalítica muestra claramente que ciertos conceptos provenientes de códigos compartidos no reciben el mismo significado ni siquiera de miembros del mismo grupo teórico.

En relación con este tema, Bernardi (1989) dice:

> "Prosiguiendo el análisis, parece difícil poder encontrar un solo término que sea usado con el mismo sentido por las tres teorías, aunque sus autores utilicen la misma palabra. Por ejemplo: pulsión,

> inconsciente, represión, yo, ello, Edipo, etc. Al pasar de una teoría a la otra se produce una modificación de su sentido, el cual se vuelve no conmensurable con el que tenía en el contexto anterior. Más claro aún son los casos de intraducibilidad". (p. 906)

Hay varias publicaciones dedicadas a mostrar cómo el mismo material clínico puede ser comprendido desde diferentes teorías psicoanalíticas.

En 1987 Sydney Pulver editó un número completo del *Psychoanalytic Inquiry* centrado en cómo la teoría da forma a la técnica. Se incluyeron artículos escritos por siete reconocidos psicoanalistas pertenecientes a diferentes escuelas teóricas, en los que presentaban su punto de vista sobre el mismo material clínico.

Pulver formula una "inevitable conclusión": "la orientación teórica de un analista tiene un marcado impacto en su forma de pensar acerca de los pacientes y en su forma de trabajar con ellos" (pág. 289).[4]

En la misma dirección, Virginia Hunter editó en 1994 el libro *Psychoanalysts talk* en el que once reconocidos psicoanalistas de diferentes orientaciones teóricas se dieron a la tarea de comprender desde sus propias perspectivas el mismo material clínico.

En un estudio sobre las similitudes y diferencias en la producción de inferencias clínicas sobre el mismo material clínico realizadas por psicoanalistas y terapeutas cognitivos, se encontró que la adhesión a una escuela teórica particular de pensamiento no se veía reflejada en la naturaleza de los indicios seleccionados por los psicoterapeutas, pero las diferencias teóricas sí aparecían en el modo en que dichos indicios eran organizados y explicados. Sus inferencias clínicas fueron diferentes, en especial basadas en sus diferentes marcos referenciales teóricos (Leibovich de Duarte et al., 2002, Leibovich de Duarte, 2010). El marco referencial teórico colorea la manera en que se interpreta el material clínico, permite la configuración de los datos y la atribución de sentido a los mismos (Roussos, A. y Leibovich de Duarte, A., 2002; Roussos, A., Boffi Lissin, L. y Leibovich de Duarte, A., 2007).

Dado que no hay fórmulas establecidas o reglas específicas para hacer inferencias en psicoanálisis, existe un amplio espacio para que los psicoanalistas desplieguen su estilo cognitivo o su modo de percibir y procesar información en su trabajo clínico. Más aun, la evidencia indica que psicoanalistas que comparten el mismo marco teórico a menudo no pueden acordar en sus juicios clínicos sobre el mismo material clínico. La interpretación de material clínico no es una cuestión de aplicación mecánica de reglas; por el contrario, depende sobre todo, de las habilidades del analista para descubrir, integrar y explicar indicios significativos. Es necesario un paso inferencial para organizar de una nueva manera la evidencia recolectada.

Los psicoanalistas ponemos en juego nuestro proceso inferencial clínico para decodificar y elaborar hipótesis sobre la producción del paciente. Es un proceso afectivo— cognitivo que involucra conectar, reorganizar y posiblemente enunciar algo no dicho. Mediante este proceso los datos comienzan a cobrar sentido. Durante una sesión escuchamos y observamos, decodificamos, seleccionamos, priorizamos, clasificamos, comparamos, relacionamos y retenemos mensajes lingüísticos y paralingüísticos; asociamos, notamos recurrencias y discrepancias, integramos, anticipamos y, atentos a la riqueza polisémica y a los múltiples niveles del texto del paciente, ingresamos a diversas cadenas asociativas. Los mensajes verbales y no verbales del paciente se complementan con nuestras propias impresiones, reflexiones e insights. Así podemos confirmar, rechazar o modificar nuestras hipótesis en el curso de un análisis. Ciertos datos solo se vuelven relevantes con el tiempo, mientras aparecen nuevos detalles que echan nueva luz sobre materiales previos; alguna información se combina y enriquece el material del paciente mientras otros datos se vuelven irrelevantes y se esfuman.

De esta manera un psicoanalista es capaz de actualizar constantemente su registro acerca de qué dice el paciente durante la sesión. Cuando ciertos indicadores e indicios se vuelven significativos, se ve el funcionamiento intrapsíquico e interpersonal del paciente desde una nueva perspectiva; se organizan significados anteriores y se ve al paciente bajo una nueva luz. Las digresiones del analista no siempre se convierten en una interpretación verbal dirigida el paciente.

Bion (1992) expresa cómo trabaja su proceso inferencial con esta clara metáfora:

> "He descubierto que es importante contemplar cada sesión, no importa lo familiar que parezca ser el material, como si uno estuviera observando los elementos de un caleidoscopio antes de que se remuevan formando un modelo definido. La tentación siempre es cortar prematuramente la fase de incertidumbre y ponerse a suponer acerca de lo que el paciente está diciendo". (1996, p. 314)

El panorama de pluralismo teórico es un hecho sobre el que Bernardi (1992) ha escrito:

> "El pluralismo en psicoanálisis es en primer lugar un hecho; es también un triple espacio: institucional, epistemológico y mental en el cual podemos dar cabida a ese hecho. El principal desafío que nos propone el pluralismo, no consiste en poder limitar o reducir las diferencias, sino en poder convertirlas en objeto de estudio, y en lograr aprender de ellas. Una mejor comprensión de las diferencias a nivel de las teorías implícitas privadas de cada analista y de los fenómenos que ocurren cuando estas distintas perspectivas, propias de la realidad psíquica de cada persona se ponen en contacto estrecho entre sí, significará, en mi opinión, un avance para el conocimiento psicoanalítico". (pág. 452)[5]

A continuación presento un ejemplo de cómo fueron usadas las teorías para comprender y explicar transformaciones durante el proceso psicoanalítico utilizando el Modelo de los Tres Niveles para la Observación de Transformaciones en Pacientes. En relación con dicho modelo, Bernardi (2011) claramente explica que:

> Las transformaciones que ocurren durante el análisis tienen múltiples aspectos y generan un amplio rango de interrogantes: ¿qué cambios? ¿cómo ocurre el cambio? ¿cuándo? ¿por qué? Estos problemas han sido extensamente tratados en la literatura. El objetivo aquí no es responder estas preguntas sino investigar de qué manera una mejor observación clínica puede contribuir al avance en el estudio de las respuestas a esas preguntas.
>
> El modelo es básicamente heurístico para refinar, sistematizar y conceptualizar observaciones clínicas. Puede ser usado en un proceso personal de reflexión o deliberación cuando el analista considera necesario tener una "segunda mirada" (Baranger) sobre el material. También puede ser usado como una guía abierta para discusiones de grupos que quieren intensificar la observación clínica a través del análisis sistemático de un material clínico. (Bernardi, 2011)[6]

En junio de 2011 tuve el privilegio de participar en Montevideo en un grupo organizado por Marina Altmann, coordinadora del Comité de

Observación Clínica (IPA). Se trataba de un grupo de psicoanalistas con experiencia que trabajó durante todo un día sobre tres sesiones de Irina, una paciente presentada por un miembro del grupo.

La analista presentó a su paciente adolescente, Irina, y leyó cuatro sesiones en diferentes momentos del encuentro: las primeras dos sesiones, una del noveno mes y otra del decimoctavo mes de tratamiento. En su claro y sensible relato del análisis de Irina, la analista compartió con el grupo los problemas y preocupaciones de la paciente, sus expresiones no verbales y emocionales, así como sus respuestas transferenciales. La analista también compartió sus pensamientos personales, sus insights e interpretaciones.

Las sesiones de la paciente fueron analizadas utilizando los niveles 1 y 2 del Modelo de los Tres Niveles de Transformaciones del Paciente (ver Bernardi, capítulo 1 de este libro) y la última parte de la reunión se dedicó a tratar de comprender los cambios en Irina utilizando conceptos psicoanalíticos para explicarlos, focalizando en el nivel 3 del mencionado modelo.

Como Bernardi plantea en este libro (ver capítulo 1) "mientras los dos primeros niveles intentan describir qué ha cambiado, el propósito del tercer nivel es comprender cómo y por qué han ocurrido los cambios (o no han ocurrido) …", y agrega:

> "Se pide a los participantes que propongan hipótesis alternativas o puntos de vista provenientes de su propio marco teórico y técnico. No se discuten los diferentes abordajes en sí mismos sino su contribución al proponer modos alternativos de interpretar el material. Desde un punto de vista heurístico estas nuevas hipótesis pueden sugerir la revisión de lo discutido en los niveles previos evaluando cuán convincentes y fructíferas son las diversas hipótesis".

¿Cómo comprendió y explicó el grupo los cambios en Irina?

El grupo se focalizó en la evolución de la paciente tratando de comprender y explicar las transformaciones durante el proceso analítico. Se formularon diferentes inferencias clínicas referidas a las sesiones de Irina.

Presentaré brevemente solo algunas de las inferencias clínicas explicativas producidas por algunos miembros del grupo.

¿Qué dijeron los participantes en relación con la paciente? (Ver nivel 1 y 2) Voy a citar —como dije— sólo algunas consideraciones hechas por ellos.

Un analista consideró que:

> "Con relación al tema del cambio pienso que fue posible porque la analista funcionó como continente en términos de Bion. Esto hizo posible la regulación afectiva. La paciente tiene altos y bajos, y la analista le ayuda a contener sus afectos positivos y negativos usando las ideas de Bion y de la Escuela Inglesa. En términos de la Escuela Francesa pensé acerca de la identificación narcisística de la paciente con su madre. Puedo verlo desde el lado imaginario con un énfasis en la figura narcisística, todo brillo, sin deficiencias".

Otra analista expresó:

> "No tengo dudas de que la madre es parte del problema. Pero pienso que su deseo de autonomía es muy fuerte. Es su búsqueda. Uno puede decir, en un estilo francés, que ella estaba prisionera del Imaginario de su madre y está tratando de escapar".

Otra analista recurrió a las ideas de Erik Erikson y dijo:

> "Erikson hubiera dicho que esta adolescente está en el proceso de búsqueda de su identidad. Está construyendo con algunas dificultades su identidad. Él área del cuerpo es la más difícil para ella y es donde siente que fracasa. '¿Quién soy?' para otros, cuál es la primera impresión que otra gente tiene de mí. Y esto es central para ella. El problema no es si ella es gorda o si se percibe como gorda, sino cómo me perciben los otros y cómo esto es parte básica de sus dificultades relacionales con los varones. Eso que ella considera su gordura le impide relacionarse con otros, aceptar cualquier aproximación física. 'No me toques' son sus palabras. Pienso que durante su tratamiento psicoanalítico está siendo capaz de regular su autoestima y lentamente construir una identidad más realista".

Más tarde el grupo hizo el ejercicio de leer, una después de otra, todas las interpretaciones hechas por la analista. Entonces el grupo observó que la analista estaba explorando el campo detalladamente y resultó que en la sesión de los dieciocho meses, la analista interpretó la rivalidad de la paciente cuando la paciente habló de la "analista gorda". El grupo consideró esto como un desplazamiento de la figura de la madre a la analista.

Un miembro del grupo dijo:

> "La paciente necesitó construir en la analista una imagen de sí misma en la que pudiera reconocerse para ser capaz de establecer una relación más coherente con su propio cuerpo. Todo esto está relacionado con su cuerpo libidinal y no con el cuerpo cortado que aparece en su 'sueño de los brazos cortados'. Ella necesita encontrar otro modo de relacionarse con su cuerpo y consigo misma, otro camino que le permita un mejor trabajo con sus identificaciones primarias y secundarias. Todo esto tiene que ver con narcisismo y Edipo".

En relación con el tema importante de cómo la paciente regula sus impulsos, se dijo lo siguiente:

> "Ella tiene representaciones preconscientes sin ninguna posibilidad de comunicación interna".
>
> "Ella necesita dejar de funcionar como 'una hoja en el viento'" o como un "videoclip".
>
> "La paciente tiene un self no integrado, ésta es su patología".

El grupo consideró que la analista fue una buena figura continente, capaz de ofrecer a la paciente un soporte sólido. El rol de la analista fue descripto en los siguientes términos:

> "Usando las nociones de Winnicott y Green considero que la analista fue *capaz de tolerar* los ataques de la adolescente a su narcisismo. Esto posibilitó la continuidad del análisis".
>
> ¿Cuáles fueron para el grupo las ideas que guiaron el trabajo de la analista durante las sesiones?

Con relación a este punto, éstas fueron algunas de las intervenciones de los miembros del grupo:

> "Sus hipótesis de cambio se basaron en la teoría del campo de los Baranger". (Baranger y Baranger, 1961–62)

"Cuando uno analiza las diferentes intervenciones e interpretaciones de la analista, puede apreciar sus hipótesis acerca del cambio. La paciente está buscando identificaciones válidas".

"Las hipótesis de la analista: trabajar desde el cuerpo para encontrar las problemáticas centrales en la paciente —su femineidad, su conflicto identitario. Identificación con el cuerpo femenino".

En relación con las hipótesis de cambio sobre las que la analista trabajó con la paciente, el grupo infirió que se basaron en ideas de Willy y Madelaine Baranger, Donald Winnicott, Wilfred Bion y Pierre Marty.

Como los ejemplos previos ilustran, las intervenciones de los participantes reflejaron sus abordajes teóricos implícitos o explícitos. Wilfred Bion, André Green, Erik Erikson y Donald Winnicott fueron los autores principalmente mencionados como referentes.

Una analista de América del Norte, miembro de nuestro comité, Margaret Ann Fitzpatrick-Hanly, después de leer las sesiones de Irina formuló las siguientes hipótesis explicativas de los cambios de Irina:

1. "La importancia de la interpretación transferencial de la analista y su contención de los ataques a su narcisismo están vinculadas al hecho de que Irina está prisionera del Imaginario de su madre.
2. La contención de la analista a los ataques ayudaron a la paciente a regular sus afectos y permitieron que emerjan pensamientos más oscuros.
3. La creciente habilidad de Irina para tolerar un rango más amplio de afectos posibilitó un cambio en sus sueños y permitió que pudiera comunicarlos y asociar con ellos.
4. Irina fue ayudada por la analista a regular su autoestima (relacionado con la pregunta eriksoniana sobre la identidad '¿quién soy?') y comprender que estaba entrampada en focalizarse en qué pensaban los otros".

Estos ejemplos de hipótesis explicativas producidas por psicoanalistas expertos ilustran la incidencia de nuestro modelo teórico-técnico implícito y explícito sobre la forma en que configuramos nuestras observaciones clínicas. Las inferencias clínicas producidas por los participantes expresaron diversas perspectivas y abordajes teóricos que finalmente enriquecieron la comprensión del material clínico presentado por la analista.

Nuestro modelo teórico-clínico funciona como un soporte referencial activo que nos ayuda a destacar, comprender y organizar los detalles significativos del material del paciente para producir una intervención.

La existencia de diferentes teorías, la formulación de nuevas teorías alternativas, así como el intercambio y los aportes enriquecedores entre ellas estimulan la expansión del psicoanálisis. En este sentido Bernardi (2002) escribió: "Las controversias también son buenas para desarrollar teorías mejor sustentadas, alentando un examen más cuidadoso de nuestra evidencia clínica" (pág. 870).

Notas

1. Traducción de la autora.
2. Traducción de la autora.
3. Traducción de la autora.
4. Traducción de la autora.
5. Traducción de la autora.
6. Traducción de la autora.

Bibliografía

Aulagnier, P. (1979). *Les destins du plaisir, alienation, amour, passion.* Paris: PUF.

Baranger, M., & Baranger, W. (1961–1962). La situación analítica como campo dinámico. *Revista Uruguaya de Psicoanálisis, IV*(1): 3–54.

Bernardi, R. (1989). El papel de las teorías. El papel de los determinantes paradigmáticos en la comprensión psicoanalítica. *Revista de Psicoanálisis, 46*(6), 904–929 [disponible en inglés: Bernardi, R. E. (1989). The Role of Paradigmatic Determinants in Psychoanalytic Understanding. *International Psycho-Analytical Journal, 70*: 341–357].

Bernardi, R. (1992). On pluralism in psychoanalysis. *Psychoanalytic Inquiry, 12*: 506–525.

Bernardi, R. (2002). The need for true controversies in psycho analysis. *International Journal of Psychoanalysis, 83*: 851–873.

Bernardi, R. (2011, internal document). Method of analysis of clinical observation: three-level model.

Bion, W. R. (1992). *Cogitations.* London: Karnac.

Bohleber, W. (2012). The use of public and of private implicit theories in the clinical situation. In: J. Canestri (Ed.), *Putting Theory to Work. How Are Theories Used in Practice?* London: Karnac.

Bowlby, J. (1969, 1973). *Attachment and Loss. Vol.1.* Attachment. *Vol. 2. Separation: Anxiety and Anger.* London: Hogarth Press.

Bruner, J. (1957). Going beyond the information given. In: *Contemporary Approaches to Cognition* (pp. 41–69). Cambridge, MA: Harvard University Press.

Bruner, J. S., & Tagiuri, R. (1954). The perception of people. In: D. T. Gilbert, S. T. Fiske, & G. Lindzey (Eds.), *Handbook of Social Psychology* (Vol. 2) (pp. 634–654). Cambridge: Addison-Wesley.

Canestri, J. (2006). Implicit understanding of clinical material beyond theory. In: J. Canestri (Ed.), Psychoanalysis: From Practice to Theory (pp. 13–28). London: Wiley.

Freud, S. (1917). "Conferencia 27º: "La transferencia". En " Conferencias de introducción al psicoanálisis", *O.C.* Buenos Aires, Amorrortu Editores.

[Freud, S. (1916–1917). *Introductory Lectures in Psycho-analysis. S.E., 16*. London: Hogarth Press.]

Hume, D. (1739). A Treatise of Human *Nature*. New York: Dover, 2003.

Hunter, V. (Ed.) (1994). *Psychoanalysts Talk*. New York: Guilford Press.

Jimenez J. P. (2008). Theoretical plurality and pluralism in psychoanalytic practice. *International Journal of Psychoanalysis, 89*: 579–599.

Leibovich de Duarte, A. (1996). Variaciones entre psicoanalistas en el proceso inferencial clínico [Variations among psychoanalysts in the inferential clinical process]. *Investigaciones en Psicología. Revista del Instituto de Investigaciones. Facultad de Psicología, UBA, 1*: 27–38.

Leibovich de Duarte, A. (2006). "Going beyond the information given": constructing our clinical hypotheses. *Bulletin of the European Psychoanalytic Federation*. Electronic publication No. 60, January. www.epfeu.org/pub/bullettin.

Leibovich de Duarte, A. (2010). Psychotherapists at work: exploring the construction of clinical inferences. In: R. Schwarzer & P. A. Frensch (Eds.), *Personality, Human Development, and Culture: International Pers pectives on Psychological Science* (Vol. 2) (pp. 29–43). Hove: Psychology Press.

Leibovich de Duarte, A., Huerin, V., Roussos, A., Rutsztein, G., & Torricelli, F. (2002). Empirical studies on clinical inference: similarities and differences in the clinical work of psychotherapists with different theoretical approaches and levels of experience. In: *IPA An Open Door Review of Outcome Studies in Psychoanalysis* (2nd rev. edn) (pp. 201–204.) London: International Psychoanalytic Association.

Mitchell, S. A. (2000). *Relationality: From Attachment to Intersubjectivity*. Hillsdale, NJ: Analytic Press.

Pulver, S. (Ed.) (1987). How theory shapes technique: perspectives on a clinical study. *Psychoanalytic Inquiry, 7*(2): (whole).

Roussos, A., Boffi Lissin, L., & Leibovich de Duarte, A. (2007). The importance of the theoretical framework in the formulation of clinical inferences in psychotherapy. A comparative study of clinical inferences of psychoanalysts and cognitive therapists using the Psycho therapy Q Sort. *Psychotherapy Research, 17*(5): 535–543.

Roussos, A., & Leibovich de Duarte, A. (2002). La incidencia de la Actividad Referencial en el proceso de formulaciones clínicas. La importancia del marco teórico en la formulación de las inferencias clínicas en psicoterapia [The impact of the referential activity in the process of clinical formulations. The importance of the theoretical framework in the formulation of the clinical inferences in psychotherapy]. *Intersubjetivo, 1*: 45–63.

Sandler, J. (1983). Reflections on some relations between psychoanalytic concepts and psychoanalyticv practice. *International Journal of Psychoanalysis, 64*: 35–45.

Schwaber, E. A. (1990). Interpretation and the therapeutic action of psychoanalysis. *International Journal of Psychoanalysis, 71*: 229–240.

Wallerstein, R. S. (1988). One psychoanalysis or many? *International Journal of Psychoanalysis, 69*: 5–21.

PARTE III

UN PACIENTE, UN CONCEPTO Y UN CASO

CAPÍTULO OCHO

Un paciente traumatizado en análisis: observando las transformaciones del paciente

Margaret Ann Fitzpatrick Hanly

Introducción

Las transformaciones que ocurren durante el análisis están relacionadas con múltiples aspectos y generan una gran variedad de preguntas: ¿Qué cambia? ¿Cómo ocurre el cambio? ¿Cuándo? ¿Por qué? Estos problemas han sido ampliamente discutidos en la literatura psicoanalítica. El objetivo aquí no es responder a estas preguntas en sí, sino estudiar las maneras en las cuales una mejor observación clínica puede contribuir a avanzar en el estudio de esas respuestas (Guía de formación de grupos, Modelo de los tres niveles, Apéndice I).

El Modelo de los tres niveles para la observación de las transformaciones del paciente fue desarrollado por el Comité de Observación Clínica de la IPA para guiar a grupos de psicoanalistas a observar el cambio y el no cambio en un paciente en psicoanálisis, usando una historia breve y los registros textuales de las sesiones psicoanalíticas seleccionadas. En un proceso analítico entran en juego varios tipos de observación, así como sucede también al escribir informes y trabajos clínicos, y existe un rico lenguaje para las funciones observacionales en todas las culturas psicoanalíticas. Grinberg (1990) cita a Benedek (1964) acerca de la transmisión de una variedad de habilidades observacionales en la educación de los psicoanalistas: "escuchar con atención flotante (el self actúa como un instrumento de recepción y percepción, con una función sintética)"; infiriendo "interpretaciones de un material latente, pero sin formularlos aún"; estimando "el grado de resistencia y ansiedad en el paciente, y desarrollando empatía con el estado regresivo del paciente (función de sensibilidad)"; "juzgando el momento y la distribución de las respuestas y las intervenciones"; "captando, con la mayor profundidad posible, las reacciones de transferencia y contratransferencia"; "reconociendo las tendencias dinámicas y los cambios de sesión a sesión" (Grinberg, 1990, p. 294, traducción mía).

En los grupos que se proponen "observar" las transformaciones en un paciente analítico estas habilidades de escucha son importantes. Al leer y re-leer las sesiones seleccionadas y al pensar acerca del cambio y no cambio en el paciente, los grupos les prestan atención a estas funciones psicoanalíticas y también le dan una "segunda mirada" (Baranger, Baranger, Mom, 1982) a cualquier proceso paralelo que se desarrolle en el curso del trabajo grupal.

Grupos de observación clínica

El modelo de los tres niveles para la observación de las transformaciones del paciente adoptó la idea de usar un "texto" con una historia breve y sesiones seleccionadas (transcritas y distribuidas al grupo) desarrollada por Haydee Faimberg para su método basado en "la escucha de la escucha" (1996). "Escuchando las reasignaciones de significado que el paciente hace a su interpretación, el analista puede descubrir las identificaciones inconscientes del paciente y, junto con él, facilitar de esa manera el proceso del cambio psíquico" (mi traducción). El "texto" de una serie de sesiones analíticas transcritas se usó en los métodos de *Working Parties* desarrollados por David Tuckett (1993, 2008), Bernard Reith (2011), Johan Norman (2006), Evelyne Seychaud y la mayoría de los moderadores de la Federación Psicoanalítica Europea (EPF) en los últimos doce años. El modelo de los tres niveles adoptó el texto del material clínico con una secuencia específica de sesiones, un encuadre flexible para grupos, y el foco sobre el cambio del paciente. Las sesiones deben ser seleccionadas *del comienzo del análisis y de dos fases posteriores* por el analista presentador; el método se focalizará en observar las *transformaciones en los pacientes psicoanalíticos y en el proceso*; el contexto será pequeños grupos formados en sociedades locales de la IPA.

En Toronto se formaron dos grupos de trabajo de la IPA (que trabajaron sin tener uno conocimiento del otro) para explorar un texto con una historia y seis sesiones psicoanalíticas, durante catorce horas. Un grupo de seis analistas didactas y un analista senior se reunieron con la analista presente, por espacio de siete reuniones vespertinas de dos horas, una vez por mes. Un grupo de analistas recientemente graduados y candidatos senior se reunieron durante doce horas un sábado y domingo y dos tardes siguientes de dos horas, también con la analista presente. En sus informes los psicoanalistas se focalizaron en la dinámica explícita e implícita en la paciente y en el proceso analítico. Los miembros de estos dos grupos de trabajo de la IPA con el modelo de los tres niveles llegaron en forma independiente a conclusiones muy similares acerca de los tipos de cambio y la ausencia de cambios en la paciente y en el proceso analítico. Escucharon el material de las sesiones para inferir el funcionamiento de la mente inconsciente y para hacer juicios sutiles acerca de cómo las interpretaciones habían sido escuchadas, incorporadas o rechazadas. Reconocieron las tendencias de dinámica y los cambios de una sesión a otra y en el transcurrir de dos años de análisis, observando primero los momentos iniciales y luego las sesiones posteriores. Les prestaron atención a las resonancias específicas en sus grupos a medida que los miembros leían, re-leían y discutían las sesiones.

La tarea final en el proyecto del grupo es la creación de un relato clínico. Los relatos clínicos clásicos se mueven de la "escena" al "resumen" y los párrafos iniciales están repletos de indicios de los desarrollos posteriores. Usando esta idea para darle forma al relato clínico, los grupos refinan progresivamente una selección de "puntos de anclaje", o puntos iniciales, los cuales surgen de los "problemas de presentación" del paciente como aspectos claves de su funcionamiento psíquico. La elección de buenos puntos de anclaje ofrecerá buenas descripciones de las dinámicas centrales del paciente al comenzar el análisis. A medida que significados de mayor profundidad y complejidad se vayan revelando en las sesiones posteriores del análisis, irá quedando a la vista el resumen. Se vuelve una y otra vez a las fantasías infantiles inconscientes y a los indicios de memorias traumáticas de las primeras sesiones en las asociaciones posteriores y *enactments*, haciendo visible el cambio y la ausencia de cambio. Los relatos psicoanalíticos surgen del trabajo del grupo, al seleccionar "escenas" breves del análisis (transcripción de la sesión) y formular "resúmenes" acerca de lo que pudo observarse y conceptualizarse en relación a la repetición y al cambio.

Lo que sigue en este capítulo es un conjunto de relatos clínicos sobre la transformación (cada uno de ellos a partir de una pregunta del modelo) escritos por la autora, quien actuó como moderadora para ambos grupos. Los relatos incluyen lo más destacado y las conclusiones de varios informes elaborados durante el curso de las discusiones de los grupos. El primer "relato" abre con reflexiones del Nivel 1 sobre el cambio y no cambio visto en la forma en que la paciente responde a las interpretaciones de la analista a lo largo de los dos años de análisis. Un segundo relato agrega profundidad conceptual, usando las preguntas del Nivel 2, adoptadas en el modelo desde los sistemas diagnósticos psicodinámicos actuales (OPD-2, PDM). Las preguntas redactadas en lenguaje común pueden abrir la discusión, a medida que los grupos buscan "desembalar" los conceptos y aclarar los significados en relación con el material clínico. Finalmente, en el Nivel 3, las discusiones recogen ideas sobre cómo las transformaciones pueden comprenderse de acuerdo a diferentes teorías psicoanalíticas del cambio. El objetivo de esta discusión no es elegir entre diferentes hipótesis de acción terapéutica, sino examinar el soporte clínico para cada una de ellas. La prueba de las hipótesis debe entonces entenderse como un intento de explorar y realzar la base observacional de las hipótesis teóricas para desarrollar la habilidad de relacionarlas críticamente con las observaciones clínicas y hacer predicciones o conjeturas que puedan estimular nuevas observaciones clínicas.

Breve historia de la paciente

La señora C. comenzó psicoanálisis con una frecuencia de cuatro veces por semana varios años atrás, luego de haber estado durante siete años en psicoterapia, una vez por semana. Las notas de sesión son de los primeros dos años del análisis. La Sra. C. estaba casada y tenía dos hijas adultas, quienes se habían casado recientemente. Nació y pasó su niñez en un país devastado por la guerra. Mientras fue un bebé y una niña pequeña a menudo se quedaba con familiares, ya que sus padres, quienes trabajaban, la veían solo de noche. Su madre los dejó a ella, a su hermano y al padre y se fue a vivir a una zona más segura del país cuando la paciente tenía diez años. La madre de la Sra. C. se suicidó cuando tenía unos ochenta años. Sobre el final de su adolescencia la paciente sufrió acoso en su trabajo y una violación seguida por una depresión, y vio a un psicoterapeuta por un tiempo breve. A los cuarenta años se enfermó de cáncer, se deprimió y sufrió dos episodios psicóticos, oyendo voces que decían que ella "no estaba cuidando a sus hijas". Estuvo internada dos veces por un mes y poco después comenzó psicoterapia. La paciente trabaja en la industria, impartiendo clases sobre organización de negocios. Tiene un problema por un error que cometió en la fecha de un documento legal importante. La necesidad de corregir ese error le evoca la sensación de estar equivocada y la hace sentir en peligro de decepcionar a sus hijas.

Revisión breve de los problemas iniciales y la psicoterapia

La analista había tomado algunas notas sobre cómo la Sra. C. se había presentado inicialmente en la psicoterapia siete años antes de comenzar el análisis.

> La Sra. C. llegó 10 minutos antes de la hora y entró en mi consultorio (yo no la había llamado todavía); me llamó por mi nombre de pila y me dijo quién era ella; corrió la silla alejándola de la pared y acercándola hasta el borde de mi escritorio y se sentó. Es una mujer pequeña con cabello corto, no lleva maquillaje y viste ropas flojas; parecía moderadamente ansiosa y parecía desconocer el protocolo social.

Sentía que su marido "le ocultaba cosas y la criticaba" y por esa razón ella tenía algunos secretos para con él; sentía que necesitaba "volverse más firme y enérgica y quiere que su relación mejore". Durante el curso de la psicoterapia la relación de la Sra. C. con sus propias hijas (ahora casadas) había mejorado y su vida laboral se había establecido más. Cuando comenzó el análisis estaba tomando una dosis baja de medicación antipsicótica.

Primer punto de anclaje: la respuesta de la paciente a las interpretaciones de la analista

Un punto de anclaje productivo para observar el cambio en esta paciente surgió al responder una de las preguntas del Nivel 1 del Modelo de los tres niveles: "¿Cómo usa la paciente las intervenciones de la analista y hay o no hay cambios en esta dimensión del proceso analítico?". La autora de este trabajo estudió los informes hechos durante el trabajo de grupo y formuló puntos de anclaje de acuerdo a los temas que en las discusiones de grupo se sintieron más importantes para el análisis.

Al trabajar con las respuestas de la paciente a las intervenciones, ambos grupos notaron el superyó severo de la Sra. C. En las primeras semanas del psicoanálisis la Sra. C. tuvo dificultades con el nuevo encuadre. La paciente había dicho que estaba arreglando una cuenta bancaria diferente para el análisis y que estaba guardando el tratamiento y la nueva frecuencia en secreto frente a su marido.

(La Sra. C. llegó 30 minutos antes y se sentó en la sala de espera).

P: K. [su marido] y yo tuvimos una noche muy agradable pero tuve que esperar ... fuimos al restaurant. No me gustaron tanto los ravioles, pero disfruté de la velada.

[La analista intervino en este momento, sugiriéndole a la paciente que estaba evitando lo que la ponía más ansiosa].

P: Simbólicamente, no estoy aceptando por completo la terapia, darme a mí misma. También hay un sentimiento de que estoy haciendo algo mal porque mi esposo no lo va a aceptar ... algunas veces pienso que lo que estoy haciendo está bien, no mal, pero tengo este gran conflicto acerca de eso.

A: Exploremos este conflicto.

P: Como privándome a mí misma, como desde mi niñez ... Porque no lo valgo; todo lo que me permitía era un café y una aceituna. Estaba privándome a mí misma.

La respuesta de la paciente a la intervención de la analista abordando el conflicto de si ella estaba haciendo lo "correcto" o "incorrecto" al estar en terapia fue: *"Porque no lo valgo; todo lo que me permitía era un café y una aceituna. Estaba privándome a mí misma"*. Esta respuesta se volvió un punto de anclaje para observar el cambio y el no cambio. La autoprivación de la Sra. C. junto a su baja autoestima era un aspecto clave de su personalidad masoquista-depresiva (Nivel 2). Pero, de manera importante, la acción implícita en la forma en que ella le respondía a la analista era simultáneamente *un seguir la interpretación de la analista y un cambio de autoconocimiento a culparse a sí misma.* Esta dinámica, implícita en su respuesta compleja, indicaba un "problema de presentación" central: ¿Ella estaba en lo cierto o equivocada? Las derivaciones de las fantasías orales podían oírse en el material, que no le gustaran los ravioles y tener que esperar sugerían una regresión en el nuevo encuadre y el surgimiento de situaciones infantiles y conflictos centrales. El uso mixto por parte de la Sra. C. de las intervenciones de la analista revelaban una estrategia defensiva/adaptativa complicada, ya que usó la sumisión, volverse hacia sí misma, y el no saber (Nivel 2), lo cual el grupo imaginó que se trataría de una repetición de posiciones inicialmente adoptadas durante las experiencias tempranas de esperar, de peligro y de pérdida.

En esta sesión analítica temprana los grupos pudieron ver a la paciente luchando abiertamente con los miedos y dudas acerca de si merecía el análisis (cuatro veces por semana). Defendiéndose contra su propia ambivalencia y miedo, proyectaba su rechazo del análisis en su marido, quien, ella decía, "no lo aceptará".

(Más tarde en la misma sesión)

P: Sí [tono triste]. Yo me estaba autocastigando porque mi madre se fue. Hace mucho tiempo tuve un sueño … Yo estaba en un cuarto de baño con una mujer y estábamos compartiendo un pedazo de pan, como si fuéramos pobres o algo así …

A: ¿Qué te viene a la mente acerca del sueño?

P: Compartir el pan, Jesús cortó el pan y lo compartió con muchas personas [se ríe] … Cuando yo era niña siempre tenía comida pero de alguna manera me sentía pobre. Mamá y papá escondían el chocolate … ¿Yo estaba robando? Porque me sentía pobre. [Ella le robaba a los otros niños].

A: A veces tú les robabas y otras veces regalabas algo para agradar.

P: Sí, yo hago mucho eso, inclusive ahora, dejando la terapia para agradarle a K. [marido], o no haciendo un comentario honesto acerca de una clase.

A: Yo pienso que eso tiene relación con pagarme a mí.

P: Te pago para agradarte [pausa]. Sí [voz triste]. En algún lugar de mi mente yo sé que me mirarás de una manera positiva incondicional, inclusive si no soy buena, pero quizás a algún nivel pienso que si no te agrado, me dejarás. Me enojé un poco contigo el otro día, ¿por qué abrir esa caja de Pandora? y después me quedé más deprimida. Un terapeuta cognitivo no destaparía todas esas cosas, simplemente me enseñaría a pensar más racionalmente [se ríe]. Recuerdo que me dijiste que yo abrí la caja de Pandora cuando me deprimí con síntomas psicóticos y eso es verdad.

Las referencias al chocolate robado (la niña hambrienta y culpable) y luego a abrir la caja de Pandora (la niña mala castigada) sugerían la dinámica compleja, incluyendo una culpa primitiva con miedo a la represalia (Nivel 2). La analista interpreta para ayudarla a ver que ella roba *y* regala, queriendo agradar. La paciente usa la siguiente interpretación explícita de la transferencia de la analista ("Yo pienso que eso tiene relación con pagarme a mí") para asociar más allá. Ella se abre: "Si no te agrado, me dejarás", elaborando sus miedos y su auto-culpa ("yo robé"); pero indirectamente comienza a culpar a la analista en la transferencia materna (la analista, como la madre, puede dejarla, no aceptarla). La Sra. C. también puede expresar cuánto miedo y enojo tiene de que la psicoanalista pueda llevarla a la depresión y a la psicosis. Aparece de nuevo la mezcla de sumisión y auto-culpa del punto de anclaje, como si ella se causara su propia psicosis: "me dijiste que yo abrí la caja de Pandora cuando me deprimí con síntomas psicóticos y eso es verdad".

A: Pienso que tú quieres esta terapia pero también estás preocupada acerca de qué pasará si destapamos algunas cosas.

P: Con un terapeuta cognitivo no tienes que destapar toda la suciedad que hay en tu interior. Me pregunto si me da vergüenza destapar cosas. Como el hecho de robar, eso fue vergonzoso … Hace poco soñé con esa astronauta que viajó todo ese trayecto con un pañal. Soñé con caca. Pienso que tiene que ver con estar sucia o algo así … no resolver algo. No sé … tener vergüenza de quedar expuesta, de tener un accidente o algo así".

En respuesta a la intervención transferencial "preocupada acerca de qué pasará si destapamos algunas cosas", la Sra. C. elabora su miedo de "exponer" su mundo interno y mostrar sus impulsos y miedos, los cuales ella desplaza a la astronauta, interponiendo una negación: "No sé", una frase que usa para alejar sentimientos difíciles. Había aparecido una nota en el diario sobre la mujer astronauta que manejó hasta Florida sin parar, con un pañal, para matar a una rival que estaba teniendo un amorío con su amante. Los detalles de esta historia en el sueño de la paciente y en sus asociaciones eran derivaciones de fantasías inconscientes y rivalidades proyectadas sobre la astronauta. La Sra. C. repite "no sé" al enfrentar ansiedades insoportables relacionadas con miedos de fragmentación psíquica, de mucho tiempo, "la suciedad adentro", y miedos de estar sucia (¿demasiado agresiva y no querida?). La intervención de la analista revolvió cosas que dejaron en evidencia una expresión de la escisión defensiva de la paciente, su "saber y no saber".

Los grupos plantearon que pensaban que la paciente había mostrado algún *cambio dentro de esta sesión* al comienzo de su análisis de cuatro veces por semana, pudiendo usar las intervenciones de la analista para revelar más de su mundo interno. La Sra. C. pudo reconocer que se sentía "un poco enojada" con la analista. Sus dificultades actuales, o sea, la ausencia de cambio, también podían verse en la repetición de la dinámica central (punto de anclaje): en respuesta a las intervenciones de la analista, introyectó docilidad junto con agresividad (Nivel 1). La discusión también estuvo focalizada en sus proyecciones hacia su marido y la astronauta y su escisión característica y minimización de los afectos (Nivel 2).

Al leer una sesión seleccionada, de ocho meses más tarde en el psicoanálisis, los grupos se sorprendieron por el hecho de que la Sra. C. pudo asimilar y reflexionar sobre una interpretación de proyección que hizo la analista: La Sra. C dice:"Estoy desilusionada con mi marido; no aceptó a nuestro yerno". La analista dice: "Pero qué sentiste *tú*?" La paciente admite: "Yo tampoco lo acepté … hice que mi marido se viera como el malo, como un villano".

La interpretación de la analista le permite a la paciente admitir su propio rechazo inicial de su yerno, y su proyección hacia su marido de lo que ella veía como un "mal" sentimiento, inaceptable, sugiriendo una suavización de sus estrategias defensivas. Sin embargo, de nuevo la paciente internaliza la interpretación de la analista de una manera que genera auto-culpa. "Hice que mi marido se viera … como un villano". Junto con algún cambio, la ausencia de cambio en los auto-reproches parecen indicar una necesidad de proteger sus objetos primarios del reproche y de sus impulsos hostiles, los cuales para cambiar tomarían más tiempo de análisis. La siguiente intervención de la analista buscó ayudar a la paciente a ganar una perspectiva más realista y de menos auto-reproche, "tú *sentiste* desagrado pero *no actuaste* de acuerdo a él" (confirmando las ideas del grupo sobre el problema central de la paciente).

* * *

Al comienzo de esta sesión, ocho meses luego del comienzo del análisis, la Sra. C. le cuenta a la analista sobre su enojo intenso con su marido por haberla llevado demasiado cerca de un "cruce peligroso" donde casi los arrolló un autobús. Ella se preguntó si su marido la había empujado para salvarla o para matarla.

P: Unas semanas atrás pasó algo que cambió mi ánimo. No te lo conté porque pensé que no era importante. K y yo íbamos caminando, a unos 30 minutos hay una verdulería y hay un cruce difícil ahí. Miramos, no venían autos, un autobús venía lejos. Cuando estábamos cruzando, el autobús vino hacia nosotros, no nos vio. Yo sentí que K me empujaba. El autobús casi nos atropella. ... Pasaron unos días y luego de nuestra sesión del viernes fuimos caminando al mismo lugar, cruzamos con cuidado, y desde ese momento me he sentido muy infeliz, de a ratos triste o algo así, pensando qué pasó ahí. Estuvimos cerca de morir y me hizo surgir mucha cosa. Estoy muy preocupada por K. Si llega tarde, si tiene un accidente, si muere, si lo matan, surgirían todos nuestros temas en la relación, arrepentimientos, lo que no solucionamos. He estado muy triste en estos últimos días.

A: Algo todavía está molestándote en tu interior.

P: Sí, espero que no sea TEPT [trastorno por estrés postraumático]. Estuve cerca de la muerte, pensando en todos los temas que no he solucionado. Perdón, tengo que ir al baño [se levantó y salió carraspeando].

Muchos pensaron que la manera en que la paciente le contó a la analista acerca de su experiencia del autobús en el cruce peligroso fue como una elaboración desplazada de ansiedades escindidas intensas, relacionadas con experiencias de peligro en la niñez, en su país de origen. La intervención de la analista: "Algo todavía está molestándote en tu interior" le trajo ansiedades aún más intensas y un enojo que luego se hizo consciente, "estuve cerca de la muerte". También se pudieron observar las dificultades persistentes en su miedo paranoide de que su marido había querido matarla, el cual surgió en la sesión. Los grupos discutieron el enactment de la paciente al tener que ir al baño, posiblemente para tirar por el inodoro sus pensamientos y sentimientos en ese momento de la sesión cuando se sintió "cerca de la muerte", aunque algunos analistas pensaron que el enactment trajo su defensa de escindirse en el marco analítico, representando una profundización del proceso analítico.

Más tarde en la sesión, la analista implícitamente le pide a la paciente que reflexione sobre sus sentimientos acerca de la situación peligrosa y la acción de su marido.

A: Te llevó a una situación peligrosa.

P: Sí, puede ser que esté enojada con él. Ayer estaba pensando en él y llorando, llorando intensamente. Él estuvo cerca de que lo mataran y yo estuve cerca de que me mataran.

* * *

Al re-leer la sesión a ocho meses de análisis, los grupos comenzaron a oír a la paciente expresar sentimientos difíciles de una manera nueva. La interpretación transferencial le permite a la Sra. C. nombrar y sentir afectos previamente proyectados, enojo y miedo de pérdida. "... Puede ser que esté enojada ... él estuvo cerca de que lo mataran". Ella le transmitió a la analista una ansiedad profunda acerca de la agresividad ("Yo sentí que K me empujaba") y de no estar protegida. Los grupos discutieron la inhabilidad de la paciente para percibir sus propios estados internos cuando experimentaba ansiedad de aniquilación o impulsos asesinos ("¿por qué me empujó?" o "me llevó [ahí]").

En resumen, la manera en que la Sra. C. respondía a las intervenciones de la analista muestra una oscilación entre sumisión, paranoia, y el volver los impulsos agresivos hacia sí misma, en un contexto que revelaba mejor los orígenes traumáticos de la dinámica del punto de anclaje. El cruce peligroso presentó una situación de peligro y terror en su niñez, viva en una sección escindida de su psiquis (Nivel 2), durante la guerra, con la presencia intermitente de sus padres. La agresión o falta de cuidado que percibió en su marido le había evocado su furia por estar desprotegida. Algunos miembros de los grupos que sabían más sobre la guerra pudieron reconstruir su experiencia con imaginación y detalle. La paciente parecía estar también vivenciando a la analista como alguien que la llevaba a una fase peligrosa del análisis, donde podría revivir el miedo, el hambre y la pérdida. La Sra. C. protesta fuertemente con respecto a su necesidad de seguridad. El análisis estaba profundizándose.

En una sesión elegida por la analista, a los veintidós meses de análisis, la analista interpreta los sentimientos de frustración y enojo de la paciente cuando su marido le estaba diciendo que no comprara su pasaje de avión (para ver a sus hijos durante las vacaciones) porque él quería que usara sus millas.

La Sra. C. dice: "Dependo de él pero él me frustra ... Siento ansiedad de que me castigue, de que me atrape, los trámites, llega a ser tan abrumador … Yo le digo: 'vamos, compremos el pasaje' y él dice: 'todavía no'. Me provoca". La analista nota la privación y la ansiedad: "Tú sientes que él te priva, y la privación dispara la urgencia"; y la paciente responde con énfasis: "¡Sí! Estoy un poco enojada con él por privarme".

La Sra. C. comienza a sentir y expresar enojo hacia su marido. A los dos años de análisis la paciente puede afirmar que la tendencia real de su marido es a retener: "él me privó". Sin embargo, en su respuesta a la intervención de la analista también vimos la minimización del enojo ("un poco enojada con él"). Más tarde en la sesión (después de faltar a la sesión del miércoles por una cita con un especialista) la Sra. C. logra sentir y expresar su dependencia de la analista pero niega su ansiedad de aniquilación: "Te extrañé, pero pensé: no me voy a morir".

En suma, los grupos oyeron que las formas de la Sra. C. de responder a las intervenciones de la analista estaban cambiando, con menos introyección, menos sumisión hacia su marido y su analista. La analista estaba ayudándola a expresar más directamente su agresividad y su deseo de sobrevivir (aunque a menudo en sublimación): "él me privó"; "Estuve cerca de que me mataran". La paciente sentía temor de sentimientos e impulsos potencialmente desorganizadores, pero podía tolerar mejor los pensamientos y afectos que la perturbaban, usando las intervenciones de la analista.

Después de dos años de análisis todavía se observaba una ausencia de cambio en las capas más profundas de sus defensas contra la insoportable experiencia temprana. Desde el punto de vista de la dimensión del punto de anclaje, los participantes observaron un continuo "volverse hacia sí misma" en sus respuestas a la analista. Notaron un recuerdo directo mínimo de experiencias traumáticas, una inhabilidad para tolerar la ansiedad severa sobre la pérdida del objeto o para tener impulsos agresivos hacia la analista sin negación y proyección.

Segundo punto de anclaje: "¿Cuáles eran los síntomas, creencias y expectativas de la paciente acerca de sus problemas y del tratamiento? ¿Cambiaron estos aspectos?"

Esta pregunta llevó a que la autora formulara un punto de anclaje acerca del miedo de psicosis de la paciente, un tema central discutido por los grupos: "No quiero parecer una vagabunda … la vagabunda tiene que ver con psicosis". Los grupos escucharon buscando indicadores de un cambio en las creencias implícitas de la paciente acerca de su habilidad para probar la realidad, ya que cualquier cambio en esta dificultad sería un indicador de transformación. En la etapa temprana del análisis la Sra. C. estaba preocupada acerca de si podría tener otro colapso nervioso. En las sesiones posteriores, sus ansiedades acerca de la pérdida de la memoria y la pérdida del control lograban ser un poco diferenciadas de la psicosis latente.

En una de las primeras sesiones analíticas la paciente le preguntó a la analista si en realidad se veía como una vagabunda. ¿La Sra. C. tuvo un delirio momentáneo de que se veía como una vagabunda o estaba pidiendo confirmación? Más tarde en la sesión la paciente asoció explícitamente a la "mujer vagabunda" con la psicosis:

A: Tú me preguntaste si te veías como una vagabunda. ¿Cómo se ve una?

P: Con los dientes en muy mal estado, de pelo largo, que no está peinado, ropas sueltas que no le quedan bien, fuma, va arrastrando un carrito en el que lleva bolsas, un carro que tiene cosas adentro, no quiero verme como una vagabunda …

[La paciente luego cuenta un sueño acerca de la universidad "quizás acerca de la terapia" y en sus asociaciones le preocupa que su soñar despierta signifique que no esté haciendo suficientemente bien su trabajo y tenga que "compensar". La Sra. C. continúa diciendo que está haciéndose terapia para sí misma pero en contra de la voluntad de su marido].

A: Pienso que me estás diciendo que si no te mantienes atenta a tu ánimo, puedes deprimirte y la depresión puede llevar a la psicosis …

P: Sí, y la mujer vagabunda también tiene que ver con la psicosis porque los vagabundos de la calle frecuentemente son psicóticos.

La descripción de la mujer vagabunda también tenía elementos que sugerían la etapa oral: dientes, fumar, un carrito. Su miedo de que el análisis tuviera un efecto desintegrador se proyectaba en su marido como una negación a aceptar el análisis.

Dos años después del comienzo del análisis la paciente vuelve a sus miedos de que no puede comprobar la realidad. La Sra. C. tenía una creencia irracional de que podrían agarrarla y castigarla al intentar arreglar un documento legal importante, y que le impidieran ver a sus hijos, quienes vivían en otro país. Tenía dificultad para pensar claramente acerca de la tarea de arreglar el documento (que la analista sentía que de hecho no habría sido tan difícil).

P: K es tan difícil con los tiempos, incluso con cosas menores …
A: Mientras dices esto, suenas frustrada y exasperada.
P: Sí, pero es mejor que estar deprimida. Yo noto que en mi ánimo no estoy deprimida pero sí un poco ansiosa, preocupada por este proceso de arreglar este documento legal.

La Sra. C. no está segura de tener el coraje de intentar resolver el problema del documento. Está preocupada por estados delirantes, y al mismo tiempo muestra una separación creciente de su marido, y más confianza en su propia mente (indicando cambio).

P: Cuando le diga a K. que lo quiero arreglar, pondrá resistencia … si insisto, dirá que estoy enferma.
A: Pensará que algo anda mal con tu mente.
P: Sí, cuando de hecho lo opuesto es cierto.

La Sra. C. responde con más autodefinición y se distancia a sí misma de los puntos de vista de su marido sobre ella. Pero más tarde en esta sesión, la Sra. C. vuelve a preocuparse acerca de perder el control de su mente:

P: Es como si estuviera en mi mente, el Alzheimer. Sé que no tengo eso pero sí que me preocupó …
A: Tu preocupación por ser olvidadiza ha aparecido muchas veces …
P: ¡Sí! Y aquí también, me vuelve loca cuando me olvido de cosas. ¡Tengo que acordarme! Necesito ser organizada. Necesito tener el control. Es inaceptable que me olvide. Si me olvido de algo, trato con toda la fuerza de recordarlo … Mi padre era olvidadizo, inclusive antes de que tuviera Alzheimer.
A: Ser olvidadizo tiene muchos significados.
P: Sí, como no ser como mi padre, no tener el control.
A: Y el miedo de enloquecer.
P: ¡Oh, sí! ¡Pienso que es eso! Tiene que ver con que estoy enferma.

Cuando la analista aclara la ansiedad de la paciente por olvidar cosas, ("aquí también me vuelve loca cuando me olvido de cosas") y menciona que tiene miedo de que olvidarse sea igual que la psicosis, la Sra. C. comienza a diferenciar entre olvidarse, tener Alzheimer y tener un colapso psicótico. Ambos grupos discutieron el miedo de la paciente de otro colapso psicótico y la presión en la pareja analítica dado la historia de la paciente, y prestaron mucha atención a cualquier señal de perdida de contacto con la realidad en el material de la sesión.

En suma, los elementos traumáticos de las experiencias de la Sra. C. fueron considerados como críticos a la génesis de sus síntomas psicóticos (Nivel 2). El contenido específico de las voces psicóticas (No estoy cuidando a mis hijos) se entendió como una vuelta hacia sí misma depresiva de su acusación contra la madre (repleto de impulsos homicidas inconscientes), quien no cuidaba de sus hijos, viéndolos brevemente en las noches y abandonándolos en un lugar peligroso. La interpretación de la analista pareció ayudar a la paciente a tomar conciencia de que su ansiedad aguda por "olvidarse" (de su cuaderno) tenía su raíz en el miedo inconsciente de que este fuera el primer signo de un colapso psicótico. En la realidad la característica olvidadiza de su padre debe haber sido sentida como una falta de protección y de continuidad de atención, lo cual representó un peligro real para la niña, y su asociación de la ansiedad con su vivencia de su padre le da un sentido más integrado del self y de su historia. El "relato clínico" sobre el cambio y el no cambio comenzó con la pregunta de si los grupos podían observar algún cambio en los síntomas de la paciente, sus creencias y expectativas acerca de sus problemas y del tratamiento. ("¿Parezco una vagabunda?" significando "¿soy psicótica?"). Luego de dos años de análisis el miedo sintomático de la paciente a la pérdida de realidad estaba sufriendo una transformación. Su expectativa inconsciente de que el tratamiento pudiera causar otro colapso podía verbalizarse y vincularse a experiencias de pérdida más comunes de la niñez, y echar luz sobre esto.

Tercer punto de anclaje: la estructura de la paciente, las intervenciones de apoyo de la analista, y las resonancias en los procesos de grupo

Dado sus episodios psicóticos previos y las internaciones, la Sra. C. tenía un miedo profundo al respecto de cuán severos eran sus problemas y cómo la afectaría el análisis. Esto era coherente con la resonancia especial en los grupos acerca de ciertas intervenciones "de apoyo" de la analista. Dos preguntas del Nivel 2 guiaron la formulación de un tercer punto de anclaje para las observaciones: "¿Prevalecían los conflictos, que necesitaban interpretación, o los problemas estructurales [un predominio de defensas primitivas que debilitan la estructura de la personalidad], los cuales necesitaban otro tipo de intervención? [O sea, ¿qué es más apropiado en un estado primitivo?, el apoyo o la interpretación]" y "¿la paciente puede regular adecuadamente sus impulsos, sus afectos y su autoestima?".

Al final, vinculadas a preguntas sobre la estructura de la paciente, hubo varias discusiones acaloradas acerca de a qué se le llamaban intervenciones "de apoyo" por parte de la analista: ("Ahora tenemos tiempo de ocuparnos de eso"; "Hablaremos más acerca de esto"; y "... una gran diferencia en tus reacciones"). Las observaciones y reflexiones exploraron qué podía estar proviniendo de la ansiedad de contratransferencia inconsciente de la analista y qué de los problemas estructurales en la paciente, que pudiera estar haciendo que estas intervenciones fueran efectivas para proseguir el análisis. Los grupos preguntaron si había alguna mejor manera de interpretar, nombrando las ansiedades de la Sra. C. en lugar de "tranquilizarla" acerca de la continuidad del análisis, o darle ánimos acerca de sus avances.

A los ocho meses de análisis el material acerca del cruce peligroso sugería que la paciente tenía mayor capacidad para evocar al "tiempo pasado" en el "tiempo presente": "pasó algo ... no te conté". La analista no estaba haciendo más intervenciones para ayudar a sostener en la mente de la Sra. C. que había un pasado, un presente y un futuro para el análisis.

* * *

A los veintidós meses de análisis, la analista continuaba haciendo intervenciones, que algunos llamaron "de apoyo": "tú quieres ser honesta" o "más genuina". Otros vieron algunas de estas intervenciones como un replanteo de las reglas fundamentales. Algunos otros inclusive volvieron a preguntarse por qué se le daba ánimo en lugar de nombrar las ansiedades de la paciente acerca de la deshonestidad. Finalmente, surgió la pregunta de si los analistas que estaban discutiendo las sesiones en el grupo estaban sintiendo alguna ansiedad transmitida.

La sumisión de la paciente a la analista, inclusive cuando la Sra. C. iba mejorando su comprensión de sí misma, revelaba su miedo intenso de, y el apego a, la dependencia con la analista así como con su marido. En una de las sesiones analíticas tempranas seleccionadas por la analista se escuchó repetidamente la expresión de acuerdo: "Sí, sí, siento mucho eso" y "Sí, y la mujer vagabunda también tiene que ver con la psicosis". Cuando la analista dijo: "Una preocupación es el dinero pero la preocupación principal no es el dinero", la Sra. C. dijo: "Eso es verdad". Y su último comentario en la sesión hace eco de un comentario de la analista en una sesión anterior: *"Estoy de acuerdo, sí, hablaremos más acerca de esto."*

Una hipótesis acerca de la estructura iba tomando más cuerpo, con más detalles: La Sra. C. no podía, en las sesiones analíticas de la primera semana, y aun en el octavo mes, dejar a la analista sin sentir que su vínculo estaba amenazado, y entonces intentaba compensar con sumisión. Hacer "eco" de la expresión de la analista "hablaremos más" representaba *tanto* una internalización del marco analítico interno de la analista *como* una resistencia a través de la sumisión. Al reflexionar sobre un proceso paralelo que se dio en la preocupación repetida de los grupos sobre las intervenciones "de apoyo", indicaba que las ansiedades no procesadas y las defensas primitivas contra ellas habían creado "problemas estructurales" que persistían, los cuales "a veces predominaban", y que necesitaban "otros tipos de intervención". Estaba desarrollándose un relato clínico, que las experiencias traumáticas escindidas sufridas por la paciente, que habían llevado a las internaciones y a las ideas delirantes de que "no estaba cuidando a los niños", se proyectaron en la analista. Los grupos las estaban procesando y llevarían más tiempo de trabajo en el análisis.

Sin embargo, en otros momentos del análisis, la analista pudo facilitar la habilidad de la paciente para tomar contacto con las ansiedades acerca de los impulsos por los que había actuado, más sentidos que pensados, en el pasado.

A: Pienso que cuando me hablas acerca de este documento, me estás diciendo algo más también.

P: Mi fecha de nacimiento es muy significativa, es parte de mí. [pausa] A veces tengo sueños sobre renacer. Recuerdo especialmente un sueño de hace mucho tiempo: Voy por una playa y hay casas blancas y yo llamo a mi madre. Estoy nerviosa acerca de viajar … por la sexualidad y por la identidad … tengo miedo de que me atrapen.

En respuesta a la intervención de la analista ("me estás diciendo algo más") la paciente trae el sueño de la playa, y en sus asociaciones expresa ansiedad acerca de viajar, la sexualidad, ser "atrapada". La interpretación de la analista de que la paciente estaba abordando una situación interna llevó a la paciente a pensar en la identidad y el renacer y a traer el sueño: "en una playa con casas blancas, yo llamo a mi madre". En el contexto del sueño representando la ansiedad, la Sra. C. elabora viejas ansiedades acerca de perder el control sexual y de perder su sentido del self cuando viaja (siendo que había tenido un encuentro sexual breve en el pasado).

La tolerancia de la paciente frente a los sentimientos perturbadores y las ansiedades en asociaciones con el sueño fueron un signo de progreso en el análisis; fue un sueño que estaba pasando la página en el sentido de Quinodoz (2002), de que el sueño perturbador y las asociaciones indican transformaciones subyacentes a través del "regreso" de partes escindidas del self durante una fase de integración. El punto de anclaje vinculó el tema de las intervenciones "de apoyo" a preguntas acerca de los problemas estructurales de la paciente (los cuales predominaban en las sesiones tempranas). Los grupos lograron mantener en mente estas preguntas para observar la repetición y el cambio, mientras que las intervenciones de la analista se focalizaban menos en la continuidad del encuadre y más en la agresión, sexualidad y ansiedad de la paciente. Ambos grupos estuvieron de acuerdo en que las sesiones al final del segundo año mostraban una capacidad creciente de representación y simbolización en la paciente.

Nivel 3: ¿Qué tipos de acción terapéutica incidieron en los cambios observados en la paciente y en el proceso analítico?

Tanto la analista como los grupos respondieron a la siguiente pregunta del Nivel 3: ¿Cuáles son las hipótesis de la analista acerca del cambio a nivel explícito e implícito que se puede inferir que estaban presentes en el trabajo de la analista? ¿Han cambiado a lo largo de diferentes momentos del análisis?".

Al final del segundo año la analista sintió cierto cambio en el uso que hacía la paciente de su propio cuerpo y de sus recursos mentales en el hecho de que la paciente no se daba más por vencida y era capaz de trabajar sin que los miembros de la pareja analítica temieran un colapso en el proceso. La analista vivenciaba a la paciente como comenzando a pelear para obtener algo de su vida, como hambrienta y salvaje. Como resultado de una privación significativa en la niñez de la paciente, la analista se había sentido impulsada a "proveer" pero más recientemente puede contenerse. La analista tiene miedo (con un potencial enojo) de que la paciente se pueda descompensar, como si estuviera en un cruce peligroso, pero a la analista le parece que la Sra. C. es más capaz de descubrir partes de sí misma que desconocía, especialmente su enojo hacia su marido y hacia la analista.

* * *

Se trabajaron las siguientes preguntas del Nivel 3: "¿Qué otras hipótesis acerca de los problemas de la paciente y la manera de trabajar sobre ellos podrían formularse desde otros enfoques teóricos o técnicos? ¿Cuáles son los aspectos más y menos convincentes de estas hipótesis diferentes y cómo podrían refinarse para que estén más de acuerdo con el material clínico?"

Los tipos de acción terapéutica que incidieron en los cambios de la paciente que fueron discutidos en ambos grupos indicaron un enfoque multifacético en las intervenciones de la analista, algunos de ellos implícitos. Se observó que la paciente era capaz de una mayor regulación de los impulsos y que tenía un self más fuerte al final del segundo año de análisis. La analista tuvo que contener la ansiedad de la paciente proyectada en la psicoterapia para soportar las preocupaciones repetitivas permanentes acerca de detalles en su vida y su pensamiento obsesivo. En las sesiones tempranas del análisis la analista facilitó la comprensión de la paciente al nombrarle sus miedos de perder la razón y perder el control, haciendo más conscientes estos miedos, los cuales de alguna manera redujeron la impulsividad de la paciente y la sexualización de la ansiedad. La analista facilitó una mayor diferenciación sujeto-objeto nombrando el enojo de la paciente hacia la analista y hacia su marido. El análisis de las proyecciones de sí misma en el marido como "villano" también ayudó con la diferenciación sujeto-objeto, aunque se mantuvo mucha dificultad en esta área. El análisis del superyó severo de la paciente, su exceso de responsabilidad y los auto-reproches repetitivos ayudaron a que comenzara a hacer consciente lo que había sido una agresión inconsciente a la privación y la pérdida. Sin embargo, todavía había mucho para hacer en el análisis con respecto a su tendencia al auto-reproche por no visitar a su madre cuando era niña, o por no cuidar de sus hijos, o por sus clases, la cual la defendía de vivir su propio enojo peligroso hacia su madre y la decepción por su padre. La manera en que la analista escuchaba las historias de la paciente sobre situaciones externas actuales de peligro como repeticiones de situaciones traumáticas y de agresividad de la niñez, sin interpretarlas, facilitó la habilidad de la Sra. C. de soportar los afectos más difíciles. La transferencia se interpretó con mucho tacto, lo cual fue llevando a una mayor cercanía en el análisis, ayudando a la paciente a conocer mejor su propia mente. Se mantuvo abierta la pregunta de si la resistencia inconsciente a estados de ansiedad insoportables llevan a intervenciones de apoyo.

Conclusiones

Dos grupos de observación clínica de la misma sociedad local de la IPA exploraron el "texto de las sesiones analíticas" de diferentes fases del análisis, con la analista presente, quien contribuyó a seleccionar las sesiones, respondiendo preguntas, y dando sus ideas sobre la acción terapéutica. A lo largo de un período de catorce horas de trabajo, los grupos de analistas de diferentes enfoques teóricos seleccionaron síntomas, inhibiciones y ansiedades similares en el funcionamiento de la paciente como puntos de anclaje principales e hicieron observaciones complementarias acerca del cambio y el no cambio en la paciente y en el proceso analítico.

El modelo de los tres niveles guió a los grupos a observar el material desde tres enfoques consecutivos. En el primer nivel los miembros de los grupos escucharon con atención flotante las derivaciones del inconsciente en la paciente y en el proceso, infirieron cambios sutiles del funcionamiento de la paciente en las sesiones, "pero sin formularlos todavía", e hicieron hipótesis iniciales acerca de "la tendencia dinámica y los cambios de sesión a sesión" (Fleming & Benedek, 1964). Al acercarse al material con las preguntas del Nivel 2, los psicoanalistas participantes exploraron las preguntas diagnósticas planteadas en un lenguaje común para ayudar a "hacer una estimación del grado de resistencia y ansiedad en la paciente", para desarrollar "empatía con el estado regresivo de la paciente", para comprender "con la mayor profundidad posible, las reacciones de la transferencia y la contratransferencia", y para reconocer "tendencias dinámicas" en los cambios en sesiones posteriores, para expresar el cambio y la ausencia de cambio en la paciente. Con las preguntas del Nivel 3 sobre la acción terapéutica, los grupos reflexionaron acerca de cómo se facilitaron los cambios observados, para luego hacer un conjunto de formulaciones acerca de los procesos transformacionales enraizados en los detalles del material de las sesiones.

El modelo de los tres niveles para observar las transformaciones del paciente facilitó las discusiones, las cuales dieron como resultado informes complementarios, con sesiones desgrabadas de tres etapas del análisis, mostrando tipos específicos de cambio y ausencia de cambio en una paciente que había sufrido una negligencia severa, peligro y pérdida traumática en su niñez. Me gustaría agradecerle a la analista presentadora, a quienes elaboraron los informes y a los miembros de los grupos por su trabajo excelente.

Agradecimientos

Deseo agradecerle a la Dra. Grifone por su excelente presentación del material y las sesiones desgrabadas, por su participación en los grupos aclarando aspectos importantes, y por su generosidad al aceptar (con el consentimiento de su paciente) la publicación de este capítulo.

Analista/Presentadora: Rose Grifone, Ph.D.

GRUPO I: Elaboración de informes: Dan Traub-Werner MD, Stephen Leibow MD; Miembros: Don Carveth PhD, Rose Grifone PhD, Mary Stewart MD, Alex Tarnopolsky MD.

GRUPO II: Elaboración de informes: Doron Almagor, MD; Miembros: Cathy Carmichael, MD, Geraldine Fogarty, PhD, Rose Grifone. MD, Gavril Hercz, MD, Akbar Rajabi, MD, Jane Thurley, MD, Klaus Wiedermann, PhD.

Bibliografía

Baranger, M., Baranger, W., & Mom, J. (1983). Process and non-process in analytic work. *International Journal of Psychoanalysis*, *64*: 1–15.

Faimberg, H. (1996). Listening to listening. *International Journal of Psychoanalysis*, *77*: 667–677.

Fleming, J., & Benedek, T. (1964). Supervision. A method of teaching psychoanalysis—preliminary report. *Psychoanalytic Quarterly*, *33*: 71–95.

Grinberg, L. (1990). *The Goals of Psychoanalysis: Identification, Identity, and Supervision*. London: Karnac.

Norman, J., & Salomonsson, B. (2006). "Le tissage des Pensees": Une methode pour presenter et commenter une materiel clinique psychanalytique dans un groupe de pairs. *L'Annee Psychanalytique International*, 141–159.

Quinodoz, J. -M. (2002). *Dreams That Turn Over a Page. Paradoxical Dreams in Psychoanalysis*. London: Routledge.

Reith, B. (Ed.) (2011). *Initiating Psychoanalysis: Perspectives*. London: Karnac.

Tuckett, D. (1993). Some thoughts on the presentation and discussion of the clinical material of psychoanalysis. *International Journal of Psycho analysis, 74*: 1175–1189.

Tuckett, D. (2008). *Psychoanalysis Comparable & Incomparable: The Evolution of a Method to Describe and Compare Psychoanalytic Approaches*. London: Routledge.

PARTE IV

EL 3-LM: UN CASO, UN INFORME Y UNA DISCUSIÓN

CAPÍTULO NUEVE

Transformaciones en Paula: la mujer "sin historia"

Michael Šebek

Cuando me invitaron del Comité de Observación Clínica de la IPA a presentar un caso clínico para estudiar las transformaciones me alegré mucho de tener esta posibilidad extraordinaria de discutir mi trabajo con muchos colegas respetados, provenientes de diferentes partes del mundo psicoanalítico. El material fue discutido en grupos de trabajo con analistas de experiencia y con el Modelo de los tres niveles para observar las transformaciones del paciente (3-LM) de Ricardo Bernardi en el Congreso de Praga de la IPA en 2013. Con respecto al 3-LM, no había tenido hasta ese momento ninguna experiencia con su aplicación.

Decidí presentar el caso de Paula porque durante el tratamiento me di cuenta de varios cambios interesantes, aunque no había hecho ningún trabajo de elaboración conceptual sistemática de los mismos.

Paula

Paula tenía 30 años cuando pidió la primera entrevista —vino por recomendación de un colega. Tenía una apariencia discreta, sin maquillaje, varios tonos de gris en su vestimenta, voz baja, signos de escopofobia (miedo a ser observada), no muy conversadora. Lentamente dijo que su vida no era "jugosa", que algunos problemas somáticos se llevaron todo lo que quedaba de su autoestima, que era soltera y le daban miedo las relaciones serias con los hombres, de hecho, con cualquier persona. Siente que no tiene ningún valor, y que ella es la principal causa de sus dificultades. A menudo tiene la sensación de que lo que está diciendo no es "verdad", o de que es como si otra persona estuviera hablando por ella. Ella dice que "no tiene historia", "no tiene emociones", y que "nada realmente serio" le pasó en su niñez, con su madre, padre y dos hermanos menores: "Realmente no puedo quejarme". Luego describe, sin ninguna emoción reconocible, el sentir "automático" de su vida: los viajes al trabajo y de regreso a su casa, lo mismo cada día, sin emoción, sin entusiasmo, sin sexo, sin placeres. Además, hace trabajo social en una oficina municipal donde trata con personas sin hogar.

Su forma de pensar en principio me recuerda al "pensamiento operatorio" de los pacientes psicosomáticos, o una "depresión vacía". Mis sentimientos en la contratransferencia evocan preguntas: ¿necesita un poco de "resucitación"? ¿O se siente temerosa y me mantiene a distancia a través de sus negaciones: "no pasó nada", "no quiere decir nada", "sin contenido", etc.? Una imagen se está descubriendo: su ego está siendo, vez tras vez, gravemente presionado por un superyó sádico, o ambos están fusionándose en un "no" unificado, como si todos sus objetos fueran totalitarios y ella estuviese encarcelada, existiendo detrás de la pared —apartada de la vida. Sus impulsos parecían estar inhibidos, reprimidos, y re-somatizados. Se vivencia una culpa silenciosa: ella se veía a sí misma como "nada". Expresó que solía usar una careta social (falso self) para sobrevivir en las situaciones cotidianas. Su sentido "automático" de la vida me recordó a las novelas del escritor checo Vladimír Páral. (En sus novelas las personas viven como autómatas, una vida estereotipada, en parte promiscua, deprimida, en la Checoslovaquia comunista de la década del 50 y 60).

Biografía

Por un largo tiempo fue apenas posible obtener una idea de lo que había sido la historia de vida de Paula. Ella decía que estaba dándome a mí (y a sí misma) "partes" de la historia.

El siguiente texto presenta el esbozo de su biografía como fue emergiendo, paso a paso, de docenas de sesiones. Algunos otros aspectos de su historia surgen en las sesiones que aquí se presentan.

Ella no tenía casi ninguna información acerca de la historia del desarrollo de sus padres. Dijo que realmente nunca se hablaba de esto en su familia. Por lo tanto, por ejemplo, no sabía nada acerca de sus actitudes políticas hacia, o compromiso con, el régimen comunista. En general, no tenía información sobre la vida de sus abuelos. Su madre tuvo un problema con su propia madre (la abuela de la paciente), probablemente falta de empatía. La madre del padre sentía una especie de odio por la madre de la paciente. Hubo conflictos ruidosos entre los padres, conflictos que se dijo que no habían existido antes de que los niños hubieran nacido. Ambos padres eran sentidos como distantes hacia Paula. Se reveló que Paula no recordaba ninguna instancia íntima de relación con su madre o su padre. Cuando era una niña pequeña y lloraba, su padre normalmente le decía que estaba mal llorar, que eso no serviría para nada. La madre había principalmente adoptado una actitud crítica hacia ella cuando Paula había querido compartir sus problemas en la niñez y más tarde en la adolescencia. Entonces ella aprendió a mantener una actitud retraída con respecto a ellos. En sus años escolares era consciente de su tendencia a ser como un varón, y esta sensación se mantuvo incambiada hasta su adultez. Las fantasías eróticas más intensas que recordaba se las transmitió a su profesor en la secundaria, quien la rechazó, y esto fue vivido como una "enorme vergüenza". Como adulta, siempre dudó de que pudiera ser una persona interesante para alguien. Una vez trajo un recuerdo de haber visto a su padre masturbándose; fue en el cuarto de sus padres, de noche —ella tenía edad escolar. Quedó impresionada. A partir de aproximadamente sus 10 años de edad, disfrutaba de cuidar a sus hermanos menores. Sus años adolescentes le parecieron los peores: no podía formar ninguna relación buena, profunda, ni con hombres ni con mujeres, y no sabía por qué. Piensa que era su culpa. Piensa que nunca se enamoró de nadie realmente. Para ella su vida sexual está "muerta": sin deseos, sin excitación real, sin placer. A pesar de todo esto, aparecieron algunos signos de vida emocional positiva oculta: lee libros, le gusta el arte —pero muy raramente habla sobre esto con nadie—.

Terapia

Dudé un poco acerca de comenzar la terapia con Paula. Sentía que su destructividad era demasiado grande, o de que la pared detrás de la cual estaba escondida, llena de vergüenza y ansiedad, era demasiado alta. Pero ya en las primeras entrevistas tuvo momentos en los que algo de sus pensamientos y sentimientos internos emergían brevemente, y se veía muy sensible, vulnerable, frágil y tímida. Finalmente que se escondiera y defendiera tanto me provocó algo de curiosidad. Yo había aprendido inmediatamente, desde las primeras sesiones, que tenía que ser muy cauteloso pero también activo: a mi escucha silenciosa, cuando la hubo, ella respondió con impotencia, ansiedad, y silencios largos causados (como ella dijo) por sentimientos de vacío y desesperación.

Paula le tenía mucho miedo a venir más de dos veces por semana (después a venir tres veces), y recién pudo vencer su ansiedad luego de tres años de una etapa preparatoria para el psicoanálisis (su primera sesión con frecuencia de cuatro veces a la semana se presenta como la cuarta ilustración clínica/sesión). Ella temía la aparición del "vacío" al encontrarse conmigo, y yo iba descubriendo que en su self estaba operando algo parecido a una "mafia" totalitaria y persecutoria, que se llevaba todas las imágenes y sentimientos. Algunas sesiones eran casi muertas, como succionadas de todo contenido. En la transferencia durante los primeros meses de terapia ella estaba convencida de que yo me desharía de ella como una "cosa inútil" porque ella "no era capaz de progresar nada". Por un largo tiempo, en docenas de sesiones, predominó esta constelación sadomasoquista, y aunque disminuyó, nunca desapareció por completo. Si yo me quedaba en silencio, ella se sentía rechazada, comenzaba a acusarse a sí misma de ser una mala paciente, y su autoestima caía rápidamente. Después de mis primeras vacaciones largas (tres semanas) se sintió destruida, de nuevo "vacía". Dijo que se alejó de los "amigos" (durante el tiempo que yo no estuve presente), no fue a verlos, se quedó sola, se sintió desesperadamente desamparada. Pudo relacionar esto con mi ausencia, y se sintió incluso peor, porque "cosas como las vacaciones de alguien son algo bastante normal, y ella debería ser capaz de soportarlo ..., y obviamente no lo es, y se siente culpable y avergonzada". Pensé que era una mezcla de "una niña pequeña desamparada y perdida" (¿una privación oral?), y "una respuesta enojada y celosa": lo primero era más consciente, lo segundo inconsciente.

Sesiones

Presento cuatro sesiones de diferentes períodos del tratamiento. El que sigue a continuación es del comienzo de la terapia. Paula prefirió usar el diván (escopofobia). En ese momento yo sabía poco sobre ella, y la sesión ilustra algunas de las dificultades de nuestro trabajo.

La tercera sesión, frecuencia dos veces por semana

Llega en hora, se ve un poco ansiosa, va rápidamente hacia el diván.

P: [silencio de más de un minuto] Debería decir algo pero no sé qué … [silencio], no tengo idea … [un largo silencio.]

T: Quizás tengas miedo de algo.

P: Quizá sí, … [suspiro], lo que me aterroriza es que aquí parezco incompetente … incapaz, no hay nada que sea realmente importante que pudiera tener sentido. [Es difícil oír su voz susurrante.]

T: Parece como que algo hubiera perdido su importancia y significado …

P: … [silencio]. Quizás sí, no sé. … Recuerdo que cuando me agarré la enfermedad, un año atrás, dije, es el fin de la vida, no hay futuro para mí … pero no quiero volver ahí [silencio que dura algunos minutos]. Pero ya antes de eso, he estado viviendo una vida sin interés.

T: ¿Sin interés?

P: No sucedía nada, nada que pudiera interesarle a nadie [silencio nuevamente, yo siento que me mantiene detrás de la pared, pero también invita a mi curiosidad].

T: ¿Cómo pasó que llegaste a pensar de esta manera …?

P: No sé … Cuando conozco a la gente siempre intento estar bien, al menos intento hacer de cuenta que todo está bien. Intento ajustarme a sus expectativas … [dice esto de una manera más animada].

T: ¿También a mis expectativas?

P: Aquí yo debería hablar de mí misma, no estoy acostumbrada … No sé … [silencio que dura 1—2 minutos] es tan incómodo. Sería mejor escaparme de aquí … [mira su reloj].

T: Para salvarte …

P: Sí, … antes de que me des una patada y me eches de aquí. Conmigo solo pierdes tu tiempo.

T: Suena como que tú valoras tu lugar aquí y tienes miedo de perderlo.

P: … Desafortunadamente es verdad, pero no quiero depender de nadie.

T: ¿Por qué?

P: Todas las relaciones que he tenido … fueron una gran desilusión … [silencio] pero también fue mi culpa, estoy segura de que lo causé yo misma. Mi comportamiento era insoportable, y es difícil entenderme, lo que digo. Yo no me expreso bien.

T: Dijiste "todas las relaciones" …

P: Mis padres … yo no sé si desilusión es la expresión correcta, ellos están viviendo su vida y yo vivo la mía. Pero yo me desilusioné y estoy desilusionada con mi madre, yo no soy una buena hija para ella, y ella siempre vio mis fallas y errores. En los últimos años prácticamente nunca hablamos de nada importante, ella no me pregunta, y yo no le digo cómo vivo. Y mi padre … él nunca tuvo un interés real en mí [suspiro, silencio].

T: Bueno, ahora comprendo algunas de las dificultades que tienes aquí, al hablar de ti misma, conmigo.

P: Pero quizá todo lo que estoy diciendo aquí sea falso, mi ficción. Todo fue mi culpa, probablemente yo tampoco haya sido una buena hija. Yo era demasiado distante con ellos … Yo no le contaba a mi madre mis cosas privadas.

[Fin de la sesión]

Sesión (la número cincuenta y seis, en el medio de la semana, luego de ocho meses desde el comienzo del tratamiento, aún dos veces por semana)

Esta sesión fue muy sorprendente y movilizadora. Era la segunda sesión luego de mi regreso de las vacaciones. Ella se animó a revelar mucho más que antes, y al final de la sesión yo estaba atípicamente abrumado con su necesidad de relacionarse.

Llegó en hora, como casi siempre, un poco nerviosa como siempre, fue rápidamente al diván y adoptó su posición algo defensiva, con sus manos sobre la barriga.

P: Pienso que estoy aquí dudando entre acercarme, y distanciarme …, no puedo salir de eso, y estoy muy ocupada con mi trabajo, así que no tengo nada de tiempo para nada mío, lo que me permite no sentirme lastimada … Siento como que estoy dividida psíquicamente, puedo llorar un día entero, pero puedo hablarme a mí misma y decirme: "¡eso no tiene sentido!—¡es mejor tener algún plan!" … Me siento sobrecargada por las tareas y pienso que lo mejor sería irme a algún lado, … sin tener que volver.

[Silencio corto.]

T: Ajá [Pienso que dirá algo más].
P: [Silencio por unos 10 segundos.]
T: Has dicho: "llorar un día entero" [era la primera vez que ella mencionaba que lloraba].
P: No, no, jajajá, no hay nada por lo que llorar ... Probablemente la razón sea el cansancio, y demasiado trabajo, agotamiento, ansiedad ... nada realmente serio, no me mueve cuando hablo de ello ... [un silencio]. Yo no lo entiendo mucho, es la cuestión de 'la última vez, fue mejor, o peor', así pasa conmigo ... Como si yo hubiese perdido el control de eso, pero también es posible que sea una ilusión, quizás no fue mejor antes, y yo no recuerdo ...
T: Mmm, dijiste "perdido el control" [en muchas sesiones ella hizo énfasis en su necesidad de controlarse a sí misma y las situaciones tratadas en las sesiones tenían que ver con esto].
P: No soy tan eficiente como era antes ... menos responsable, no puedo cumplir lo que se espera de mí ... Quiero decir, en mi trabajo; ahí se nota más; Pienso que será un desastre cuando alguien descubra lo que estoy haciendo; no creo que esté cumpliendo con lo que prometo ... [pausa].
T: ¿Puedes darme algunos ejemplos?
P: Lo que se me viene a la mente es esta "Asociación Educativa", no me comunico con ellos, no respondo a sus e-mails ... Y además, si planifico reunirme con alguna de las personas que trabajan ahí que yo conozco, por ejemplo, un amigo que quiere que nos reunamos, yo cancelo las citas, luego me sentí culpable porque le gusto, pero no puedo obligarme a actuar diferente ... [pausa].
T: ¿Cómo entiendes esto?
P: ¿Qué haría con él, si nos encontráramos? ... Antes yo funcionaba de una manera que cumplía con sus expectativas, no quería desilusionarlo ... Esto ya no es así, desapareció. Siento que no pasará nada si cancelo o postergo la reunión. Pero no entiendo qué me está pasando a mí ... y estoy aterrada, y no tiene ningún sentido. Siento indiferencia, no puedo explicar por qué ..., y no lo puedo cambiar. El único miedo que tengo es a que la gente me borre, si sigo así.
T: ¿Miedo de desolación?
P: Quizá sí ... pasa inevitablemente así, y me aterra ... [silencio].

T: Me parece que a pesar de toda esa negación de la importancia del mundo externo, vienes aquí y le das algo de valor.

P: Yo vengo aquí pero quizás sea inútil, como pegarle al agua ... ahora siento como si hubiese mentido; quizá todo lo que digo sea un teatro interno y nada sea verdad.

T: Parece que me ves ahora como si yo fuera un juez, y no una persona que puede entenderte cuando no te entiendes a ti misma ...

P: Me gustaría que pudieras entenderme cuando yo estoy confundida ... Pienso que necesito la certeza de que todo está yendo en la dirección correcta aquí ...

T: Sí, quizás es parecido a los niños que no comprenden muchas cosas pero confían en los padres de que nada malo les va a suceder.

P: Sería tan lindo si fuera así [un silencio más largo] ... Creo que este es el lugar que he sentido más seguro, y al mismo tiempo me aterra, no sé por qué es así [en voz muy baja].

T: Si tu seguridad está en peligro, debe haber alguna causa ... .

P: [Bajo]. Yo creo que es ... tú viajarás a algún lugar y yo voy a colapsar ..., y entonces necesito la idea de que "todo me es indiferente", y relacionado con esto, me doy cuenta de hasta qué grado no hay nadie alrededor mío, hay mucha gente pero nadie cerca, algunas personas que he conocido por años ... Represento con ellos todo el tiempo las mismas representaciones sobre seguridad, que no existe realmente. Ahora cuando estoy hablando tengo la sensación de que algo está desapareciendo, digo una cosa y pienso otra. ¿Esto se entiende?

T: ¿Necesitas hablar de mí y de cierta manera es peligroso?

P: Sí, y en lugar de hablar de ti, hablo de otros ... ¿Sabes? Tengo una idea de la muerte, miedo a la muerte: todo en la vida es solamente prestado ..., todo es infantil e inocente.

T: Yo pienso que tú sientes algo fuerte hacia mí, y ahora tienes miedo de qué hacer con eso; lo ves como algo inocente e infantil.

P: Sí, es así, y te estoy agradecida de que lo entiendas.

La sesión 110ª (tres veces por semana, luego de dieciséis meses desde el comienzo de la terapia).

El lento proceso de tener sesiones más frecuentes refleja cómo iba disminuyendo su miedo de cercanía e iba creciendo su capacidad para compartir sus contenidos mentales conmigo.

La siguiente sesión muestra condensadamente (sueño) las grandes dificultades que está enfrentando.

P: Tengo la impresión de que viniste aquí por mí [me vio llegando a mi consultorio desde afuera]. Estuve pensando en lo que dijiste la última vez. Que puedo compartir mis sentimientos solo con alguien que sufre ... En ese sentido elegí una buena profesión. Al menos de esta forma puedo tener algo de proximidad ... Sentimientos de soledad, y distancia ... ¡Es algo permanente! Yo creía que de alguna manera yo funcionaba, especialmente en mi trabajo, ... finalmente siento que estoy cansada, pero no estoy trabajando tanto. ¿Entonces por qué me quejo? ¿Pero qué consigo de todo esto? Tengo depresión, es una vida pobre y busco algún escape de ella. Tengo idea de que tengo sueños cíclicos relacionados con el agua ... [silencio].

T: ¿Fue uno o fueron más?

P: Tengo uno, es más visual ..., busco algo en un dique del río. De repente veo una máquina muy grande que regula el flujo del río y una gran fortificación se levanta delante de mis ojos. Esta pared es más grande de lo necesario. [Silencio] ... En realidad yo pienso que la pared es demasiado grande. El hecho es que estoy lejos de la gente, una distancia tan horrible.

T: Ajá.

P: En el sueño yo camino a lo largo de la pared y me pregunto dónde terminará. Pero no estoy suficientemente activa. Debería estar esforzándome más. Cuando lo intento, termina como algo vacío. Sin resultado. [Después ella repite alguna autocrítica acerca de lo difícil que es ella ...]

T: En tu sueño avanzas.

P: Pero sin resultados [nuevamente algún comentario estereotipado acerca de su ineptitud].

T: Ahora está gobernando el juez severo adentro tuyo, y tú tienes miedo de que yo vea tu "falta de resultados".

P: Sí, constantemente siento que debería ser diferente a como soy. Nada de lo que hago sirve para nada. Pero quizás lo estoy exagerando. Quizá no sea tan grave ... Puede no ser nada serio, ningún problema. Mis problemas no valen nada.

T: Como no naciste "valiendo nada", pienso que quizás hayas visto algo parecido a esto en el comportamiento de tus padres hacia ti.

P: No sé, yo no me quejaba con mis padres pero algunas veces tenía miedo de algo y mis dos padres me decían "no seas loca" o "no seas estúpida" pero era tan rara vez que yo hablaba acerca de mí. Ahora mismo mi madre me diría que ella nunca tuvo ningún miedo, que ella no sabe lo que es el miedo, y está orgullosa de eso. Por lo tanto ella no podía ver mi miedo. Yo tenía miedo de tener miedo; raro, ¿no? Es mejor no mostrar el miedo. En esto yo soy una psicosomática perfecta. En lugar de tener miedo de ir a la escuela, solía tener infecciones y problemas físicos … Ahora estoy perdida … ¿Cómo fue que empecé a hablar de esto? [Se siente confundida por haber perdido el control de su ego.]

T: Una persona puede estar enferma y no ansiosa.

P: Sí, la enfermedad es objetiva [ahora un silencio más largo].

T: ¿Qué estás pensando ahora?

P: Estoy hablando de cosas que nunca hablé con nadie, pero probablemente no haya otra manera. Estoy parada detrás de una pared y no sé si tengo permiso para decir cosas así y si se puede entender. En el sueño estoy buscando algo y debo encontrarlo de mi lado de la pared pero aún no avancé mucho en esto. Hay un sentimiento de distanciamiento entre las palabras y los sentimientos. Estoy diciendo algo y no está coincidiendo con lo que intento decir. Así que estoy perdiéndome en eso. En las relaciones con las personas yo no tengo historia, ni una personalidad, no puedo imaginar que alguien pueda interesarse en mí. Y aquí yo intento mantener una fachada para ser aceptable para ti. Que en realidad soy excremento, cosa que no debería o no puedo mostrar.

T: No ser insoportable aquí para mí, no ser insoportable para mamá y papá.

P: Sí, algo así. Bueno, debo terminar, ¿no?

T: Todavía quedan como 5 minutos

P: Yo no me apuro, solo es otra vez mi culpa, yo no debería interferir con tu tiempo.

[Ella se levanta, mirándome a la cara, sonriendo y dice] Pero te agradezco, verdaderamente.

La primera sesión en el encuadre psicoanalítico de cuatro veces a la semana (luego de tres años de tratamiento)

Me sorprendió su cambio rápido del presente a los recuerdos y el acto valiente de demostrar que puede hacerlo cuatro veces.

Llega en hora. Se ve un poco tensa, me mira fugazmente antes de recostarse.

P: Tan poco tiempo desde la sesión de ayer, que no estaba segura si habíamos cambiado la frecuencia ... Estaba pensando qué es lo que realmente está cambiando, imagino que habrá más sobre el pasado que sobre lo que está pasando en el tiempo presente [diciéndolo con cautela].

T: ¿Te dio miedo?

P: Sí, es un cambio. No estoy segura de cómo funcionará. Salí antes de mi trabajo, a las 13:00, espero que mi jefe no me vaya a sancionar ...

T: ¿Por qué?

P: Yo trabajo de 8 a 13, de todos modos no puedo trabajar más tiempo. Concretamente hoy fue terrible. Tuve 3 clientes, todas ellas hablaron sobre madres muertas; una de ellas había tenido conflictos con su madre por mucho tiempo, ambos padres luego habían hecho intentos de suicidio, ella estaba tratando de salvar a su madre después de esto ... Los tres clientes han estado empeorando en el último tiempo, y tuve que llamar al servicio psiquiátrico para que me ayudaran. ¡Ese sentimiento de que uno debe actuar! Creo que de algún modo me conmovió. Y además, de nuevo, mi sentimiento de desesperanza. Después de este trabajo estoy tan cansada, y mi jefe piensa que yo debería trabajar más. Yo debería ser un robot ... Me enojo cuando pienso en eso.

T: Me imagino que te conmovió al comparar tus problemas con tu madre con problemas similares de tus clientes?

P: Sí, se trata de mí pero debería tomar algo de distancia de estos clientes; en vez de eso estoy mezclando sus realidades con la mía. Sí, me acuerdo. Hemos estado hablando por un año acerca de rescatar madres, o mi madre. O sea, lo que he aprendido de mi madre es que las hijas viven para hacer más feliz la vida de las madres [lo dice con algo de amargura]. Dicho sea de paso, el casamiento de mis padres no valió la pena, lo mismo con mis tres clientes, sus madres eran depresivas, una vivía medicada, y la segunda consumía alcohol.

T: ¿Y tu madre?

P: Alcohol no pero algunos medicamentos, calmantes, y su mal matrimonio. Por muchos años estuvo dudando si dejar a mi padre o quedarse con él [era la primera vez que yo escuchaba esto de ella verbalmente], no tomó una decisión ... Ahora que recuerdo, mis padres peleaban más y más cuando yo tenía edad escolar, y los descansos entre los conflictos explícitos eran más y más cortos ... Es posible que para ellos estuviera bien eso ... Recuerdo que alguien, no sé quién, dijo acerca de ellos que eran como los italianos, que peleaban para poder dormir juntos después. Pero es una interrogante, si tenían vida sexual: yo no la vi ... Y ahora me está viniendo el recuerdo de que una vez mi madre me dijo que todos sus conflictos comenzaron después de que nacieron sus hijos, yo y mis hermanos. Antes tenían —ella dijo— una vida pacífica. Yo entiendo que por estar criando niños hay más disputas, pero es difícil decir ...

T: Mmm ... [Estoy sorprendido por este flujo inesperado de recuerdos].

P: Lógicamente, he estado funcionando como una niña que se cuida a sí misma, que no necesitaba nada. No solían ayudarme con nada para la escuela, yo hacía todo sola—excepto dos veces que actuaron ellos: una vez cuando me echaron de la clase de matemáticas especializada, y una segunda vez cuando casi me echan de la secundaria debido a una mala nota en la clase. Fuera de eso, todo fluía bien para mí. Por lo tanto yo no tengo historia, nada especial que necesite recordar.

T: Una niña silenciosa, que no molesta, "sin memoria", como ya has sido varias veces en muchas sesiones anteriores.

P: Sí, pero no era mi intención, simplemente lo hice. Mi padre nunca estuvo verdaderamente interesado en mí, así que me preguntaba cómo podía molestarlo ... ¿Con algún ruido? Quizás. ¿Y a mi madre? Ella siempre se sentía superada, cualquier cosa era demasiado para ella ... Quizás yo me puse demasiado ansiosa de que mi madre se iba a descomponer completamente cuando rompí mis pantalones en algún lugar al aire libre. Creo que aprendí a inventar cosas o a ocultar lo más posible. Recién cuando la rotura era grande, ahí tenía que decir algo.

T: ¿Una rotura grande?

P: No hubo muchas. Una vez el vidrio quebrado de una ventana en la escuela —yo estaba con un grupo grande de compañeros de clase. Después algunos padres de la escuela se quejaron por bullying hacia una compañera: era una niña. Yo solo estaba presente ahí, pasivamente, mirando, pero no la ayudé. No sé qué hicieron o dijeron mis padres —creo que ¿me prohibieron ir al cine por un par de días? Pero el peor castigo de mi madre era —en algunas otras situaciones en las que me porté mal o algo así— que dejaba de hablarme. Pero pienso que en general mis padres no tenían problemas conmigo. Yo era una hija obediente, debido a mi miedo. No protestaba.

T: Quizás por el miedo te escondiste en tu "no protestar ..."

P: Admito que estoy de acuerdo. Cuando iba a la escuela cada vez más me sentía como un varón, o más cerca de un varón y de los varones que me rodeaban. En casa yo era obediente, pero cuando estaba afuera, en las calles, era mucho más salvaje pero sinceramente no lo recuerdo muy bien. Como ocurre a menudo conmigo: no recuerdo nada. ¿Quizás también era un poco más alegre en casa? Creo que todo esto empezó cuando estaba en primer año. Odiaba las faldas, pero cuando tenía 3 años —vi una foto— tenía una falda. Mi madre se ponía como loca porque era "todo el tiempo pantalones". Cuando estaba en cuarto y quinto año tuve mis primeras amigas.

T: ¿Como un "varón" con un pene imaginario, te podías sentir más fuerte que tu madre?

P: Era algo así. En general yo estaba más contenta entre varones, y probablemente me sentía menos amenazada por mamá. Tenía un mundo propio donde mamá no tenía ningún poder. Hasta hoy es un poco así. Mi madre se molestaba bastante porque yo era varonil. Pienso que ella era igual en su niñez —también creció con varones. Por lo tanto, quizás, ella había estado presionándome para que fuera más como una niña, pero más que nada con la gente fuera de la familia —en casa era más tolerante con eso. Puedo darme cuenta de que hasta hoy tengo problemas con el tema de ser mujer. Sé cómo debo comportarme como mujer pero lo hago con esfuerzo. Tengo que obligarme. Después me siento como una marioneta a la que la mueve algo de afuera. Una vez, cuando era pequeña, no quería ir al campo. Mi padre tomó un palo, y me iba empujando con él para que avanzara, hasta que quedó satisfecho de que habíamos caminado una distancia bastante larga. Mejor no recordarlo ... pero quizás yo también era haragana.

T: Como si avanzar estuviera conectado con "el palo" de papá, la fuerza del hombre ..., y al mismo tiempo ser una niña o mujer, ser como una marioneta.

P: Jajá, esta sumisión ... yo voy adonde me dirige el palo ... Y para excluir un padre físico estoy sosteniendo este palo encima mío, castigándome, aquí está mi identificación con mi padre; el único problema es que no sé adónde estoy yendo.

T: En esta sesión hiciste las cosas a tu manera, tú la dirigiste, tu material dirigido a mí.

P: [Silencio] Ajá ... Ahora pienso que hoy no estuve forzada a avanzar. Sí, ahora tenemos más sesiones y nada sucedió desde la sesión de ayer, así que no tengo que avanzar, me sentí libre de mirar para atrás; no es el "avanza" de un padre.

T: Sí, pero tuviste una fantasía al comienzo de la sesión de que podrías ser sancionada por tu jefe —la figura paterna— por haber hecho las cosas a tu manera hoy.

P: Con suerte no pasará [dijo divertida].

Hasta aquí los datos sobre los cuales se podrán hacer algunas inferencias sobre las transformaciones.

Me quedé muy impresionado por la discusión del material clínico por parte de todos los participantes en el panel "Tracking Transformations in a Psychoanalytic Process: Unconscious and Explicit" ("Siguiendo las transformaciones en un proceso psicoanalítico: inconsciente y explícito") que tuvo lugar en el Congreso de la IPA en Praga: Ricardo Bernardi, Margaret Ann Fitzpatrick-Hanly, Marianne Leuzinger-Bohleber y Judy Kantrowitz.

Ricardo Bernardi puso énfasis, en el Nivel 1 (descripciones fenomenológicas), en "la profundidad de la inhibición de la vida mental y emocional de Paula" y también en su respuesta positiva a la escucha y a las intervenciones del analista. Puso en primer plano "la pared" en el sueño y su significado simbólico. En el Nivel 2 ve los cambios en la experiencia de la enfermedad (pasar de sin historia, sin emociones, a la conciencia de sus problemas y de sí misma), en los patrones de relación (entran en sus recuerdos y experiencias sus padres y otras personas), en los conflictos y defensas (de "nada realmente serio pasó en mi vida" a "me siento como una marioneta"), y en las funciones estructurales: mentalización, regulación afectiva, comunicación y simbolización, y apego (de sin excitación, nada de sexo, sin placeres, a expresiones emocionales y simbólicas más vitales). Yo estoy completamente de acuerdo con las inferencias de Bernardi sobre los Niveles 1 y 2.

El Nivel 3 es más difícil de responder: ¿Paula sufre más de un déficit estructural o es más un caso neurótico con conflictos y problemas edípicos? Luego de las entrevistas iniciales me hice esta pregunta. En ese momento parecía más tener un trastorno de la personalidad o ser un caso psicosomático. Más adelante, en el transcurso del tratamiento, fui descubriendo algunos traumas de apego y de las relaciones objetales. Un poco más tarde los aspectos (conflictos) neuróticos comenzaron a aparecer más en la superficie. Este despliegue sucesivo de complejidad muestra cuán relevante es no aferrarse a una o dos teorías iniciales sobre un paciente y mantener una mente abierta, no solo durante la escucha sino también en las inferencias que se originan como segundos o terceros pensamientos. Bernardi considera la "pared" en el sueño de Paula como un símbolo central que condensa de manera compleja sus dificultades individuales, sus dificultades familiares y posiblemente también sus dificultades socio-políticas y culturales. Yo concuerdo con eso. La pared como un símbolo de las dificultades individuales de Paula parece ser la opción más aprobada. La existencia de "pared" o "paredes" en su familia real se puede inferir claramente a partir de los comentarios de Paula (p. ej., comunicación familiar pobre o eruptiva). El significado sociopolítico de la pared tiene una naturaleza más especulativa pero estoy convencido de que está presente en la parte culturalmente determinada del inconsciente colectivo en la República Checa (Šebek, 2013) como consecuencia de la experiencia histórica transgeneracional con los regímenes opresivos (totalitarios) en Europa Central (Monarquía de los Habsburgo, la ocupación de Checoslovaquia por Hitler, 40 años de régimen comunista). Hubo paredes reales, como "La Cortina de Hierro", El Muro de Berlín, las "paredes" de información, diferentes segregaciones y persecuciones ideológicas que paso a paso se introyectaron en forma de objetos totalitarios y se transmitieron a los descendientes a través de las familias y otras influencias externas (Šebek, 1996, 1998, 2013). Algunas de las defensas contra los objetos totalitarios consisten en las organizaciones del falso self y la negación (Paula negaba los temas políticos, y probablemente también su familia). Todas estas cualidades están presentes en la organización psíquica de Paula (un superyó severo que transforma al Self en "nada", un falso Self tratando de comportarse y sentir "Yo estoy bien", siempre pronto a ajustarse a los demás).

Margaret Ann Fitzpatrick-Hanly se concentró en la narrativa clínica usando puntos de anclaje para hacer el seguimiento del cambio. Por ejemplo, seleccionó "ella no vale nada, sin historia, sin emociones", lo cual yo comprendí al comienzo de la terapia como un "trabajo de lo negativo" (Green, 2001), o un signo de narcisismo negativo (Green, 1999). Si se hubiese repetido en forma destructiva (compulsivamente) o maligna durante el curso de la terapia, lo más probable es que no hubiese habido "progreso" o "terapia" en la transferencia y en la realidad. Aunque en las sesiones de Paula se repetían las negaciones, no era para nada un proceso mecánico sino creativo, en el cual las redistribuciones libidinales y de objeto sucedían (ver De M'Uzan, 2013). Fitzpatrick-Hanly lo pone en estas palabras: " … la historia de su niñez surge con vitalidad: ella quería hacer ruido, molestar a su padre, recuerda cuando rompía sus pantalones. … Ahora vemos surgir desde la negación, de la disociación y auto-reproche, una niña vital, instintiva …" Además, Fitzpatrick-Hanly hace una conexión entre mi "curiosidad" en la contratransferencia y las interpretaciones transferenciales, y demuestra convincentemente su efectividad usando viñetas del material clínico. Soy consciente de que más allá de esos efectos demostrados por Fitzpatrick-Hanly, muy seguido usé el trabajo interpretativo para construir y proteger un vínculo muy delgado con Paula quien le temía mucho al silencio, un signo de su dificultad de adaptación. A medida que avanzó el trabajo con Paula, fui dándome cuenta, cada vez más, de que mi interés (curiosidad) por ella, al cual ella sentía como algo nuevo (un nuevo objeto), era un pre-requisito para que mis interpretaciones tuviesen algún efecto transformador.

Paula probablemente haya sufrido una severa carencia de empatía en el curso del desarrollo de su personalidad, y Marianne Leuzinger-Bohleber subrayó esto haciendo la referencia (al respecto de Paula) al modelo de trauma basado en relaciones objetales y su colapso, dando como resultado la falla de la comunicación interna. Esto se corresponde con mis sentimientos iniciales de que Paula necesitaba "resucitación". Los sentimientos de Paula de completo abandono hicieron su aparición en muchas sesiones. Con respecto a las transformaciones de Paula, Leuzinger-Bohleber sugiere usar las siguientes categorías: apariencia, estados del self, relaciones objetales, Superyó-Yo-Ello, indicadores de fantasías inconscientes y conflictos centrales, y la relación con el analista. Aunque las conceptualizaciones de Bernardi y Fitzpatrick-Hanly son levemente diferentes, hay una convergencia significativa en sus inferencias sobre las transformaciones de Paula sobre la base de los datos clínicos. En sus pensamientos, hipótesis y conclusiones puedo encontrar también mis pensamientos —algunos de ellos elaborados por lo que Leuzinger-Bohleber llama una "validación de expertos"—. Las diferentes conceptualizaciones de las transformaciones de Paula no se contradicen sino que se enriquecen una a la otra, aportando nuevas comprensiones y diferentes énfasis.

Como afirmó Judy Kantrowitz: " … . este método (3-LM) ayudará a disminuir las guerras de teorías".

Judy Kantrowitz escribió comentarios muy interesantes sobre el 3-LM, las transformaciones de Paula, mi trabajo analítico, y las contribuciones de Bernardi, Fitzpatrick-Hanly y Leuzinger-Bohleber. También puso énfasis en el rol del grupo al observar los datos clínicos, especialmente el potencial para apreciar las complejidades y matices en el proceso y los cambios que están ocurriendo. Tiene el convencimiento de que se pueden explorar múltiples teorías "para ver cuán bien están respaldadas por los datos". Pero teme que estudiar solo las teorías del analista —conscientes o inconscientes— sea "intelectualizar y distanciarnos de todo lo personal que es el trabajo analítico". El rol de la empatía, "algún aspecto incipiente de identificación" del analista, "las dimensiones de la personalidad y los conflictos del analista" —todo esto y más influye en el desarrollo del paciente y la postura analítica—. En lo que respecta a mí, como el analista, ella se refiere a varios niveles de mi enfoque y varias de mis teorías reales y posibles agregándole un factor personal importante que me ayudó en el trabajo con Paula. Esta interpretación de mi enfoque es inevitablemente el más difícil para mí de comentar pero siento que algunos factores personales (Kantrowitz tiene razón) me ayudaron a crear y mantener una buena alianza de trabajo con Paula.

Los informes de los grupos con base en el trabajo durante el Congreso de la IPA en Praga son la segunda parte de cómo mi caso clínico fue observado.

Aquí no tenemos la posibilidad de entrar en los detalles de esos informes. Por lo tanto presento solamente un breve resumen:

1. Está bien decir que hubo un acuerdo general de que Paula se había vuelto más activa y vivaz, menos ansiosa, menos defensiva, y comenzó a simbolizar y asociar el presente con el pasado. En resumen, se puede ver una reavivación de la libido y una redistribución de sus objetos internos. Sin embargo, sus impulsos agresivos todavía están bloqueados, reprimidos, o negados, o dirigidos hacia ella misma. Aquí yace la tarea del analista para el futuro.
2. Los grupos encontraron una relación positiva entre las acciones del analista —interpretaciones— y el progreso de la paciente. También observaron, por ejemplo, que el analista le sirvió a Paula como una especie de objeto nuevo en su vida. Solo un grupo concluyó que el

progreso en el paciente había sido causado más por la presencia del analista que por sus acciones. Este grupo no tuvo la posibilidad de discutir el material con el analista, y al parecer esto es importante. Algunos otros grupos afirmaron que la discusión con el analista en el grupo los ayudó a comprender mejor a la paciente y las acciones analíticas. Dicho en forma simple, no son suficientes solo los textos.

3. Cada grupo formuló las transformaciones de Paula con el 3-LM a su modo específico gracias a las diferentes escuelas, diferentes experiencias, y también diferentes idiomas. En general hubo problemas para encontrar una categoría (organización borderline, constelación post-traumática, rasgos histéricos, organización psicosomática, trastorno del self) de diagnóstico adecuado (nomotético) pero hubo un acuerdo general acerca del diagnóstico idiosincrático: Paula es la paciente con la "pared" como el problema central de su mundo interno y también externo —"pared" que entra en la transferencia y también en la contratransferencia—.
4. Aunque los analistas en los grupos representaban a la comunidad internacional y provenían de diferentes escuelas, de diferentes experiencias analíticas y de diferentes idiomas, hay una convergencia sorprendente en su evaluación del proceso analítico (mayoritariamente positivo), y de los cambios psíquicos de Paula y algunos problemas restantes que aún no se abordaron.

Conclusión

El 3-LM parece ser una herramienta útil para la evaluación de los cambios del paciente en el tratamiento analítico. La posibilidad de trabajar directamente con materiales narrativos se adecua al carácter del psicoanálisis clínico y, por lo tanto, es un método prometedor para la investigación psicoanalítica. En el caso de Paula predominó el acuerdo acerca de su transformación psíquica, y las discusiones fueron especialmente útiles para expandir y profundizar lo que observamos que estaba sucediendo en este proceso terapéutico, a través de los lentes de cuatro sesiones.

Bibliografía

De M'Uzan, M. (2013). The same and the identical. In: *Death and Identity* (pp. 3–15). London: Karnac.

Green, A. (1999). *The Work of the Negative*, A. Weller (Trans.). London: Free Association Books.
Green, A. (2001). *Life Narcissism Death Narcissism*, A. Weller (Trans.). London: Free Association Books.
Šebek, M. (1996). Fates of totalitarian objects. *International Forum of Psychoanalysis*, *5*: 289–294.
Šebek, M. (1998). Posttotalitarian personality—old internal objects in a new situation. *Journal of the American Academy of Psychoanalysis*, *26*: 295–309.
Šebek, M. (2013). Psychoanalyse in Tschechien. *Psyche—Z Psychoanal*, *67*: 209–237.

CAPÍTULO DIEZ

Un informe sobre Paula, una mujer "sin historia"

Robert S. White

Observación clínica

Días 2 y 3 de agosto de 2013, Congreso de la IPA en Praga: Moderadora: Marina Altmann de Litvan; Reporter: Robert White. El grupo estuvo formado por analistas provenientes de Alemania, Inglaterra, USA y Lituania. Los dos moderadores eran de USA y Uruguay.

Usamos el material clínico del psicoanalista checo Michael Šebek. Analizamos 4 horas: la tercera hora de psicoterapia, con una frecuencia de dos veces a la semana; una sesión en el séptimo mes, con frecuencia de dos veces semanales; una sesión a los catorce meses, con frecuencia de tres veces por semana; y la primera sesión de una frecuencia de cuatro veces por semana, tres años después de empezar el tratamiento.

La paciente es una mujer de 30 años, soltera, sin emociones, sin vida, sin deseos sexuales. Trabaja como trabajadora social para personas sin hogar. Es la hija mayor y tiene dos hermanos. Se dijo que ambos padres eran distantes a la paciente. A menudo peleaban entre ellos. La paciente disfrutaba de cuidar a sus hermanos menores. No recuerda haber tenido ningún apego profundo con hombres o mujeres; nunca se ha enamorado.

Nivel 1: descripción fenomenológica de las transformaciones

El grupo eligió 3 puntos de anclaje de la primera sesión:

1. Sin jugo: una metáfora usada por la paciente para describirse a sí misma, que capturaba su sensación de no tener sentimientos, no tener placer ni sentimientos eróticos. Ella era un robot o una marioneta escondida detrás de una fachada.
2. Sin historia: otra autodescripción. No podía recordar buena parte de su historia o lo hacía solo vagamente y en "partes". Le faltaba una narración.
3. Ser como un varón: Una fantasía de la temprana niñez que persiste en la adultez. Vestía colores grises; no usaba maquillaje. El analista la describió como "una niña pequeña, desamparada y perdida".

Hay muchos otros posibles puntos de anclaje en este material clínico. Otro grupo eligió la imagen del robot. Paula a menudo tiene el sentimiento de que "lo que está diciendo no es 'verdad', o de que es como si otra persona estuviera hablando por ella". Otra posibilidad es la culpa; "Todo fue mi culpa, probablemente yo no haya sido una buena hija. Yo era muy distante con ellos". Otro grupo más eligió la metáfora de la pared. Esta imagen viene de un sueño en la tercera hora presentada pero está presente en la mente del analista desde el comienzo. Los puntos de anclaje a menudo se superponen unos con otros. Sin jugo y ser un robot, por ejemplo, podrían ser puntos de anclaje separados o combinarse.

Sin jugo

Sesión uno

Al comienzo de la hora ella se describe a sí misma como "incompetente", "perdió importancia y significado", "ni idea", "fin de la vida", y una "vida sin interés". Habla en fragmentos haciendo pausas largas. Ella se refiere a una sensación general de terror. En la transferencia está perdiendo el tiempo del analista, quien la va a sacar de una patada. Ella siente que es una desilusión. La imagen es de entumecimiento psíquico con una sensación de terror que flota libremente e indiferenciada.

Sesión dos

La paciente habla de "llorar un día entero", por primera vez. Se siente aterrorizada ahora que no puede controlar sus sentimientos. Más tarde en la hora, dice: "Yo vengo aquí pero quizás sea inútil, como pegarle al agua". Ahora ella está triste. Ahora el terror está más focalizado, el miedo de perder el control de sus emociones. Lo de pegarle al agua no está muy claro, pero da una idea de violencia desconocida. Al final, sorprendentemente, le expresa su gratitud al analista, un cambio grande. Hay una pequeña transformación: ahora puede estar triste y hay un indicio de enojo.

Sesión tres

Presenta un sueño. El hecho mismo de soñar representa una transformación en la habilidad de representar emociones. Sin embargo, el sueño es estéril de sentimientos y no aparece ninguna otra persona que no sea ella misma. En el sueño ella está en el dique de un río. Hay una gran máquina que regula el flujo del río. Aquí tenemos todavía más jugo, que debe regularse y controlarse. Más tarde en la hora ella revela miedo: "miedo de tener miedo". Tenía miedo de ir a la escuela. Al hablar de si alguna persona podría interesarse en ella, ella es "excremento". Todas estas parecen ser elaboraciones de afectos no vistos antes, miedo más que terror, un río de jugo, lleno de malos olores de excremento. Esto representa transformaciones positivas de los afectos: "busco algún escape", "termina como algo vacío", "nada de lo que hago sirve para nada" o "mis problemas no valen nada". Esta negatividad persistente se mantiene incambiada.

Sesión cuatro

Ella trae un problema del trabajo y revela preocupación por sus clientes mujeres. Se siente "conmovida". Pensando en su tendencia a ser un robot: "me enojo cuando pienso en eso". Al hablar de sus padres trae la posibilidad de una "vida sexual". Afirma que puede ser más feliz entre varones, donde puede ser "más salvaje". Al final de la hora, el analista nota un intercambio divertido. Los afectos continúan transformándose, ahora permitiendo indicios de erotismo, agresividad y energía. Pero la negatividad persistente permanece sin transformación, "una niña silenciosa, que no molesta, sin memoria" o "me siento como una marioneta".

Sin historia

Sesión uno

Ella trae a sus padres pero no hay vida, no hay detalle en sus imágenes. Puso énfasis en su desilusión al respecto de ellos. Esto también es actuado (*enacted*)[1] con el analista; él estará desilusionado y sentirá que está perdiendo su tiempo.

Sesión dos

No hay ninguna mención de ninguna historia pero continúa poniéndose en acto. Ella está siendo "abofeteada", "juzgada", abandonada por el analista y "colapsa", "nadie cerca", y "desapareciendo". Esto parece dar indicio de algún trauma. No hay transformación a esta altura.

Sesión tres

Ella habla sobre sus padres. Su madre niega tener ningún miedo, por lo cual no podía ver el miedo de su hija. También es actuado al hablar con el analista sobre cosas que nunca habló antes. La negatividad continúa actuándose; está interfiriendo con su tiempo. De nuevo ella dice "sin historia". Hay una pequeña transformación en revelar lentamente algunos detalles sobre sus padres pero no hay transformación en la negatividad.

Sesión cuatro

Hace más foco en sus padres. Las hijas viven para hacer felices a las madres. El matrimonio de sus padres no fue bueno y se culpó a los hijos. Su madre consumía medicación y analgésicos. Ella se pregunta si tenían vida sexual. Ella fue una niña que se cuidaba a sí misma. Su madre siempre estaba sobrepasada y ella sentía ansiedad de que su madre colapsara. Su madre la castigaba no hablándole. A su madre no le gustaba que ella jugase con varones pero la paciente tiene sospechas de que su madre era parecida en su juventud. Por primera vez trae el tema de su padre. Se acordó de su padre empujándola con un palo cuando ella no quiso caminar durante un paseo en el campo. Aquí tenemos una transformación mayor, con mucho más detalle. Pero la negatividad permanece; ella es una marioneta o no sabe adónde va. La intensidad de la negatividad parece haberse reducido un poco, una pequeña transformación.

Tendencia a ser como un varón

Sesión uno

Se viste con colores grises, sin maquillaje. Hay varias referencias a no ser una buena hija.

Sesión dos

No hay referencias al género.

Sesión tres

Tiene un sueño en el que hay una máquina muy grande que regula el flujo del río. Da la sensación de un símbolo fálico. Ella no asocia con esto y no hay referencias explícitas al género.

Sesión cuatro

De pronto esto se vuelve un tema vivo. Las hijas viven para hacer felices a las madres. Durante sus años escolares ella se sentía como un varón, o más parecida a un varón. Los varones estaban asociados al estado salvaje y a la independencia de la madre. Ella recuerda cómo odiaba las polleras y recuerda las objeciones de su madre a los pantalones. "Yo era más feliz entre los varones". "Tenía un mundo propio donde mamá no tenía ningún poder". Pensaba que su madre había tenido tendencias similares a parecerse a un varón y por eso estaba presionándola para que fuera una niña. No sabe qué hacer como niña. Otra vez está esta imagen de la marioneta. Tenía un recuerdo de su padre empujándola con un palo para avanzar. Aquí ella revela que su lado masculino oculta su energía, su rebeldía, y su aspecto fálico. Lo femenino es pasivo, sumiso y tirado por otros.

Nivel dos: identificación de las principales dimensiones diagnósticas del cambio

Debido a las limitaciones de tiempo del grupo, normalmente no es posible usar todas las dimensiones en profundidad. El grupo debe, entonces, elegir concentrarse en aquellas dimensiones que parecen más relacionadas al caso clínico. En este caso nos concentramos en los aspectos estructurales del funcionamiento mental y en el tipo de trastorno.

Percepción de sí mismo y de los demás

En la primera sesión ella se presenta a sí misma como alguien sin self, sin afectos, con nada adentro. Todo es descolorido. De la misma forma, menciona a personas no identificables. Menciona brevemente a sus padres pero no tienen características, no tienen vida. Se da una transformación muy gradual en las horas presentadas. A pesar de que ella rápidamente se niega a sí misma o se esconde detrás de un self falso, aparecen más detalles. En la segunda sesión un hombre está interesado en ella y ella sale corriendo. Ella puede empezar a sentirse dependiente del analista. En la tercera sesión, tiene un sueño en el cual hay una gran pared que la lleva al distanciamiento. Se mantiene escondida detrás de la pared. Ahí continúa habiendo muy poca referencia a los demás. En la cuarta sesión puede describir a sus clientes que tienen sus propias dificultades. Está preocupada de que mezcla sus propios conflictos con los suyos. Sus padres pasan, por primera vez, a tener personalidad. Su madre es infeliz, su padre la empujaba para salir a pasear. Menciona a sus hermanos por primera vez. Su madre tiene un pasado. Ella tiene un lado salvaje que mantiene escondido. Así que a esta altura empezamos a ver transformaciones del self y de objeto, en las etapas iniciales. La transformación de los afectos es similar. Desde la falta de vida de la primera sesión fuimos siguiendo la metáfora de la jugosidad. Gradualmente aparecen los afectos, la tristeza, el enojo, la gratitud y la empatía por los demás. Puede atisbar la sexualidad. El terror se transforma en miedo a algunos objetos específicos. Ahora puede empatizar con sus clientes femeninas. Reconoce un poco que la madre tuvo sus propias dificultades. Sigue faltando integración con estados de escisión. Pero así y todo puede alternar entre los afectos más diferenciados y las auto-representaciones del estado muerto y vacío. Aún tiene poco sentido de una vida autodirigida y la metáfora de la marioneta sigue predominando. A pesar de que puede comenzar a soñar, el sueño en sí es mecánico y desprovisto de objetos vivientes.

Regulación afectiva

Al comienzo no hay afectos, excepto un terror general. No hay placer sexual. Es mejor no pensar acerca de eso. Las relaciones no parecen existir. En las horas siguientes, surgen los afectos. Ahora lo que hay es miedo de verse desbordada. Así que el control y el descontrol se vuelven un tema. Está llorando demasiado. Puede desplazarse del terror general a un miedo específico de eliminación o abandono. Todavía no está en la etapa en la que pueda tener ninguna seguridad propia bajo presión. Si su analista la abandona, colapsará. No hay ninguna mención de relación personal excepto una de la cual salir disparando.

Comunicación interna y externa

Vemos el comienzo del diálogo con el analista. Hay varios momentos en los que ella expresa gratitud. Tiene miedo de que él la abandone y de su dependencia hacia él. Puede aparecer la diversión. No hay ninguna señal de comunicación con nadie fuera de la díada.

Apego con objetos internos y externos

Cualquiera de los vínculos con objetos internos o externos son vagos y fugaces. Ella le teme al abandono, así que rápidamente se separa y retoma una defensa vacía y alejada contra el apego. Mucho de esto no se verbaliza pero se pone en acto en la transferencia. Ella parece muy incapaz de comenzar nuevos apegos y rápidamente termina con cualquier interés de apego que provenga de los demás. Ahora está mostrando un principio de enojo cuando se siente abandonada. Con sus padres aparece la repetición de un apego profundo a objetos terribles y abandónicos. No hay sentido del tercero.

Tipo de trastorno

La paciente parece funcionar en un nivel de organización borderline. Predominan las defensas escindidas y paranoides. No hay evidencia de funcionamiento psicótico pero tiene gran miedo de disolución. Su tipo de personalidad sería caracterizada como trauma crónico (trastorno por stress post-traumático).

Tiene el bloqueo psíquico tan característico del trauma, sin perturbaciones sensoriales (recuerdos recurrentes, recuerdos invasivos, perturbaciones visuales). Uno puede especular que a medida de que ella salga del estado de embotamiento, podrán aparecer más perturbaciones como estas. Otros en el grupo la caracterizaron como una atrofia del desarrollo o un principio de trastorno del apego. El analista dice que la paciente funciona con pensamiento operacional.

Nivel tres: testeo de las hipótesis explicativas del cambio

Foco terapéutico

En la primera hora el analista tiene varios focos: los afectos, el aquí y ahora, las referencias a la transferencia y a la defensa, y la contención. Se mantiene muy cerca del material. La mayoría de sus intervenciones son aclaraciones. Tiene interés en ir del terror general al miedo de objetos específicos. Por ejemplo, bien al comienzo, dice: "Quizás tengas miedo de algo", y a continuación: "Parece como que algo hubiera perdido su importancia y significado". Mucho de su trabajo consiste en aclarar qué sentimientos pertenecen a qué persona. Esto se resume como: "Bueno, ahora comprendo algunas de las dificultades que tienes aquí, al hablar de ti misma, conmigo". El énfasis está puesto en la separación de ti y de mí. Él es sensible a la conciencia de sus reacciones contratransferenciales, por ejemplo cuando se hace notar a sí mismo: "Siento que me mantiene detrás de la pared, pero también invita a mi curiosidad".

La segunda sesión es siete meses más tarde. Comienza con un foco similar en los afectos y en las aclaraciones. Luego empieza a juntar estados escindidos: "Me parece que a pesar de toda esa negación de la importancia del mundo externo, vienes aquí y le das algo de valor". Luego su siguiente intervención: "Parece que me ves ahora como si yo fuera un juez, y no una persona que puede entenderte cuando no te entiendes a ti misma". Finalmente: "Yo pienso que tú sientes algo fuerte hacia mí, y ahora tienes miedo de qué hacer con eso; lo ves como algo inocente e infantil". Ahora hay un empuje mayor hacia la transferencia y hacia la interpretación de la fantasía inconsciente. Él se está desplazando del modelo de déficit hacia el modelo de conflicto.

La tercera hora sucede catorce meses después de la segunda. La paciente trae un sueño importante. Luego, él dice: "Ahora está gobernando el juez severo adentro tuyo, y tú tienes miedo de que yo vea tu 'falta de resultados' ". Luego el analista ofrece una construcción: "Como no naciste 'valiendo nada', pienso que quizás hayas visto algo parecido a esto en el comportamiento de tus padres hacia ti". La paciente trae el distanciamiento entre las palabras y los sentimientos, lo cual continúa siendo un foco persistente. La paciente puede responder con mucho más detalles acerca de su culpa y de sentirse inaceptable. Ella se ve a sí misma como "excremento". Luego el analista dice: "No ser insoportable aquí para mí, no ser insoportable para mamá y papá". Lo que vemos en esta hora es mucho más detalles de parte de la paciente y su habilidad para hablar sobre la culpa. El analista continúa señalando la transferencia y hace afirmaciones interpretativas.

La cuarta hora es dos años después de la tercera hora, y la primera en un encuadre psicoanalítico de cuatro veces por semana. La paciente trae varios nuevos recuerdos de la infancia. El analista hace una interpretación de la transferencia: "Una niña silenciosa, que no molesta, 'sin memoria', como ya has sido varias veces en muchas sesiones anteriores". Ella ofrece más historia acerca de sentirse como un varón, luego el analista dice: "¿Como un 'varón' con un pene imaginario, te podías sentir más fuerte que tu madre?". El grupo encontró que esta era una interpretación discordante, agregar un pene imaginario, lo cual parecía innecesariamente teórico y no apoyado por el material clínico. Sin embargo, la paciente parece aceptar esta interpretación y sigue con más material sobre femineidad. Como mujer, ella se siente como una marioneta, manejada desde afuera. Usa un palo al describir a su padre y el analista lo toma en la siguiente metáfora: "Como si avanzar estuviera conectado con 'el palo' de papá, la fuerza del hombre ..., y al mismo tiempo ser una niña o mujer, ser como una marioneta". Aquí vemos el primer foco sobre la sexualidad y un intento de conectar estados escindidos.

El cambio en el foco terapéutico

En la primera hora la paciente se presenta principalmente como deficitaria. El analista trabaja sobre focos muy básicos: apego y no apego al analista, aclaración de quién siente qué, y contención de afectos aterradores. Por la segunda hora hay un cambio notorio. Apareció el conflicto psíquico; ahora hay referencias a la culpa y al miedo de necesidades infantiles. Hay más referencias explícitas a la transferencia y al apego con el analista. Ahora se puede hablar de los terrores generales como miedos específicos. En la tercera hora se mantiene el mismo el foco terapéutico, el interés en la transferencia, el conflicto del superyó. Vemos la primera interpretación de una construcción. Lo que ha cambiado es el nivel de detalle que tanto paciente y analista traen a la discusión. En la cuarta hora el analista hace su primera interpretación sexual y la paciente responde con material sobre su deseo/miedo de no ser una niña.

Modelos explícitos e implícitos del analista

El énfasis está puesto en el conflicto del deseo y de la defensa, usando el modelo estructural (superyó), manteniéndose cercano a la superficie del material clínico, usando construcciones y trayendo la transferencia con cuidado cuando está en el preconsciente. Esto habla de un modelo básico freudiano. La atención a los estados escindidos puede hablar de una influencia kleiniana y la necesidad de contener el terror puede hablar de una influencia bioniana. El grupo estuvo de acuerdo en que el analista estuvo trabajando en un marco analítico desde el comienzo del tratamiento, incluso cuando trabajó dos veces por semana.

El cambio en los modelos

El cambio más notorio fue entre las horas primera y segunda. La primera hora tuvo el foco en la contención y la diferenciación, trabajando en un modo de déficit, mientras que en las otras horas se trabajó en un modo de conflicto. En el análisis entran en juego la culpa, la dependencia infantil y la sexualidad. El analista usa un modelo consistente en estas últimas tres horas.

Otras hipótesis y posibles estrategias interpretativas

La teoría del apego: pondría el foco en su miedo al apego y en el estilo de defenderse contra el apego. Esto ciertamente está presente en el material pero parecería ignorar muchas otras líneas ricas del desarrollo.

La teoría de relaciones objetales: pondría más el foco en la transferencia del aquí y ahora y resaltaría las derivaciones agresivas y la regresión en estados paranoides. Esto también está presente en el material pero tomaría una dirección diferente de la de este análisis.

La teoría del objeto nuevo: a veces, el analista parece ofrecerse como un nuevo objeto. En la segunda hora: "Sí, quizás es parecido a los niños que no comprenden muchas cosas pero confían en los padres de que nada malo les va a suceder", infiriendo que ella puede confiar en él. En la tercera hora: "No ser insoportable aquí para mí, no ser insoportable para mamá y papá", sugiriendo que él será un mejor objeto que su familia.

Nota

1. Nota del T.: Se discute si se puede traducir al castellano el verbo "to enact" manteniendo todo su significado. En este trabajo se optó por las palabras castellanas "actuar" y "poner en acto".

CAPÍTULO ONCE

Discusión

Judy Kantrowitz

Hasta esta conferencia nunca había participado en los grupos que han estado estudiando el proceso de transformación. Fui invitada a participar como un tercero que viniendo de una perspectiva diferente podría aportar un punto de vista adicional al de quienes han estado inmersos en el proceso. Tanto Marvin Hurvich como Margaret Ann Fitzpatrick Hanly se tomaron el tiempo para explicarme lo que estaban haciendo. Al principio yo tenía muchas dudas de que pudiera aportar algo. Sentí admiración por el trabajo cuidadoso que habían hecho al construir este proyecto. Leí el excelente capítulo de Ricardo Bernardi y su resumen de todo el trabajo. Mientras lo hacía, tuve dos pensamientos: 1) ¿No estaba el tiempo de la entrevista inicial apto para ser más estructurado, con menos posibilidad de llevar a la asociación libre, y así verse más organizado? 2) El hecho de que el analista hubiese seleccionado el material a observar volvía al grupo totalmente dependiente del material elegido por el analista. ¿Podrían otras horas ofrecer una visión muy diferente? Para cuando llegué al final del capítulo, Ricardo había citado estos dos factores como limitaciones en el método. Fue recién cuando leí el material clínico provisto por Michael Šebek que encontré un lugar para ampliar lo que este grupo tan sofisticado de clínicos-investigadores ya habían apreciado.

Si hay alguna contribución que yo pueda hacer a este proyecto pienso que será ampliar lo que puede revelarse sobre el analista en relación con la paciente.

Comenzaré mi discusión hablando brevemente sobre el proyecto. Luego resaltaré cómo cada uno de los discutidores usó el caso de Michael Šebek para ilustrar el proceso. Finalmente presentaré aquello que he encontrado y que no está incluido en sus descripciones.

El proyecto

Cada vez más el mundo fuera del psicoanálisis nos pide que rindamos cuentas y demos datos para documentar el progreso en el trabajo que hacemos con nuestros pacientes. Pero la mayoría de los métodos de investigación no son apropiados para estudiar los cambios que pueden ocurrir en psicoanálisis. Por muchos años lo que los investigadores hicieron fundamentalmente fue medir aquello que era medible, sin captar los aspectos de los tratamientos que eran específicamente psicoanalíticos. Marianne Leuzinger-Bohleber ha tratado este tema y puso énfasis en la importancia de los proyectos que estudian material narrativo. Yo estoy completamente de acuerdo. Creo que el seguimiento de la transformación en psicoanálisis es un método que puede hacer un seguimiento sistemático del cambio. Nos pide conceptualizar el problema desde el punto de vista de cada paciente en particular. ¿Con qué está luchando el paciente? Esta pregunta no se plantea a nivel de la teoría sino más bien desde el nivel de los fenómenos observados. El o la paciente es su propio punto de partida. El modelo pide que evitemos la jerga técnica y que documentemos nuestras percepciones con datos de las sesiones. Es neutral con respecto a la teoría.

¿Cómo sabemos si hay cambio o no? Entendemos que tiene que haber evidencia. ¿Pero qué tipo de evidencia? Con demasiada frecuencia la respuesta a esta pregunta se polariza como cambios de vida versus cambios analíticos. Una de las fortalezas del presente modelo es que no hace necesaria este tipo de elección. Solicita evidencia de cambio en la vida del paciente: en las relaciones íntimas, familiares y sociales; en el trabajo y en las actividades de tiempo libre; en los intereses y la creatividad, en los síntomas y en el sentido de bienestar. No las impresiones de uno, o inferencias, sino usando citas reales del material del paciente y comparándolas a lo largo del tiempo para confirmar la presencia de cambio positivo, no cambio, o deterioro. Estos cambios son dimensiones a considerar en relación con cada paciente, aunque no cada área sea una razón para su sufrimiento. Estos son los tipos de datos a los que les llamamos cambios de vida, los tipos de cambios que comprenden las personas fuera de nuestra profesión. Pero nosotros como analistas también estamos interesados específicamente en el cambio psíquico. Creemos que los cambios internos y externos están relacionados.

Me pregunto por qué el grupo ha elegido llamar "transformaciones" a estos cambios. ¿Qué quieren decir con esta palabra? ¿En qué es diferente la transformación del cambio? Usar transformación parece una muy buena idea. ¿Algo estructural? ¿Inconsciente? ¿Cómo se manifiesta esto en el material? ¿Qué criterios usamos para inferir que esto ha sucedido? Estas preguntas parecen estar relacionadas con algunos de los objetivos del proyecto. Nos importan estos cambios, y también nos importa comprender cómo y por qué ocurren los cambios, cuándo y si suceden, en un paciente dado. Pienso que necesitamos mantener la mayor claridad posible acerca de cuándo se puede decir que nuestras observaciones pueden demostrar cambio interno y cuándo estamos usando datos para que sirvan de confirmación a nuestras inferencias. Pienso que es posible ponerse de acuerdo acerca del cambio pero creo que la transformación —si significa algo mayor— permanecerá como una inferencia, a no ser que podamos definir con mayor precisión lo que significa y ofrecer evidencia clínica para probar que ha sucedido.

Una fortaleza particular de este proyecto es que introduce el rol de un grupo. Es un método que ofrece validación del trabajo psicoanalítico. Los participantes se motivan entre sí, ampliando y profundizando las ideas. Lo que podemos ver cuando hablamos con otros siempre es más que lo que trabajamos estando solos. Cada participante puede percibir de una manera un poco diferente aquello que sucede y cuál es el vehículo del cambio, focalizando en diferentes aspectos del material. No es necesario ver estos énfasis como contradictorios, aunque puedan serlo, sino que probablemente sean complementarios. Es posible que un trabajo de grupo dé como resultado una mejor apreciación de la complejidad del proceso y sus matices, y de los cambios que están ocurriendo. En forma similar se pueden explorar múltiples teorías para ver en qué medida los datos las confirman. A menudo no es necesario que estas sean elecciones del tipo "o ... o". Muchos de nosotros creemos en teorías parciales. Quizás este método ayude a reducir las guerras de teorías.

Para regresar a la especificidad de esta paciente con este analista: se puede percibir cambio en el aumento de la disponibilidad de afecto en Paula, mientras que para otro paciente que haya comenzado desbordado por los sentimientos, el cambio podría ser una mayor contención. La idea de que Paula levantó una pared para protegerse a sí misma para no sentirse desbordada es una inferencia; su incapacidad para expresar los sentimientos, su vacío y su encierro en sí misma con su autocrítica son datos. Al tener cuatro puntos de observación esparcidos a lo largo del tiempo podemos observar si hay cambio y en qué dirección. Tomamos las dimensiones que observamos basándonos en nuestra comprensión inicial de las dificultades del paciente. Ricardo Bernardi ha ilustrado hermosamente este proceso. La profundidad de la inhibición de Paula en su vida mental y afectiva se presenta en el material inicial y luego se hace un seguimiento en los 3 puntos subsiguientes en el tiempo. Usando las palabras de Paula en las sesiones Bernardi hace un seguimiento de dónde ha ocurrido cambio. La conclusión de que su vivencia de la enfermedad es el mejor indicador de cambio está ampliamente fundamentada con ilustraciones de la expansión de su contenido mental y afectivo. Se baja la "pared". Su mayor habilidad para compartir estos contenidos con su analista indica menos miedo de cercanía con él, lo cual es una indicación de cambio interno. Los marcadores de cambio están relacionados pero él ilustra qué aspectos se han desarrollado más, así como cuáles aún no han tenido suficiente indicación de cambio. Nótese que NO hace inferencias. Usa datos para confirmar sus conclusiones.

Luego está la pregunta del uso por parte del paciente de las intervenciones del analista. Margaret Ann Fitzpatrick Hanly hace con destreza un seguimiento del trabajo de Michael Šebek con la transferencia de Paula. P. ej., su intervención inicial: "Mis expectativas" abre la expresión de sus miedos al rechazo y "la rebeldía indirecta a intentar" comunicarse. En la segunda sección sus palabras: "Me ves como un juez, no como alguien que puede entenderte"; "tu seguridad está en peligro" llevan a una mayor apertura a reconocer su miedo de dependencia, así como su deseo de sentirse a salvo con su analista y comprendida por él; la tercera sección, donde las palabras de Michael Šebek "no ser insoportable para mí, no ser insoportable para mamá o papá" dan pie a "un contraste insoportable" para Paula y, sin embargo, ella puede captar que él es diferente y reconocer esto agradeciéndole. Y al momento de empezar el análisis, su descripción de Paula como "una niña silenciosa, que no molestaba, 'sin memoria', como fuiste a menudo en muchas sesiones" vincula su comportamiento en el pasado con su comportamiento con él, facilitándole a ella que pueda explorar estos recuerdos de la infancia.

Marianne Leuzinger-Bohleber ofrece una visión general de este proyecto en relación con la investigación clínica, luego hace un seguimiento de los cambios en Paula y se focaliza en los cambios relativos a su traumatización. El trauma queda en evidencia en la ausencia: el círculo vacío, agujero negro, estado robótico, sin memoria. Identifica un trauma en el apego, y que es transmitido transgeneracionalmente. Muestra cómo Michael Šebek se acercó con cuidado a su "pared de trauma, la entendió y empatizó con ella, llevando a dejar en evidencia que ella estaba en el camino hacia una vida e identidad independientes". Ella compara dos modelos de trauma, el de excitación psicoeconómica y ansiedad que no puede contenerse y un modelo de relaciones objetales en el cual tanto las relaciones de objeto internas como la comunicación interna se rompen, dando como resultado una habilidad para integrar el trauma a través de la narrativa, y sabiamente concluye que necesitamos ambas teorías. Si una narrativa se puede recuperar, como ha sucedido, ¿lo consideramos un cambio estructural? ¿Es este el significado de transformación? ¿Pensamos que la disociación representa un inconsciente? ¿Pre-consciente? ¿O un estado consciente separado por una pared? ¿Una experiencia no formulada? Sin duda si juntamos partes, sin importar por qué hayan estado separadas, algo significativo cambió. ¿Pero estamos más cerca de saber qué teoría concuerda?

Usando las palabras de la paciente y del analista en la sesión, cada uno de los panelistas notaron los cambios en Paula y los conectaron con las intervenciones de Michael Šebek. Explicitan los cambios positivos que ocurrieron en su mayor apertura con su analista. Margaret Ann y Ricardo destacan cómo ella se mantiene autocrítica, asustada de las relaciones, y Margaret Ann resalta su enorme, aún no reconocido, miedo a los propios impulsos agresivos que ella misma ha despertado —y yo agregaría que ella ha proyectado, exacerbando así su miedo—. Marianne ilustra la mayor habilidad de Paula para usar narrativa mientras hace ver que muchas áreas, p. ej. su sexualidad, aún no han surgido como foco de su atención.

Una tercera pregunta: ¿Qué informó las intervenciones del analista? ¿Qué teoría está usando el analista explícitamente o inconscientemente? Podemos discernir esto a partir de lo que está dicho o no dicho? ¿Podemos conectar cambios, positivos o negativos, a las teorías que está usando el analista? Aquí yo preguntaría: ¿Es solo teoría, explícita o inconsciente, lo que informa las intervenciones del analista? Aunque esperamos que se seleccione una teoría porque se ajusta a los problemas del paciente, pienso que con frecuencia cuando los analistas eligen una teoría particular, es porque existe una relación con algo personal. Las teorías pueden servir como una manera de autosupervisión —buscar algo que compense una tendencia personal, p. ej. una postura que pueda estar demasiado cercana o demasiado distante, o teorías que puedan servir para dar soporte a valores personales o creencias—. Las teorías pueden alertarnos de cosas que no percibimos automáticamente y, entonces, son muy útiles para ampliar nuestro trabajo. Pero no pienso que las teorías sean solo teorías. Están filtradas por quiénes somos nosotros como personas.

Todos ustedes han tenido la oportunidad de escuchar el trabajo complejo y sensible de Michael Šebek con Paula. Šebek nos permite entender lo que está haciendo al elaborar sus pensamientos y sentimientos mientras la escucha, y luego de hacerlo. Comienza cada una de las cuatro secciones alertándonos sobre lo que encontró más llamativo sobre la sesión actual. Después de su primer encuentro con Paula ofrece muchas teorías posibles sobre la naturaleza de sus dificultades. Todas ellas parecen relevantes y plausibles. A lo largo del material es posible ir siguiendo cómo sus teorías informan sus intervenciones. Sin embargo, las mismas teorías que describe podrían llevar a intervenciones muy diferentes. Por ejemplo, menciona que a lo largo del tratamiento hay presentes conflictos sadomasoquistas. Tempranamente le dice a Paula cómo ella anticipa demandas y rechazo, a la vez que le hace saber que él comprende su sentimiento de falta de seguridad. En la segunda sesión él interpreta que ella lo ve como a un juez pero simultáneamente le ofrece un punto de vista alternativo: "una persona que te entiende", y luego indica que su autocrítica no es innata sino aprendida con base en su comprensión del comportamiento de sus padres, el cual ella supuso que indicaba cómo ellos la veían. Todas las veces él le señala su autocrítica pero también, simultáneamente, le ofrece su comprensión de por qué ella ve así las cosas, y así su observación no se vive como una crítica a la manera en que ella reacciona. El efecto en ella podría ser muy diferente si él no uniese la interpretación con su comprensión empática. Recién en el cuarto ejemplo, cuando ella ya no está más detrás de la pared, anticipando explícitamente la crítica del otro en la realidad actual y hablando sobre recuerdos de haber sido criticada en el pasado, él lo aborda directamente como su "fantasía de ser castigada". Sus elecciones reflejan sensibilidad clínica hacia su "vergüenza silenciosa" que dio como resultado la negación de todos los aspectos de sí misma y creó una distancia protectora entre ella misma y los demás. Las intervenciones del analista sugieren que ve diferentes niveles. La negación, estar detrás de una pared y una "vergüenza silenciosa" son la superficie. Él comienza por cómo Paula se percibe conscientemente a sí misma, o a los aspectos de sí misma que pueden fácilmente volverse conscientes. Las respuestas de Paula son confirmatorias. Él es un analista sensible, talentoso, paciente y con capacidad de encarar su material de una manera que no asusta ni avergüenza a esta mujer joven que ha desarrollado un terror por las interacciones con los demás, y que cree que solo puede esperar críticas y finalmente desilusión si se permite que otro le importe. Él no solo interpreta su transferencia; se ofrece a sí mismo como lo que Hans Loewald llama "un nuevo objeto", un objeto que entiende y ofrece empatía.

El grupo pregunta si las intervenciones del analista está formadas por teorías explícitas o inconscientes. Yo diría que no es solo teoría lo que informa aquello que el analista hace. Las dimensiones de la personalidad y los conflictos del analista también inciden en su postura analítica, cuán cercano o distante está, la sensibilidad en las palabras que elige, la elección del momento de sus intervenciones, la comunicación no verbal, que es más difícil de apreciar en una transcripción o resumen de horas, pero todo esto también está influido por lo que la personalidad particular y los conflictos del paciente generan en él. Por supuesto no sabemos nada acerca del Dr. Šebek más allá de lo que nos dice acerca de cómo piensa y trabaja con esta paciente. Quizás lo que diré a continuación sea lo que otros están etiquetando como teorías inconscientes, pero yo pienso en esto como algo mucho menos cerebral.

Empecemos por preguntarnos por qué decide tratar a Paula. Ve "su tendencia destructiva (como) demasiado grande" o la pared para esconder su vergüenza y ansiedad "demasiado alta". Sin embargo, en algunos momentos vio que emergían algunos pensamientos y sentimientos internos "y se veía muy sensible, vulnerable, frágil y tímida". Para algunos esta última percepción podría haber sido una razón más de cautela antes de tomarla en tratamiento, pero no lo fue para el Dr. Šebek. Él dice que ella provocó su curiosidad. Rápidamente se da cuenta de que es necesario que sea cauteloso pero activo, porque de lo contrario ella se retiraría hacia el "vacío y la desesperación". También expresa que se dio cuenta de su sentimiento contratransferencial de que ella necesitaba "resucitación". Esta manera de describir sus sentimientos parece reflejar el distanciamiento afectivo de la paciente. Esto contrasta con lo que he descrito acerca de cuán cerca se mantienen sus palabras de su estado afectivo. En el trabajo real, el Dr. Šebek no es distante. Entonces, ¿cómo podemos entender esto? Yo pienso que nos deja ver que puede resonar con su necesidad de distancia, que tanto visceral como intelectualmente es capaz de entender su estado. Vemos cómo es capaz de permanecer en contacto con ella, facilitando cada vez más disponibilidad de sus afectos a través de su empatía, paciencia y amabilidad, la disposición a ir despacio, ajustar su ritmo al de ella, a la vez que la empuja con delicadeza hacia adelante.

Todo eso está ilustrado en el trabajo, pero quiero hacer notar algo que si bien se muestra, no está específicamente tratado. Él reconoce los lugares de acceso a su funcionamiento adaptativo, lugares adonde ella no se ha retirado tan completamente. Dice: "lee libros, le gusta el arte". El Dr. Šebek indica que él también lee novelas. Su "vida automática" lo hizo pensar en las novelas de Vladimír Páral. Comparten la apreciación por las representaciones de los afectos y los conflictos en el arte, un lugar donde puede haber reconocimiento y resonancia pero donde no se vuelve demasiado cercano o directamente personal. Podemos ver cómo usa esto al trabajar en varias ocasiones en desplazamiento con ella. Con el tiempo se puede reconocer que ella está hablando de sí misma y de lo que está sintiendo con el Dr. Šebek. Su sentido del tiempo al ayudarla a expresar sus sentimientos en la transferencia indica una sintonía exquisita con el momento en que ella está pronta para exponerlos. En forma similar su sintonía con los aspectos adaptativos de Paula queda en evidencia cuando se focaliza en cada paso hacia adelante que ella da. Al ser consciente de que ella tiene miedo de ser lastimada y desilusionada por la respuesta que reciba, él resalta los pasos progresivos que ella puede ver como propios, tal como en la última hora cuando el Dr. Šebek nota que ella, no él, ha llevado la dirección del curso de la sesión y ha introducido una fantasía acerca de algo que podría suceder en el presente, no solo focalizada en el pasado. Él le ayuda a ver sus fortalezas. ¿El Dr. Šebek hará esto con todos los pacientes? Quizás. Pero sospecho que también es específicamente una respuesta a esta paciente y el reconocimiento de su necesidad de vivenciar que alguien reconozca algo positivo de ella. ¿Es eso teoría inconsciente? Quizás. Pero pienso que también es algo más personal —algo del Dr. Šebek que puede facilitar el desarrollo de Paula, algún aspecto incipiente de identificación que le permite a él hacer esta hermosa obra de arte que genera un cambio positivo en una mujer muy frágil y asustada—. Creo que al llamar teorías inconscientes a lo que revelamos no intencionalmente en nuestro trabajo estamos intelectualizando y distanciándonos de todo lo personal que es el trabajo analítico, de cuánto usamos aspectos de nosotros mismos que hemos aprendido a pulir y contener pero que hacen tan específico lo que cada uno de nosotros hace como lo es lo que cada paciente trae, y también somos influidos por el paciente en particular. La observación de esta interdigitación entre las características del paciente y del analista y su influencia para facilitar o impedir el proceso de cambio es otra variable a atender.

PARTE V

CONCEPTOS CLÍNICOS

CAPÍTULO DOCE

Algunas reflexiones acerca del modelo de los tres niveles: la organización del conocimiento psicoanalítico mediante las observaciones clínicas y las generalizaciones

Marvin Hurvich

Este capítulo empieza con algunas comparaciones preliminares entre el modelo de los tres niveles (3-LM) y las fuentes fundamentales a partir de las cuales se construyó: el *Manual diagnóstico y estadístico de los trastornos mentales* (DSM; Asociación Estadounidense de Psiquiatría, 2013), el *Manual de diagnóstico psicodinámico* (Grupo de Trabajo del PDM, 2006), y el *Diagnóstico psicodinámico operacionalizado* (OPD-2; Grupo de Trabajo del OPD, 2008). Luego se resumen las contribuciones en Praga de Manfred Cierpka y Donna Bender. Se plantea la pregunta de cómo se están organizando los hallazgos del 3-LM y cómo se relaciona esto con asuntos metodológicos, especialmente la confiabilidad y la validez. Por último, se ilustra el asunto de la definición de las variables, concentrándose en el concepto de transformación, utilizando un método proposicional que se describe más adelante.

Una meta central del PDM, descrito con precisión como una "obra en curso", era brindar un sistema de clasificación más práctico clínicamente. Esto era una alternativa al enfoque del DSM, el cual es más estrecho, ateórico y descriptivo de síntomas. El PDM presenta los patrones de personalidad y los trastornos como el primer eje/dimensión, y los patrones de síntomas, el eje S, como el tercero. Esto invierte la prioridad del DSM, el cual da prioridad a los síntomas sobre los factores de personalidad.

Sin dejar de seguir la nomenclatura descriptiva del DSM, los autores del PDM introdujeron también una dimensión subjetiva que incluye viñetas clínicas y descripciones vívidas de cómo los pacientes experimentan los síntomas. Bernardi y su grupo (del cual este autor era miembro) empezaron asimismo con la experiencia subjetiva del paciente como el primer nivel del 3-LM.

El PDM incluye además un eje de funcionamiento mental que se basa en componentes piscoestructurales. A estos se los ha llamado con más frecuencia funciones del yo y el superyó, las cuales son fundamentales a la estructura psíquica y al cambio estructural, y consisten en componentes adaptativos, defensivos y organizativos. Están sujetos a las manifestaciones clínicas y corresponden a los niveles 2 y 3 del 3-LM. El PDM incluye otras secciones importantes, tales como las bases conceptuales e investigativas de un sistema de clasificación de los trastornos de la salud mental de base psicodinámica. Este componente crítico amerita una consideración propia, pero no se lo puede tratar directamente aquí.

El OPD-2 es una guía operativa detallada y basada en la teoría psicodinámica para el diagnóstico, el tratamiento y la investigación, que resalta también la experiencia subjetiva y las consideraciones estructurales. Los cinco ejes del sistema multiejes del OPD son: experiencia de la enfermedad y prerrequisitos para el tratamiento, relaciones interpersonales, conflicto, estructura y trastornos mentales y psicosomáticos. Los autores han elaborado la selección del foco y el planeamiento del tratamiento, la medición de los cambios y mucho más.

El 3-LM es una guía clínica que facilita el seguimiento del proceso psicoanalítico desde la perspectiva del cambio en tres niveles: (1) la posición experiencial del paciente, (2) la identificación de las principales dimensiones diagnósticas del cambio, y (3) la ampliación de las hipótesis explicativas del cambio formuladas por los teóricos del psicoanálisis. El 3-LM se concentra en el cambio y la transformación del paciente durante el curso del análisis, con dos focos guías: un *punto de anclaje* que describe las áreas problemáticas y las dimensiones relacionadas con el diagnóstico y la dinámica que se puede discernir tempranamente en el análisis, y un *punto de transformación* que refleja un cambio en el punto de anclaje anterior. Las ilustraciones y las preguntas se elaboraron y se adaptaron a partir de los otros instrumentos para orientar a un evaluador en la formulación de estos cambios y en la exploración de sus sustentos.

En la elaboración del 3-LM, la estrategia operativa fue empezar a estudiar casos individuales, dejando relativamente abiertas y sin elaborar las definiciones del cambio y sus relaciones con la transformación, a la vez que se reunían datos clínicos y se brindaban pautas clínicas que pormenorizarían estos asuntos. Se esperaba que este enfoque inductivo permitiera que los datos clínicos organizados mediante los criterios del 3-LM resaltaran lo que estaba cambiando y qué factores se relacionaban con ello. Los colegas que tuvieron la oportunidad de participar en uno de los talleres clínicos del 3-LM informaron que fue especialmente rico en lo clínico, a la vez que se observaban, exploraban y resumían las transformaciones relativas a las áreas de cambio pertinentes.

Ricardo Bernardi, presidente del panel del Congreso de Praga, "Observando las transformaciones del paciente: la evaluación del funcionamiento mental", invitó a participar en el panel a Manfred Cierpka y Donna Bender, colaboradores importantes del OPD-2 y el grupo de trabajo sobre la personalidad y los trastornos de la personalidad del DSM-5, respectivamente, y a este autor.

La contribución de Manfred Cierpka al simposio se tituló "Operacionalización de los cambios estructurales con base en el OPD-2". Cierpka describió cómo el grupo del OPD elaboró recientemente un instrumento que delinea cuatro niveles de criterios de diferenciación e integración, el cual permite trazar los niveles de funcionamiento de la personalidad dentro de los niveles definidos de integración estructural. Este instrumento se llama "escala de niveles de integración estructural" (LSIS). En el informe que hizo Cierpka acerca de un estudio del cambio estructural, se halló que, al final del tratamiento, los pacientes valoraron alteraciones positivas de sus síntomas y sus dificultades de relación interpersonal. Pero en las evaluaciones de seguimiento posteriores, los pacientes hicieron hincapié en el cambio estructural. Esto último se evaluó mediante la escala de cambio estructural de Heidelberg (Grande et al., 2006, 2009), la cual evalúa la disposición y la capacidad del paciente para trabajar con los asuntos problemáticos fundamentales de su psicopatología. En el OPD-2, al cambio se lo define cuidadosamente, con dos focos (cambio de los síntomas y cambio estructural), y se lo describe operativamente. Este es uno de los sistemas de diagnóstico basados en principios psicodinámicos más exhaustivos y mejor investigados, y se siguen publicando nuevos estudios.

Donna Bender centró su presentación en la creación de la escala de funcionamiento de la personalidad (LPFS; Asociación Estadounidense de Psiquiatría, 2013). Bender describió cómo el grupo de trabajo sobre la personalidad y los trastornos de la personalidad del DSM-5 construyó un modelo nuevo de trastorno de la personalidad, agregando a las categorías de tipo de personalidad y trastorno una dimensión de la gravedad de los trastornos del funcionamiento de la personalidad que evalúa varias capacidades, tales como la tolerancia de perspectivas múltiples, funcionamiento reflexivo y sentimiento de singularidad personal. El grupo adoptó el principio básico de que se podía establecer niveles de funcionamiento de la personalidad mediante la dimensionalización de las disfunciones, y que estos reflejarían el grado de gravedad de todos los trastornos de la personalidad. Adoptaron la opinión, basada en la investigación y la clínica, de que los niveles de funcionamiento del *self* y el funcionamiento *interpersonal* eran variables fundamentales relacionadas con la constitución general de la personalidad. La LPFS se construyó con base en estas consideraciones y estos supuestos. Para ver una descripción de la elaboración y la validación de la LPFS, véase Bender, Morey y Skodol (2011) y Morey, Berghuis, Bender, Verheul, Krueger, y Skodol (2011). El dominio del self de la LPFS consta de componentes de identidad y de autodirección, y el dominio interpersonal consiste en la empatía y la intimidad. A cada uno de los cuatro componentes se lo define sistemáticamente en cinco niveles que van desde 0 (afección leve o nula) hasta 4 (afección extrema).

Zimmermann, Cierpka y colegas (2012) resumieron el logro del grupo de trabajo sobre la personalidad y los trastornos de la personalidad del DSM-5 de la siguiente manera: "En nuestra opinión, evaluar la gravedad de los TP (trastornos de la personalidad) a lo largo de un continuo del self y funcionamiento interpersonal es un importante avance en la clasificación de los PD, dado que acerca el DSM-5 a lo que los clínicos orientados hacia la psicodinámica han hecho con éxito durante muchos años" (p. 9). Y este logro es aun mayor por el hecho de que había considerable resistencia a este enfoque en los círculos del DSM-5. Es interesante que el grupo del OPD haya logrado una integración relacionada. Su trazado de niveles de funcionamiento de la personalidad dentro de los niveles de integración estructural mediante el eje de niveles de integración estructural tiene componente similares a los de la LPFS: una perspectiva de los niveles/las dimensiones del funcionamiento de la personalidad, basada en una variable de la gravedad, a saber, niveles de integración estructural. En efecto, Zimmerman et al. (2012) informan de ocho estudios ya completados que comparan el OPD-2 LSIA con la DSM-5 LPFS. Los autores de ambos instrumentos brindaron acuerdo entre los evaluadores y varios tipos de validez, y explicaron en detalle las propiedades psicométricas del instrumento. Estos son logros importantes.

Una recomendación para la evaluación del conflicto central

Los asuntos de la confiabilidad y la validez se pueden ilustrar en relación con una sugerencia para un perfeccionamiento específico de las variables del 3-LM. Por ejemplo, el manual del 3-LM plantea que el nivel 2 es el lugar para delinear los conflictos. En este aspecto puede ser útil establecer el conflicto central fundamental del paciente a modo de punto de anclaje. He aquí un ejemplo ilustrativo tomado del esclarecedor informe de caso de Michael Šebek (véase el capítulo nueve). El *conflicto central* que aquí se propone tiene el respaldo de varios puntos del registro clínico, así como el papel central que se ve que tiene en la transferencia. En primer lugar, la paciente informó que se sentía más segura en las primeras sesiones que más adelante también la asustaban. Durante los primeros tres años del tratamiento había el miedo relacionado de acudir más de dos veces por semana, y la sensación de no autenticidad, además de que se describía a sí misma como estando detrás de una pared protectora. También había un componente de contratransferencia: la intuición del analista de que la paciente quería *resucitación*, o (aquí yo diría "y") que la actitud defensiva de ella estimulaba su curiosidad. El conflicto central propuesto como hipótesis se puede plantear ahora de la manera siguiente: la mayor sensación de seguridad estimulaba, en esta paciente con carencias maternales, deseos profundos de fusión, los cuales acarreaban especialmente la amenaza, dado que ella estaba pobremente integrada y tenía límites menos que óptimos, de la pérdida de un sentido separado del self, lo cual la paciente experimentaba como un temor amenazante al colapso. Otro indicio de la centralidad de este conflicto, destacada por Margaret Ann Hanly (véase el capítulo ocho), es la necesidad que la paciente experimentaba de guardar distancia de los demás porque se experimentaba a sí misma como un intolerable producto fecal, y que además espera críticas dolorosas. Por lo tanto, la distancia protege a sus padres, al analista y a otros, y se relaciona con la fantasía de que el contacto estrecho con ella destruye. Esta fantasía de sus cualidades tóxicas evoca la observación clínica por parte de Fairbairn (1940) del temor de los pacientes esquizoides de que su necesidad de amor destruya al objeto (nivel 3 del 3-LM). Se propone la hipótesis de que los aspectos del delicado manejo de este conflicto central por parte de Šebek fueron esenciales para el progreso observado.

De nuevo, desde una perspectiva metodológica, sería útil ampliar los criterios del 3-LM para la identificación confiable de un conflicto central o más en los casos clínicos. Una vez elaborados estos criterios, se puede explorar con más confiabilidad los conflictos centrales particulares en relación con los criterios de transformación.

Es importante señalar que se ha dedicado un considerable conjunto de investigaciones empíricas de base psicodinámica a una versión del conflicto central del paciente. A lo largo de varios años, Lester Luborsky y sus colegas elaboraron el concepto de Tema central del conflicto relacional (CCRT) en tanto indicio importante en el núcleo del centro psicodinámico del paciente (Luborsky & Crits-Christoph, 1990).

Cuando conceptos como el conflicto central pueden contribuir a aclarar un punto de referencia fundamental en la aplicación del 3-LM a los casos clínicos, y también son pasibles de una definición operativa adecuada para la investigación empírica, son un beneficio para el psicoanálisis clínico y para las metodologías de investigación basadas en el psicoanálisis. En sus presentaciones, Cierpka y Bender ya han ilustrado una ventaja similar para la elaboración de definiciones operativas de las variables incluidas en el manual del 3-LM con propósitos de investigación posibles.

Una base para establecer el acuerdo

En lo relativo a la metodología se puede plantear la pregunta de cuánto acuerdo podría haber en un grupo clínico acerca de cuál es el conflicto central, y cuánto acuerdo hay en los demás asuntos que se evalúan con el 3-LM. Una pregunta que aún no tiene respuesta es si los autores del 3-LM quieren construir definiciones cuidadosas, lo más operativas posible, de los términos/las variables incluidas en el 3-LM, como hicieran el grupo del OPD y el del grupo de personalidad y desordenes de personalidad del DSM-5. Además, existe la pregunta de si los autores del 3-LM quieren elaborar métodos para establecer y evaluar el acuerdo entre los evaluadores. Ello requeriría, además, ilustraciones más detalladas y criterios específicos para los puntos incluidos en cada uno de los tres niveles. Requeriría más especificidad en las operaciones a utilizar para identificar los criterios importantes en los tres niveles.

Actualmente, la confiabilidad podría basarse en el consenso grupal, a medida que se afinan los criterios que podrían llevar a pautas adecuadas e independientes para el acuerdo entre los evaluadores. El enfoque de "validación por expertos" que elaboraran Leuzinger-Bohleber y sus colegas (Leuzinger-Bohleber & Fischmann, 2006) es una versión de la confiabilidad por "consenso". Un próximo objetivo metodológico podría ser los acuerdos independientes entre los evaluadores.

Luego del éxito sustancial de los grupos clínicos que, como se describió, discutieron casos psicoanalíticos y que produjeron resúmenes de las transformaciones, el trabajo realizado hasta ahora ha sacado a luz numerosas hipótesis e interrelaciones que hacen reflexionar. Un reporter preparó un resumen de cada presentación de caso, e intentó incluir las principales formulaciones de los participantes con base en las pautas del 3-LM. Y dado que, usualmente, dos grupos se reunieron simultáneamente pero por separado para discutir el mismo material de casos, se dispone de dos informes a los efectos de la comparación. Pero, hasta el momento, se ha trabajado poco en los criterios para la evaluación del grado de acuerdo de ambos informes. Más recientemente, se ha intentado que cada miembro del grupo resuma independientemente su opinión acerca del caso. La consideración de este asunto y varias alternativas para manejarlo parecen ser una justificada prioridad para lograr un mayor ajuste de la metodología del 3-LM. Tal como se describe más adelante, ya se ha propuesto un método proposicional para organizar las discusiones de casos y para comparar los hallazgos en los diferentes casos, así como para sistematizar características de definición de los conceptos fundamentales que se describen.

Evaluación del 3-LM a través de diferentes casos

Otra cuestión afín para tratar los conceptos centrales es la de dedicar esfuerzo a su definición. La opinión de que sólo se puede entender los conceptos psicoanalíticos si se los considera en el marco de una revisión detallada de sus orígenes históricos es compartida por muchos, pero necesariamente carece de concisión. Estas cuestiones han constituido un obstáculo para la clarificación de los conceptos psicoanalíticos y para la exploración sistemática de cómo se relacionan entre sí.

El 3-LM tiene en común con estos otros dos instrumentos el énfasis en consideraciones diagnósticas que se basan esencialmente en conceptos psicoanalíticos. El 3-LM, entrado más recientemente al campo, hasta ahora no ha elaborado definiciones operativas. Al respecto, Wilma Bucci (18 de octubre de 2010) escribió lo siguiente: "Yo argumentaría que el problema científico esencial del psicoanálisis no es si los conceptos de la teoría han sido refutados o no lo han sido, sino que no están bien definidos. No se puede refutar conceptos mal definidos. Es preciso definir los conceptos del psicoanálisis de manera sistemática y consistente, considerando tanto la relación de los unos con los otros como los acontecimientos observables". Y el grupo del 3-LM tampoco ha dedicado, hasta ahora, suficiente pensamiento y espacio a la cuestión de la confiabilidad y la validez, como ya se ha señalado. Estas cuestiones han sido esenciales a las escalas LSIA y LPFS.

Más adelante brindaré, a modo de ejemplo, algunos componentes relativos a la definición de transformación, una variable fundamental del 3-LM. Dado que se los plantea en forma proposicional, brindaré primero cierta orientación, la cual el Grupo de Observación Clínica utiliza actualmente.

El método proposicional

El 3-LM pone especial énfasis en el cambio/la transformación. Basándose en la experiencia con una cantidad de casos durante los últimos años en diferentes países y lenguas, organizada y patrocinada por el Grupo de Observación Clínica de la IPA, presidido competentemente por Marina Altmann, se puede observar que las evaluaciones de los tipos de cambio hallados en diversos pacientes demostraron que las transformaciones mostraron una gama de diferencias individuales, tanto en lo relativo al tipo como a la calidad. Si bien antes se recomendó una definición más detallada y cuidadosa de los términos, me gustaría ilustrar aquí un método para delinear componentes relativos a la definición del concepto de transformación.

Este enfoque de la definición conceptual, en el marco actual que se concentra en los constructos relacionados de cambio y transformación, es lo que Norbert Freedman y yo hemos llamado el método proposicional (Hurvich y Freedman, 2011a). El término proposición indica una afirmación sucinta acerca de las observaciones clínicas y las generalizaciones clínicas, a la manera de Waelder (1962). Siempre que sea posible, se debe plantear las proposiciones en lenguaje llano, dedicando esfuerzo a formulaciones refutables y pasibles de ser puestas a prueba empíricamente. Este método complementa las definiciones de diccionario y los artículos de reseña, y da claridad y concisión a lo que ya se ha aprendido del enfoque de reseña histórica.

Desde el punto de vista metodológico, el énfasis está en las *observaciones clínicas* y las *generalizaciones clínicas* que son cercanas a la experiencia. El propósito de dicho enfoque es centrar la atención en el conocimiento clínico acumulativo que se encuentra en la literatura relativa a los conceptos esenciales, basado en observaciones clínicas realizadas en un marco psicoanalítico. El propósito del método es resaltar lo que es esencial a un concepto (centralidad), cuáles se ve que son las dimensiones y atributos psicoanalíticos de dicho concepto, y cómo se puede modificar cualquier proposición dada (es decir, limitada por el contexto dado en que aparece o en que se hace referencia a la misma, o en el que se la expande de maneras particulares no especificadas por la proposición inicial). Los modificadores ilustran la opinión de que los conceptos tienden a ser, como señalara Rubinstein (citado en Holt, 1985) probabilísticos, más que totalísticos. Los modificadores, por ende, limitan la generalizabilidad de la proposición al especificar las condiciones en las que se sostiene y aquellas en las que no se sostiene. El método proposicional es un sistema abierto; puede adaptarse a la tendencia de los conceptos a ser elásticos con el tiempo (Sandler, 1983), y supone una serie de aproximaciones sucesivas que dan una delineación creciente de las características esenciales de un concepto. El método proposicional se trata con más detalle en Freedman et al. (2011, pp. 91–104). El proceso de dejar de lado el contexto histórico y concentrarse en los aspectos de las observaciones clínicas y las generalizaciones clínicas que son útiles actualmente, planteándolas claramente y aplicando modificadores cuando corresponde, constituye una característica metodológica adicional que puede mejorar la explicación sistemática del entendimiento psicoanalítico clínico.

Las manifestaciones de las transformaciones

Las proposiciones acerca de las transformaciones que se ven más adelante son ejemplos ilustrativos y no pretenden ser un panorama completo. Como escribió Wallerstein en 1988: "'Estructura psíquica' y 'cambio estructural' son dos de los conceptos más esenciales de la teoría psicoanalítica y, a la vez, dos de los más problemáticos" (p. 241). Estamos lidiando con un asunto que constituye un desafío. Si bien el término *cambio* se refiere a una modificación y una mutación, el término transformación supone una metamorfosis, un cambio en el carácter interno y/o en la forma externa (Schachtel, 1959).

- Las transformaciones pueden ser positivas o negativas; un ejemplo prominente de aquellas ha sido la elaboración detallada de los componentes de "la acción terapéutica del psicoanálisis" y el "cambio estructural" relacionado (Greenspan y Cullander, 1973; Lear, 2003; Loewald, 1960). A los cambios negativos dignos de mención se los ha llamado "transformación maligna" (Sullivan, 1953) y "cambio catastrófico" (Bion, 1965).
- Tanto las transformaciones positivas como las negativas pueden constituir una influencia organizadora y reorganizadora sobre la esfera psíquica, y mostrar efectos "dominó". ¿Hasta que punto las transformaciones constituyen, en cualquier caso dado, una influencia organizadora, y cuáles son los efectos dominó específicos?
- Tanto las transformaciones positivas como las negativas pueden ser permanentes en diferentes grados. Algunos modificadores importantes son: fortaleza del yo, severidad del superyó, la fuerza de la compulsión de repetición, y una gran cantidad de factores contextuales. Se puede plantear la pregunta de cuáles son las condiciones que probablemente lleven a la permanencia, en contraste con la reversión, la regresión y la oscilación.
- La tendencia a repetir patrones desadaptativos, que se ha observado clínicamente, constituye una fuerza inhibidora de las transformaciones positivas. De particular importancia es la fuerza de la culpa inconsciente que lleva a la convicción y a la exigencia de que el paciente no tenga una vida mejor. ¿Cuáles son las condiciones, en el paciente, en el ambiente terapéutico (confianza terapéutica) y en la transferencia/contratransferencia, que facilitan o inhiben las transformaciones?
- Una manera de caracterizar la transformación de la repetición es mediante la elaboración. De ese modo, a la elaboración exitosa se la puede ver como *repetición transformada* (Freedman y Ward, 2011).
- Beebe y Lachmann (2002) han hecho hincapié en que las transformaciones son cocreadas en la interacción entre el analista y el paciente.

- Al concepto de transformación se le puede oponer la noción de *invariancia* (Bion, 1965).
- Hurvich y Freedman (2011b) ilustraron cómo la agresión puede ser transformada mediante la disponibilidad activa simultánea de los procesos de simbolización. Un modificador sería la amplitud, la estabilidad y las condiciones para una generalización del efecto.
- Un principio de transformación que se observó repetido durante todo un análisis y que empezó en la fase media del tratamiento: la paciente pudo recordar repetidamente aspectos y detalles previamente reprimidos y disociados de intimidad sexual con el padre en la niñez, tras una situación actual en la que había experimentado un alza de la autoestima relacionada con el resultado exitoso de una tarea o un desafío. Algunos factores que ponían de relieve una interferencia con el recuerdo de esos detalles eran la naturaleza inherentemente conflictiva y traumática de estos, y que suscitaba ansiedad el enfrentarse a su imagen de sí misma como una niña normal que se criaba con un padre y una madre, y la autoimagen de sí como pareja sexual de su padre.
- Respecto a algunos ejemplos de transformaciones positivas: puede haber cambios en el fondo de seguridad; el equilibrio entre estados de ánimo positivos y negativos; la reanudación del desarrollo interrumpido; la disminución del dolor sintomático; la disminución de la severidad del superyó; la utilización de defensas más adaptativas; la disminución del poder del viejo self desadaptativo y vínculos con el objeto; el desarrollo de un self más cohesivo, con formas más maduras de regulación de la autoestima y niveles más maduros de narcisismo; el desarrollo de una narrativa personal más coherente; niveles mayores de constancia de objeto, y lazos más adaptativos tanto con el objeto interno como interpersonales externos asociados a cambios en el mundo del objeto interno; la disminución de la extensión del conflicto interno y el interpersonal, los niveles de ansiedad, culpa, vergüenza, ira, envidia y frustración, y el trastorno provocado por estas; el aumento de la confianza y el optimismo, y el nivel de compromiso activo con los desafíos de la vida y la productividad y la creatividad personales y profesionales.
- Las influencias organizadoras negativas se reflejan con mejor claridad en el trauma psíquico grande y también crónico, con secuelas conocidas; en un aumento de las tendencias regresivas, incluyendo las tendencias auto-destructivas; consolidación del miedo y el odio a

la realidad; aumentos de las conductas interpersonales vengativas, el odio y el prejuicio; aumentos de la profundidad y la extensión de las tendencias narcisistas malignas, y retraimiento progresivo hacia la pasividad, la somatización, el sueño excesivo, la adicción y la negatividad.
- Hay espacio para resumir solo las transformaciones que experimentó una paciente considerablemente traumatizada que se describen en otro lado (Hurvich, 2011). La disminución de la culpa y la vergüenza condujo a mejorías espectaculares del ánimo, aumento de la productividad laboral y artística, y la relación de pareja.

> "Ahora soy más yo mismo. Me siento más tridimensional, un cuerpo individual y dinámico en el mundo, y no una cosa amorfa que estaba muy abierta y, a la vez, muy cerrada al mundo. No había suficiente límite. Hubo en cambio radical en mis expectativas. Desapareció el elemento catastrófico. Ya no siento que mi situación y mis elecciones vayan a destruirme. Un mal día ya no me deja la sensación de ahogo y caos. Siento que puedo sufrir una pérdida sin perderme a mí misma. El evitar errores ya no es mi motivo principal. Cuando cometo un error, me siento más relajada y actúo con más realismo y busco la manera de repararlo. Hay mucho menos miedo al castigo. Decir que sí y relacionarme con otras personas es menos temible. Ahora espero con más frecuencia que pasen cosas buenas. La creencia en que las cosas buenas van a estropearse está perdiendo fuerza. Siento que cuando las cosas no funcionan, puedo intentarlo de nuevo. Siento que este cambio tiene relación con la confianza en mí misma que derivó de tomar decisiones claras y hacer elecciones más acertadas. Mi tolerancia a las sensaciones buenas de éxito es mayor. El viejo patrón de culpa y ansiedad que seguía al éxito solía provocarme dolores de cabeza y pesadillas, pero ya no".

Hubo un cambio perceptible desde la pasividad a una relación activa con los desafíos externos e internos. Ello influyó sobre una amplia gama de áreas de su vida.

- Para terminar por ahora, los procesos de transformación ocurren en ciclos:

> "El proceso psicoanalítico siempre supone acontecimientos anteriores y posteriores, momento a momento, durante una sesión,

> durante sesiones y durante el curso del tratamiento. El proceso analítico tiene siempre un aspecto cíclico, y reconocerlo nos lleva a definir *ciclos* de transformación que funcionan como organizadores del curso del tratamiento". (Freedman, Lasky y Hurvich, 2001; cursiva agregada)

Durante el curso del tratamiento, se observa ciclos de transformación en los que a una fase de desimbolización sigue con regularidad una fase de simbolización, y a la inversa. Como ejemplo de ciclos de transformación en lo relativo con una variable específica, ansiedad de aniquilación: un ciclo de transformación se facilita cuando, mediante intervenciones afirmativas (Killingmo, 1995) y aumentos de la confianza terapéutica (Ellman, 2007), junto con intervenciones terapéuticas, se hace posible disminuir la ansiedad de aniquilación, de tal modo que el contenido de aniquilación es menos perturbador, menos aterrador, permite una inversión de la regresión del funcionamiento del ego y reintegra niveles mayores de funcionamiento del ego, sobre todo mejoras de la función reflexiva (Fonagy y Target, 1997) y modulación afectiva. En estas condiciones, hay una disminución de la probabilidad de reacciones de ansiedad secundarias, en las que la ansiedad inicial provoca fantasías anticipatorias amenazadoras, lo cual lleva a más ansiedad y trastorno.

Para concluir, ilustraré cómo el método proposicional se puede usar junto con el 3-LM como la metodología básica para clasificar las similitudes y las divergencias de una gama de transformaciones en todos los casos como muestra de cualquier cantidad de casos. Estas pautas son solo preliminares e ilustrativas:

1. Formúlese las características principales de los hallazgos del caso, en cada uno de los tres niveles, en forma proposicional. Una ilustración que se brinda anteriormente es la especificación del conflicto central del caso de Šebek.
2. ¿Cuáles son las áreas de transformación importantes para cada paciente dado?
3. ¿Hay algún componente apreciable en la descripción de esto casos que se relacione con transformaciones muy positivas en comparación con casos abundantes en transformaciones negativas y en comparación con casos que han presentado una preponderancia de poco cambio en uno u otro sentido?

4. Las siguientes son algunas de las variables importantes probables de cada nivel:

   Nivel 1: Optimismo, confianza, fuentes positivas de autoestima, interés en los demás, autoaceptación, autoconfianza, autoexpresión, capacidad de amor y sexualidad, relaciones familiares y sociales positivas, satisfacción con el trabajo e interés en actividades de recreación y pasatiempos.

   Nivel 2: Fuerza del ego; capacidad de poner a prueba la realidad y reflexionar; control de los impulsos y regulación de los afectos; actividad referencial; capacidad de integración; tolerancia al conflicto intrapsíquico; patrones de relaciones interpersonales, conflicto central y otros conflictos importantes; flexibilidad frente a rigidez de las defensas y sus consecuencias sobre la adaptación y la no adaptación; integración o desintegración de la identidad.

Estos ejemplos, muchos de ellos tomados del 3-LM, son ilustrativos de cómo se los puede usar en el método proposicional. Se espera que en una serie de casos se perciban patrones y subpatrones, lo que permitirá hacer generalizaciones preliminares y provisorias en cuanto a qué factores parecen relacionados con las transformaciones, en particular las positivas, negativas y mínimas. En lo que se refiere a los relativamente pocos casos presentados hasta ahora en talleres de comité, algunas consecuencias psicodiagnósticas generales parecen afirmadas. Una de las más importantes sería la presencia de transformaciones positivas limitadas que ocurren en pacientes de los cuales se podría afirmar que tienen la fuerza del ego considerablemente comprometida, pobre control de los impulsos, relaciones interpersonales problemáticas y conflictivas, y dificultades importantes con la integración del self. Se prevé que la utilización del método proposicional en una gama más amplia de casos producirá muchos modificadores y matices y una combinación de una gama importante de factores relativos al paciente, al analista, de relación, contextuales y ambientales. Esta manera de organizar los hallazgos se complementaría con la consideración de las cuestiones de la confiabilidad y la validez. En el encuentro de Praga se mencionó que las presentaciones de Cierpka y Bender reflejaban un "tender puentes" a un instrumento como el 3-LM. Mi sentido del puente es una discusión ampliada de las consideraciones metodológicas que se destacan en este capítulo y se ilustran en las dos presentaciones por invitación.

Bibliografía

American Psychiatric Association (2013). *Diagnostic and Statistical Manual of Mental Disorders* (5th edn). Washington, DC: American Psychiatric Association.

Beebe, B., & Lachmann, F. M. (2002). *Infant Research and Adult Treatment: Co-Constructing Interactions*. Hillsdale, NJ: Analytic Press.

Bender, D. S., Morey, L. C., & Skodol, A. E. (2011). Toward a model for assessing level of personality functioning in DSM-5, part I: a review of theory and methods. *Journal of Personality Assessment, 93*(4): 332–346.

Bion, W. R. (1965). *Transformations: Change from Learning to Growth*. London: Heinemann, 1984.

Bucci, W. (2010). Re: Defining before refuting. *Psychodynamic Research Listserv*, October 18.

Ellman, S. J. (2007). Analytic trust and transference: love, healing ruptures and facilitating repairs. *Psychoanalytic Inquiry, 27*: 246–273.

Fairbairn, W. D. (1940). Schizoid factors in the personality. In: *Psychoanalytic Studies of the Personality* (pp. 3–27). London: Tavistock, 1952.

Fonagy, P., & Target, M. (1997). Attachment and reflective function: their role in self-organization. *Development and Psychopathology, 9*: 679–700.

Freedman, N., & Ward, R. (2011). A very broad concept seen through a very narrow lens. In: N. Freedman, M. Hurvich, & R. Ward, with J. Geller & J. Hoffenberg (Eds.), *Another Kind of Evidence: Studies on Internalization, Annihilation Anxiety, and Progressive Symbolization in the Psychoanalytic Process* (pp. 191–202). London: Karnac.

Freedman, N., Hurvich, M., Ward, R., with Geller, J., & Hoffenberg, J. (Eds.) (2011). *Another Kind of Evidence: Studies on Internalization, Annihilation Anxiety, and Progressive Symbolization in the Psychoanalytic Process*. London: Karnac.

Freedman, N., Lasky, R., & Hurvich, M. (2001). Transformation cycles as organizers of psychoanalytic process: the method of sequential specification. Paper presented to the Annual Meeting of the Rapaport-Klein Study Group, Stockbridge, MA.

Grande, T., Dilg, R., Jakobsen, T., Keller, W., Krawietz, B., Langer, M., Oberbracht, C., Stehle, S., Stennes, M., & Rudolf, G. (2006). Differential effects of two forms of psychoanalytictherapy: results of the Heidelberg-Berlin study. *Psychotherapy Research, 16*(4): 470–485.

Grande, T., Dilg, R., Jakobsen, T., Keller, W., Krawietz, B., Langer, M., Oberbracht, C., Stehle, S., Stennes, M., & Rudolf, G. (2009). Structural change as a predictor of long-term follow-up outcome. *Psychotherapy Research, 19*(3): 344–357.

Greenspan, S. I., & Cullander, C. C. H. (1973). A systematic metapsychological assessment of the personality: its application to the problem of analyzability. *Journal of the American Psychoanalytic Association, 21*: 303–327.

Holt, R. R. (1985). The current status of psychoanalytic theory. *Psycho analytic Psychology, 2*: 289–315.

Hurvich, M. (2011). New developments in the theory and clinical application of the annihilation anxiety concept. In: A. Druck, C. Ellman, N. Freedman, & A. Thaler (Eds.), *A New Freudian Synthesis: Clinical Process in the Next Generatio*n (pp. 65–95). London: Karnac.

Hurvich, M., & Freedman, N. (2011a). The propositional method for the study of psychoanalytic concepts. In: N. Freedman, M. Hurvich, R. Ward, J. Geller, & J. Hoffenberg (Eds.), *Another Kind of Evidence: Studies on Internalization, Annihilation Anxiety, and Progressive Symbolization in the Psychoanalytic Process* (pp. 91–104). London: Karnac.

Hurvich, M., & Freedman, N. (2011b). Three pathways towards the modification of annihilation anxiety. In: N. Freedman, M. Hurvich, R. Ward, J. Geller, & J. Hoffenberg (Eds.), *Another Kind of Evidence: Studies on Internalization, Annihilation Anxiety, and Progressive Symbolization in the Psychoanalytic Process* (pp. 183–189). London: Karnac.

Killingmo, B. (1995). Affirmation in psychoanalysis. *International Journal of Psychoanalysis, 76*: 503–518.

Lear, J. (2003). *Therapeutic Action: An Earnest Plea for Irony*. New York: Other Press.

Leuzinger-Bohleber, M., & Fischmann, T. (2006). What is conceptual research in psychoanalysis? *International Journal of Psychoanalysis, 87*: 1355–1386.

Loewald, H. W. (1960). On the therapeutic action of psychoanalysis. *International Journal of Psychoanalysis, 41*: 16–33.

Luborsky, L., & Crits-Christoph, P. (1990). *Understanding Transference, the CCRT Method (The Core Conflictual Relationship)*. New York: Basic Books.

Morey, L. C., Berghuis, H., Bender, D. S., Verheul, R., Krueger, R. F., & Skodol, A. E. (2011). Toward a model for assessing level of personality functioning in DSM-5, part II: empirical articulation of a core dimension of personality pathology. *Journal of Personality Assessment, 9*(4): 347–353.

OPD Task Force (2008). *Operationalized Psychodynamic Diagnosis OPD-2: Manual of Diagnosis and Treatment Planning*. Cambridge, MA: Hogrefe & Huber. [También publicado como: Grupo de Trabajo OPD (Edits.) (2008). *Diagnóstico Psicodinámico Operacionalizado (OPD—2). Manual para el diagnóstico, indicación y planificación de la psicoterapia*. Barcelona, Herder]

PDM Task Force (2006). *Psychodynamic Diagnostic Manual (PDM)*. Silver Springs, MD: Alliance of Psychoanalytic Organizations.

Sandler, J. (1983). Reflections on some relations between psychoanalytic concepts and psychoanalytic practice. *International Journal of Psycho-analysis, 64*: 34–45.

Schachtel, E. G. (1959). *Metamorphosis.* New York: Basic Books.

Sullivan, H. S. (1953). *The Interpersonal Theory of Psychiatry.* New York: Norton.

Waelder, R. (1962). Psychoanalysis, scientific method, and philosophy. *Journal of the American Psychoanalytic Association, 10*: 617–637.

Wallerstein, R. S. (1988). Assessment of structural change in psychoanalytic therapy and research. *Journal of the American Psychoanalytic Association, 36S*: 241–261.

Zimmermann, J., Ehrenthal, J. C., Cierpka, M., Schauenburg, H., Doering, S., & Benecke, C. (2012). Assessing the level of structural integration using Operationalized Psychodynamic Diagnosis (OPD): implications for DSM-5. *Journal of Personality Assessment, 94*: 522–532.

CAPÍTULO TRECE

La evaluación de los cambios: aspectos diagnósticos

Ricardo Bernardi

Introducción: dimensiones de cambios del paciente

El Modelo de los Tres Niveles para la Observación de las Transformaciones del Paciente (3-LM) presentado en otro capítulo de este libro (ver Bernardi, Capítulo 1) tiene el objetivo de observar y describir los cambios del paciente a través del examen del material clínico estudiado desde diversos ángulos o perspectivas. Mientras que el primer nivel de observación (fenomenológico) se acerca al material tomando ventaja de la posición del analista en tanto participante en el proceso, el nivel 2 requiere una "segunda mirada" sobre el mismo. En este nivel el analista, como observador, procura especificar las dimensiones de cambio basadas en categorías que faciliten una comparación sistemática tanto entre diferentes momentos en el tratamiento de ese paciente como entre pacientes distintos. El nivel 3, a su vez, discute las hipótesis acerca del cambio y su naturaleza, incluyendo las teorías explícitas e implícitas del analista así como hipótesis alternativas. Generalmente el juicio clínico combina estos tres niveles, mientras que el 3-LM busca separarlos transitoriamente, buscando en primer lugar una comprensión empática del paciente, para la posterior conceptualización de las principales dimensiones identificadas en el nivel 2 y discutir por último su explicación teórica.

El nivel 2 aborda la siguiente pregunta: ¿Qué ha cambiado y cuánto? El psicoanálisis aspira a ir más allá de modificar los síntomas o la angustia. En consecuencia, involucra una conceptualización más sustancial de las dimensiones relevantes del cambio psíquico. La pregunta de cómo evaluamos clínicamente estas dimensiones es, en esencia, una pregunta diagnóstica. El diagnóstico y el psicoanálisis siempre han sido aliados problemáticos. Todo el trabajo de Freud muestra una interacción constante entre sus observaciones clínicas, sus conceptualizaciones diagnósticas, y el desarrollo de teorías nuevas a nivel metapsicológico (Wallerstein, 2006). Sin embargo el interés principal de Freud no era desarrollar un sistema diagnóstico.

En las décadas siguientes vemos un movimiento doble. Por un lado varios autores intentan avanzar hacia el uso diagnóstico de conceptos psicoanalíticos [p. ej. "The Hampstead Psychoanalytic Index," 1981 y la Entrevista Estructural propuesta por O. Kernberg et al. (O. F. Kernberg, 2006)]. N. Freedman y M. Hurvich propusieron un Método Proposicional que nos permite identificar el aspecto central de un concepto psicoanalítico, sus dimensiones, y los modificadores contextuales que le otorgan especifidad a su uso clínico (Hurvich, 2003), (Freedman, Geller, Hoffenberg, Hurvich, & Ward, 2011).

Por otro lado, el uso de categorías diagnósticas ha sido muy criticado por no respetar la singularidad de los pacientes (Hoffman, 2009); (Walls, 2006). La controversia alrededor de este tema (ver, p. ej. Eagle & Wolitzky, 2011) muestra cuán difícil es establecer un terreno común para el diálogo. Sin embargo, no existe una razón sustancial para ver como opuestos el reconocimiento de la singularidad del paciente y el uso de categorías diagnósticas. De hecho, son diferentes partes del mismo problema, que es complejo y no deja lugar a soluciones simplistas. Subrayar la singularidad de cada paciente y la conceptualización de características compartidas entre los diferentes pacientes son medidas complementarias que mejoran nuestra comprensión clínica. El divorcio entre el diagnóstico y el psicoanálisis no benefició a ninguno de los dos. El psicoanálisis deja afuera conceptos que podrían ayudar a comprender los cambios a largo plazo —considerándolos como términos psiquiátricos o de investigación. El diagnóstico clínico, por su parte, pierde muchas contribuciones potenciales del psicoanálisis.

El 3-LM combina un enfoque fenomenológico, que tiene el objetivo de captar la singularidad de cada experiencia analítica, con una conceptualización de las dimensiones de los cambios del paciente, que permite una mejor descripción del proceso del análisis. Las categorías diagnósticas contenidas en el DSM-IV o ICD-10 son de utilidad muy limitada en este caso. Sin embargo, al mismo tiempo, los conceptos metapsicológicos son demasiado generales y abstractos para servir como herramientas para describir cambios o transformaciones. Además, el pluralismo teórico actual le agrega complejidad a la situación, en la medida que los mismos términos teóricos pueden usarse para describir diferentes fenómenos clínicos mientras que los mismos hechos pueden ser nombrados de manera diferente. El nivel 3 del 3-LM busca explorar la riqueza potencial de los conceptos diagnósticos, así como su poder para echar luz sobre el material clínico y ayudar a los analistas a ver nuevos aspectos del mismo. Los niveles 1 y 2 implican un enfoque clínico que busca identificar marcadores de cambio.

Para seleccionar las preguntas que guiarían la descripción y el seguimiento de los cambios en el nivel 2, el 3-LM tomó prestadas ciertas dimensiones de los sistemas diagnósticos psicodinámicos más influyentes, el PDM y el OPD-2. Estos sistemas proveen definiciones operacionalizadas de sus conceptos, cuyo objetivo es unir estos conceptos a los procedimientos usados para evaluarlos. De esa manera se garantiza un significado compartido, aunque se plantea la pregunta de cuánto conservan del contenido teórico original. El sistema diagnóstico operacionalizado OPD-2 (ver abajo) responde a esta pregunta reconociendo la necesidad de un compromiso entre diversos significados en conflicto. Tal compromiso puede ser nombrado como el "mínimo común múltiplo" de los diferentes significados teóricos más que como un "consenso" (OPD-2, p. 52). El 3-LM no incluye definiciones operacionales pero, inspirado por ellas, formula preguntas abarcativas en un lenguaje cercano a la experiencia. Se espera que estas preguntas se expliquen por sí solas para los clínicos entrenados, incluso si ellos difieren en sus marcos teóricos. Actualmente la fuente de las preguntas son los sistemas diagnósticos psicodinámicos, en especial el OPD-2.

Los sistemas diagnósticos OPD-2 y PDM

La aparición del Manual Diagnóstico Psicodinámico Operacionalizado, versión 2 (OPD-2) y del Manual Diagnóstico Psicodinámico (PDM) representó un progreso considerable en el campo de los diagnósticos psicoanalíticos. Ambos sistemas proponen categorías con un alto grado de sistematización, validez y confiabilidad que se apoyan en avances previos en este campo. El OPD-2 surgió como un resultado del trabajo conjunto de psicoanalistas, psicoterapeutas y psiquiatras alemanes, siendo Manfred Cierpka la figura de referencia. La primera versión (OPD-1) apareció en 1996, y la segunda (OPD-2) en 2006. El PDM es un sistema diagnóstico para niños, adolescentes y adultos publicado en 2006 en EEUU por la American Psychoanalytic Association, la International Psychoanalytical Association, la Psychoanalysis Division of the American Psychological Association, la American Academy of Psychoanalysis and Dynamic Psychiatry, y el National Committee of Psychoanalysis in Clinical Social Work. El grupo de trabajo estuvo dirigido por S. I. Greenspan y compuesto por N. McWilliams y R. S. Wallerstein. El OPD-2 ha avanzado más que el PDM hacia la operacionalización de sus definiciones y la evaluación de la confiabilidad y validez de sus conceptos diagnósticos (Cierpka, Grande, Rudolf, von der Tann, & Stasch, 2007); (Zimmermann et al., 2012); (Doering et al., 2013).

El PDM y el OPD-2 son sistemas multiaxiales. Combinan los enfoques categorial y dimensional, o sea definen varios tipos de fenómenos y buscan especificar su grado o magnitud. El PDM toma en cuenta tres dimensiones, a saber: 1) Pautas y trastornos de personalidad (Eje P), 2) Perfil de funcionamiento mental (Eje M), y 3) Pautas sintomáticas: la experiencia subjetiva (Eje S). El OPD-2, a su vez, incluye los ejes siguientes: 1) Vivencia de la enfermedad y prerrequisitios para el tratamiento, 2) Relación, 3) Conflicto, 4) Estructura, y 5) Trastornos (de acuerdo con el CIE-10). El 3-LM tomó prestados estos ejes del OPD-2 y agregó la descripción de las defensas del PDM.

La dimensión "vivencia de la enfermedad" explora los caminos a través de los cuales los pacientes experimentan y le dan significado a su sufrimiento, incluyendo sus creencias acerca de la naturaleza y origen de sus problemas y acerca de la forma en la que creen que el tratamiento puede ayudarlos. Se espera que en el transcurso del análisis los pacientes adquieran una mayor conciencia de sus dificultades. A pesar de que la adquisición de esta conciencia puede ser dolorosa y confusa al comienzo, se supone que esa conciencia los guíe hacia nuevas formas de experimentarse a ellos mismos y sus relaciones con otros.

Los patrones relacionales pueden observarse de dos maneras diferentes. Una es directamente en el análisis, a través de la relación de transferencia/contratransferencia; la otra, a través de episodios relacionales repetitivos narrados por los pacientes donde describen sus percepciones de otros y de sí mismos. Estos episodios relacionales reflejan las formas en las que los conflictos y los problemas estructurales se expresan en las relaciones de los pacientes.

El OPD-2 delinea diversos tipos de conflictos típicos. El 3-LM complementó este aspecto con la descripción del PDM de las principales defensas y las distorsiones o restricciones que imponen a los procesos psíquicos.

El cuarto eje del OPD-2 se refiere a las características estructurales del funcionamiento mental. Dado su similitud con el PDM y la Escala de los niveles de funcionamiento de la personalidad del DSM-5 y su utilidad para el seguimiento de los cambios, a continuación examino más cuidadosamente este eje.

Convergencias entre sistemas: aspectos estructurales del funcionamiento mental

Las convergencias más notorias entre estos sistemas diagnósticos ocurren entre los Ejes 4 del OPD-2 (Estructura) y la dimensión M del PDM (Funcionamiento Mental). Ambas también concuerdan en gran medida con la "Escala de Niveles de Funcionamiento de la Personalidad" (LPFS por su sigla en inglés) del DSM-5. Aunque mantiene la definición tradicional de Trastornos de Personalidad, la quinta versión del Manual Diagnóstico y Estadístico de los Trastornos Mentales (DSM-5) (American Psychiatric Association, 2013) propone un modelo alternativo para la evaluación de la personalidad y sus trastornos en la Sección III ("Modelos y Medidas Emergentes"). Esta sección define los trastornos de la personalidad como perturbaciones en el funcionamiento de la personalidad a nivel del self y en el dominio interpersonal. La LPFS ofrece una evaluación dimensional de las capacidades centrales de la personalidad en ambos dominios. Esta escala les permite a los clínicos evaluar la severidad global, la cual es el predictor más importante de disfunción concurrente y prospectiva. (Hopwood Malone, et al., cited in (Bender, Morey, & Skodol, 2011)(Skodol, Clark, et al., 2011a); (Skodol, Clark, et al., 2011b); (Skodol, Bender, et al., 2011); (Tyrer, 2005).

La LPFS muestra correspondencias significativas con el Eje 4 (Estructura) del OPD-2 y el Eje M (Funcionamiento Mental) del PDM, incluso si la organización de los ítems no es la misma. El Eje 4 (Estructura) del OPD-2 incluye cuatro dimensiones que son importantes para hacer el seguimiento de los cambios del paciente: 1) la capacidad de percibirse adecuadamente a sí mismo y a los objetos; 2) la regulación del self (impulsos, afectos y autoestima) y la regulación de las relaciones con los otros; 3) comunicación emocional interna y externa; y 4) apego a objetos internos y externos. Estas cuatro dimensiones, a su vez, incluyen varias subdimensiones; p. ej., la capacidad de auto-percepción implica auto-reflexión, diferenciación de los afectos, e identidad. El Eje M del PDM contiene nueve dimensiones, entre ellas la Capacidad para la regulación, atención y aprendizaje; la Capacidad para el relacionamiento e intimidad (incluyendo profundidad, amplitud y consistencia); y la Calidad de la experiencia interna (Nivel de confianza y auto-observación). Como dije, la LPFS del DSM-5 está basada en el funcionamiento de la personalidad en relación al Self (Identidad y Dirección de sí mismo) y el Dominio interpersonal (Empatía e Intimidad).

La LPFS estima el funcionamiento de la personalidad en una escala de 0 (perturbación ausente o mínima) a 4 (perturbación extrema). El PDM, a su vez, propone 8 niveles que van de "Capacidades mentales óptimas para la edad y apropiadas para la fase de desarrollo, con un grado de flexibilidad e interacción apropiado para la fase" a "Defectos mayores en las funciones mentales básicas". Este sistema también describe tres niveles de Organización de la Personalidad: Saludable, Neurótico, y Fronterizo. Finalmente, el OPD-2 propone una escala de Niveles de Integración Estructural que va de 1 (alto nivel de integración) a 4 (desintegrado), con la posibilidad de valores intermedios. Distingue dos clases de fallas estructurales. "Trastorno Estructural" se refiere a la ausencia de ciertas diferenciaciones e integraciones estructurales, constituyendo déficits del desarrollo. "Vulnerabilidad estructural", en contraste, indica que la estructura si bien pudo desarrollarse, puede colapsar bajo condiciones de estrés interno o externo (OPD-2, p. 141).

Para aprender cuán comparables son estas escalas diferentes debemos examinar el contenido de los indicadores de funcionamiento mental, los cuales muestran una concordancia sorprendente. Las similitudes entre el OPD-2 y el DSM-5 que emergen de su comparación conceptual (Bernardi, 2010) han sido corroboradas empíricamente. Zimmermann et al. (2012) encontraron una relación muy alta entre los descriptores del DSM-5 del nivel de funcionamiento mental y los niveles del OPD-2 de integración estructural ($r=0.93$, $p<0.001$). En los niveles con mayor perturbación es posible encontrar algunas divergencias entre los indicadores de ambos sistemas, especialmente en los ejes del OPD-2 asociados con la comunicación interna y externa y el apego. Zimmerman et al. señalan que ciertas dimensiones están menos representadas en la LPFS, como ser la capacidad de elaborar experiencias internas con la ayuda de fantasías, experiencias corporales, comunicación emocional, y la capacidad de internalizar representaciones de otros y usarlas para auto-regulación y para el establecimiento de relaciones triangulares (p. 7). Al mismo tiempo, hacen notar que el DSM-5 incluye algunas dimensiones importantes, como ser las capacidades de dirección de sí mismo y el guiarse a uno mismo por estándares morales, lo cual está menos representado en el OPD-2 (p. 7 y 8).

Las subdimensiones del eje estructura del OPD-2 están altamente intercorrelacionadas entre sí (>0.8), lo que sugiere la existencia de un factor común subyacente como podría ser el concepto de difusión de identidad de Kernberg. Esta noción se refiere a la falta de integración de los conceptos del self y de otros significativos (Doering et al., 2013); (O. F. Kernberg, 2006).

El cambio estructural también puede ser evaluado con la Escala de Cambio Estructural de Heidelberg (HSCS). Al final de su tratamiento los pacientes valoran positivamente los cambios ocurridos a nivel de sus síntomas y problemas interpersonales. Los seguimientos más largos, sin embargo, muestran que a más largo plazo se destaca la valoración de los cambios estructurales, ya que estos cambios tienen una mayor influencia en su vida personal e interpersonal (Grande, Dilg, Jakobsen, Keller, & Krawietz, 2009).

La comparación entre los tres sistemas diagnósticos se discutió en dos paneles en los congresos de la IPA 47° (México 2011) y 48° (Praga, 2013). Los participantes en los paneles fueron analistas que tienen una participación en el desarrollo de estos sistemas: Manfred Cierpka (OPD-2), Marvin Hurvich (PDM), y John Oldham (DSM-5) en el Congreso de México, y Donna Bender (DSM-5) en el Congreso de Praga. Estos paneles fueron organizados a sugerencia del Comité de Observación Clínica de la IPA y estuvieron presididos por el autor. El panel de Praga, "Observing transformations in patients: The assessment of mental functioning", estuvo focalizado en la utilidad de esta evaluación para el psicoanálisis. Los panelistas presentaron sus avances en este campo y su uso potencial en la evaluación de las transformaciones del paciente durante el análisis desde una perspectiva psicoanalítica.

La Tabla 1 compara los criterios usados por los tres sistemas para evaluar el funcionamiento de la personalidad.

Tabla 1. Comparación de los niveles del funcionamiento de la personalidad en el OPD-2, PDM, y DSM-5.

OPD-2 *Eje IV: Estructura.*	*PDM* *Eje M: Perfil de Funcionamiento Mental*	*DSM-5** *Niveles de funcionamiento de la personalidad: 1. Self; 2. Interpersonal*
Eje IV.1. PERCEPCIÓN DEL SELF - Reflexionar sobre la autoimagen y establecer diferenciaciones. - Diferenciar los propios afectos - Tener una imagen de la propia identidad y desarrollarla.	M8. Capacidad de autoobservación. ("Mentalización") M3. Calidad de la experiencia interna. (Nivel de confianza y autoobservación) M6. Capacidad para formar representaciones internas. M7. Capacidad de diferenciación e integración. M5. Patrones y capacidades defensivas. (**)	1.i: SELF: IDENTIDAD - Experiencia de uno mismo como único, con límites claros entre el self y los otros. - Estabilidad de autoestima y precisión en la autovaloración. - Capacidad y habilidad de manejar variadas experiencias emocionales variadas. - [1.iii. -SELF. INTEGRIDAD DEL CONCEPTO DEL SELF: a) Regulación de autoestima y respeto por uno mismo; b) el sentimiento de ser una agencia autónoma; c) el valor o apreciación de uno mismo; y d) la calidad de las representaciones del self. (complejidad, diferenciación e integración)*]
IV.1. PERCEPCIÓN DEL OBJETO (Capacidad de percibir a los otros en forma total y realista)	M6. Capacidad de formar representaciones internas. (**)	2.i. -INTERPERSONAL. EMPATÍA: Comprensión y apreciación de las experiencias y motivaciones de

- Diferenciación self-objeto: diferenciar pensamientos, necesidades e impulsos propios de los de otros. -Percibir a los otros en sus diferentes aspectos, es decir, completamente. - Ser capaz de tener una imagen realista de los otros.	M4. Experiencia afectiva, expresión y comunicación.	los otros; Tolerancia de diferentes perspectivas; Comprensión de los efectos del comportamiento de uno en los otros.
IV.2. REGULACIÓN DEL SELF -Distanciarse de los impulsos, dirigirlos e integrarlos. - Distanciarse de los afectos y regularlos. - Distanciarse de las ofensas, regulando la autoestima.	M1. Capacidad para la regulación, atención y aprendizaje. M9. Capacidad de construir y usar estándares internos ideales: Sentido de moralidad. M3. Calidad de experiencia interna. (nivel de confianza y autoobservación). (**)	1.i: SELF: IDENTIDAD (**) 1.ii.- DIRECCIÓN PROPIA - Persecución de metas coherentes, significativas, a largo y a corto plazo. - Uso de estándares de comportamiento interno, constructivos, prosocial; - Capacidad de autorreflexión productiva.
IV.2. REGULACIÓN DE RELACIÓN CON EL OBJETO - Proteger la relación de los propios impulsos perturbadores, defensa intrapsíquica en vez de interpersonal.	M2. Capacidad para relaciones e intimidad (incluyendo profundidad, amplitud y consistencia) M4. Experiencia afectiva, expresión y comunicación. (**)	2.i. -INTERPERSONAL. EMPATÍA (**) 2.ii. -INTERPERSONAL. INTIMIDAD. - Profundidad y duración de vínculos positivos con otros. - Deseo y capacidad de cercanía.

Tabla 1.

OPD-2 *Eje IV: Estructura.*	*PDM* *Eje M: Perfil de Funcionamiento Mental*	*DSM-5** *Niveles de funcionamiento de la personalidad: 1.Self; 2.Interpersonal*
- En las relaciones, resguardar los intereses personales y considerar adecuadamente los intereses del otro. - Anticipar las reacciones de otros.	M6. Capacidad para formar representaciones internas. (**)	- Reciprocidad de observación, reflejada en comportamientos interpersonales.
IV.3. COMUNICACIÓN EMOCIONAL INTERNA. SIMBOLIZACIÓN. - Generar y vivenciar afectos propios. - Diseñar las propias fantasías y utilizarlas. - Percibir el propio cuerpo, o bien vitalizar emocionalmente el self corporal.	M4. Experiencia afectiva, expresión y comunicación. (**) M6. Capacidad de formar representaciones internas. (**)	1.i: SELF: IDENTIDAD (**) 1.ii. DIRECCIÓN PROPIA (**)
IV.3. COMUNICACIÓN EMOCIONAL CON OTROS -Creación de contacto emocional: permitirse las emociones hacia el otro, arriesgarse a investir al otro, alcanzar un sentimiento de “nosotros” (reciprocidad).	M2. Capacidad para relaciones e intimidad. (incluyendo profundidad, amplitud y consistencia). (**)	2.i.-INTERPERSONAL. EMPATÍA (**)

- Expresar los propios afectos, dejarse tocar por los afectos de otros. - Vivenciar empatía.	M4. Experiencia afectiva, expresión y comunicación. (**)	2.ii. -INTERPERSONAL. INTIMIDAD. (**)
IV. 4. VÍNCULO CON OBJETOS INTERNOS - Internalización: representantes positivos del self, representantes positivos del objeto, capacidad de construir y mantener afectos positivos referidos a objetos. - Introyectos positivos: cuidarse a sí mismo, tranquilizarse, consolarse, ayudar, proteger, interceder por uno mismo. - Vínculos variados y triangulares: diferentes cualidades internas de los objetos; el cuidado de uno no significa el descuido del otro.	M6. Capacidad de formar representaciones internas. (**)	1.i: SELF: IDENTIDAD 2.ii. -INTERPERSONAL. INTIMIDAD (**) [2.iii. -INTERPERSONAL. COMPLEJIDAD E INTEGRACIÓN DE LAS REPRESENTACIONES DE LOS OTROS; a) Coherencia, complejidad e integración de representaciones mentales de los otros; b) uso de la representación de los otros para regular el self].

Tabla 1.

OPD-2 *Eje IV: Estructura.*	*PDM* *Eje M: Perfil de Funcionamiento Mental*	*DSM-5** *Niveles de funcionamiento de la personalidad: 1.Self; 2.Interpersonal*
IV.4. VÍNCULO CON OBJETOS EXTERNOS - Capacidad de vincularse: capacidad de vincularse emocionalmente a otro (agradecimiento, cuidado, culpa, tristeza). - Aceptar ayuda: apoyo, cuidado, preocupación, guía, poder aceptar las disculpas del otro. - Capacidad de desprenderse en los vínculos y de despedirse.	M2. Capacidad para relaciones e intimidad. (incluyendo profundidad, amplitud y consistencia) (**) M4. Experiencia afectiva, expresión y comunicación. (**)	2.II. -INTERPERSONAL. INTIMIDAD (**)

* El DSM-5 se consultó en la página web de la Asociación Psiquiátrica Americana el 28/07/2010 y el 30/06/2012. Los fragmentos de texto que se encontraron en la primera consulta pero que habían sido quitados antes de la segunda se han puesto entre paréntesis rectos, con un asterisco [*]. Hay pequeñas variaciones en las palabras en las diferentes versiones del DSM-5 que no alteran el significado.

** Cuando un solo ítem de un sistema está asociado a varios ítems de otros sistemas, las repeticiones se marcan con (**). En el caso del PDM, los patrones y capacidades defensivas deberían mencionarse prácticamente en cada fila.

La tabla confirma la convergencia marcada entre los criterios usados por los tres sistemas diagnósticos. El PDM apareció un poco antes que el borrador del DSM-5, y probablemente tengan influencias en común, muchas de ellas provenientes de la literatura psicoanalítica. La primera versión del manuscrito del DSM-5 incluyó la evaluación de representaciones del self (su complejidad, diferenciación e integración) y de representaciones de otros (su cohesión, complejidad, así como el uso de ellas que hace el self), lo cual acentuó la convergencia de los sistemas. Estos indicadores y el uso de términos como "mentalización" fueron eliminados en versiones posteriores debido a su complejidad y las dificultades que presentaban para la evaluación psiquiátrica actual. Las convergencias entre el DSM-5 y el OPD-2 son a destacar, porque estos sistemas fueron formulados por grupos independientes de investigadores.

Es importante mencionar que la LPFS representa un puente entre el sistema DSM y el psicoanálisis que estuvo ausente durante las décadas del dominio del DSM-III y DSM-IV. Luyten & Blatt (2011) plantean que las perspectivas dimensionales marcan el comienzo de una nueva era en el diagnóstico psiquiátrico que podrían generar cambios radicales en la conceptualización, clasificación y tratamiento de los trastornos mentales. Estos autores consideran que observar el desarrollo de la personalidad y su psicopatología desde una perspectiva dual del dominio del self e interpersonal llevará a aumentar la convergencia con las investigaciones neurobiológicas y psicosociales.

Discusión

El 3-LM intenta convertir los conceptos centrales de los tres sistemas diagnósticos en preguntas abarcativas y amigables. Tomaré como ejemplo de lo dicho la dimensión del OPD-2 titulada: "Comunicación interna". El 3-LM formula esta dimensión así: "¿Cuán rico es el diálogo del paciente consigo mismo basado en experiencias afectivas, self corporal, fantasías, sueños, sexualidad, representaciones simbólicas, y capacidad para el juego y la creatividad?". Para explorar estas preguntas el OPD-2 discrimina entre las capacidades siguientes: "1) Generar y vivenciar afectos; 2) Diseñar las propias fantasías y utilizarlas, y 3) Percibir el propio cuerpo, o bien vitalizar emocionalmente el self corporal." Si consideramos ahora los otros sistemas, podemos relacionar estas capacidades con las del PDM, especialmente en relación a las siguientes subdimensiones: "Experiencia afectiva, expresión y comunicación" y

"Capacidad de formar representaciones internas". Volviendo ahora al DSM-5, encontramos capacidades similares en las áreas del funcionamiento del self relacionado con la Identidad y Dirección propia. Identidad incluye: "Experiencia de uno mismo como único, con límites claros entre sí mismo y los otros; Estabilidad de la autoestima y precisión en la autovaloración; y Capacidad y habilidad de manejar una variedad de experiencias emocionales". Esto último es lo más directamente vinculado a Comunicación Interna. Las capacidades asociadas con Dirección propia son "Persecución de metas coherentes, significativas, a largo y a corto plazo; Uso de estándares de comportamiento interno, constructivos, prosocial; Capacidad de autorreflexión productiva". La tercera también está muy relacionada a la misma dimensión del OPD-2.

Esta comparación muestra que estas formulaciones diversas se solapan pero también hay diferencias claras. El OPD-2 y otros sistemas diagnósticos favorecen las funciones definidas claramente, mientras que el 3-LM prefiere combinarlas en una pregunta general y dejar que los participantes las exploren de acuerdo a su propia perspectiva clínica. De esta forma le abre la puerta a los analistas con sus diferentes referencias teóricas a introducir sus propios matices. Sabemos que las influencias teóricas en la observación clínica son inevitables (Ver Leibovich de Duarte, Capítulo 7). Aun así, el tema crucial es si estas influencias saturan y restringen la observación o son usadas para ampliarla, de manera de motivar nuevas preguntas y perspectivas. En este sentido, las teorías personales explícitas e implícitas pueden facilitar una exploración del material clínico más sutil. Tal estudio, sin embargo, solo es posible si los conceptos teóricos están continuamente conectados al material clínico al cual se refieren. Este material, más que las nociones teóricas como tales, constituye la base para la discusión.

Hasta dónde la evaluación que parte de las preguntas del 3-LM coincide con la de los sistemas diagnósticos originales es un punto que debe ser determinado empíricamente. En algunos grupos del 3-LM se utilizaron cuestionarios para estudiar el acuerdo entre los participantes del grupo, pero estos resultados aún no han sido comparados con los sistemas diagnósticos mencionados. Las opiniones de los participantes sobre el grado de cambio global podrían también ser cotejados con los cambios en la evaluación del nivel de funcionamiento mental, de acuerdo con el OPD-2 y LPFS, tanto al comienzo del tratamiento como en un momento más avanzado del mismo. Esta comparación podría enriquecer las observaciones de los analistas y proveer información útil para los sistemas diagnósticos.

Corresponde considerar algunas diferencias entre los requisitos propios de estos sistemas y los del 3-LM. Como herramienta de investigación, el OPD-2 demanda un entrenamiento especial, y la entrevista clínica combina instancias asociativas y exploratorias. Los pacientes tienen que narrar un episodio relacional, describir personas cercanas a ellos, y agregar descripciones de sí mismos como personas (M. Cierpka, comunicación en el panel de Praga, 2013). La escala LPFS del DSM-5, en cambio, logra un nivel aceptable de confiabilidad o acuerdo entre evaluadores sin una extensa experiencia clínica o formación (Zimmermann et al., 2013). El 3-LM, a su vez, se espera que sea usado por analistas formados, y el extenso material discutido incluye descripciones solicitadas por el OPD-2.

¿Debería el 3-LM incorporar definiciones operacionales más rigurosas, o hacer uso de las del OPD-2 u otros sistemas diagnósticos? ¿Esto significaría una ventaja? M. Hurvich (Ver Hurvich, Capítulo 12) ha señalado los beneficios de moverse en esa dirección. Por el contrario, algunos participantes de los grupos de observación están interesados en favorecer un camino diferente. Consideran que el primer nivel es especialmente útil y han sugerido darle más lugar a las asociaciones libres de los analistas. El 3-LM establece un equilibrio entre ambas direcciones; no hay una contradicción real entre ellas, y los grupos de observación clínica podrían explorar más cualquiera de ellas, de acuerdo a sus intereses.

El 3-LM adoptó la distinción del OPD-2 entre conflicto y estructura. Este es un tema de controversia. Mientras que algunos autores subrayan la significación clínica y teórica de las fallas en el desarrollo de la estructura del yo(Killingmo, 1989),(Stolorow & Lachmann, 1981, p. 308), otros, como Kernberg (2005), consideran que estos déficits son defensivos y determinados por conflictos intrapsíquicos inconscientes. Los conceptos tales como la "depresión esencial" y "pensamiento operacional" de Marty, a su vez, enfatizan que las condiciones traumáticas internas o externas pueden superar el proceso defensivo, llevando a la producción de fenómenos negativos en el funcionamiento mental (Marty, 1985). La observación cuidadosa de los cambios terapéuticos al respecto tanto de los conflictos como de las funciones estructurales propuesta por el 3-LM puede echar luz sobre este debate.

¿En qué orden los conflictos y las subdimensiones estructurales se modifican a lo largo del proceso terapéutico? ¿Estas subdimensiones cambian simultáneamente, dado que están altamente correlacionadas? ¿O, dependiendo del paciente, algunas modificaciones preceden a otras, sosteniéndolas o provocándolas? Estas son preguntas que el 3-LM puede ayudar a explorar. Por ejemplo, en el caso de Leticia (ver capítulos 1 y 2), su marcada inhibición y miedo reveló una cierta vulnerabilidad estructural de su funcionamiento mental. A medida que fue capaz de usar al analista como un objeto externo/interno contenedor, pudo acrecentar su función reflexiva, lo cual fue estimulado por las intervenciones de la analista. Pudo, entonces, mejorar la regulación de sus afectos y de su ansiedad. Los cambios en la percepción de sí misma, regulación y comunicación llevaron a un mejor procesamiento y a una mayor conciencia de las experiencias internas. Este fortalecimiento de las funciones del paciente se logró principalmente a través de las intervenciones no interpretativas de la analista. Es interesante notar que recién luego del mejoramiento del funcionamiento mental de Leticia fue posible empezar a explorar los conflictos que pueden haber contribuido a su inhibición.

El proceso antes descrito muestra la utilidad de complementar la observación momento a momento en la sesión con una exploración más cuidadosa de los procesos que se despliegan a lo largo de períodos extensos de tiempo y llevan a cambios en el funcionamiento mental del paciente.

Bibliografía

American Psychiatric Association. (2013). *Diagnostic and Statistical Manual of Mental Disorders, 5th Edition: DSM-5*. Arlington, VA: American Psychiatric Association.

Bender, D. S., Morey, L. C., & Skodol, A. E. (2011). Toward a model for assessing level of personality functioning in DSM-5, Part I: A review of theory and methods. *Journal of Personality Assessment, 93*(4): 332–346.

Bernardi, R. (2010). DSM-5, OPD-2 y PDM: convergencias y divergencias entre los nuevos sistemas diagnósticos psiquiátricos y psicoanalíticos. *Rev Psiquiatr Urug, 74*(2): 179–205.

Cierpka, M., Grande, T., Rudolf, G., von der Tann, M., & Stasch, M. (2007). The Operationalized Psychodynamic Diagnostics System: clinical relevance, reliability and validity. *Psychopathology, 40*: 209–220.

Doering, S., Burgmer, M., Heuft, G., Menke, D., Baumer, B., Lubking, M., & Feldmann, M. (2013). Assessment of personality functioning: validity of the Operationalized Psychodynamic Diagnosis Axis IV (Struc ture). *Psychopathology*. doi: 10.1159/000355062.

Eagle, M., & Wolitzky, D. (2011). Systematic empirical research versus clinical case studies: a valid antagonism? *Journal of the American Psychoanalytic Association, 59*(4): 791–818.

Freedman, N., Hurvich, M., & Ward, R., with Geller, J., & Hoffenberg, J. (2011). *Another Kind of Evidence: Studies on Internalization, Annihilation Anxiety, and Progressive Symbolization in the Psychoanalytic Process*. London: Karnac.

Grande, T., Dilg, R., Jakobsen, T., Keller, W., & Krawietz, B. (2009). Structural change as a predictor of long-term follow-up outcome. *Psychotherapy Research, 19*(3): 344–357.

Hampstead Psychoanalytic Index (1981). *Bulletin of the Anna Freud Centre, 4*: 217–220.

Hoffman, I. Z. (2009). Doublethinking our way to "scientific legitimacy": the desiccation of human experience. *Journal of the American Psychoanalytic Association, 57*: 1043–1069.

Hurvich, M. (2003). The place of annihilation anxieties in psychoanalytic theory. *Journal of the American Psychoanalytic Association, 51*: 579–616.

Kernberg, O. F. (2005). Unconscious conflict in the light of contemporary psychoanalytic findings. *Psychoanalytic Quarterly, 74*: 65–81.

Kernberg, O. F. (2006). Identity. Recent findings and clinical implications. *Psychoanalytic Quarterly, 75*: 969–1003.

Killingmo, B. (1989). Conflict and deficit: implications for technique. *International Journal of Psychoanalysis, 70*: 65–79.

Luyten, P., & Blatt, S. J. (2011). Integrating theory-driven and empirically derived models of personality development and psychopathology: a proposal for DSM V. *Clinical Psychology Review, 31*: 52–68.

Marty, P. (1985). *L'ordre psycho-somatique*. Paris: Payot. Skodol, A. E., Bender, D. S., Morey, L. C., Clark, L.A., Oldham, J. M., Alarcon, R. D., Krueger, R. F., Verheul, R., Bell, C. C., & Siever, L. J. (2011a). Personality disorder types proposed for DSM-5. *Journal of Personality Disorders, 25*(2): 136–169.

Skodol, A. E., Clark, L. A., Bender, D. S., Krueger, R. F., Livesley, W. J., & Morey, L. C. (2011b). Proposed changes in personality and personality disorder assessment and diagnosis for DSM-5, Part I: Description and rationale. *Personality Disorders: Theory, Research, and Treatment, 2*: 4–22.

Skodol, A. E., Clark, L. A., Bender, D. S., Krueger, R. F., Livesley, W. J., & Morey, L. C. (2011c). Proposed changes in personality and personality disorder assessment and diagnosis for DSM-5. Part II: Clinical application. *Personality Disorders: Theory, Research, and Treatment*, *2*: 23–40.

Stolorow, R. D., & Lachmann, F. M. (1981). Two psychoanalyses or one? *Psychoanalytic Review*, *68*: 307–319.

Tyrer, P. (2005). The problem of severity in the classification of personality disorders. *Journal of Personality Disorders*, *19*(3): 309–314.

Wallerstein, R. S. (2006). Psychoanalytically based nosology: historic origins. In: *Psychodynamic Diagnostic Manual (PDM)* (pp. 385–402). Silver Spring, MD: Alliance of Psychoanalytic Organizations.

Walls, G. (2006). On being willing to sell your grandmother short: a reply to Wolitzky. *Psychologist-Psychoanalyst (Newsletter of Division 39 of the American Psychological Association)*, *XXVI*: 20–22, 26.

Zimmermann, J., Benecke, C., Bender, D. S., Skodol, A. E., Schauenburg, H., Cierpka, M., & Leising, D. (2013). Assessing DSM-5 Level of Personality Functioning from videotaped clinical interviews: a pilot study with untrained and clinically inexperienced students. *Journal of Personality Assessment*, doi: DOI:10.1080/00223891.2013.852563.

Zimmermann, J., Ehrenthal, J. C., Cierpka, M., Schauenburg, H., Doering, S., & Benecke, C. (2012). Assessing the level of structural integration using operationalized psychodynamic diagnosis (OPD): implications for DSM-5. *Journal of Personality Assessment*, *94*(5), 522–532.

PARTE VI

UNA APLICACIÓN DEL 3-LM AL FINAL DE LA FORMACIÓN ANALÍTICA

CAPÍTULO CATORCE

El Modelo de los Tres Niveles en la formación psicoanalítica

Beatriz de León de Bernardi y Marina Altmann de Litvan

El propósito de este artículo es describir una experiencia de aplicación parcial del Modelo de los Tres Niveles en el área de la educación psicoanalítica. Esta iniciativa, llevada a cabo por Marina Altmann de Litvan y Beatriz de León de Bernardi, surgió como respuesta a la preocupación de la Comisión de Enseñanza del Instituto de la Asociación Psicoanalítica del Uruguay (APU), ante las dificultades que tenían un alto grupo de candidatos egresados para realizar su trabajo final de Miembro Asociado, el cual permite el ingreso como miembro a la APU y a IPA. La no realización de este trabajo representa una deuda pendiente para muchos candidatos egresados y una traba en su desarrollo profesional y científico. Pero también una pérdida, tanto para la Institución Psicoanalítica que los ha formado como para la Asociación Psicoanalítica Internacional, en la medida que estos candidatos no pueden acceder a los distintos roles de la vida institucional local e internacional, para los cuales están habilitados los miembros de IPA.

El modelo uruguayo de formación, reconocido, desde el año 2006 como uno de los tres modelos de educación en IPA, exige análisis personal, la aprobación de supervisiones y seminarios y para finalizar la formación, se exige un trabajo escrito sobre un proceso analítico que muestre el uso de los conceptos fundamentales del psicoanálisis y una articulación teórico-clínica adecuada. Su aprobación supone la discusión del trabajo con cinco analistas y, si el trabajo es aprobado, puede ser presentado en una actividad científica general, siempre que se respete la confidencialidad.

La Asociación Psicoanalítica del Uruguay y su Instituto fueron fundados en 1955. En el año 2003 su Instituto fue oficialmente reconocido como un Instituto Universitario por el Ministerio de Educación del Uruguay. Su formación fue considerada equivalente a la de un Máster en Psicoanálisis y el Trabajo de Miembro Asociado como una Tesis de Maestría. La formación en dicho instituto está centrada en los fundamentos conceptuales de S. Freud, pero desde su fundación la Asociación y su Instituto estuvieron abiertos a la pluralidad de líneas teóricas y técnicas existentes en psicoanálisis (de León de Bernardi, 2010).

Ambas impulsoras de esta propuesta hemos participado en distintas experiencias de aplicación del Modelo de los Tres Niveles en grupos de trabajo sobre distintos casos clínicos. Como Chair del Comité de Observación Clínica, Marina Altmann de Litvan participó en el proceso de elaboración del modelo y en su desarrollo en distintas regiones de la IPA. Beatriz de León de Bernardi participó coordinando experiencias llevadas a cabo en Uruguay y Latinoamérica. Pensamos que el Modelo de los Tres Niveles, surgido del trabajo conjunto del Comité de Observación Clínica, resultaría una herramienta útil para ayudar a los candidatos en la elaboración del Trabajo de Miembro Asociado.

El modelo de los Tres Niveles propone estudiar en profundidad las transformaciones del paciente durante el proceso psicoanalítico tomando como base momentos iniciales del análisis, seleccionados por el analista del caso, y sesiones posteriores que muestren transformaciones en relación con los primeros momentos. Pensamos que esta perspectiva podía ayudar a los candidatos en la selección y comparación de los aspectos más significativos de sus propios casos clínicos, de manera de poder mostrar las transformaciones y no transformaciones ocurridas durante el análisis. La consideración progresiva de distintos niveles de observación de la experiencia clínica —el nivel fenomenológico de la sesión, el nivel de las dimensiones del cambio y el nivel de las hipótesis explicativas— podía contribuir a visualizar el alcance de los cambios y su conceptualización facilitando el proceso de comunicación mediante la escritura a la comunidad psicoanalítica.

Tuvimos presente de entrada que tratándose de un grupo de candidatos egresados, no podíamos usar el modelo de manera sistemática, sino como guía inspiradora que favoreciera la dinámica de un proceso de trabajo grupal, el cual implicaría también, para cada participante del grupo, encontrar su propia dinámica de trabajo personal. Tratándose además de una institución abierta a distintas perspectivas teóricas, era necesario mantenerse en una actitud abierta, flexible y neutral, de manera de respetar y ayudar a clarificar y desplegar los propios puntos de vista de los participantes candidatos del grupo.

Material y metodología

El grupo de trabajo fue integrado por dos coordinadoras y doce candidatos egresados que habían terminado la formación curricular en distinta fecha, desde un año antes hasta quince años antes, por lo que era un grupo heterogéneo que no tenía mayor contacto previo entre sí por pertenecer a distintas generaciones.

En una primera reunión se planteó la forma de trabajo proponiéndose encuentros mensuales de tres horas de duración. Esto permitiría dar el espacio para un trabajo de elaboración entre las reuniones del grupo. Se solicitó le a cada participante que eligiera el caso a propósito del cual escribiría su trabajo. Algunos participantes ya tenían elegido el caso o lo eligieron durante las primeras etapas de la experiencia. Cada integrante del grupo debía presentar las entrevistas iniciales con el paciente y sesiones posteriores del análisis que a juicio del analista fueran ilustrativas de cambios en el paciente. Se les pidió a los candidatos que identificaran distintas líneas que se les destacaban del material de las primeras entrevistas, dejando abierto el proceso de selección que probablemente se iría definiendo posteriormente, a medida que el analista avanzara en su trabajo individual en consonancia con el trabajo grupal.

También se formularon algunas preguntas como disparadores, de manera de contribuir a las primeras etapas del trabajo individual con sus propios materiales clínicos y también al inicio del trabajo grupal. Por ejemplo:¿Cuáles eran las ideas de los analistas acerca de qué traía al paciente al análisis? ¿Cuáles eran las creencias del paciente acerca de sus problemas? ¿Cómo transmitía lo que le pasaba y por qué le pasaba?¿Qué esperaba explícita o implícitamente del tratamiento? ¿Cuáles habían sido las impresiones del analista en el primer contacto con su paciente?¿Cuáles eran desde el punto de vista del analista los aspectos que más se le destacaban de la problemática del paciente?

El trabajo grupal consistiría en la discusión en profundidad de un sólo material clínico seleccionado por sorteo entre los participantes. Este trabajo grupal pensado en etapas debería, paralelamente, acompañarse por etapas del trabajo individual de cada integrante del grupo sobre sus propios casos. Los candidatos participantes podían enviar a las coordinadoras sus materiales clínicos trabajados individualmente, y tenían la posibilidad de pedir un feedback sobre los mismos, lo cual fue hecho puntualmente fuera del trabajo grupal y sobre puntos específicos.

Se le atribuyó especial importancia a la realización de informes por parte de los integrantes del grupo que se turnarían en esta función. Después de cada reunión grupal uno de los integrantes del grupo de candidatos debería registrar los temas trabajados y las distintas perspectivas de los participantes sobre el material clínico presentado. El report realizado sería leído y comentado antes del inicio de la próxima reunión de trabajo, lo cual permitiría a los miembros del grupo reconectarse con el trabajo grupal anterior y con sus propias reflexiones acerca del mismo.

El intercambio de materiales clínicos se realizó cuidando especialmente la confidencialidad.

Proceso de trabajo

Se trabajó durante un período de dos años en el cual se pudieron ver en profundidad dos casos, uno en el primer año y otro en el segundo año. En el primer año se realizaron seis reuniones mensuales (la primera fue introductoria) y cinco en el segundo.

Nivel fenomenológico

Selección y presentación del material clínico

La selección de determinado material clínico para realizar su trabajo, motivó que los participantes transmitieran algunas de sus dudas y preocupaciones. Estas preocupaciones estaban referidas principalmente a los cambios logrados en el análisis, a la naturaleza de estos cambios y si el proceso podía considerarse un psicoanálisis. Preguntas tales como ¿es esto un proceso analítico? ¿es esto un psicoanálisis? surgieron en distintos momentos del trabajo grupal y era necesario indagarlas en relación al material presentado, de manera confrontarlas de manera realista con las exigencias institucionales. Múltiples factores pueden determinar estas preocupaciones, ya sea inseguridades personales, las características del vínculo transferencial, o también ideales psicoanalíticos reforzados institucionalmente que pueden en ocasiones alejarse de la práctica real. Estas inquietudes aparecían, aún cuando se consideraba que se habían producido cambios beneficiosos para el paciente. Estas dudas dificultaban el proceso de selección del material clínico, llevando a desvalorizar la propia experiencia y en definitiva impidiendo el poder observarla, pensarla y recuperarla para un trabajo escrito. Volveremos sobre este punto en la discusión final.

Presentación del material clínico

En cuanto a la presentación del material clínico por parte del analista, se siguió la perspectiva del modelo de los tres niveles que considera imprescindible la lectura y transmisión del caso por parte del analista para la observación y el acercamiento al caso clínico. La presentación del material incluye una breve reseña de la historia del paciente y de su situación actual, la transmisión por parte del analista de su imagen interna del paciente, su presencia física gestos y tono emocional y, aunque puede ser que involuntariamente, también sus propias reacciones ante el mismo. Aspectos no verbales del vínculo surgen también en la primera presentación, los cuales permiten inferir aspectos rudimentarios de la transferencia y contratransferencia. En este sentido no se trataba de pedir a los candidatos un relato "objetivo" y distanciado de su propia experiencia, sino que en este caso la observación grupal es también la observación de la participación del analista en el proceso. Por otro lado el analista que presenta el material sigue también las asociaciones de los miembros del grupo que pueden pedir aclaraciones o realizar comentarios, especialmente al final de la lectura. El analista presenta su propio punto de vista en acuerdo o en contraste con los otros miembros del grupo.

La actitud de escucha grupal del material: desde la "observación" a la "resonancia"

Es también necesario reflexionar sobre cuál será la actitud de escucha grupal ante el material clínico presentado. No se trata de un proceso de supervisión que cumple una función de enseñanza pero también de evaluación institucional. También se trata de una situación diferente a la de la sesión analítica en la cual se siguen las asociaciones del paciente resonando empáticamente con él, momento a momento, y es posteriormente a la sesión que podemos pasar a la observación reflexiva de lo ocurrido.

El trabajo de escucha grupal en esta experiencia recorre un camino inverso: partimos de la observación y escucha detenida de un material clínico que incluye a un paciente con su analista desde fuera de la escena de la sesión. En esta situación es fácil que la escucha del material pueda evocarnos distintas teorizaciones psicoanalíticas, de carácter general y abstracto, como sucede en ocasiones en los intercambios científicos En este caso la función de las coordinadoras será dejar en suspenso y como interrogantes estas primeras asociaciones que por el momento no sabemos si se ajustan al caso presentado. Por ejemplo en la presentación del primer caso, la analista transforma una expresión de un paciente, hombre joven, en la cual este se refirió a un florero, respondiéndole la analista con el término "jarrón". Sin duda esto llevó al grupo a múltiples asociaciones sobre la identificación sexual del paciente y sus dificultades. Pero finalmente este aspecto logró dejarse de lado provisoriamente como un interrogante abierto, para atender a fenómenos de "resonancia grupal" que guiaron la observación sobre aspectos que consensualmente fueron encontrados de mayor relevancia. Estos aspectos mostraban más directamente la angustia actual del paciente y permitían inferir problemáticas subyacentes inconscientes, que por ahora estaban alejadas de la conciencia y que era necesario investigar.

Nivel fenomenológico y metáforas

Los fenómenos de resonancia grupal toman como base no sólo la lectura del material sino también la transmisión y jerarquización de ciertos aspectos por parte del analista. Así en el trabajo sobre el primer caso, la analista destacó el modo particular en que el paciente establecía el contacto con ella señalando cómo sintió por parte del paciente: "como una especie de ansiedad torbellino". Esto se expresaba, ya desde la primera entrevista, en el ritmo acelerado del discurso del paciente y en su imposibilidad de silencios reflexivos. La expresión del paciente que decía sentirse como en "arenas movedizas" resonó especialmente en el grupo como índice de inestabilidad y vulnerabilidad. Esta sensación de inestabilidad aparecía en temáticas vinculadas a su cuerpo y a sus identificaciones.

Autores como Piera Aulagnier (1986), entre otros, han destacado el carácter pictórico y figurativo de las interpretaciones del analista favorecidos por el proceso de regresión formal que por momentos guía la atención flotante del analista en la sesión. En múltiples ocasiones la reflexión grupal tomó como base la pregnancia de ciertas imágenes presentes en el material clínico, o en ocasiones imágenes surgidas del intercambio grupal, las cuales condensaban aspectos centrales del momento vital y de la problemática del paciente. La imagen de un "puzzle" surgió, por ejemplo, en el grupo, después de escuchar las entrevistas del segundo caso, en el cual distintos aspectos de la personalidad y conflictos de la paciente aparecían poco integrados. Imágenes como la del "torbellino" o de las "arenas movedizas" o la del "puzzle" aparecieron como metáforas que expresaban distintas situaciones vitales y vivencias subjetivas de los pacientes (Altmann, 2008) y tuvieron impacto en la reflexión grupal, tanto en el primer momento de la lectura de las entrevistas, como en el despliegue del material de análisis y la conceptualización posterior. La sensación de estar en "arenas movedizas" del primer caso se vinculó posteriormente a vivencias emocionales y corporales dolorosas, lo que había sido anunciado en las primeras entrevistas. La imagen condensaba vivencias de inseguridad del paciente frente a ciertas limitaciones físicas y sus temores en relación al futuro de su vida sexual, afectiva y profesional. También la imagen se vinculó a la inseguridad y conflictiva del paciente en relación a sus vínculos primarios.

Metáforas surgidas en el trabajo grupal fueron el producto de un cruce entre: la transmisión del presentador de su experiencia con el paciente, el impacto de la lectura del material en los participantes, y el trabajo de procesamiento emocional e intelectual del material por parte del grupo. En este sentido posibilitaron también el establecimiento de una base común de diálogo entre los analistas participantes.

Podríamos cuestionar la validez de estos fenómenos de resonancia grupal, y su valor como pistas para la indagación de la problemática del paciente. Pero es necesario tener presente que estos procesos de selección y elaboración grupal, se apoyan en las distintas experiencias de los analistas participantes, experiencias de análisis personal, experiencia clínica y formación teórica. En este sentido estas primeras observaciones están cargadas, como señaló Sandler (1983) de teorizaciones implícitas y abren el espacio a posibles conceptualizaciones posteriores. Metáforas surgidas en el análisis han sido concebidas como puente entre la experiencia corporal y la mente (Modell 2005), estando al servicio de la expresión y recontextualización de memorias emocionales no verbales, algunas de ellas de carácter traumático. El proceso metafórico facilitaría el pasaje del plano de la observación concreta, a procesos de simbolización y conceptualización (Wurmser, 1977; de León de Bernardi, 2013), tanto en el nivel del trabajo individual como en el nivel del trabajo grupal. Así la ansiedad del paciente del primer caso, visualizada por su analista como un "torbellino" o la imagen del "puzzle" del segundo caso pudieron evocar en los participantes del grupo sus distintas experiencias y teorizaciones parciales en relación a la angustia o a las fallas en el desarrollo temprano.

Nivel de las dimensiones del cambio

Estas dimensiones surgieron espontáneamente del trabajo grupal, aunque expresadas en distintos lenguajes teóricos. El tema de la ansiedad en el primer caso llevó al tema de las dificultades en la contención de los afectos y en la regulación emocional, tema que quedó planteado en relación a posibles modificaciones futuras en el análisis. El grupo señaló, por ejemplo, cambios entre la primera y la segunda entrevista en la cual se enlenteció el ritmo del discurso del paciente que pudo reflexionar en ciertos momentos sobre sí mismo y su problemática, lo que llevó al grupo a pensar que su ansiedad se motivaba en conflictos de carácter neurótico más que en fallas que tuvieran que ver con problemas referidos a su identidad.

La reflexión y discusión sobre si el material mostraba la predominancia de fallas de estructura o de una conflictiva neurótica surgió como interrogante y discusión en distintos momentos del trabajo grupal. Así la presentación como "puzzle" de la paciente del segundo caso, que mostraba aspectos desorganizados, llevó a plantear como hipótesis déficits importantes en sus vínculos primarios aspecto que fue replanteado como problema posteriormente, en momentos sucesivos del análisis. También se consideró la dimensión referida a las modificaciones que los pacientes pudieron tener en la percepción y apropiación de los propios problemas (cómo percibe su "enfermedad" en la visión del modelo).

En ocasiones se consideraron también los obstáculos que hubieran experimentado los candidatos en el tratamiento psicoanalítico de sus pacientes, propiciando la inclusión de sus dificultades como materia de reflexión y análisis en sus trabajos y la consideración de si estas dificultades habían tenido un efecto negativo en el análisis. Se consideró el modo y dificultades en relación al trabajo de la transferencia. El paciente del primer caso fue marcado por momentos de dolor físico, lo que llevó a la analista a ubicarse en las primeras etapas del análisis, en una función de apoyo y contención. Esto le generaba dudas acerca de su posicionamiento como analista y una sensación de inseguridad. Pero el trabajo explícito de la transferencia ¿era una necesidad del paciente o de la analista? ¿O un requerimiento institucional? ¿O se trataba en esos momentos de la posibilidad de establecer un vínculo diferente con un nuevo objeto? Se plantearon distintas hipótesis sobre el punto, algunas referidas a la pertinencia de la interpretación transferencial explícita en los primeros tiempos del análisis, en casos en que, como este, el paciente debía enfrentarse a situaciones de enfermedad. También se consideró que la sensación de impotencia y de limitación de la analista podía expresar respuestas contratransferenciales complementarias a los aspectos de impotencia e inseguridad del paciente frente a su presente y futuro, inseguridades frente a las que se defendía con omnipotencia y descuido personal lo cual aumentaba su ansiedad. El trabajo con la hostilidad en el plano transferencial también fue motivo de discusión.

Al fin del análisis de este caso clínico el paciente muestra transformaciones en una mayor modulación de los afectos y una mayor capacidad reflexiva y de simbolización (sueños y riqueza asociativa), disminución de su ansiedad, una profundización del vínculo transferencial con su analista a la vez que cambios en los vínculos familiares. El paciente puede cambiar su posición subjetiva frente a su enfermedad disminuyendo sus defensas omnipotentes y aceptando sus limitaciones de otra manera.

Nivel de las hipótesis teóricas explicativas

No se trata en este artículo de contar en detalle la evolución de un caso clínico sino los pasos en el trabajo grupal. En la última etapa de trabajo grupal sobre el primer caso se abordó el tercer nivel de análisis: la discusión de las hipótesis teóricas implícitas y explícitas de la analista en diálogo con las ideas del grupo.

La analista había tenido en mente hipótesis que atribuían un significado psicológico a la enfermedad física de su paciente, explicaciones a las cuales el mismo paciente recurría. Pero el transcurso del análisis la había llevado a considerar que estas explicaciones eran defensivas frente a las dificultades de distinto orden que experimentaba su paciente frente a las limitaciones físicas. En el grupo se plantearon distintos desarrollos teóricos. Por ejemplo, los de Pierre Marty en relación a pacientes psicosomáticos. La analista dio sus argumentos que fundamentaban que no sentía esta visión afín a las características de su paciente. Tampoco pensaba que el paciente realizaba un manejo neurótico de tipo histérico de su enfermedad. Por el contrario, los conflictos que mostraba estaban referidos al temor a la sumisión y la dependencia, reaccionando con actitudes de omnipotencia y afirmación narcisista exagerada.

Nos interesaba que los candidatos pudieran explorar las particularidades de cada caso —¿que tiene este paciente distinto a otro?— de manera de poder investigar distintos desarrollos teóricos que se ajustaran a estas particularidades. No propusimos un desarrollo exhaustivo de las distintas ideas teóricas surgidas a partir de la discusión de los dos casos. Se trataba de impulsar una metodología que propiciara la indagación de distintas hipótesis explicativas desde la experiencia y perspectiva de los distintos analistas con sus distintos casos, de acuerdo a su propia formación y procesos de internalización personal de las teorías psicoanalíticas.

Ordenando el material clínico discutido en el grupo para la escritura y conceptualización del material de cada participante

Al final del primer año y durante el segundo año se comenzó a focalizar la tarea grupal en el proceso de escritura. Luego de la lectura de las diferentes sesiones escogidas por el analista las coordinadoras invitamos a los participantes a que se plantearan cómo pensarían y armarían un índice para su trabajo. Esto implicaba una nueva manera de organizar y jerarquizar las diferentes líneas y momentos del análisis enfocando más directamente el trabajo de escritura y sus dificultades y era necesario que se incentivara el trabajo individual de manera independiente de las coordinadoras. En ocasiones de ausencia de las coordinadoras varios integrantes del grupo se reunieron para trabajar en torno a sus propios trabajos.

Se plantearon dificultades referidas a la selección de las líneas a privilegiar y a la selección del material más adecuado al trabajo. En general tenían mucho material recogido y les parecía difícil extraer de este lo más significativo dejando de lado sesiones que también parecían importantes. Les era dificultoso tomar una actitud más distanciada del material en el cual se sentían muy implicados. ¿Cómo trasladar el espacio de la escena íntima del análisis al espacio de la escritura y de la exposición pública, aunque en esta instancia también la confidencialidad esté salvaguardada? Esto implicaba cierta tarea de conceptualización y síntesis de lo vivido y pensado que no resultaba sencilla.

Distintos caminos en el proceso de la conceptualización del material clínico

Una participante sugirió el concepto de atención flotante en un uso diferente, ya no en presencia del paciente, ni en contacto con el grupo, sino en un segundo momento de lectura en soledad con el material clínico. Pensaba que de ahí surgirían como decantación las líneas que serían privilegiadas en la escritura de su trabajo. Otro miembro del grupo comentó que necesitó la relectura del material clínico que ella había seleccionado y repensar este material a la luz de ideas de distintos autores sobre el cambio psíquico, tema de su interés en ese momento.

Distintas son las modalidades de los participantes en relación a seleccionar el o los focos centrales de su trabajo que se van encontrando en distintos momentos de la escritura. Algunos los seleccionaron desde el inicio de la escritura, otros durante el proceso de escritura, o inclusive al final del trabajo, en que "a posteriori" se pueden resignificar aspectos del comienzo del mismo, lo cual permite adquirir una mayor claridad de ideas sobre la globalidad del trabajo.

Un punto esencial del Trabajo de Asociado, destacado por las coordinadoras, es la reflexión personal sobre la propia experiencia y cómo esta es pensada por quien lo escribe. Sin embargo esta no resulta una tarea fácil en la medida que el trabajo no sólo se presenta en una instancia de evaluación sino que en el mismo se movilizan fantasías referidas al significado de la identidad analítica y la pertenencia institucional.

Evaluación y discusión

El trabajo grupal desarrollado durante un tiempo de dos años tuvo efecto diferente en los participantes, candidatos y coordinadores. Dos participantes recién egresados lo elaboraron en el primer año y dos, que habían egresado hacía más de cinco años, en el segundo año. La mayoría del grupo restante está trabajando en el mismo y algunos de ellos muy avanzados. Un participante renunció a hacerlo.

Paralelamente al trabajo grupal las coordinadoras preguntaban sobre la realización de los trabajos de cada integrante del grupo, los cuales fueron acompañando las etapas del trabajo grupal.

Los reports leídos en el grupo contribuyeron especialmente a la evaluación, paso a paso, del trabajo grupal y del trabajo individual de cada uno de los participantes. Pero además, los reports cumplieron un papel importante en el proceso de conceptualización ya que devolvían al grupo lo trabajado anteriormente, que podía ser repensado nuevamente. Los reports pasaron de ser en ocasiones "actas" de los temas tratados a verdaderas síntesis que pudieron incluir también las teorizaciones discutidas en el grupo.

La experiencia realizada nos llevó a replantear la siguiente pregunta: ¿Cuáles son las razones por las cuales los candidatos demoran la realización de su trabajo de miembro asociado y en qué medida un trabajo inspirado en el modelo de los tres niveles contribuyó a ayudar a los candidatos a su realización?

Entre los problemas de educación psicoanalítica ha sido señalado cómo el peso de ideales personales se ven potenciados por ideales institucionales sobre los aspectos esenciales del psicoanálisis y la identidad psicoanalítica (Garza Guerrero, 2002; Kernberg, 2000). Estos ideales que son transmitidos explícita o implícitamente pueden en ocasiones incidir en los candidatos en una excesiva autoexigencia, o llevarlos a adaptarse en demasía al pensamiento institucional (de León de Bernardi, 2010), o a la creencia de que el candidato necesita realizar en su trabajo desarrollos teóricos que van mucho más allá de las exigencias institucionales.

El modelo de los tres niveles contribuyó especialmente a observar y revalorizar el material clínico y a visualizar su riqueza, al proponer trabajar en el nivel fenomenológico muy próximo a la experiencia, distinguiendo este nivel del rastreo de las teorías implícitas y la reflexión sobre las posibles hipótesis alternativas. La observación detenida y comparada de distintos momentos de un proceso analítico, tal cual es propuesta por el modelo, contribuyó a poner en primer plano el aspecto central de la función y tarea del analista: las transformaciones del paciente. Se busca poner en segundo plano los aspectos narcisistas de la pertenencia institucional y la identidad psicoanalítica, que sin duda están presentes, pero ahora recobrando su carácter trófico al servicio de la realización de nuestra tarea. En este aspecto la riqueza del trabajo grupal colectivo fue un catalizador y contenedor de ansiedades para los candidatos, porque ayudó a reconectarse con la curiosidad propia del investigador clínico y con el carácter lúdico de nuestra tarea.

El trabajo progresivo desde la experiencia clínica a los niveles más abstractos de teorización psicoanalítica, contribuyó así mismo a los procesos de conceptualización y teorización grupales. Ya Tuckett (1994) había señalado la dificultad de los analistas en conceptualizar y comunicar los hechos clínicos, tratándose además de "hechos" en los cuales siempre el observador está incluido. Esto representa una dificultad para la generalidad de los analistas pero esta dificultad se potencia cuando se trata del trabajo de miembro asociado, que adquiere muchas veces el carácter de rito de iniciación. Tomar conciencia de estos aspectos en el trabajo grupal, buscando focalizarnos permanentemente en la exploración de las características de la tarea analítica, en las razones que llevaban al analista a realizar sus intervenciones en determinado caso y momento del análisis y cuáles fueron sus efectos en el paciente, pensamos que contribuyó al proceso de elaboración y al planteo de hipótesis teóricas de carácter más general.

El diálogo sincero sobre la tarea analítica en un grupo pequeño, junto al proceso de escritura, buscó facilitar la apropiación de la experiencia personal y el desarrollo de los propios puntos de vista. La escritura posibilita, además, la transmisión de las ideas en el contexto más amplio de diálogo con la comunidad científica local e internacional (Kantrowitz, 2006).

Para las coordinadoras la experiencia tuvo un lado de desafío ya que se trataba de estar especialmente atentas a las transformaciones del proceso analítico atendiendo a las interrogantes que habían surgido en el contacto de los analistas con sus pacientes, a las formas específicas del interjuego transferencial-contratransferencial, y a las distintas hipótesis explicativas sobre el funcionamiento psíquico de un determinado paciente en un particular proceso de análisis. En este sentido la experiencia tuvo también efectos para las coordinadoras, representando para ambas un rico aprendizaje.

Bibliografía

Altmann, M. (2008). Cómo se da el nacimiento del paciente en la mente del analista. XVI Jornadas de Psicoanalisis de APU. Desafíos del psicoanálisis contemporáneo. Montevideo, Uruguay, Asociación Psicoanalítica del Uruguay (APU).

Aulagnier, P. (1986). *Du langage pictural au langage de l'interprète. Uninterprète en quête de sens* [From Pictorial Language to the Language of the Interpreter: An Interpreter in Search of Meaning]. Paris: Payot.

De León de Bernardi, B. (2010). La formación psicoanalítica en un contexto de pluralismo teórico y técnico [Psychoanalytic Training in a Context of Theoretical and Technical Pluralism]. *Revista Latinoamericana de Psicoanálisis, 9*: 119–138.

De León de Bernardi, B. (2013). Field theory as a metaphor and metaphors in the analytic field and process. *Psychoanalytic Inquiry, 33*: 247–266.

Garza Guerrero, C. (2002). Organisational and educational internal impediments of psychoanalysis. *International Journal of Psychoanalysis, 83*: 1407–1433.

Kantrowitz, J. (2006). *Writing about Patients: Responsibilities, Risks and Ramifications*. New York: Other Press.

Kernberg, O. (2000). A concerned critique of psychoanalytical education. *International Journal of Psychoanalysis, 81*: 97–120.

Modell, A. (2005). Emotional memory, metaphor and meaning. *Psychoanalytic Inquiry, 25*: 555–368.

Sandler, J. (1983). Reflections on some relations between psychoanalytic concepts and psychoanalytic practice. *International Journal of Psychoanalysis, 69*: 335–345.

Tuckett, D. (1994). The conceptualisation and communication of clinical facts in psychoanalysis—Foreword. *International Journal of Psychoanalysis, 75*: 865–870.

Wurmser, L. (1977). A defense of the use of metaphor in analytic theory formation. *Psychoanalytic Quarterly, 46*: 466–498.

CAPÍTULO QUINCE

El uso del modelo de los tres niveles para enseñar a los candidatos a observar transformaciones en casos clínicos

Liliana Fudin de Winograd y Adela Leibovich de Duarte

Encontrar nuevas herramientas para la formación de psicoanalistas en nuestros Institutos de Formación, es, sin duda, un objetivo compartido por muchas de nuestras sociedades en el marco de la IPA.

En la Sociedad Argentina de Psicoanálisis (SAP), las autoras de este artículo familiarizadas con el Modelo de los Tres Niveles (3-LM) para la Observación de las Transformaciones en Psicoanálisis, pensamos que podría ser de utilidad realizar una experiencia con los candidatos de nuestra institución.

El Proyecto de Formación Psicoanalítica de SAP plantea que es necesario tener en cuenta las dificultades generales que entraña cualquier proceso de entrenamiento y atender a algunas dificultades particulares propias del proceso formativo en psicoanálisis tales como la dificultad para discriminar distintos niveles observacionales en sesiones psicoanalíticas, la distancia entre la práctica clínica y los conceptos explicativos, la variedad de modelos teóricos para referenciar la clínica, la importancia de lo artesanal-emocional-creativo en el "campo dinámico" de la relación analítica, la exigencia de rigor y formalización conceptual y la inclusión de la dimensión ética.

Por esto, los seminarios y demás actividades que se realizan en nuestro Instituto de Formación, tal como está planteado en su Proyecto de Formación de Psicoanalistas, versión 2012, buscan promover el proceso de comprensión y reflexión dirigido hacia los siguientes objetivos:

- "Identificar, clarificar y articular conceptos de la obra de Freud y de otros autores psicoanalíticos a través de una lectura procesal y crítica de sus ideas.
- Cuidar la relación que el analista en formación vaya haciendo con autores y modos de comprensión privilegiados en cada momento de su evolución individual.
- Orientar al candidato en el proceso de integración que realiza entre el recorrido teórico y la articulación clínica.
- Relacionar los modelos estudiados con los problemas clínicos que se presentan en la práctica clínica actual ya sea en centros de atención de salud mental como en los consultorios privados.
- Intensificar la formación psicoanalítica en el trabajo clínico, de aquí la importancia que tiene el eje clínica referenciada en el plan de estudios.
- Enriquecer el psicoanálisis con los aportes de otras disciplinas.
- Desarrollar actitudes favorables a la investigación y a la producción escrita." (SAP, Proyecto de formación, última versión 2012).

La "Clínica Referenciada" constituye un eje fundamental en el entrenamiento de los candidatos. Se promueve el interés por pensar la clínica y conceptualizar la experiencia haciendo uso de diferentes modelos teóricos.

Algunas pocas palabras sobre los seminarios de Clínica Referenciada, porque permiten entender el contexto en que surgió el interés por el Modelo de los 3 Niveles. La clínica referenciada constituye el eje troncal sobre el que se articulan la mayoría de los seminarios de formación de SAP. La idea básica es consolidar la fecundidad del circuito que va de la clínica a la teoría y viceversa.

No se trata, entonces, de supervisiones colectivas —éstas tienen otro espacio en la institución— sino de la exploración de los pasos clínicos y de los procesos inferenciales y de generalización teórico-clínica. La experiencia grupal del seminario permite compartir estas experiencias y confrontarlas con otras. De esta manera se van recorriendo diversos materiales clínicos que enriquecen la formación psicoanalítica.

Los materiales clínicos a trabajar con los candidatos son de distinto tipo: materiales clínicos de casos clásicos, o provistos por los docentes, los analistas en formación o provenientes de ateneos clínicos o presentaciones científicas de SAP. En ese trabajo con los materiales clínicos se trata de analizar las dimensiones observacional y narrativa, el proceso inferencial, las intervenciones del analista, la dimensión explicativa y la dimensión contextual.

Como ya se señaló más arriba, este trabajo teórico-clínico se ampara en claros principios éticos que los candidatos manejan desde el comienzo de su formación.

Dado dicho contexto formativo de la Institución, el Modelo de los Tres Niveles fue considerado muy útil para que los candidatos pudieran entrenarse y aplicarlo en esta experiencia en las sesiones de una paciente en tratamiento y focalizar su mirada detallada en las transformaciones ocurridas durante el curso de su proceso psicoanalítico.

El objetivo central consistió en testear la utilidad de este Modelo para incrementar el desarrollo de las potencialidades observacionales de los candidatos en su práctica clínica. El Nivel 1, especialmente, trae la posibilidad de centrarse en lo observacional, descriptivo, que ofrece mucha dificultad de abordaje con otros recursos metodológicos.

Se decidió realizar una prueba piloto con los psicoanalistas en formación, con un material clínico aportado por una psicoanalista de la Sociedad. La experiencia se llevó a cabo en la sede de la Sociedad Argentina de Psicoanálisis los días 31 de mayo y 1 de junio de 2013. Se trabajó el primer día de 14 a 20hs y el segundo de 9 a 18hs, con un intervalo el viernes y con dos intervalos el sábado. Se formaron dos grupos con dos coordinadores, Dra. Adela Leibovich de Duarte y Lic. Liliana Fudin de Winograd y dos sintetizadoras, Lic. Graciela Cervato y Lic. Ana Fleischer de Trenes, y la psicoanalista tratante, Lic. Gabriela Cassoli, que visitó ambos grupos para responder preguntas acerca del material clínico.

La actividad reunió a veinte candidatos en diferentes etapas de su formación, mezclados en los dos grupos.

Se envió con anticipación a los participantes el material clínico y el Modelo de Observación, con la consigna de imprimirlo. De esta manera se dejaba librado a la modalidad de cada uno realizar o no una lectura previa. El material clínico constaba de sesiones de tres momentos diferentes del proceso: entrevistas iniciales, dos sesiones del primer año de tratamiento y dos sesiones a los dos años de una paciente de 40 años, profesional, recién divorciada , madre de tres hijos que asiste con una frecuencia de 3 sesiones semanales y que consulta en una crisis de angustia.

Nivel 1

Se trabajó la mayor parte del tiempo en el primer nivel, dado que fue difícil para los participantes, en un principio, atenerse a la consigna de observación en el nivel descriptivo, es decir centrarse en la *Descripción fenomenológica del proceso analítico*. En ambos grupos, en principio predominó una tendencia a "supervisar", es decir, a partir del discurso del paciente, opinar sobre las interpretaciones de la analista y sugerir otras opciones. Esta modalidad se intentó reemplazar luego por hipótesis explicativas que surgían rápidamente.

Fue necesario reiterar la consigna, explicando que se trataba de encontrar transformaciones que surgieran de lo observable y de definir, a partir de eso observable, problemáticas. Estas problemáticas específicas de la paciente se rastrearían en las diferentes sesiones de diferentes momentos del proceso, como dimensiones de observación. Se buscaba especificar qué datos observables permitirían considerar que se hubieran producido transformaciones, o que, por el contrario, éstas no hubieran ocurrido. Estas explicaciones reiteradas contribuyeron a centrarse en el objetivo propuesto.

A este nivel se dedicó mucho tiempo, porque uno de los objetivos buscados era , justamente, como se señaló más arriba, contribuir al desarrollo de la capacidad de observación clínica de los candidatos. Surgió claramente que la posibilidad de profundizar durante muchas horas y grupalmente este material clínico, favoreció la ampliación de los registros observacionales de cada uno de los participantes. El efecto grupal contribuyó a la inclusión de diferentes registros perceptivos —lingüístico, gestual, rítmico— entre otros. Los comentarios presenciales de la analista de la paciente sobre cuyo material se trabajó, posibilitaron incluir información de tipo visual, de modulación y tonos de voz y registros emocionales contratransferenciales.

Nivel 2

El propósito de este nivel se centra en la identificación de las principales dimensiones del cambio psíquico formula preguntas que ordenan la articulación entre los registros observacionales y categorías de mayor nivel de abstracción, pero cercanas a la experiencia. Para esta tarea, resultaron muy útiles las preguntas que se plantean en ese nivel de la propuesta y su secuencia. Muchas pudieron ser respondidas, otras no, pero dejaron abiertos interesantes interrogantes para profundizar en el resto del proceso de enseñanza. De todas las categorías, para este material clínico, los integrantes de ambos grupos se focalizaron fundamentalmente en: experiencia subjetiva de la enfermedad y factores contextuales, patrones de relacionamiento interpersonal y principales conflictos intrapsíquicos.

Nivel 3

Finalmente se logró conectar este nivel —hipótesis explicativas del analista referidas al cambio del paciente— con los niveles anteriores, pudiéndose formular el tipo de hipótesis señalados por el Modelo. Este fue un logro importante porque al principio de la actividad, al trabajar el Nivel 1 surgían espontáneamente este tipo de hipótesis, pero con muy poco nivel observacional que lo sustentase. Especialmente se trabajó acerca de: el foco terapéutico, hipótesis implícitas y explícitas del analista y otras hipótesis y posibles estrategias interpretativas.

En conclusión,

1. El Modelo presentado y su aplicación es congruente con los objetivos y metodología de la formación psicoanalítica de nuestra institución. En efecto, en este modelo de trabajo con un material clínico encontramos claramente discriminadas las dimensiones observacionales, narrativas, el proceso inferencial, la dimensión explicativa y la importancia que se le da a la noción de campo (Baranger, Baranger, 1961–1962), al incorporar la presencia del analista tratante en la actividad.
2. Este Modelo aporta un eslabonamiento y categorización de las preguntas en los Tres niveles, y dentro mismo de cada uno de ellos, estableciendo un ordenamiento que ayuda a organizar el pensamiento para arribar a la formulación de hipótesis. Esta cualidad representa un excelente recurso para la enseñanza.
3. La metodología de la actividad, en forma grupal, contribuye a que los candidatos amplíen sus canales de observación, ya sea por atender a las percepciones de los demás, ya sea por el efecto emocional

del trabajo grupal sostenido. Destacamos que el entusiasmo se fue incrementando durante la actividad, de manera tal que al finalizar estaban mucho más participativos que al principio.

4. A través de la encuesta realizada a los participantes,

   a. Se calificó la experiencia como muy positiva. Expresaron enorme satisfacción por haber participado en ella y resaltaron, en general, que les había servido para darse cuenta de la importancia de realizar "semiología fina" durante el proceso psicoanalítico, que habían aprendido mucho a partir de escuchar a los demás y compartir observaciones, registrando "indicadores" de transformaciones que solos nunca hubieran detectado.
   b. Con respecto al modelo de los Tres Niveles en general, si bien a los participantes les resultaba difícil de contestar las preguntas propuestas, coincidieron mayoritariamente en que servían de ordenadores del pensamiento, que suministraban parámetros para pensar transformaciones y que les parecía una buena herramienta para reflexionar sobre su práctica.

5. Como coordinadoras de la actividad, coincidimos con el balance de los participantes, y nos parece de sumo interés formativo incluir esta actividad en la formación que brindamos en nuestro Instituto.

Bibliografía

Baranger, M., & Baranger, W. (1961–1962). La situación analítica como campo dinámico. *Revista Uruguaya de Psicoanálisis, 4*: 3–54.

Baranger, M., & Baranger, W. (2008). The analytic situation as a dynamic field. *International Journal of Psychoanalysis, 89*: 795–826.

Bernardi, R. (2011). The Three-Level Model For Observing Patient Transformations (3-LM) (draft version).

Sociedad Argentina de Psicoanálisis (SAP) (2012). Proyecto de formación psicoanalítica [Psychoanalytic training process]. Documento interno.

PARTE VII

DESARROLLOS POSTERIORES DEL 3-LM EN EL ANÁLISIS DE NIÑOS

CAPÍTULO DIECISÉIS

El modelo de los tres niveles. Observando cambios y transformaciones en el proceso psicoterapéutico de niños

Marina Altmann de Litvan, Delfina Miller, y Ricardo Bernardi

El análisis de niños tiene sus particularidades. El sujeto con el que estamos trabajando está en un acelerado proceso de desarrollo, en constante cambio y el trabajo del analista es introducirse en ese proceso y orientar al niño hacia un crecimiento saludable y que lo ponga en contacto con sus fantasías inconscientes.

Para ello, y dentro de una multiplicidad de factores, prestaremos especial atención a los cambios intrapsíquicos, estructurales (transformaciones), que se dan a consecuencia de los empujes psicobiológicos que llevan al niño de un modo de organización al siguiente (S. Freud, 1905). Si bien la disposición para estos cambios está ya inscripta en el mapa de desarrollo de cada uno, el niño necesita del contacto con un otro que despierte y active lo que es solamente potencial, y le ayude a darle forma, a instrumentarlo.

Tomando lo que plantean Olesker y Lament (2008), podemos decir que es esa la tarea del analista de niños, que no trabaja solamente en la reconstrucción sostenida por la regresión y el análisis del conflicto (como lo hace de forma preferencial un analista de adultos) sino en función, sobre todo, de la construcción a partir de determinadas pautas de desarrollo, atravesadas por influencias externas, y que interactúan con el inconsciente dinámico. Ello no significa que dejemos de lado el análisis del conflicto, sino simplemente que muchas veces es necesario un trabajo previo, o paralelo, de instancias aún no estructuradas lo suficientemente, que en su desarrollo condicionan los conflictos.

Así se irán dando los cambios, las transformaciones, que no son predecibles a partir de lo que había anteriormente, sino que son creaciones nuevas, generadas entre paciente y analista, específicas y particulares de ese encuentro y que conducen a un particular proceso de maduración. Se trata de una nueva disposición de los diferentes aspectos de la organización infantil, que se establecen y se combinan marcando las líneas de desarrollo de las que nos hablaba Ana Freud (1965) y que van construyendo un sentido de sí mismo que ha de ser el que sostenga y conduzca un crecimiento que es discontinuo, no lineal e impredecible.

¿Cómo podrá entonces el analista evaluar si está generando esas transformaciones, cómo lo va haciendo, que consecuencias tienen para el niño? Para responder a estas interrogantes es que proponemos este modelo que comienza por una cuidadosa caracterización del niño y de sus problemas y habilidades, para cuestionar luego qué cambios se han producido durante el tratamiento, que entidad tienen y a que se deben. Intentaremos buscar las variables que intervienen en este proceso, atribuyendo a cada una de ellas un significado particular y propio de ese caso en especial.

El Modelo de los Tres Niveles de observación de cambios en niños tiene como antecedente el trabajo del Comité de Observación Clínica de la Asociación Psicoanalítica Internacional sobre las transformaciones del paciente, y la elaboración del modelo desarrollado para adultos por el Dr. Ricardo Bernardi. Su objetivo es rastrear las transformaciones que se dan a partir de un proceso psicoanalítico, buscando la evidencia en el material clínico.

¿Qué buscamos en el material clínico?

Observar los cambios positivos, negativos o la ausencia de cambio en el niño a través del material clínico. Para ello, y en función de lo que planteamos anteriormente, tendremos en cuenta el nivel de desarrollo esperado, el entorno en el cual está creciendo el niño, así como la perspectiva de los padres y sus capacidades para la parentalidad.

En su aplicación para pacientes niños, este modelo enfatiza el lugar del juego, ya que se trata de una forma natural de expresión en el niño así como de un medio privilegiado de intercambio con el analista, en el que a través del despliegue de deseos, ansiedades, fantasías, defensas y relaciones de objeto, no solamente podemos evaluar el nivel de desarrollo, habilidades y la organización de su personalidad sino que fundamentalmente es a través de él que promoveremos el crecimiento y el desarrollo emocional del niño.

Pulsiones sexuales, pulsión de saber, teorías sexuales infantiles y expresión por el juego están claramente vinculadas y se despliegan en una acción placentera, comprometiendo el cuerpo en esa escenificación (S. Freud, 1905). Su riqueza nos permite entender el nivel dinámico de los conflictos y también los aspectos estructurales de organización del aparato psíquico. Su despliegue creativo lo separa de la fijeza propia del síntoma (Freud, 1908). Siendo una actividad movida por el deseo, permite al niño poner en escena un guión dónde despliega una dinámica inconsciente, sin perder por ello el compromiso del yo con una realidad de la que se nutre y a la que transforma. Es entonces el juego una expresión del trabajo psíquico que a la vez evidencia y conduce hacia la estructuración, un eslabón entre la realización alucinatoria de deseos y la realización de deseos mediante el examen y la modificación de la realidad, en ese pasaje, nunca del todo logrado, desde el principio de realidad al principio del placer (P. Volinski de Hoffnung et al., 1986).

Fue justamente en base al estudio del juego que Melanie Klein (1962) creó una gran parte de sus teorías sobre el funcionamiento mental, sobre la naturaleza del psiquismo infantil, focalizando sobre el estrecho contacto entre consciente e inconsciente en ansiedades, fantasías y defensas. Ella destaca el valor simbólico del juego, a través del cual el niño representa sus fantasías, deseos, placeres, emociones y experiencias, desplazando las ansiedades surgidas de los procesos intrapsíquicos, en las cuales se asienta muchas veces la sintomatología. Este escenario inconsciente, siempre presente, activo y en constante interacción con la realidad, dará cuenta del funcionamiento mental del niño.

Detrás del juego descubrimos, entonces, todo un proceso de proyección, elaboración y descarga, por lo cual enfatizamos la necesidad de interpretar el juego del niño, cosa que haremos jugando con él y para él, en transferencia, habilitando la reparación simbólica de los objetos internos y de la representación de sí. La interpretación, a su vez, favorece el despliegue del juego ya que alivia el esfuerzo del niño por mantener la represión ayudando a la síntesis y a la integración de los diferentes contenidos. Es justamente esta estrecha relación entre fantasía y estructuración lo que nos permitirá incidir en la organización mental a través del análisis: al jugar e interpretar el juego podremos modificar las fantasías sobre los objetos internos y externos, las ansiedades y defensas a ellos unidas, y con ello generar una transformación en el funcionamiento del niño.

Sin duda entonces que para llevar a cabo un análisis infantil el analista debe de saber jugar y el paciente debe de poder hacerlo, como muy bien destaca quien fuera un excepcional analista de niños: Donald Winnicott (citado en P. Volinski, 1986). Ese juego que se despliega en el análisis, en esa zona intermedia entre analista y paciente, da lugar a una creación enriquecedora para ambos. Se trata de transitar juntos, y con libertad, por una experiencia de confianza que se enmarca en el objetivo común de la comprensión, el alivio, el crecimiento y la maduración.

Podemos entonces comprobar la condición estructurante del juego y en especial del que se da en el análisis, razón por la cual focalizamos en la observación que el analista pueda hacer de él con miras no solamente a la comprensión del niño sino, en este caso, a la evaluación del proceso analítico y del desarrollo del paciente.

La comunicación en la sesión analítica con niños se da fundamentalmente a través de la acción y del juego (acompañados o no de la palabra), y aún cuando acciones y juegos suponen distintos niveles de simbolización (mucho más primitivos que la palabra), en ellos encontramos un recorrido que entroncado con las fantasías inconscientes, va desde lo más corporal vinculado a la descarga y la exploración hacia niveles de mayor simbolización. Este "hacer" (equiparable a la palabra o al sueño en el adulto) es precursor del pensamiento, y es justamente este despliegue en acciones y juegos, lo que permitirá al analista observar el funcionamiento del niño y evaluar sus cambios.

Entonces, en el material seleccionado debemos mostrar fragmentos significativos donde veamos no sólo cómo y dónde se ha desarrollado el niño, cómo se comporta y expresa, sino también cómo juega y actúa él, y a la vez cómo piensa, interpreta y juega el analista, de forma de poder analizar el proceso analítico en su conjunto.

Este modelo introduce además la evaluación de la regulación sensorial y de la afectiva.

La primera es de gran relevancia en los niños en tanto incide en su habilidad para lograr y mantener un rango óptimo de desempeño y adaptación a los desafíos ordinarios. El procesamiento regulatorio-sensorial revela la capacidad para la modulación sensorial, el control del grado, intensidad y naturaleza de las respuestas a un estímulo sensorial (Psychodynamic Diagnostic Manual, 2006). La regulación sensorial es un primer paso hacia la regulación afectiva, ya que es a través de la significación, representación y el consiguiente procesamiento que se pueda dar a estímulos, sensaciones, percepciones y vivencias, que éstas irán transformándose en emociones y en sentimientos. La capacidad del sujeto para representar sus sensaciones y para modular sus estados afectivos generando respuestas adaptativas se adquiere en el vínculo con otros resultando la base de la organización del self (Fonagy, 1995).

Vayamos ahora a la implementación de este modelo:

¿Cómo debe presentarse el material clínico para poder hacer la observación?

Comenzaremos presentando material significativo de las primeras entrevistas con el niño y sus padres de modo de poder evaluar los aspectos mencionados así como las dimensiones del funcionamiento psíquico del niño en las que se observarán las transformaciones.

Incluiremos en esta presentación datos básicos (edad, sexo, escolaridad, motivo de consulta y demanda, enmarcados por la constitución familiar, acontecimientos significativos de la historia del paciente, estresores agudos o crónicos, situaciones traumáticas, enfermedades somáticas, medicación), pautas del desarrollo en relación a la edad cronológica del niño (integración psique-soma, sueño, alimentación, control de esfínteres, desarrollo psicomotor, herramientas cognitivas, rendimiento, afectividad) y a la etapa libidinal (representación de sí, relacionamiento), así como una evaluación de la organización de su personalidad y de su nivel de funcionamiento (conflictiva y estructura).

Nos preguntaremos entonces:

- ¿Quién y cómo es este niño?,
- ¿Qué y quienes motivaron la consulta en este momento?,
- ¿Cuál es su nivel de funcionamiento y que perturbaciones presenta en función de la etapa de desarrollo esperado para su edad?
- ¿Cómo vive el niño lo que le sucede? ¿Cómo lo viven sus padres? ¿Qué hacen al respecto tanto el niño como los padres?
- ¿Qué esperan de este tratamiento?

Presentaremos luego momentos posteriores del análisis (por ejemplo luego de 6 meses, 1 año, 2 años, etc.) elegidos por el analista para mostrar transformaciones que considere significativas (positivas o negativas) en alguna de las dimensiones presentadas inicialmente.

La presentación clínica debe resultarle de utilidad al analista para monitorear su trabajo, o al grupo de colegas para discutir si hay un cambio positivo, ningún cambio, o cambios negativos.

Estas viñetas deben ser descritas a través de un material suficientemente significativo que pueda dar soporte tanto a la evaluación fenomenológica como a las inferencias sobre los procesos subyacentes inconscientes y las transformaciones en juego.

El analista hará esta presentación prestando especial atención a la transferencia y a la contratransferencia, haciendo una buena y detallada descripción de lo que sucede en la sesión en el niño, en él mismo y eventualmente en los padres. Para ello se deberá registrar además del tema del juego, su recuerdo de la secuencia de hechos, las conductas del niño, sus impresiones, los diálogos específicos y las emociones que se despliegan en el encuentro entre ambos. Se dará una especial consideración ala relación entre estos aspectos y la sintomatología que originó la consulta. De manera opcional se podrán usar otros métodos complementarios, como ser filmaciones, grabaciones, etc.

La descripción de estos encuentros permitirá focalizar el análisis y la discusión en la valoración de las transformaciones que han tenido lugar en cada uno de los encuentros y también a lo largo de todo el proceso terapéutico, enfatizando la interacción entre paciente y analista.

Nivel 1: descripción fenomenológica de las transformaciones

Objetivos de la discusión grupal en el nivel 1:

Se espera que la escucha de viñetas clínicas que describen transformaciones en el niño (a nivel de su comportamiento, afectividad, rendimiento, relacionamiento, organización de la personalidad) y en sus relaciones con el analista, así como los comentarios que promuevan estos cambios, ayuden a los participantes a mejorar su capacidad de escucha y de observación, favoreciendo la identificación de nuevas sutilezas del material clínico así como los posibles puntos ciegos del proceso, del paciente o del analista.

Preguntas para la discusión grupal:

A. ¿Qué aspectos del material (aportado por padres, maestro u otros informantes y niño) sugieren la existencia de cambios positivos, negativos, o la no existencia de cambios?
B. ¿Cuáles de estos cambios pueden ser atribuidos al crecimiento del niño en relación a las pautas de desarrollo que destacamos en la presentación del material? (por ejemplo sueño, alimentación, control de esfínteres, desarrollo psicomotor, relacionamiento, ...)
C. ¿Y a cambios en el entorno? (acontecimientos familiares como separaciones, divorcios, muertes, nacimientos, accidentes, mudanzas, etc.).
D. Daremos un lugar especial al juego del niño, en el cual observaremos en primer lugar si sus juegos son acordes a su edad y género, y a qué fase del desarrollo libidinal refieren.

En relación a estos aspectos señalaremos las transformaciones, o la ausencia de ellas, tomando como modelo la evaluación que proponen Kernberg, Chazan y Normandin (1996) y que toma en consideración lo siguiente:

- Tipo de juego (sensorio-motriz, de exploración, de construcción, de fantasía).
- Narrativa (originalidad, elaboración, organización, secuencia).
- Temas (presentación, elaboración y procesamiento).
- Afectos (cuáles y cuántos, con que intensidad y adecuación, nivel y forma de regulación).
- Relacionamiento expresado (con el analista, entre los personajes del juego).

E. ¿Cuáles transformaciones pueden observarse en el curso de una sesión? ¿Y a través de distintos momentos en el tiempo?
F. ¿En cuál de estas áreas se aprecian cambios significativos, que muestran transformaciones en el funcionamiento general y en el bienestar del niño?

   a. Síntomas y bienestar subjetivo.
   b. Relacionamiento con su familia, y fuera de ella (pares, maestros, etc.).
   c. Rendimiento escolar .e intereses.

G. Cambios en el tratamiento en relación a:

   a. ¿Cómo lo acepta el niño? (p. ej.: actitud frente al encuadre)
   b. ¿Cómo usa el niño al terapeuta?
   c. ¿Cómo usa el niño las intervenciones del terapeuta?
   d. ¿Cómo usa el niño su propia mente y cuerpo durante la sesión?
   e. ¿Cómo usa el niño la mente y cuerpo de sus cuidadores?

H. ¿Cómo han participado terapeuta y paciente en el proceso de transformación? ¿Cuál es la perspectiva de cada uno de ellos sobre las transformaciones? ¿Cuál es la perspectiva de los cuidadores del niño y de sus maestros al respecto? ¿Cuáles relaciones pueden establecerse entre las transformaciones y las características del proceso analítico?

I. ¿Qué partes del material clínico tienen una resonancia especial en los participantes respecto al proceso de transformación?

Nivel 2: Identificación de las principales dimensiones diagnósticas del cambio

Objetivos de la discusión grupal en el nivel 2:

El objetivo en este nivel es entrenar a los participantes en la identificación de las principales dimensiones a lo largo de las cuales ocurren o no ocurren las transformaciones. Una descripción sistemática y válida del cambio requiere que los diferentes puntos de referencia sean contrastados a lo largo de la misma dimensión, o al menos de dimensiones comparables, para lo cual el informe del analista debe de ofrecer una perspectiva suficientemente amplia de los problemas del niño, y especialmente de su funcionamiento mental e interpersonal.

Las transformaciones se deben de identificar en dimensiones relevantes desde un punto de vista psicoanalítico (por ejemplo no solamente si los pacientes tienen un mejor rendimiento, sino principalmente en qué aspectos se puede sostener o acompañar este cambio: patrones de relacionamiento, capacidad de empatía, sentido del self, autoestima, etc.).

Teniendo en cuenta la multiplicidad de lenguajes teóricos es conveniente en este nivel comenzar la discusión usando un lenguaje fenomenológico e intentando operacionalizar conceptos.

Una vez analizadas las transformaciones en el paciente en un lenguaje cercano a la experiencia y no saturado teóricamente, contextualizaremos las transformaciones específicas en función de una descripción más abarcativa de los problemas del niño y de otras transformaciones que deberán de ser consideradas. Este nivel debería preparar y fortalecer la base observacional para la discusión en el nivel 3, en el que se profundizará en la comprensión de las transformaciones desde diferentes perspectivas teóricas.

Preguntas para la discusión grupal:

Las siguientes preguntas intentan identificar las dimensiones a lo largo de las cuales podrían ocurrir las transformaciones. Están basadas fundamentalmente en los criterios ofrecidos por el OPD-2 (2008) y el PDM (2006).

1. Experiencia subjetiva de la enfermedad

1A. ¿Cuáles son los principales problemas y síntomas del paciente a juicio del analista? ¿Cuál es la experiencia subjetiva que el niño tiene de los mismos? ¿Cuáles son sus creencias acerca de lo que le ocurre y sus expectativas acerca del tratamiento? ¿En qué medida el paciente reconoce sus problemas como tales? ¿Cuál es la perspectiva de los padres sobre los problemas del niño? ¿Cuál es la perspectiva de los maestros? ¿Hasta dónde vislumbra el niño los caminos que podrían llevar a un cambio? ¿Y los padres? ¿Hasta dónde analista, paciente y padres (podrían corresponder también otros informantes) concuerdan sobre las transformaciones esperadas?

¿Cómo cambiaron estos aspectos? ¿Cuánto se modificó la comprensión de los problemas y el vislumbrar posibilidades de transformaciones? ¿Cómo se modificó esto en los padres (u otros informantes relevantes)?

1B. ¿Existen factores contextuales que afectan el proceso terapéutico? (P. ej.: situaciones de crisis, experiencias traumáticas, enfermedades somáticos, etc.) ¿Cuán capaz es el paciente de hacer frente a estas situaciones?

2. Patrones de relacionamiento interpersonal

Patrones relacionales fuera del análisis

2A. ¿Cómo son las relaciones interpersonales del paciente, especialmente en los vínculos que implican cercanía e intimidad? ¿Tienen profundidad, amplitud y consistencia?

2B. ¿Cómo experimenta el niño a los otros? ¿Cómo se experimenta a sí mismo en relación con los otros? (por ejemplo: ¿El niño se siente cómodo y relajado en presencia del adulto? ¿Es amistoso, evitativo o busca atención excesivamente? ¿Cómo es su contacto visual, verbal y corporal?) ¿Cómo experimentan los otros (madre, padre, hermanos, pares) al niño y a sí mismos en relación al niño? ¿Cómo es su relacionamiento con ellos?

¿Cómo se observan estos aspectos en las sesiones?

Patrones relacionales con el analista

2.C. ¿Qué característica presenta la relación transferencial—contratransferencial? (ejemplo: ¿Cómo es el relacionamiento con el terapeuta, es cómodo y relajado? ¿Muestra dudas al principio para conectarse? ¿Su juego es aislado, solitario, en el análisis? ¿Sus vínculos, en el juego son de reciprocidad, de cooperación, de competencia? ¿Hay inhibición?) ¿Logran vincularse de una manera próxima e íntima? ¿Puede expresarse este relacionamiento a través de las palabras?

2.D. ¿Cómo cambiaron estos aspectos? (2A, 2B, 2C)

3. Principales conflictos intrapsíquicos

3.A. ¿Cuáles son los principales conflictos y los afectos relacionados a ellos? (P. ej. individuación, autoestima, culpa, conflicto edípico, conflicto de identidad, …). ¿Cuáles son las fantasías inconscientes dominantes que pueden inferirse de los conflictos?

¿Tiene el padre/madre las capacidades para calmar y proporcionar medidas adecuadas para la contención y enfrentamiento del conflicto? ¿Tiene el padre/madre capacidades para regular la ansiedad, para el reconocimiento, la tolerancia y apaciguamiento, ayudando a codificar como pasibles de resolución los conflictos con la realidad interna y externa?

3.B. ¿Las defensas son adecuadas y flexibles o predominantemente disfuncionales, distorsionando o restringiendo las experiencias internas y externas?

3.C. ¿Qué afectos acompañan esta dinámica? (P. ej.: ¿Manifiesta agresividad? ¿Cautela? ¿Miedo? ¿Placer? ¿Alegría?, ¿Reacciones de frustración? ¿Enojo? ¿Rabia? ¿Sorpresa? ¿Zozobra? ¿Tristeza? ¿Pérdida?) ¿Puede controlarse? ¿Está preocupado por los efectos de sus afectos sobre los otros?

3.D. ¿Cómo cambiaron estos aspectos (3A, 3B, 3C)?

4. Funcionamiento mental o de personalidad. Estructura

4.A. ¿Cuál es el nivel de funcionamiento mental del niño en las siguientes áreas? Consideraremos especialmente la edad del niño así como el nivel de desarrollo esperado.

4.A.1. Percepción de sí mismo y de los otros. Identidad.

¿Cuán capaz es el niño, tomando en cuenta el nivel de desarrollo esperado, de percibir adecuadamente sus propios estados internos y los de los demás? ¿Es capaz de empatía, tolerando y comprendiendo diferentes puntos de vista? ¿Tiene un sentido integrado de su propia identidad y correspondiente al nivel de desarrollo esperado? ¿Puede integrar en su identidad su propio pasado y en especial las experiencias traumáticas de la forma que sería esperable considerando su nivel de desarrollo? ¿Cuáles son las características de las identificaciones dominantes?

¿Cómo es su percepción y representación de sí mismo? (integrada-contradictoria, adecuada-inadecuada, distónica-sintónica).

¿Cómo son sus estados afectivos al respecto?¿Siente desprecio, aprecio, vergüenza, orgullo de sí mismo?

¿Cómo son sus representaciones objetales? (p. ej.: habilitadoras, persecutorias, idealizadas, desvalorizadas, frágiles ...)

¿Cómo son sus manifestaciones en relación a la dependencia y autonomía esperadas para su nivel de desarrollo? (P. ej., se muestra voluntarioso y quiere hacer las cosas por sí mismo; insiste en que las cosas se hagan como quiere; se enoja si no es así, se enoja si no logra lo que quiere)

¿Actúa libremente de acuerdo a sus deseos, a sus deberes? ¿Actúa reactivamente? (por ejemplo presenta manifestaciones de oposicionismo) ¿Muestra flexibilidad o terquedad y obstinación?

¿El niño muestra placer en sus éxitos solamente si le muestran aprobación?

¿Cómo cambiaron estos aspectos?

4.A.2. Regulación sensorial

Tomando en cuenta el nivel esperado para su desarrollo, ¿cómo es su habilidad para controlar el grado, intensidad, y naturaleza de sus respuestas a los estímulos sensoriales? (P. ej., ¿Respuesta excesiva con miedo, ansiedad, negativismo, terquedad, ensimismamiento?) ¿Cómo reacciona a los diferentes estímulos (sonidos, luces, tacto)? (P. ej., falta de respuesta, respuesta excesiva, etc.). ¿Tiene el padre/madre las capacidades para proveer un sentimiento de vitalidad y entusiasmo? ¿Tiene el padre/madre capacidad para la regulación de los estados fisiológicos (sueño, hambre, activación, sedación, dolor, temperatura)? ¿En qué medida los padres logran comprender lo que le pasa al niño y tener una respuesta que lo ayude?

¿Cuál es su nivel general de actividad? ¿Cuánto varía este nivel de actividad?

¿Tiene capacidad para mantener el foco de su atención en una actividad o interacción? ¿Qué tiempo promedio se le dedica a un juguete o actividad determinada? ¿Se distrae con frecuencia?

En referencia a la integración psique-soma, podemos preguntarnos: ¿Cómo vive su cuerpo? ¿Siente que le gusta? ¿Hay signos en su postura corporal que llamen la atención? ¿En su forma de caminar? ¿Tiene el niño enfermedades orgánicas? ¿Se enferma frecuentemente? ¿Cuáles son sus manifestaciones y vivencias sobre las mismas? ¿Cómo son las vivencias de los padres sobre la enfermedad? ¿Esta incidencia de factores somáticos ha sido reveladora de alguna situación? Si es así, ¿ha podido descubrir en el análisis los factores que preceden a su desorganización psique-soma, por ejemplo apatía, depresión, retraimiento?

¿Cuán fuerte es la influencia de factores dependientes del contexto (por ejemplo cambios vinculados al desarrollo, enfermedades somáticas, medicación, estresores agudos o crónicos, situaciones traumáticas, etc.) y cuán capaz es el paciente de hacer frente a esas dificultades? ¿Cómo inciden los padres en estos aspectos?

4.A.3 Regulación afectiva

Comenzaremos por hacernos ciertas preguntas generales que nos orientarán respecto al desarrollo de la capacidad para la regulación afectiva:

¿Qué estilo de apego y capacidad reflexiva evidencia el niño? ¿y sus padres? ¿Qué modelo de regulación le fue sugerido o aprobado? (Por ejemplo consideramos los siguientes aspectos: con respecto al padre/ madre: ¿Tiene la capacidad como adulto para la ternura, para la erogeneidad inhibida en su fin? ¿Tiene la capacidad para tomar en consideración las razones que hay detrás de las acciones de los demás?¿para tomar en cuenta los sentimientos, estados mentales y deseos de su hijo? ¿Para anticipar el peligro y el desamparo? ¿Para la regulación de la ansiedad, angustia, de su hijo? ¿Tiene el padre/madre las capacidades para la construcción de un vínculo de apego seguro y tolerancia tanto a la dependencia temprana como a la creciente autonomía?

En función de lo anterior definiremos:

> ¿Como siente el niño en sí mismo y percibe en los otros la amplia gama de afectos esperables a su edad? ¿Hasta dónde logra procesar sus impulsos y experiencias emocionales de manera que favorezcan su adaptación y satisfacción?

¿Lo ayudan sus normas e ideales a reconocer y tolerar sus experiencias emocionales ante las adversidades, manteniendo una estabilidad acorde a su nivel de desarrollo emocional?

¿Puede regular su autoestima frente a las exigencias internas y externas? ¿Tiene la capacidad de equilibrar los intereses propios y ajenos protegiéndose y protegiendo sus vínculos?

¿Es capaz de regular las relaciones con los otros (capacidad de intimidad, de reciprocidad y de cuidado de sí y del otro en las relaciones)?

¿En qué medida el niño puede integrar sentimientos positivos y negativos hacia sí mismo y hacia los demás?

¿Cómo lo ubicaría con respecto al nivel de desarrollo esperado para la edad? ¿Y con respecto al modelo recibido desde la familia?

¿Cómo cambiaron estos aspectos?

4.A.4. Comunicación interna y externa, y simbolización

Nos preguntaremos al respecto: ¿Cuán rico es el diálogo consigo mismo y con los demás, basado en experiencias afectivas, fantasías, sueños, sexualidad, self corporal y representaciones simbólicas? ¿Cómo lo ubicaría con respecto al nivel de desarrollo esperado para la edad?

¿Cuenta el niño con las herramientas necesarias y las ha desarrollado de forma adecuada? (Por ejemplo: ¿Es su vocalización y producción del discurso adecuada para su edad? ¿Comprende bien el discurso del otro? ¿El proceso de pensamiento primario y/o de sus verbalizaciones en el juego es esperable para su grupo etario? ¿Cómo usa la información para la resolución de problemas?).

¿Tiene el padre/madre las capacidades para ayudar en este proceso?

¿Cómo cambiaron estos aspectos?

4.A.5. Vínculos con objetos internos y externos

¿Cuán profundas y estables son las relaciones con objetos internos y externos? ¿Hasta dónde puede crear relaciones de intimidad y reciprocidad basadas en representaciones estables y diferenciadas de sí mismo y de los otros? ¿Cómo maneja las relaciones que implican la existencia de un tercero?

¿Cuán capaz es el niño de iniciar y terminar relaciones y afrontar separaciones?

¿Cómo lo ubicaría con respecto al nivel de desarrollo esperado para la edad?

¿Cómo cambiaron estos aspectos?

Nivel 3: Testeo de las hipótesis explicativas del cambio

Objetivos de la discusión grupal en el nivel 3: En este nivel plantearemos las perspectivas teóricas que puedan dar cuenta del cambio o no cambio del paciente

3.A. Focos terapéuticos:

3.A.1. ¿Cuáles son los aspectos que han sido especialmente atendidos por el analista en sus intervenciones y que puede suponerse, que para él juegan un papel central psicodinámico en el cuadro clínico, originando o manteniendo los conflictos?¿Hasta dónde analista, niño, cuidadores y maestros coinciden en la necesidad de trabajar en torno a ellos?

3.A.2. Estos focos del trabajo analítico ¿han cambiado a lo largo del tiempo? ¿Por qué?

3.B. *Nivel y tipo de trastorno.*

3.B.1. ¿Es posible identificar un tipo de trastorno de desarrollo, de personalidad u otro tipo de trastorno?

3.B.2. ¿El nivel de la organización de la personalidad se orienta hacia un funcionamiento saludable, neurótico o fronterizo? ¿Pudo centrarse el trabajo terapéutico en conflictos neuróticos o fue necesario atender antes o al mismo tiempo a fallas estructurales en el funcionamiento y la integración psíquica que afectaban la estabilidad de los conflictos y del trabajo terapéutico?

3.B.3. ¿Cómo cambiaron estos aspectos?

3.C. ¿Cuáles son las principales teorías e hipótesis del analista (explícitas o implícitas) que pueden verse en su trabajo? ¿Han cambiado a lo largo del tratamiento?

3.D. ¿Qué otras hipótesis explicativas del cambio podrían sugerirse desde perspectivas teóricas diferentes? ¿Cuáles son los aspectos más convincentes y menos convincentes de cada una de estas diferentes hipótesis y cómo podrían ser afinadas para que se ajusten mejor al material clínico?

Los tres niveles de análisis y discusión podrían correctamente verse como una contribución de una validación de expertos de nuestras inferencias clínicas (a este respecto, ver la contribución de Marianne Leuzinger-Bohleber en los documentos del Comité de Observación Clínica).

Bibliografía

Bernardi, R. (2011). Modelo de los Tres Niveles para la Observación de las Transformaciones del Paciente. Comité de Observación Clínica (IPA).

Bibliografía específica sobre niños

Bolland, J., & Sandler, J. (1965). The Hampstead psychoanalytic index: a study of the psychoanalytic case material of a two-year-old child. New York: International University Press.

Dio Bleichmar, E. (2005). Manual de psicoterapia de la relación padres e hijos. Buenos Aires, Paidós.

Fonagy, P. (1994). Jugando con la Realidad. El desarrollo de la realidad psíquica y su funcionamiento en personalidades borderline. *Revista de Psicoanálisis Buenos Aires, 51* (1–2), 54–66.

Freud, A. (1965). Normality and Pathology in Childhood. New York: International University Press.

Freud, Sigmund (1905). Obras completas "Tres ensayos sobre una teoría sexual" Vol.VII. Buenos Aires, Amorrortu Editores.

[Freud, S. (1905d). *Three Essays on the Theory of Sexuality. S.E., 7*: 123–246. London: Hogarth.]

Freud, Sigmund (1908). Obras completas. "El creador literario y el fantaseo". Vol.IX. Buenos Aires, Amorrotu Editores.

[Freud, S. (1908e). Creative writers and day-dreaming. *S.E., 9*: 141–154. London: Hogarth.]

Kernberg, P., Chazan, S., & Normandin, L. (1996). *Cornell Play Therapy Scales*. New York: New York Hospital Cornell University Medical Center.

Klein, M. (1955). La técnica psicoanalítica del juego. En: *Nuevas direcciones en psicoanálisis*. Buenos Aires, Paidós, 1962.

Klein, M. (1964). Psicoanálisis de niños. Buenos Aires, Paidós.

Kronmüller, K., Stefini, A., Geiser-Elze, A., Horn, H., Hartmann, M., & Winkelman, K. (2010). The Hilderberd study of psychodynamic psychotherapy for children and adolescents. In Tsiantis & Trowell Eds. *Assessing change in Psychotherpy of Children and Adolescents*, Karnac, pp. 115–138.

Olesker, W., & Lament, C. (2008). Conceptualizing transformations in child and adult psychoanalysis. *Psychoanalytic Study of the Child, 63*: 273–279.

Operationalized Psychodynamic Diagnostic (OPD-2), the Psychodynamic Diagnostic Manual (PDM) (2006) Classification of Child and Adolescent Mental Health Disorders (175–369). Hogref & Huber.

PDM (2006). *Psychodynamic Diagnostic Manual*. Silver Spring: Alliance of Psychoanalytic Organizations.

Polombo, J., Greenspan, S., Friedberg, B., Hoffman, L., Eldridge, A., Kenemore, T., Fallon, T., Kernberg, P., Fink, P., Shanker, S., Fischer, R., & Wieder, S. Classification of Child and Adolescent Mental Health Disorders. In PDM Task Force (2006). Psychodynamic Diagnostic Manual. Silver Spring, MD: Alliance of Psychoanalytic Organizations, pp. 173–379.

Slade, A. (1999). Quality of attachment and early symbolic play. *Developmental psychology, 17*, 326–335.

Volinski de Hoffnung, P., Medici, C., Sapriza, S., Altmann, M., Braun, S., Cuttinella, O., Ihlenfeld, S., López, C., & Vallespir, N. (1986). El juego en psicoanálisis de niños. En: El juego en psicoanálisis de niños, Volumen I (págs. 129–194). Asociación Psicoanalítica del Uruguay.

Winnicott, D. W. (1958). *Through Paediatrics to Psychoanalysis*. London. Hogarth Press.

APÉNDICE I

Breve guía para comenzar un grupo de Observación clínica

Marina Altmann (En nombre de todos los miembros del Comité de Observación Clínica de la IPA)

Introducción

Los miembros del Comité de Observación Clínica de la IPA empezamos a trabajar en el año 2005 desde diferentes puntos de vista y en diferentes direcciones. Sin embargo, estuvimos de acuerdo en que la observación clínica intensiva y la comunicación de las líneas de comprensión al trabajar con nuestros pacientes todavía es el corazón de nuestra disciplina. Por lo tanto, estamos convencidos de que para el futuro del psicoanálisis será esencial mejorar nuestras observaciones clínicas una y otra vez y mostrar que el psicoanálisis es capaz de iniciar cambios psíquicos de larga duración en nuestros pacientes. Los grupos de trabajo dentro de la EPF y la IPA han estudiado extensamente y en detalle las mentes de los psicoanalistas por una década y han contribuido a una mayor comprensión de las diferencias entre las teorías implícitas y explícitas de los analistas en las diferentes culturas de la IPA. Ahora nuestro Comité, en forma adicional a estos grupos, quisiera focalizar en los pacientes y sus transformaciones en el transcurso del psicoanálisis.

Luego de un período de desarrollo, el Comité ha creado un modelo llamado "Modelo de los Tres Niveles para Observar las Transformaciones del Paciente", el que se presenta en esta guía.

Actualmente en la IPA se están desarrollando diferentes métodos para estudiar el proceso psicoanalítico. Sugerimos que antes de elegir uno, se estudien todos, de manera de trabajar con el que mejor se ajuste a sus necesidades.

El Comité de Observación Clínica les da la bienvenida a todos los analistas que estén interesados en la creación de uno o más Grupos de Observación Clínica de la IPA dentro de sus propias sociedades psicoanalíticas, y los anima a seguir los pasos descritos en esta guía.

Esta guía tiene el objetivo de darle a los grupos de analistas un método para aplicar al material clínico psicoanalítico el modelo de los tres niveles para observar las transformaciones del paciente. Si su grupo encontrase cualquier dificultad, por favor no dude en contactarnos mediante nuestra dirección de e-mail: ipa.clinical.observation@gmail.com

El Modelo de los Tres Niveles para Observar las Transformaciones del Paciente es una heurística o guía para refinar, conceptualizar y sistematizar las observaciones clínicas acerca de las transformaciones del paciente. Busca mejorar las observaciones clínicas, haciéndolas más exactas y más útiles para la evaluación y la construcción de teorías a través del análisis sistemático de material clínico. El término "transformación" se usa aquí en su sentido más común, significando un cambio o una alteración.

La "observación" incluye escuchar la comunicación inconsciente (analista como participante) y la observación de hechos clínicos (analista como observador, dándole una "segunda mirada" al material).

El modelo de los tres niveles para la observación de las transformaciones del paciente:

- Está focalizado en el paciente (en el contexto de sus relaciones)
- Está focalizado en las transformaciones
- Observa un mismo material clínico desde 3 niveles diferentes:
  - Descripción fenomenológica del proceso analítico
  - Las principales dimensiones del cambio
  - Las hipótesis teóricas del analista sobre el cambio

Comuníquese con nosotros para obtener la versión más reciente del Modelo de los Tres Niveles para la Observación de las Transformaciones del Paciente (3-LM).

- El modelo se explica por sí mismo en cuanto a cómo usarlo, pero aquí presentamos varios aspectos prácticos que se debe considerar.

Una estrategia para mejorar la calidad de la observación clínica y su comunicación es la llamada Validación Psicoanalítica de Expertos. Se la puede complementar en el Modelo de los Tres Niveles.

Validación psicoanalítica de expertos

El psicoanálisis ha desarrollado una rica tradición de supervisión y supervisión de pares con el fin de hacer frente de manera productiva a los inconvenientes de la investigación clínica. Estos abarcan desde el estado arbitrario de las observaciones clínicas para apuntalar una posición o hipótesis teórica determinada; el riesgo de puntos de vista cerrados herméticamente; la confirmación narcisista, en lugar de la reflexión (auto) crítica de una observación; una tendencia hacia los casos estrella "resueltos positivamente", en contraste con la ausencia de tratamientos mal realizados; el peligro de "invención" (inconsciente)—especialmente en los casos de formación); la repetición de los principales debates dentro de la comunidad psicoanalítica o la conformidad con éstos y, en consecuencia, la desaparición de las ideas innovadoras y poco convencionales, y mucho más. Pero no debemos actuar con exceso de celo.

La validación psicoanalítica de expertos retoma esta tradición y hace lo posible por sistematizarla. Hay diferentes formas de validación psicoanalítica de expertos, que crean oportunidades para la investigación clínica por los psicoanalistas que o bien trabajan en la práctica privada o participan en las instituciones, hospitales o universidades. El objetivo de todas las formas de validación psicoanalítica de expertos es una reflexión crítica sobre la influencia de la adulteración inconsciente o la limitación de nuestra comprensión del material clínico complejo, debido a la interferencia de las reacciones contratransferenciales u otras perturbaciones (inconscientes) de nuestro desempeño profesional. (Ver capítulo cinco, Marianne Leuzinger-Bohleber).

Pasos para comenzar un grupo de trabajo clínico

El cuadro en las páginas siguientes es una propuesta, algo así como un punto de partida, para comprender el funcionamiento e un grupo y la forma en la que entran en juego los diferentes roles. Se complementa con las "Preguntas sugeridas para la discusión grupal" que encontrará en las páginas siguientes de los apéndices. Los pasos uno, dos y tres corresponden principalmente al nivel fenomenológico del 3-LM, mientras que los pasos cuatro, cinco y seis toman el tercer nivel del 3-LM, "Testeo de las hipótesis explicativas del cambio", con algunas dimensiones que corresponden al nivel dos del 3-LM (p. ej., conflicto, ¿cuánto han cambiado la experiencia de la enfermedad y las expectativas?, etc.).

Pasos para el trabajo de los grupos de observación clínica

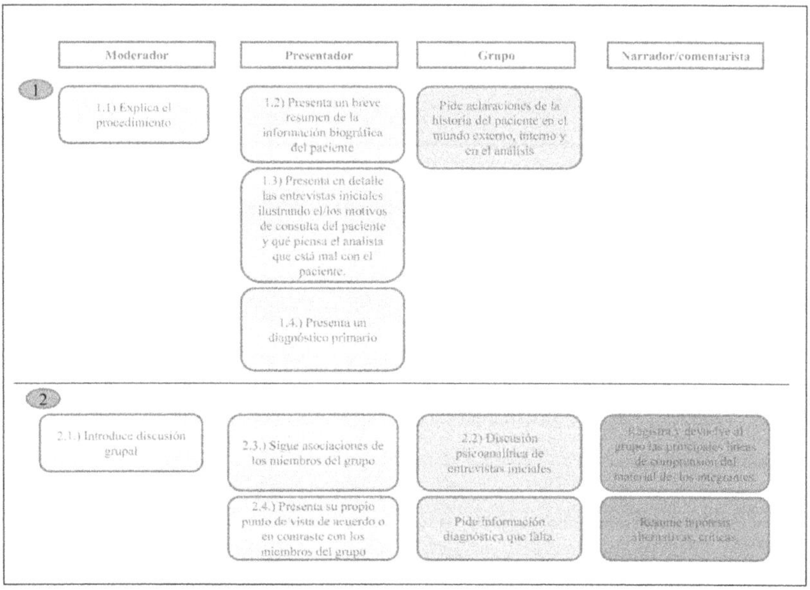

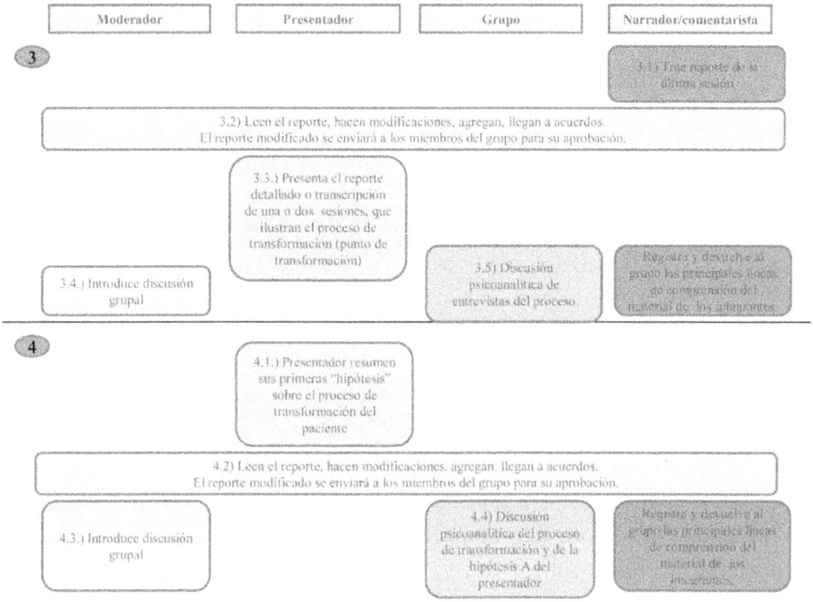
Moderador
Presentador
Grupo
Narrador/comentarista
3
3.1) Trae reporte de la última sesión
3.2) Leen el reporte, hacen modificaciones, agregan, llegan a acuerdos.
El reporte modificado se enviará a los miembros del grupo para su aprobación.
3.3.) Presenta el reporte detallado o transcripción de una o dos sesiones, que ilustran el proceso de transformación (punto de transformación)
3.4.) Introduce discusión grupal
3.5) Discusión psicoanalítica de entrevistas del proceso
Registra y devuelve al grupo las principales líneas de comprensión del material de los integrantes
4
4.1.) Presentador resumen sus primeras "hipótesis" sobre el proceso de transformación del paciente
4.2) Leen el reporte, hacen modificaciones, agregan, llegan a acuerdos.
El reporte modificado se enviará a los miembros del grupo para su aprobación.
4.3.) Introduce discusión grupal
4.4) Discusión psicoanalítica del proceso de transformación y de la hipótesis A del presentador
Registra y devuelve al grupo las principales líneas de comprensión del material de los integrantes.

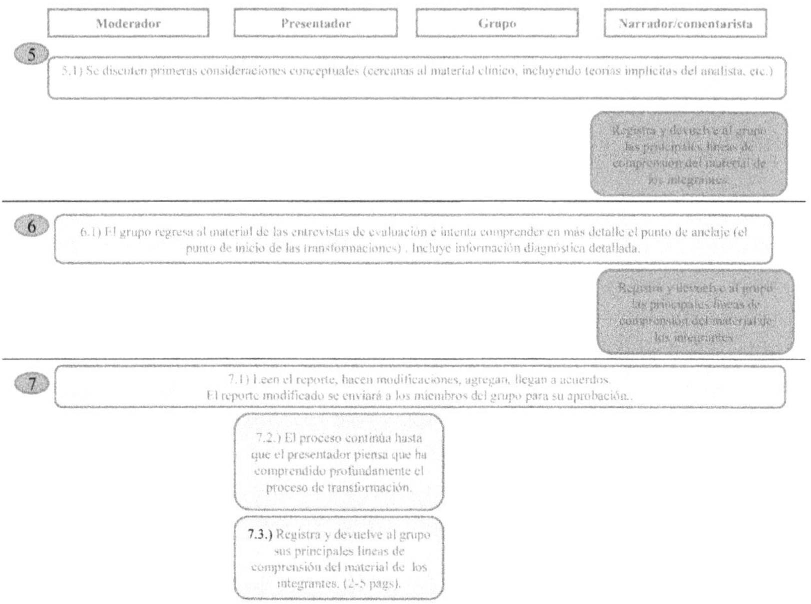
Moderador
Presentador
Grupo
Narrador/comentarista
5
5.1) Se discuten primeras consideraciones conceptuales (cercanas al material clínico, incluyendo teorías implícitas del analista, etc.)
Registra y devuelve al grupo las principales líneas de comprensión del material de los integrantes.
6
6.1) El grupo regresa al material de las entrevistas de evaluación e intenta comprender en más detalle el punto de anclaje (el punto de inicio de las transformaciones) . Incluye información diagnóstica detallada.
Registra y devuelve al grupo las principales líneas de comprensión del material de los integrantes
7
7.1) Leen el reporte, hacen modificaciones, agregan, llegan a acuerdos.
El reporte modificado se enviará a los miembros del grupo para su aprobación..
7.2.) El proceso continúa hasta que el presentador piensa que ha comprendido profundamente el proceso de transformación.
7.3.) Registra y devuelve al grupo sus principales líneas de comprensión del material de los integrantes. (2-5 pags).

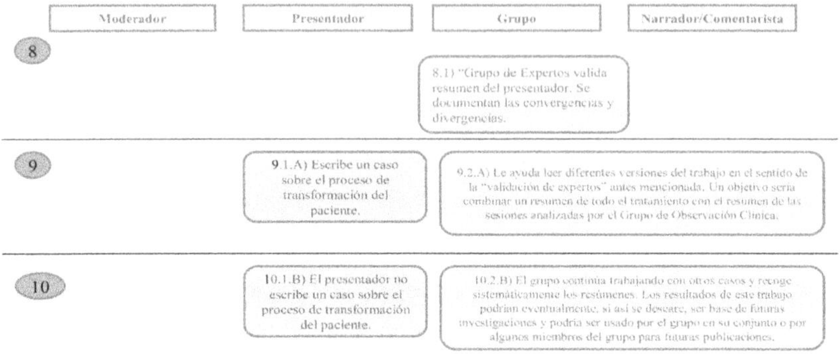

Material clínico

El 3-LM ha sido diseñado para evaluar las transformaciones del paciente y por lo tanto resulta especialmente interesante y útil cuando se aplica a un material clínico que plantea algún tipo de dudas sobre la naturaleza y/o grado de los cambios del paciente. Conviene que el analista que elige el material tenga presente estas dudas. Si bien estas dudas sobre las transformaciones del paciente deben estar presentes en el momento de elegir el material, es conveniente que el analista no las haga explícitas al comienzo, sino durante la discusión grupal.

El material clínico se elegirá de manera tal que permita una buena descripción de la situación en el nivel 1 y que muestre transformaciones a lo largo del tiempo.

Sugerimos presentar una breve biografía del paciente en la primera sesión (y segunda, si es necesario), y en dos momentos posteriores del análisis, por ejemplo 6 meses y 1 año y medio después. Brinde un contexto analítico general del paciente o el proceso para cada sesión que se elija. Le solicitamos que elija las sesiones teniendo en cuenta que es necesario tener, por un lado, material que demuestre transformación o cambio, y, por otro lado, algunos pasajes o sesiones que dejen dudas en cuanto a la profundidad y la estabilidad de los cambios.

Es importante que el material contenga episodios relacionales, para examinar las pautas de relaciones interpersonales (con una o más personas significativas y con el analista).

Algunas descripciones del propio paciente y de alguna persona significativa.

También es conveniente que el material presentado esté contextualizado mediante algunas líneas que describan el momento del proceso analítico.

Es muy importante que el presentador del material clínico asuma la responsabilidad de respetar la regla de confidencialidad, borrando o cambiando cualquier información biográfica que pueda servir de alguna manera para la identificación del paciente (nombres de personas, institutos educativos, empresas, etc. pero también la participación en acontecimientos conocidos, u otras situaciones identificables). Esto es responsabilidad del presentador. Los participantes no utilizarán ni divulgarán el material sin el consentimiento explícito del presentador.

Para poder decidir el largo del material clínico, el presentador considerará el tiempo que le llevará presentarlo (entre 30 y 45 minutos).

Se leerá en voz alta el material clínico en su totalidad al comienzo de la primera reunión del grupo. Como se pondrá el foco en las transformaciones del paciente a lo largo del tiempo, una lectura completa del material es necesaria antes de comenzar la actividad. Como también interesa observar las transformaciones en una sesión, resulta útil que el material muestre la interacción entre analista y paciente.

En resumen:

1. Es importante preparar el material clínico de modo que brinde la información necesaria para la discusión.
2. Respete la regla de confidencialidad. Como ya lo hemos mencionado antes, el presentador tendrá que ser cuidadoso a la hora de modificar toda la información que pudiera servir para identificar al paciente.
3. Tomar 2 o 3 momentos diferentes del análisis donde se puedan observar transformaciones, y al menos uno en el que las transformaciones no se vean tan claramente.
4. El material clínico será el resultado de la transcripción, o de las notas tomadas por el analista, e incluirá intervenciones del paciente, así como interpretaciones del analista, diferenciando a ambas claramente mediante el tipo de letra o símbolos.

APÉNDICE II

Grupo de observación clínica en San Francisco (CO-SF1), Mayo-Agosto 2012

William Glover

El *reporter* juega un rol muy importante en el proceso de conceptualización. Resume las hipótesis alternativas, las críticas y las discusiones anteriores permitiendo que se vuelvan a pensar los temas discutidos. Resume las ideas de cada sesión, como se muestra en este ejemplo.

Informe del 24 de agosto de 2012

1. *Experiencia subjetiva de la enfermedad*
   Cambiamos esto a: "experiencia subjetiva".

1A. *¿Cuáles son los síntomas de la paciente, sus creencias y expectativas acerca de sus problemas y del tratamiento? ¿Cómo vive la paciente su propia mente?*
   Horas de anclaje:

- La paciente (P) se siente vacía y perseguida, desbordada por ansiedad primitiva (p. ej., el sueño inicial sobre las esporas que crecen por la pared de su casa).
- La analista (A) describe a la paciente como "a punto de desmoronarse". En la hora de anclaje 2 (A2) (p. 8) la paciente dice: "Cuando pienso que estoy yendo bien, entonces me mueven la silla para que

me caiga y quedo completamente turbada ... ¡No puedo detener la caída libre!"

- P usa la palabra "reluciente" para describir un estado ansioso, disociado, que el grupo consideró como un estado prodrómico indicando el grado de amenaza que siente la paciente.
- P no es un sujeto interpretador. Su mente está indiferenciada y tiene dificultad para distinguir sus pensamientos de la realidad. A1 (p. 6), "Estoy teniendo dificultades para conciliar la idea de que el sueño es como *yo pienso* de mí misma, versus que *sea* así realmente".
- En el sueño A1 hay algo incorrecto que está tapado y P quiere mostrarlo, esperando que pueda realmente repararse, no solo disimularse.
- Punto de vista alternativo: el pensamiento de P es primitivo pero también capaz de simbolizar, comunicar y usar a la A. P. ej., el primer sueño representó bien su situación y ella pudo pensar sobre ello. La cualidad de primitivismo de la P puede ser una regresión defensiva.

1B.¿Cómo han cambiado estos aspectos?
Horas de transformación:

- La mente de P se está consolidando. La diferencia entre haber sido antes una mente (indiferenciada) y ahora tener una mente (diferenciada). Ahora hay un self al que el analista puede hablarle de cosas. Ahora la mente de P no está reluciente, está vacilando entre el ataque al self y pensar, pero no tan frágil y vacía.
- P tiene mayor capacidad de auto-reflexión. Desarrolla sus propios pensamientos, no solo dice lo que A está diciendo. P. ej., en la hora de transformación 1 (T1) se ve a sí misma excluyendo a A: "Yo me desconecto y me voy por mi cuenta" y puede reflexionar "¿por qué alguien haría eso?" (p. 10).
- P ve múltiples puntos de vista. (p. 13): "No sé si yo estaba atacando mi propia comprensión ... o a ti por no ser receptiva, o por ser receptiva".
- P dice "Como quiero ser" (p. 15) —una frase de comenzar a ser. Su deseo está activado. En el párrafo de apertura de la última hora, ella dice: "Aquí adentro la honestidad, ir para adelante y para atrás, es tan real, o *podría* serlo" (comienzo de p. 13).
- Reunión final: El primitivismo de P se podría conceptualizar como regresión frente a una organización patológica que la lleva a rehuir el placer o a no saber qué quiere. Su avance hace posible que A y

ella misma vean su organización patológica y que la P comience a reconocer el aspecto interno de sus problemas.

2. *Patrones de relaciones interpersonales*
3. *Principales conflictos intrapsíquicos*

3A. *¿Cuáles son los principales conflictos (y sus afectos relacionados)?* ¿Las defensas son adecuadas y flexibles o predominantemente disfuncionales, distorsionando o restringiendo las experiencias internas y externas?

3A1. *¿La psicopatología está enfocada principalmente en el relacionamiento o en la auto-definición?* ¿Cuán consistentes y perdurables son los conflictos? ¿Son un factor predominante en los trastornos de la paciente o los conflictos son inconsistentes y erráticos debido a las condiciones estructurales que afectan al funcionamiento mental? Horas de anclaje:

> Vimos que los temas de la paciente eran principalmente pre-edípicos. Su secreto es acerca de la integridad del self y hay un nivel de ansiedad psicótico o aniquilado. Para algunos participantes del grupo no fue útil el concepto de conflicto con una mente tan primitiva. No hay suficiente self para el conflicto; la paciente está demasiado escindida como para experimentar conflicto. No está desarrollado el conflicto entre las instancias. Desde esta perspectiva experimentar conflicto es un avance. Otros sintieron que el conflicto existe en todos los niveles de la estructura psíquica como un fenómeno básico de la vida mental. Los conflictos primitivos están entre la necesidad de ayuda y el terror a la aniquilación. Coexisten los deseos de tranquilización y fusión con los de diferenciación y autopreservación.

3B. *¿Cómo cambiaron estos aspectos?*

> En horas posteriores observamos que en lugar de solo sentir que su mundo se venía abajo, la paciente sintió que otros la atacaban y que ella podía estar atacándolos a ellos. Se pensó que el desarrollo de esta "paranoia", junto con el comienzo del reconocimiento de su organización interna patológica (ataque a los buenos objetos), reflejaban una estructura mental aumentada. También observamos conflictos más diferenciados, de tipo edípico, surgiendo en el hecho

de extrañar a la analista y el placer de estar con ella. En un sueño reciente hubo una referencia a una escena primaria.

4. *Funcionamiento mental o de la personalidad. Estructura.*

4A. *¿Cuál es el nivel de funcionamiento mental en las siguientes áreas?*

4A1. *Percepción del self y de los otros.* ¿Cuán capaz es la paciente de percibir adecuadamente sus propios estados internos y los de los demás y de diferenciar entre pensamientos y afectos? ¿Es capaz de empatía, tolerando y comprendiendo diferentes puntos de vista? Tiene un sentido integrado de su propia identidad? ¿Hasta dónde puede integrar en su identidad su propio pasado y en especial las experiencias traumáticas? ¿Cuáles son las características de las identificaciones dominantes (p. ej., identificaciones patológicas)? ¿Logra dar sentido y dirección a su vida, con metas a corto y largo plazo, apoyadas en su propia historia y en valores y normas internas?

Horas de anclaje:

- Predominan las percepciones negativas de sí misma y de los otros, alternando con momentos de idealización y fusión.
- Muchas identificaciones que se colapsan; paciente-madre, paciente-hijo, hijo como parte de sí misma. Maldad y duda expresadas a través de su hijo.
- Las amenazas al self parecen más aniquilación global que proyección paranoide. Las cosas se están rompiendo versus otros las están rompiendo. La paranoia sería un estado más organizado.

4B1. *¿Cómo cambiaron estos aspectos?*

Horas de transformación:

- Diferenciación de los padres. T1 (p. 10). "Yo crecí con cosas que no tenían nada que ver conmigo, y que de repente pasaban a ser culpa mía. Alguien tenía que tener la culpa —¡ellos me la pusieron a mí! … ¡Me enoja que ahora soy yo que me lo hago a mí misma!"
- P ve múltiples puntos de vista (p. 13). "No sé si yo estaba atacando a mi propia comprensión … o a ti por no ser receptiva, o por ser receptiva".
- Reconocimiento. Ella comienza en T2 diciendo que no tiene nada para ofrecer —algo que la analista vivió tempranamente en la contratransferencia cuando sintió que ella no tenía nada para ofrecerle

a la paciente—. La paciente ahora reconoce esto como su propia experiencia. Esta capacidad de reconocer su propia proyección demuestra cambio estructural.

- En T2 la paciente cuenta sobre una figura maternal en una película que vio, quien tiene límites, juicio, una mente propia, representando el desarrollo de su propia mente.
- Punto de vista alternativo: la apreciación dramática de la paciente de la figura materna en la película también puede indicar una seducción de la analista con "Yo confío completamente en ti". Esta transferencia idealizada puede ocultar ansiedades actuales acerca de no confiar en la analista.

4A2. *Regulación. ¿La paciente es capaz de regular adecuadamente los impulsos, afectos y autoestima?* ¿La dirección de sí misma está basada en estándares internos coherentes y objetivos de vida significativos a corto plazo? ¿Tiene la paciente la capacidad de equilibrar los intereses de sí misma y de los demás y de proteger relaciones?

Regulación afectiva.

Horas de anclaje:

- A percibe a la P como muy frágil, reprimida.
- La explosividad de la P y la ira se manifiestan en enojarse y tirar una silla a sus hijos (A2). A esto le precedió que la P le preguntó a la A si era por un error en la factura que le cobraba días que estuvo de vacaciones. La A le ofrece descontarlo de la factura. Algunas personas del grupo pensaron que la P en realidad ya sabía sobre esta política y fue un desacuerdo, no un malentendido. Por lo tanto, tirar la silla fue también una expresión de enojo hacia la analista y el colapso nervioso puede haber sido defensivo, para evitar su enojo hacia la A. A tiene cuidado de no culpar a la P o provocar agresividad.
- La P teme una represalia por su agresividad. Luego de animarse a enfrentar a una maestra por haberles dado caramelos a los niños, la P teme que eso quede como un mal antecedente suyo. A2 (p. 8). Hay una confusión acerca de dónde están los malos antecedentes. ¿La P también registró malos antecedentes de la A? La P puede reafirmarse acusadoramente pero luego siente pánico de la represalia.
- Punto de vista alternativo: puede que la analista le esté dando caramelos a la paciente al no cobrarle por las sesiones a las que faltó.

4B2. ¿Cómo cambiaron estos aspectos?
Horas de transformación:

- A permite más silencios, no siente la necesidad de demostrar tanto su presencia. La P parece triste y asediada, se adapta a los sentimientos, menos frágil.
- Desarrollando capacidad de ambivalencia versus anteriormente solo malos antecedentes.
- T2, (p. 15) "Mi experiencia como madre de mis hijos —cómo quiero ser … y lo que no recibí"—. Mismos temas de la primera sesión pero no atacándose tanto a sí misma. Capaz de explorar un tema similar sin auto-recriminación masoquista. Mejor regulación afectiva. Ahora puede observar algo difícil sin sentirse desbordada.
- La paciente describe una película (la misma descrita anteriormente) que el grupo pensó como un sueño. En la película una mujer ayuda a un niño que se ha metido en problemas por haber apuñalado a alguien. El grupo vio esto como simbolizando a la paciente enfrentando su propia destructividad. La paciente ahora está operando dentro de la ley que reconoce daño. Ella sabe que ha estado apuñalando a otros.
- Un miembro del grupo asoció a el caso de Winnicott con el niño antisocial, lo saca de la casa por conducta inaceptable pero el niño toca el timbre y W igual lo deja volver a entrar. Hubo consecuencias por la agresividad del niño pero Winnicott no lo abandonó.
- Punto de vista alternativo: La película contiene una idealización seductora de la analista, que puede ser un caballo troyano, ocultando la falta de confianza y la agresividad de la paciente. Se pasa por alto la posibilidad de la P de realmente dañar a la A.
- Punto de vista alternativo: En el esfuerzo de la A de ser un objeto nuevo, bueno, A puede confabular con los deseos de la P de fusionarse y quedarse en una relación tranquilizadora que niega la agresividad y la separación.

4 A3. Comunicación. ¿Cuán rico es el diálogo consigo mismo y con los demás, basado en experiencias afectivas, fantasías, sueños, sexualidad, self corporal y representaciones internas simbólicas?

4 A4. Apego ¿Cuán profundos y estables son los vínculos y el apego con los objetos internos y externos? ¿Hasta dónde puede crear relaciones, separarse y terminar relaciones? ¿Cuán capaz es la paciente de tener intimidad y reciprocidad basadas en representaciones cohesivas, complejas e integradas de sí mismo y de los otros?

Horas de anclaje:

- P busca fusionarse con la A, o sea, en la primera hora la P se amolda al traer un sueño, lograr que A lo explique, y usando el lenguaje de la A. La P no puede tolerar ninguna diferencia entre dos personas y se vuelve muy peligroso cuando se pierde este estado de fusión. Desde esta perspectiva, la crisis sobre la factura en A2 es porque la fusión se vio amenazada cuando surgió una diferencia.
  - Punto de vista alternativo: Algunos vieron falta de diferenciación y separación como peligrosas pero no un deseo de fusionarse.
- Configuración de vínculo ansiosa. La madre de la P es descrita como una alcohólica ansiosa y vacía que le exigía a la P que se ajustara a una falsa imagen de una familia feliz. La analista reportó haber tenido una imagen de un diorama de Norman Rockwell de una familia ideal. Relación de objeto problemático de una niña ansiosa y vacía buscando a una madre que también es ansiosa y vacía. Aquí es donde la P tiene que lidiar con la separación.

4B4.¿Cómo cambiaron estos aspectos?

Horas de transformación:

- Indicios de un apego más seguro. P más diferenciada, capaz de alejarse y jugar hasta cierto grado y luego volver a A con sus propios pensamientos. Acercamiento.

5. Tipo de trastorno:

5 A.¿Es posible identificar un tipo de trastorno de personalidad u otro tipo de trastorno?

¿El nivel de organización de la personalidad es saludable, neurótico o borderline?

5B.¿Cómo cambiaron estos aspectos?

6. Enfoques terapéuticos.

6 A. ¿Cuáles son los hallazgos que juegan un rol central en la psicodinámica de la imagen clínica, causando o manteniendo los trastornos y que necesitan atención especial del analista?

6 A1.¿Predominan los conflictos (que necesitan interpretación) o predominan los problemas estructurales (que necesitan además otro tipo de intervenciones)?

6 A2. *¿Cuáles son los problemas principales y los cambios a los que apuntan las intervenciones del analista, y cómo han evolucionado?*
Trayectoria del desarrollo:
Horas de anclaje:

- Desarrollo detenido, la P todavía no es una persona. A le habla a la P como si fuera alguien muy joven. El tiempo se paró en la niñez y comienza nuevamente en el tratamiento.

Horas de transformación:

- Consolidación de la función materna. La principal conexión emocional en el tratamiento es la madre, quien se mantiene junto a la niña en toda circunstancia. P aún no ha internalizado por completo la función materna pero está aprendiendo a jugar con la analista, quien tiene una función maternal. Está tratando de jugar sola pero todavía no cree del todo que la madre está ahí. Le cuesta establecer una díada segura.
- ¿Hay un nivel triádico completo? Todavía no lo vivió. ¿Qué falta? —Función interpretativa, paternal; comprender su mundo interno además de experiencia emocional correctiva.
- Surgimiento de función paterna. En la película la llamada de la mujer a la policía es anticipación de función interpretativa, de que las cosas se pueden enfrentar. Anunciando que ahora es posible acercarse a la ley paterna del padre. A tiene una función triádica inclusive aunque la P todavía no esté ahí.
- Punto de vista alternativo: la paciente ya ha internalizado algo de la función paterna.

Nivel 3

¿Las hipótesis de la analista en un nivel explícito e implícito? ¿Cambiaron durante el análisis?

¿Qué otras hipótesis de podrían considerar? ¿Qué aspectos de las hipótesis son más o menos convincentes?

Abordamos el Nivel 3 buscando la acción terapéutica que daba cuenta de los cambios observados.

Contener la ansiedad primitiva de la paciente fue visto como primario. En una de las primeras horas la P describió una escena de una película de James Bond que muestra este aspecto: El amor de Bond tuvo una experiencia terrible y está echa un ovillo en el piso de la ducha, con el agua cayéndole encima. Bond se acerca y se sienta en silencio ayudándola a procesar la experiencia terrible, de la misma forma como está la A con la P, comprendiendo y conteniendo la ansiedad, sin forzar interpretaciones. Más tarde el grupo puso énfasis en que la contención también incluye abordar cosas. A —"En las primeras horas yo abordaba su ansiedad impronunciable, intentando pensar su experiencia por ella y poner eso en palabras". Aspecto adicional: la experiencia terrible incluía violencia extrema y sabemos que la mujer después intentó matar a Bond. La escena también era un indicador de la agresividad que vendría.

La analista invita a la P a explorar sus pensamientos y ansiedades de forma directa: o sea, en la primera hora la A le pregunta sobre el sueño y luego le señala un aspecto relacional (cuidadores indiferentes); luego la A identifica la fórmula madre ansiosa—niña ansiosa; un poco más tarde, en T1, la A dice: "Pienso que tus ganas hoy son de salir y jugar". Debido a los deseos de la paciente de fusionarse, estas interpretaciones directas se sentían como necesarias pero también se veía que se corría el riesgo de generar la conformidad de la paciente y que esto se volviera tranquilizador, cosa que podría tapar en lugar de destapar.

Se contrarrestó ese riesgo con el amplio uso, por parte de la analista, de intervenciones amables, descriptivas, no culposas, y centradas en la analista, lo que disminuyó el miedo de la P en la transferencia. "Ahora mismo yo parezco peligrosa y tú no te sientes firme" o "Algo que dije recién te asustó más". La A pone cuidado de no decirle a la P más de lo que ella piensa que está preparada para oír, a diferencia de la paciente, quien en una hora de anclaje interpretó prematuramente una experiencia de su hijo. La A elabora con cuidado sus interpretaciones como para no disparar la ansiedad persecutoria de la P, haciendo comentarios como "las cosas están neutralizadas" para evitar culpar. Estas interpretaciones son lo que Ferro describe como interpretaciones "débiles", "insaturadas" que le dan al paciente espacio para trabajar con ellas.

El progreso se refleja en la evolución de las interpretaciones. Al comienzo la A no podía decir nada acerca de las operaciones defensivas de la P como causa de su sufrimiento porque las habría sentido persecutorias. En las últimas horas las intervenciones de la A ofrecen varios posibles niveles de significado. El trabajo ha progresado hasta tal punto que la P ahora es capaz de considerar que ella está rompiendo cosas a partir de su propia ansiedad, y no que las cosas se quiebran solas o que otros están atacando y quebrándolas. La A puede hacer interpretaciones de resistencia, "... tú estás yendo hacia adentro, y deteniéndote." (p. 14). También se hace posible la interpretación del conflicto. "Lo mismo que haces para mantenerlo vivo, lo mata" (p. 14).

La sensibilidad de la A cuando la P se sintió invadida o cuando sintió que se esperaba que cumpliera con las interpretaciones de la A parecieron destinadas a permitir que la P se desarrollara como una persona diferente, autónoma. No quedó claro si esto fue una hipótesis explícita o implícita de la A. La interpretación "tus ganas hoy son de salir y jugar" puede haber tenido la intención inconsciente de corregir la vivencia anterior de la P de la A como una madre autoritaria: "No puedo tener ningún sentimiento conflictivo sobre este espacio. Mejor lo aprovecho" (p. 10). Pero cuando la A indica que hay dos subjetividades presentes, la P se ve amenazada por demasiada separación y comienza a dudar de la presencia de la A (p. 11). La A es consciente del efecto de sus intervenciones y cuando la P se perturba, ella la sigue con una sensibilidad que está en sintonía con sus interpretaciones. P. ej., "¿Estás diciendo que la conexión se cortó y no existe?" (p. 11).

Hubo un aspecto de las interpretaciones que tuvo que ver con el desarrollo y la construcción de la estructura. Proveerle de la experiencia de un nuevo objeto llevó a la P a desarrollar constancia del objeto y uso del objeto. La P se identificó con la habilidad de pensar de la A (Bion). A medida que comenzaron a estar presentes dos personas en la habitación, se pudo empezar a hablar sobre conflicto y agresividad. Un aspecto que merece más investigación es cómo la P internalizó la capacidad de pensar de la A, pasando de un estado de conformidad y fusión a otro de mayor autonomía.

Proceso grupal:

El grupo estuvo formado por 12 miembros: un presentador, dos moderadores, un *reporter* y 8 miembros de dos institutos de la IPA en San Francisco, variando desde graduados recientes hasta analistas experimentados, incluyendo varios analistas didactas. Nos reunimos durante un día entero en mayo, luego hicimos sesiones vespertinas en los meses de junio, julio y agosto por un total de 12 horas a lo largo de 4 reuniones.

Tuvimos un muy buen comienzo el 12 de mayo. Al grupo le gustó el trabajo y vio clara evidencia de cambio significativo. Los miembros estaban muy entusiasmados con la experiencia. Las reuniones de seguimiento no habían sido programadas por adelantado y, excepto por dos ausencias, todos asistieron a todas las sesiones, lo cual confirma el compromiso del grupo.

Aspectos metodológicos

Algunos aspectos metodológicos fueron significativos para el grupo: nuestra falta de experiencia con este nuevo método, la ambivalencia del grupo acerca de las categorías de las dimensiones del cambio y la función del informe. Discutimos cada uno de estos temas.

El Modelo de los Tres Niveles es un método en evolución, flexible. El Comité de Observación Clínica creó una metodología útil pero al momento de escribir este informe ha tenido oportunidades limitadas de entrenar moderadores. Nuestro *reporter* había asistido a dos reuniones de demostración y nuestros moderadores habían asistido a una cada uno. El Comité prevé que el método se adapte en cada grupo pero nuestra falta de experiencia nos llevó a reinventar el método a medida que avanzábamos.

Desde el comienzo el grupo sintió que las categorías de las dimensiones del cambio (que nosotros llamamos "la grilla") no abarcaba adecuadamente lo que estábamos observando. Repetidamente se oyeron diferentes versiones de la frase: "No logro encontrar un lugar para mi idea en la grilla". En la sesión inicial concordamos en seguir nuestro propio camino, haciendo referencia a la grilla cuando esto pareciera útil. En la primera reunión se manejaron varias categorías pero no se elaboraron sistemáticamente.

Debido a la dificultad para encontrar un horario común, pasaron 6 semanas antes de tener nuestra segunda reunión. Los moderadores propusieron que abordáramos el Nivel 3, acción terapéutica, y respondiéramos lo que pensábamos acerca de las dimensiones del cambio, pero nuestro grupo había perdido contacto con el material y no nos sentíamos seguros de cómo proceder. El *reporter* había distribuido un informe sobre la primera reunión, incluyendo varias dimensiones del cambio con las que el grupo había resonado, pero no usamos el informe para reavivar nuestra discusión, como solicita el protocolo del tercer nivel. En cambio, luego de repasarlo desordenadamente por un rato, decidimos leer cuidadosamente la primera hora para volver a ponernos en contacto con el material y buscar los mecanismos del cambio. Tuvimos una discusión muy interesante acerca de esa hora y se generaron algunas hipótesis sobre la acción terapéutica pero no les hicimos un seguimiento longitudinal. Notamos que reunirnos en la tarde por dos horas únicamente era menos satisfactorio que la sesión inicial del día completo.

En la segunda reunión este autor sintió que teníamos un pie en el método de observación clínica y otro en una discusión de caso más familiar, de estilo libre. Los moderadores no querían enfriar el entusiasmo del grupo y, debido a la resistencia a la grilla, tenían dudas de si mantenerse fieles al protocolo de los 3 niveles. A cambio, intentamos estimular y guiar la discusión con el ejemplo. Los moderadores y el *reporter* pasaron a ser los miembros más activos del grupo, intentando llevar la actividad adelante, tomando el liderazgo en la discusión y proponiendo hipótesis de cambio. Al hacer eso es posible que hayamos inhibido involuntariamente la discusión que deseábamos alentar. Algunos de los miembros del grupo, analistas con experiencia, estuvieron sorprendentemente silenciosos. De todos modos el grupo trabajó bien en conjunto y esto puede haber sido un paso necesario para encontrar nuestro modo de trabajo pero, al no tener total claridad acerca del método y los roles de los moderadores y el *reporter*, este autor sintió que tendíamos a transformarnos en un grupo de dependencia de asunción básica.

Formular e identificar el cambio en un caso es una tarea abrumadora y en una discusión libre es posible que dominen las voces más elocuentes y confiadas. Se puede instaurar una jerarquía. Dividir la tarea y hablar de una dimensión específica del cambio, como lo llama el 3-LM, para, p. ej., "¿Qué hay del cambio en la regulación del afecto, o el vínculo?", es mucho más fácil y puede promover la participación del grupo, construyendo un mejor producto grupal. En ciertos momentos parecía haber un proceso paralelo con el dilema de la A acerca de cuándo ponerle palabras a la experiencia de la P y cuando permitirle a ella desarrollar su propio pensamiento.

Hacer un mayor uso del informe nos podría haber ayudado. En el método de los 3 niveles el informe del *reporter* ofrece continuidad entre las reuniones. Luego de la sesión inicial cada reunión comienza con la lectura y la corrección del informe para introducir la discusión siguiente. Tuvimos la experiencia de un ejemplo de esto en la sesión final en la muy interesante discusión sobre conflicto. Como fue descrito anteriormente, debido a la reacción del grupo frente a la grilla, teníamos dudas de usar el informe para hacer un seguimiento sistemático, incluso con las categorías que nos parecieron útiles. Poner las observaciones adentro de categorías puede ser limitante, pero también puede facilitar pensar longitudinalmente sobre el cambio, acerca de una dimensión particular, en lugar de buscar el cambio globalmente o secuencialmente, hora tras hora. Para el futuro se le podría pedir a cada miembro que hiciera un seguimiento de sus propias observaciones e hipótesis a medida que progresa el grupo y luego hacer su contribución al informe. Las hipótesis sobre la acción terapéutica podrían desarrollarse a medida que avanzamos y luego revisarse al llegar al Nivel 3.

Proceso grupal:

En las conferencias de caso frecuentemente se observan procesos paralelos. Todos los "Working Parties" patrocinados por la IPA, incluyendo el Comité de Observación Clínica, han notado que el trabajo de grupo es un contenedor donde el material presentado resuena con la dinámica del grupo creando una situación donde las dinámicas inconscientes en la díada analítica encuentra expresión en un grupo. Aunque no podemos saber a partir de una transcripción qué sucedió en el consultorio, el grupo puede conocer su propia experiencia, que será un desplazamiento y difracción del caso discutido y esos datos son tan útiles como el material presentado.

En la reunión final discutimos nuestro proceso grupal. Nos preguntamos por qué nos gustó tanto la experiencia. "Miramos el material de cerca, de una manera colegial, generativa, pensando juntos en lugar de pelear por el territorio". "El grupo sostuvo a la analista de una manera similar a como la analista trabajó con su paciente difícil". La presentadora informó que el primer día sintió que la díada de ella y su paciente era como "un pequeño bote en el mar que ahora estaba siendo sostenido por un grupo más grande".

Un miembro del grupo sintió que estábamos construyendo juntos algo de valor, pero con mucho cuidado y cautela y que esto reflejaba algo acerca del caso. Otro sintió que habíamos silenciado la agresividad en el grupo y habíamos caminado de puntillas entre nosotros. Hubo relativamente poca divergencia de opinión en el grupo. En el material clínico la A había dicho algo a la P acerca de su miedo, de que nadie es suficientemente "fuerte" para tolerar el desacuerdo sin generar "antecedentes" contra el otro. ¿Fuimos nosotros lo suficientemente fuertes como para correr el riesgo del desacuerdo entre nosotros? Cuando se planteó en el grupo el tema de la agresividad enseguida se armó una discusión general acerca de los desacuerdos en los grupos clínicos, y mencionamos nuestra dificultad de hablar sobre la agresividad en nuestro propio grupo.

Hablamos sobre el tema de si había aspectos que no habían cambiado en el caso clínico o donde sintiéramos que sería deseable más cambio. Estuvimos de acuerdo en que había más para hacer; no especificamos. Reconocimos que habíamos tenido una actitud protectora hacia la analista y evitamos criticar su técnica. ¿Esta actitud protectora y la tendencia del grupo a procurar la armonía afectó la validación de expertos?

Discutimos cómo había funcionado mezclar los dos institutos en un grupo. Éramos nuevos en este grupo, con el método y el caso, pero proveníamos de la misma comunidad analítica y teníamos historias superpuestas. Alguien dijo que era muy interesante escuchar en profundidad diferentes voces y entender su forma de pensar. Hubo acuerdo general de que trabajamos bien juntos y que mezclar los institutos puede haber disminuido la agresividad en nuestro grupo. Un miembro contó que otro miembro había formado parte del comité de seguimiento de su formación analítica y que le había gustado escucharlo expresar puntos de vista diferentes a los que había sostenido en aquel momento. Este comentario da una muestra de la profundidad de la historia entre los miembros y los institutos. Esta historia es larga, compleja, con mucha colaboración, pero no sin una competencia significativa, dolores, resentimientos y hasta, se podría decir, elementos de violencia. Explícitamente motivamos al grupo a tener una buena experiencia entre nosotros y esto contribuyó con que tuviésemos cuidado. Es posible que el grupo haya temido que la agresividad y el desacuerdo llevaran a una fragmentación destructiva haciéndose eco del peligro en el caso de que la separación y la agresividad pudieran ser aniquiladoras.

¿Por qué el grupo dejó de lado a la grilla tan rápidamente? Es una posibilidad que el grupo haya buscado unificarse y definirse en contraposición con la IPA y el Comité de Observación Clínica. Hicimos una revisión rápida de la primera categoría: "Experiencia subjetiva de la enfermedad" a "Experiencia subjetiva". Esto fue por un lado creativo y por otro una declaración de independencia del Comité de Observación Clínica. En un momento hubo una expresión directa de ansiedad: "la IPA quiere saber qué pensamos en San Francisco". Al objetar la grilla se dijo: "no pensamos así en San Francisco", como si aquí hubiese una manera unificada de pensar. Quizás estábamos evitando las posibilidades de desacuerdo entre nosotros al coincidir en el desacuerdo con la grilla. La reacción contra la grilla es también un reflejo de una controversia de larga duración dentro del psicoanálisis entre la perspectiva empírica y hermenéutica de la evidencia. La observación clínica, con su búsqueda de evaluar el cambio, tiene un aspecto empírico del que muchos analistas son escépticos.

En nuestra reunión final un miembro dijo que revisar el material vez tras vez es como mirar una pintura vez tras vez: se vuelve una experiencia estética. El producto de investigación del grupo aún no ha sido determinado. La experiencia educativa lograda fue de valor en sí misma.

APÉNDICE III

Preguntas sugeridas para la discusión grupal

Preguntas del nivel 1

Descripción fenomenológica de las transformaciones

1. ¿Qué aspectos del material sugieren la existencia de cambios positivos, negativos, o la no existencia de cambios?¿Cuáles predominan?
2. ¿Cuáles son las transformaciones que pueden observarse en el curso de una sesión? ¿Y a lo largo del tiempo entre las diferentes sesiones?
3. ¿En qué áreas es posible observar cambios? (P. ej.: a) Capacidad de amar y sexualidad; b) Familia y relaciones sociales; c) Trabajo y ocio; d) Intereses y creatividad; e) Síntomas y bienestar subjetivo). ¿Cuál es la perspectiva del paciente acerca de estos cambios?
4. Hay cambios en relación a: a) ¿Cómo usa el paciente al analista? b) ¿Cómo usa el paciente las intervenciones del analista? c) ¿Cómo usa el paciente su propia mente y cuerpo durante la sesión?
5. ¿Cuál ha sido la participación del paciente y del analista en el proceso de cambio? ¿Cuáles relaciones pueden establecerse entre los cambios y las características del proceso analítico?
6. ¿Qué partes del material clínico tienen una resonancia especial en los participantes del grupo respecto a las transformaciones ocurridas?

Preguntas del nivel 2

Identificación de las principales dimensiones diagnósticas del cambio

1. Experiencia subjetiva de la enfermedad

1.A. ¿Cuál es la experiencia subjetiva del paciente acerca de sus problemas y síntomas? ¿Cuáles son sus creencias acerca de lo que le ocurre y sus expectativas acerca del tratamiento? ¿En qué medida el paciente reconoce sus problemas? ¿Hasta dónde vislumbra posibilidades realistas de cambio? ¿Hasta dónde analista y paciente concuerdan sobre las transformaciones esperables?

1.B. ¿Existen factores contextuales que afectan el proceso terapéutico? (P. ej.: situaciones de crisis, experiencias traumáticas, enfermedades somáticas, drogas, etc.) ¿Cuán capaz es el paciente de hacer frente a estas situaciones?

1.C. ¿En qué se modificó la comprensión del paciente de sus problemas y de sus posibilidades de cambios?

2. Patrones de relacionamiento interpersonal

2.A. ¿Cómo son las relaciones interpersonales del paciente, especialmente en los vínculos que implican cercanía e intimidad?

2.B. ¿Cómo experimenta el paciente a los otros y a sí mismo en relación con los otros? ¿Cómo los otros experimentan al paciente y a sí mismos en relación con el paciente?

2.C. ¿Qué característica presenta la relación transferencial—contratransferencial?

2.D. ¿En qué medida el paciente puede relacionar sus patrones relacionales actuales con experiencias vividas en su infancia?

2.E. ¿Cómo cambiaron estos aspectos, tanto en la transferencia como en la contratransferencia?

3. Principales conflictos intrapsíquicos

3.A. ¿Cuáles son los principales conflictos? (P. ej., dependencia vs. Individuación, sumisión vs. control, necesidad de cuidados vs. autosuficiencia, autoestima, culpa, conflicto edípico, conflicto de identidad). ¿Cuáles son las fantasías inconcientes dominantes que pueden inferirse de los conflictos y los patrones disfuncionales?

3.B. ¿Las defensas son adecuadas y flexibles o predominantemente disfuncionales, distorsionando o restringiendo las experiencias internas y externas?

3.C. ¿Cómo cambiaron estos aspectos?

4. Funcionamiento mental o de personalidad. Estructura

4.A. ¿Cuál es el nivel de funcionamiento mental en las siguientes áreas?

4.A.1. *Percepción de sí mismo y de otros. Identidad.*

¿Cuán capaz es el paciente de percibir adecuadamente sus propios estados internos y los de los demás? ¿Es capaz de empatía, tolerando y comprendiendo diferentes puntos de vista? Tiene un sentido integrado de su propia identidad? ¿Hasta dónde puede integrar en su identidad su propio pasado y en especial las experiencias traumáticas? ¿Cuáles son las características de las identificaciones dominantes (p. ej., identificaciones patológicas)? ¿Logra dar sentido y dirección a su vida, con metas a corto y largo plazo, apoyadas en su propia historia y en valores y normas internas?

4.A.2. *Regulación afectiva*:

¿El paciente es capaz de regular sus impulsos, sus afectos y su autoestima adecuadamente? ¿Hasta dónde logra procesar sus experiencias emocionales? ¿Puede regular su autoestima frente a las exigencias internas y externas? ¿Puede lograr un equilibrio adecuado entre los intereses propios y ajenos, protegiéndose y protegiendo sus vínculos?

4.A.3. *Comunicación interna y externa y simbolización*:

¿Cuán rico es el diálogo consigo mismo y con los demás, basado en experiencias afectivas, fantasías, sueños, sexualidad, self corporal y representaciones simbólicas? ¿Cuáles son las características de su mundo interno y su diálogo con los objetos internos?

4.A.4. *Vínculos con objetos internos y externos*:

¿Cuán profundas y estables son las relaciones con objetos internos y externos? ¿Hasta dónde puede crear relaciones de intimidad y reciprocidad basadas en representaciones estables y diferenciadas de sí mismo y de los otros? ¿Cómo maneja las relaciones que implican la existencia de un tercero?

4.B. ¿Cómo cambiaron estos aspectos?

5. *Tipo de trastorno*

5.A. ¿Es posible identificar un tipo de trastorno de personalidad u otro tipo de trastorno?

5.B. ¿El nivel de la organización de la personalidad puede ser considerado como saludable, neurótico o fronterizo o con características francamente psicóticas?¿Hasta dónde las vulnerabilidades del funcionamiento mental condicionan el trabajo analítico?

5.C. ¿Cómo cambiaron estos aspectos?

Preguntas del nivel 3

Testeo de las hipótesis explicativas del cambio

1. *Focos terapéuticos*

1.A. ¿En qué aspectos se centraron fundamentalmente las intervenciones del analista y cuál fue la respuesta del paciente? ¿Qué significado adquirió el analista y el análisis para el paciente? ¿Pueden existir otros factores psicodinámicos que no fueron tomados en cuenta que podían generar o mantener la psicopatología del paciente en el material presentado y que deberían haber sido tenidos en cuenta?

1.B. ¿Cómo cambiaron estos aspectos?

2. *Hipótesis explícitas o implícitas del analista*

2.A. ¿Qué hipótesis o enfoques teóricos pueden ser percibidos en el trabajo del analista? ¿Cuáles son las hipótesis del analista sobre los cambios a nivel explícito e implícito?

2.B. ¿Han cambiado a lo largo del análisis?

3. *Otras hipótesis y estrategias interpretativas posibles*

3.A. ¿Qué otras hipótesis sobre los problemas del paciente y la forma de abordarlos podrían formularse desde otras perspectivas teóricas o técnicas?

3.B. ¿Cuáles resultan más convincentes clínicamente y cómo podrían ser afinadas para que se ajusten mejor al material clínico?

APÉNDICE IV

Formularios para usar antes y después de la discusión grupal

Encuesta 1

Nombre: .... *Fecha:* ....

Le solicitamos sea tan amable de darnos su opinión.

Formulario a ser llenado antes del comienzo de la actividad grupal:

COMPARACIÓN DE LAS ENTREVISTAS INICIALES CO N LOS MOMENTOS POSTERIORES DEL ANÁLISIS	*1. No cambio o peoría*	*2. Leves cambios positivos*	*3. Cambios positivos moderados*	*4. Cambios positivos marcados*
1) Cambio global del paciente				
2) Cambios del paciente en el "uso" del analista y sus interpretaciones				
3) Cambios del paciente en el uso de sus propios recursos mentales y corporales para el análisis				

Comentarios: ... .

Encuesta 2

Nombre: .... *Fecha:* ....

Formulario a ser llenado después de la actividad grupal:

Nivel 1: Fenomenológico. Descripción global de los cambios

COMPARACIÓN DE LAS ENTREVISTAS INICIALES CON LOS MOMENTOS POSTERIORES DEL ANÁLISIS	*1. No cambio o peoría*	*2. Leves cambios positivos*	*3. Cambios positivos moderados*	*4. Cambios positivos marcados*
1) Cambio global del paciente				
2) Cambios del paciente en el "uso" del analista y sus interpretaciones				
3) Cambios del paciente en el uso de sus propios recursos mentales y corporales para el análisis				

Nivel 2: principales dimensiones del cambio

0. -Sin datos suficientes/ Prefiere no responder
1. -Perturbaciones severas. Funcionamiento no integrado.
2. -Perturbaciones importantes. Limitaciones severas en el funcionamiento.
3. -Perturbaciones moderadas, con algunas limitaciones en el funcionamiento.
4. -Perturbaciones y limitaciones mínimas o imperceptibles

Nota: se pueden marcar valores intermedios con medio punto (p. ej. 1, 5; 2, 5; etc.).

Dimensiones	*Momento inicial*	*Momentos posteriores*
1. Vivencia de la enfermedad: comprensión de las dificultades y vislumbre de las posibilidades de cambio		
2a. Patrones relacionales fuera del análisis		
2b. Patrones relacionales con el analista		
3. Defensas y conflictos		
4.1.a Percepción de sí mismo, sentido de la identidad e integridad del self		
4.1.b. Percepción de los otros. Empatía		
4.2.a. Regulación de impulsos, afectos y autoestima		
4.2.b. Regulación de la relación con los otros (cuidado de sí y del otro, reciprocidad)		
4.3.a. Comunicación interna y simbolización (self corporal y mental)		
4.3.b. Comunicación con los otros (profundidad y riqueza de los afectos y representaciones)		
4.4.a. Vínculos con objetos internos		
4.4.b. Vínculos con los otros. Capacidad de establecer y terminar vínculos, enfrentar separaciones, y la existencia de un tercero		

Nivel 3: Hipótesis explicativas

Ajuste de las hipótesis teóricas al material	*Muy poco o nada*	*Algo*	*Bastante*	*Mucho*
1) ¿Fue capaz el grupo de discutir diferentes hipótesis teóricas examinando su ajuste al material?				

Evaluación de la discusión grupal

Utilidad del modelo para observar y comprender los cambios	*Muy poco o nada*	*Algo*	*Bastante*	*Mucho*
1. ¿En qué medida le resultó útil la actividad grupal para afinar la observación del material?				
2. ¿En qué medida le resultó util para conceptualizar las dimensiones del cambio?				
3. ¿En qué medida siente que las hipótesis explicativas teóricas manejadas resultan satisfactorias para comprender los cambios?				

Otros comentarios que quiera agregar: ....

APÉNDICE V

Grupos de observación clínica (2011–2013)

Fecha	*Ciudad*	*Actividad/ Institución*	*Moderadores*	*Grupos/ Participantes*
8–9 Nov 2013	Lima, Perú		Mayela Falvi	1g/8p
24–25 Sept 2013	Campo Grande, Brasil	Congreso FEBRAPSI	Bruno Salesio Andrea Quiroga	1g/12p
Aug-2013	Praga, República Checa	Congreso IPA	Margaret Ann Fitzpatrick Hanly Robert White Nancy Delpréstitto	10g/140p

Tabla.

Fecha	*Ciudad*	*Actividad/ Institución*	*Moderadores*	*Grupos/ Participantes*
			Luis Villalba Juan Baena Adela Leibovich Liliana Fudin Andrea Quiroga Robert White William Glover Louis Brunet Tamara Fischmann Ulrich Bahrke Ricardo Bernardi Marina Altmann Marvin Hurvich	
July-2013	Praga, República Checa	Pre Congreso IPA	Marianne Leuzinger Siri Gullestad Marina Altmann Ricardo Bernardi	2g/34p
July-2013	Montevideo, Uruguay	APU	Beatriz de León Marina Altmann Luis Villalba Nancy Delpréstitto Ricardo Bernardi	3g/40p

Tabla.

8–9 Jun 2013	San Pablo, Brasil	Sociedad Psicoanalítica de Sao Paulo	Marina Altmann	1g/22p
6–7–8 Jun 2013	Santiago de Chile, Chile	Sociedad Psicoanalítica de Chile	Beatriz de León Nancy Delpréstitto Luis Villalba Ricardo Bernardi	3g/36p
3–4 May 2013	Lima, Perú		Mayela Falvi	1g/8 p
May-2013	Pelotas, Brasil	Sociedad Psicoanalítica de Pelotas	Silvana Hernández Nancy Delpréstitto Luis Villalba	1g/15p
2013	Tel Aviv, Israel	Grupo permanente	Meir Winocur Irene Melnick	1g/12
May–June 2013	Buenos Aires, Argentina	SAP, grupo de candidatos	Adela Leibovich de Duarte y Liliana Fudin	1g/10p
Mar-2013	Montevideo, Uruguay	Asociación Psicoanalítica del Uruguay	Marina Altmann Ricardo	1g/10p
18–19/1/2013	Nueva York, EEUU		Margaret Ann Fitzpatrick Hanly	1g/20p
Oct 2011–July 2012	Toronto, Canadá		Margaret Ann Fitzpatrick Hanly	1g/6p
1-Dec-2012	Frankfurt, Alemania	Congreso del DPV (Asociación Psicoanalítica Alemana)	Marianne Leuzinger-Bohleber	1g/30p

Tabla.

Fecha	*Ciudad*	*Actividad/ Institución*	*Moderadores*	*Grupos/ Participantes*
23–24/11/ 2012	Lima, Perú	Sociedad Psicoanalítica Peruana	Mayela Falvy	1g/8p
Oct 2012– Apr 2013	Nueva York, EEUU	Lucy Daniels Foundation Project	Margarete Ann Fitzpatrick Hanly	1g/7p
Sep-2012	Buenos Aires, Argentina	Grupo permanente trabajando en formación analítica	Andrea Quiroga de Pereira	1g/4p
9–10 Oct. 2012	San Pablo, Brasil	Sociedade Brasileira de Psicanálise de Sao Paulo Pre Congreso FEPAL	Marina Altmann, Virginia Ungar, Ricardo Bernardi	3g/40p
21–22 Jun 2012	Frankfurt, Alemania		Marianne Leuzinger-Bohleber y Siri Gullestad	2g/20p
Jun-2012	Toronto, Canadá	Margaret Ann Fitzpatrick Hanly		2g/15p
8–9 Jun 2012	Montevideo, Uruguay	Asociación Psicoanalítica del Uruguay	Nancy Delpréstitto, Beatriz de León y Mercedes Gallinal	3g/40p
Jun-2012	Buenos Aires, Argentina	APdeBA	Virginia Ungar	1g/5p

Tabla.

May 2012–Dec 2013	Montevideo, Uruguay	Candidatos trabajando en su trabajo final	Marina Altmann, Beatriz de León	2g/12p
May–Aug 2012	San Francisco, EEUU		William Glover	1g/12p
23-May-2012	Mendoza, Argentina	Congreso Psicoanalítico Argentino	Juan Baena, Andrea Quiroga de Pereira y Silvia Reznisky	3g/43p
24-Apr-2012	Tel Aviv, Israel		Marina Altmann	1g/12p
30-Mar-2012	Panamá		Adela Duarte	1g/20p
14–15 Jan 2012	Nueva York, EEUU		Margaret-Ann Fitzpatrick Hanly Marianne Leuzinger Siri Gullestad Marvin Hurvich Ricardo Bernardi Marina Altmann	3g/25p
5–6 Nov 2011	Buenos Aires, Argentina		Adela Leibovich de Duarte, Ricardo Bernardi y Virginia Ungar	3g/30p
Sep-2011	Buenos Aires, Argentina		Andrea Quiroga de Pereira	1g/5p

Tabla.

Fecha	*Ciudad*	*Actividad/ Institución*	*Moderadores*	*Grupos/ Participantes*
3-Aug-2011	México DF, México	Congreso IPA	Ricardo Bernardi, Marina Altmann, Margaret Ann Fitzpatrick Hanly, Marianne Leuzinger Bohleber, Marvin Hurvich	1g/20p
13-May-2011	Montevideo, Uruguay	Montevideo Focus Group	Marina Altmann Ricardo Bernardi	1g/10p
			Número total (aproximado) de participantes (hasta noviembre, 2013):	730p

For Product Safety Concerns and Information please contact our EU representative GPSR@taylorandfrancis.com
Taylor & Francis Verlag GmbH, Kaufingerstraße 24, 80331 München, Germany

www.ingramcontent.com/pod-product-compliance
Ingram Content Group UK Ltd.
Pitfield, Milton Keynes, MK11 3LW, UK
UKHW022114190926
475702UK00013B/1442
9781910444061